JN028819

企業不祥事インデックス

第3版

プロアクト法律事務所	弁護士	竹内　朗	
弁護士法人東町法律事務所	弁護士	上谷佳宏	
東京丸の内法律事務所	弁護士	上村　剛	
虎門中央法律事務所	弁護士	笹本花生	編著

a precedent index

商事法務

第３版はしがき

　2015年に初版、2019年に第２版が発刊された本書ですが、ご好評をいただき、このたび第３版を発刊することとなりました。第３版では、第２版発刊後に発生した重要な事案を追加するとともに、既に掲載していた事案について、適宜、入替えや記載内容のアップデートを行っています。また、大変残念なことに、初版以来の編著者であった笹本雄司郎が2019年に他界しましたが、その娘である笹本花生が弁護士となり、新たに編著者として参加しています。

　本書の初版発刊当時と比べると、「コンプライアンス」「コーポレートガバナンス」という言葉がごく日常的な用語として企業に浸透する一方で、近年も、我が国を代表する企業の検査不正や多くの人命が失われる痛ましい事故など、様々な不祥事が起きています。株価の急落につながるもの、被害額や賠償額が巨額に上るものなど、企業の経営に重大な影響を与えかねない事案も少なくありません。他方で、第三者委員会の報告書の公表がされないケースや、第三者委員会自体が設置されないケースなど、不祥事に対する企業の対応にも変化が見られます。このような時流の変化の中で、私たちは、本書の内容をより時代に即した内容にアップデートすべきと考えました。

　これまでのはしがきでも述べてきましたが、私たちは、過去の不祥事は最良の教材であり、そのデータは、健全な企業社会の発展と安全安心な市民社会づくりのために有効活用できる公共財と考えています。本書の目的は、そのような公共財としての不祥事事案のエッセンスをコンパクトにまとめることで、法律家のみならず、経営者やビジネスパーソンにとっても、数ある事案を知るための最適なガイドとして、また、実際に発生してしまった不祥事の対応や今後の不祥事予防と発見の参考として、役立てていただくことにあります。本書掲載事案の関係企業・関係者の方々におかれましては、事案を掲載させていただくことにつき、引き続きのご理解をお願いいたします。

　最後に、限られた時間の中で膨大な資料を調査し、執筆にご協力いただいた執筆者の方々に謝意を表するとともに、第3版の刊行に際し、大変な熱意と細やかな気配りで私たちを支えていただいた株式会社商事法務の澁谷禎之氏、佐藤敦子氏に、厚く御礼申し上げます。

2023年9月

編著者　竹内　朗　上谷佳宏　上村　剛　笹本花生

第2版はしがき

　本書は、初版発刊後、たちまち増し刷りを重ねることとなりました。

　それは、初版発刊後も企業不祥事が続々と発生したからかもしれません。特に近時は、日本を代表する大企業の品質偽装や会計不正問題が発生し、その結果、日本企業全体に対する信頼を大きく揺るがす事態をもたらしているといっても過言ではありません。

　私たちは、初版のはしがきで述べたように、過去の不祥事は最良の教材であり、そのデータは、健全な企業社会の発展と安全安心な市民社会づくりのために有効活用できる公共財と考えています。このような観点からすると、初版の増し刷りを重ねるのではなく、初版発刊後に発生した重要な事案を初版に追加掲載する形で第2版を発刊するのが適切であると判断し、今般、第2版を発刊することといたしました。加えて、初版に掲載した事案についても、追加の情報があれば必要に応じて適宜アップデートいたしました。

　本書の特長は、見開き2ページに事案のエッセンスをコンパクトに整理していることにあります。時に、何百ページにも及ぶ第三者委員会報告書等につき、そこに記載された趣旨を歪めず、2ページに圧縮する作業は、そうたやすいものではありません。それにもかかわらず、本書の意義に理解を示され、快く執筆をご担当してくださった執筆者の方々に謝意を表したいと思います。また、初版と同様に、第2版の刊行に、大変な熱意と誠意をもって支援していただいた株式会社商事法務出版部の水石曜一郎氏には、改めて厚く御礼申し上げます。

2019年5月

編著者　竹内　朗　上谷佳宏　笹本雄司郎　上村　剛

初版はしがき

　本書は、これまでに表面化した企業不祥事のうち、裁判の判決文や第三者委員会の調査報告書などの客観的資料により内容を確認することができるものの中から、それぞれの不祥事類型において参考になると思われる100件のケースを抽出し、統一書式の中に情報を整理した企業不祥事の「インデックス」です。本書は、個々のケースを深く掘り下げて研究する際のガイドにもなります。また、法律家の書物はとかく法的責任に情報が偏りがちですが、ビジネスパーソンにとってより身近で切実な「経営責任」をデータに盛り込んでいる点も本書の特長の1つです。執筆には、弁護士18名とコンサルタント1名があたりました。

　私たちは歴史や経験から多くのことを学ぶことができます。過去の不祥事は最良の教材であり、それぞれのケースにおける事実関係・発生原因・再発防止策・法的責任・経営責任などを整理して理解しておくことは、企業の経営者・担当役員・実務担当者の方々が、今後の不祥事対応（不祥事の未然防止と早期発見、そして表面化後の危機対応）に取り組まれる際に、必ずや支えとなってくれるでしょう。本書で採り上げることとなったケースの関係企業と関係者の方々におかれましては、健全な企業社会の発展と安全安心な市民社会づくりのために、貴重なデータを公共財として有効活用させていただくことをご海容いただけましたら幸いに存じます。

　最後に、株式会社商事法務書籍出版部の水石曜一郎氏には、本書の企画段階から刊行に至るまで、大変な熱意と誠意をもって支援していただきました。この場を借りて厚く御礼申し上げます。

　2015年6月

　　　　　　　執筆者を代表して　竹内　朗　上谷佳宏　笹本雄司郎

本書の取扱い説明

●採り上げた167件のケースは、裁判の判決文や第三者委員会の調査報告書などの客観的資料により内容を確認することができるものの中から抽出し、それぞれの不祥事類型において参考となると思われるものです。

●表題は、そのケースに関する一般的な呼称を参考にしながら、当事者と不祥事類型が一見して識別できるように表示しています。

●「当事者」は、原則としてその不祥事が表面化した当時の名称を表示しています。

●「表面化時期」と「表面化の経緯」は、その不祥事が社外に表面化した時期と経緯を表示しています。

●「第三者委員会等」は、純粋な社外独立の第三者委員会のほか、客観的資料により確認できた社内調査委員会なども必要に応じて表示しています。

●「経営責任」「行政処分」「民事責任」「刑事責任」「その他」は、当事者や行政当局の公表情報なども含め、客観的資料により確認できた内容を表示しています。

●「事案の概要」は、裁判の判決文や第三者委員会の調査報告書などの客観的資料により確認された内容を表示しています。

●「関連法令」は、その不祥事がいずれの法令に関わる問題かを把握できるように表示しています。

●「発生原因」と「再発防止策」は、当事者の公表情報や第三者委員会の調査報告書などの客観的資料により確認できた内容を表示しています。

●執筆者は可能な限り客観的資料の調査を尽くすように努めましたが、それでも執筆者の調査能力を超える部分は、「客観的資料により確認できなかった

ので記載せず」と表示しています。

● 「**コメント**」は、そのケースを採り上げた意義や今後参考になると思われることを解説しています。

● 「**さらに理解を深める**」は、執筆の際に依拠した主な客観的資料を記載しています。

● 執筆者一同が慎重に執筆したつもりではございますが、万が一、本書の内容に不備がございましたら、誠にお手数ではありますが、㈱商事法務までご一報を頂戴できますと幸いに存じます。

目　　次

第1章　製品事故・品質偽装・検査不正

第2章　偽装・不当表示

第3章　やらせ・誤報

第4章　公正取引

第5章　情報セキュリティ

第6章　労働・ハラスメント

第7章　不正会計・不実開示

第8章　インサイダー取引等

第9章　反社会的勢力

第10章　金　融

第11章　交　通

第16章　貿易管理

第17章　その他

凡　例

1　法令名の略語

外為法	外国為替及び外国貿易法
金商法	金融商品取引法
景品表示法	不当景品類及び不当表示防止法
個人情報保護法	個人情報の保護に関する法律
男女雇用機会均等法	雇用の分野における男女の均等な機会及び待遇の確保等に関する法律
独占禁止法	私的独占の禁止及び公正取引の確保に関する法律
特商法	特定商取引に関する法律
廃棄物処理法	廃棄物の処理及び清掃に関する法律
薬機法	医療機器等の品質、有効性及び安全性の確保等に関する法律
労働者派遣法	労働者派遣事業の適正な運営の確保及び派遣労働者の保護等に関する法律

2　判例引用の略語

最　判（決）	最高裁判所判決（決定）
最大判（決）	最高裁判所大法廷判決（決定）
高　判（決）	高等裁判所判決（決定）
地　判（決）	地方裁判所判決（決定）
支　判（決）	支部判決（決定）
簡　判（決）	簡易裁判所判決（決定）

3　判例誌、文献引用の略語

民　集	最高裁判所民事判例集
刑　集	最高裁判所刑事判例集
判　時	判例時報
判　タ	判例タイムズ
金　法	金融法務事情
金　判	金融・商事判例
労　判	労働判例
最判解刑事篇	『最高裁判所判例解説〔刑事篇〕』（法曹会）

4　機関の略語

経 産 省	経済産業省
公 取 委	公正取引委員会
厚 労 省	厚生労働省
国 交 省	国土交通省
証券取引等監視委	証券取引等監視委員会
大　証	大阪証券取引所
東　証	東京証券取引所

東京地検特捜部	東京地方検察庁特別捜査部
日 証 協	日本証券業協会
農 水 省	農林水産省
文 科 省	文部科学省

本書掲載の事案一覧（時系列順）

表面化時期	本書番号・事案名	章		本書頁
1991年3月	98 蛇の目ミシン工業利益供与	第9章	反社会的勢力	196
1995年9月	108 大和銀行ニューヨーク支店巨額損失	第10章	金融	216
1996年7月	88 日本織物加工インサイダー取引	第8章	インサイダー取引等	176
1997年11月	109 北海道拓殖銀行不正融資	第10章	金融	218
1998年3月	110 ヤクルトデリバティブ巨額損失	第10章	金融	220
1999年1月	136 青森・岩手県境産廃不法投棄	第13章	環境	272
2000年6月	1 雪印乳業食中毒	第1章	製品事故・品質偽装・検査不正	2
2002年5月	2 ダスキン肉まん未認可添加物混入	第1章	製品事故・品質偽装・検査不正	4
2002年5月	137 三菱地所・三菱マテリアルOAP土壌汚染隠ぺい	第13章	環境	274
2002年7月	151 日本ハム牛肉偽装	第15章	許認可・補助金	302
2003年9月	132 ブリヂストン栃木工場火災	第12章	危険設備	264
2004年1月	48 ヤフーBB個人情報流出	第5章	情報セキュリティ	96
2004年3月	3 六本木ヒルズ回転ドア事故	第1章	製品事故・品質偽装・検査不正	6
2004年5月	4 三菱自動車リコール隠し	第1章	製品事故・品質偽装・検査不正	8
2004年10月	40 橋梁談合	第4章	公正取引	80
2004年10月	66 西武鉄道株式保有割合虚偽記載	第7章	不正会計・不実開示	132
2004年10月	67 カネボウ巨額粉飾決算	第7章	不正会計・不実開示	134
2004年11月	152 三井物産子会社補助金対象製品虚偽申請	第15章	許認可・補助金	304
2004年12月	138 石原産業リサイクル偽装	第13章	環境	276
2005年2月	68 日本システム技術架空売上	第7章	不正会計・不実開示	136
2005年2月	111 生損保会社保険金不払い	第10章	金融	222
2005年4月	5 松下電器石油温風機一酸化炭素中毒	第1章	製品事故・品質偽装・検査不正	10
2005年4月	124 JR西日本福知山線列車脱線	第11章	交通	248
2005年6月	69 福岡魚市場子会社不正融資	第7章	不正会計・不実開示	138
2005年6月	139 クボタ・ニチアスアスベスト健康被害	第13章	環境	278
2005年7月	57 パナソニックプラズマディスプレイ（パスコ）偽装請負	第6章	労働・ハラスメント	114
2005年11月	153 元建築士耐震強度偽装	第15章	許認可・補助金	306
2005年12月	58 日本マクドナルド名ばかり管理職	第6章	労働・ハラスメント	116
2005年12月	112 三井住友銀行金利スワップ販売	第10章	金融	224
2006年1月	70 ライブドア有価証券報告書虚偽記載・偽計	第7章	不正会計・不実開示	140
2006年1月	155 ヤマハ発動機外為法違反	第16章	貿易管理	310
2006年2月	89 日本経済新聞社インサイダー取引	第8章	インサイダー取引等	178
2006年6月	90 村上ファンドインサイダー取引	第8章	インサイダー取引等	180
2006年7月	6 パロマ給湯器一酸化炭素中毒	第1章	製品事故・品質偽装・検査不正	12
2006年9月	156 ミツトヨ不正輸出	第16章	貿易管理	312
2006年12月	71 日興コーディアルグループ発行登録追補書類虚偽記載	第7章	不正会計・不実開示	142
2007年1月	7 不二家消費期限切れ原料使用	第1章	製品事故・品質偽装・検査不正	14
2007年1月	33 関西テレビ「発掘！あるある大事典」不実放送	第3章	やらせ・誤報	66
2007年5月	41 マリンホースカルテル	第4章	公正取引	82
2007年5月	72 フタバ産業有価証券報告書虚偽記載	第7章	不正会計・不実開示	144

表面化時期	本書番号・事案名		章	本書頁
2007年9月	22 赤福表示偽装	第2章	偽装・不当表示	44
2008年1月	23 製紙会社古紙パルプ配合率表示偽装	第2章	偽装・不当表示	46
2008年1月	91 日本放送協会（NHK）インサイダー取引	第8章	インサイダー取引等	182
2008年3月	92 新日本監査法人インサイダー取引	第8章	インサイダー取引等	184
2008年3月	99 スルガコーポレーションビル立退き業務委託	第9章	反社会的勢力	198
2008年8月	73 アーバンコーポレイション転換社債発行	第7章	不正会計・不実開示	146
2008年10月	74 シャルレMBO利益相反	第7章	不正会計・不実開示	148
2008年11月	8 タカタエアバッグ大量リコール	第1章	製品事故・品質偽装・検査不正	16
2008年12月	59 大庄過重労働・過労死	第6章	労働・ハラスメント	118
2009年2月	34 日本テレビ「真相報道 バンキシャ！」虚偽証言放送	第3章	やらせ・誤報	68
2009年3月	60 オリンパス配転無効	第6章	労働・ハラスメント	120
2009年4月	49 三菱UFJ証券個人情報流出	第5章	情報セキュリティ	98
2009年5月	93 カブドットコム証券インサイダー取引	第8章	インサイダー取引等	186
2009年6月	94 味の素・カルピスインサイダー取引	第8章	インサイダー取引等	188
2009年10月	61 富国生命保険パワハラ	第6章	労働・ハラスメント	122
2010年2月	42 自動車用ワイヤーハーネスカルテル	第4章	公正取引	84
2010年3月	100 富士通元社長辞任	第9章	反社会的勢力	200
2010年5月	75 メルシャン架空取引	第7章	不正会計・不実開示	150
2010年5月	76 エフオーアイ架空売上上場	第7章	不正会計・不実開示	152
2011年3月	133 東京電力福島第一原発爆発	第12章	危険設備	266
2011年7月	35 九州電力やらせメール	第3章	やらせ・誤報	70
2011年9月	157 大王製紙特別背任	第17章	その他	314
2011年10月	77 オリンパス損失飛ばし・解消	第7章	不正会計・不実開示	154
2012年1月	158 三菱電機過大請求	第17章	その他	316
2012年3月	95 公募増資インサイダー取引	第8章	インサイダー取引等	190
2012年4月	125 関越道高速バス居眠り運転死傷事故	第11章	交通	250
2012年6月	78 沖電気工業架空取引	第7章	不正会計・不実開示	156
2012年9月	134 日本触媒姫路製造所爆発・火災	第12章	危険設備	268
2012年11月	43 架空送電工事等談合	第4章	公正取引	86
2012年12月	79 リソー教育架空売上	第7章	不正会計・不実開示	158
2012年12月	126 笹子トンネル天井板落下	第11章	交通	252
2013年3月	101 土佐電気鉄道暴力団発言	第9章	反社会的勢力	202
2013年6月	159 NPB統一球無断変更	第17章	その他	318
2013年7月	9 カネボウ美白化粧品白斑	第1章	製品事故・品質偽装・検査不正	18
2013年7月	44 ダイヤモンド電機カルテル	第4章	公正取引	88
2013年8月	24 富久娘酒造原料偽装	第2章	偽装・不当表示	48
2013年9月	102 みずほ銀行反社会的勢力向け融資	第9章	反社会的勢力	204
2013年9月	103 日本プロゴルフ協会暴力団プレー	第9章	反社会的勢力	206
2013年9月	141 フタバ産業中国地方政府幹部贈賄	第14章	賄賂・腐敗	282
2013年10月	25 阪急阪神ホテルズメニュー不実表示	第2章	偽装・不当表示	50
2013年11月	127 JR北海道レール検査データ改ざん	第11章	交通	254
2013年12月	160 アクリフーズ農薬混入	第17章	その他	320
2014年1月	135 三菱マテリアル四日市工場爆発火災	第12章	危険設備	270
2014年2月	62 ゼンショー（すき家）労働環境悪化	第6章	労働・ハラスメント	124
2014年3月	142 日本交通技術不正リベート提供	第14章	賄賂・腐敗	284
2014年5月	36 朝日新聞吉田調書歪曲報道	第3章	やらせ・誤報	72

表面化時期	本書番号・事案名		章		本書頁
2020年7月	85	ハイアス・アンド・カンパニー不適切会計・報告懈怠	第7章	不正会計・不実開示	170
2020年9月	106	NTTドコモ口座不正利用	第9章	反社会的勢力	212
2020年9月	119	JAおおいた不正貸付け	第10章	金融	238
2020年9月	120	三井住友信託銀行・みずほ信託銀行議決権行使書集計漏れ	第10章	金融	240
2020年10月	53	東京証券取引所システム障害	第5章	情報セキュリティ	106
2020年10月	96	ドンキホーテ前代表取締役インサイダー取引推奨	第8章	インサイダー取引等	192
2020年11月	164	博報堂DYグループ元社員巨額詐欺	第17章	その他	328
2021年1月	147	日本光電工業三重大学医学部付属病院贈賄	第14章	賄賂・腐敗	294
2021年2月	54	みずほ銀行システム障害	第5章	情報セキュリティ	108
2021年2月	121	SBIソーシャルレンディング貸付金資金使途違反	第10章	金融	242
2021年3月	55	LINEアプリ個人データ越境移転対応不備	第5章	情報セキュリティ	110
2021年3月	148	NTT省庁関係者会食問題	第14章	賄賂・腐敗	296
2021年6月	17	三菱電機検査データ改ざん	第1章	製品事故・品質偽装・検査不正	34
2021年6月	122	山口フィナンシャルグループ前CEO解職	第10章	金融	244
2021年6月	165	東芝株主圧力問題	第17章	その他	330
2021年7月	18	住友ゴム工業防舷材検査データ改ざん	第1章	製品事故・品質偽装・検査不正	36
2021年8月	31	アクアライン（水道屋本舗）不実告知等による営業	第2章	偽装・不当表示	62
2021年8月	86	EduLab不適切会計	第7章	不正会計・不実開示	172
2021年9月	149	日本大学前理事長ら不正	第14章	賄賂・腐敗	298
2021年10月	154	旅工房GoToトラベル給付金不適切受給申請	第15章	許認可・補助金	308
2021年11月	87	グレイステクノロジー不適切売上計上	第7章	不正会計・不実開示	174
2021年12月	39	NHK東京五輪ドキュメンタリー番組虚偽発言	第3章	やらせ・誤報	78
2022年1月	19	神東塗料水道管用塗料検査不正	第1章	製品事故・品質偽装・検査不正	38
2022年1月	20	東レUL認証登録検査不正	第1章	製品事故・品質偽装・検査不正	40
2022年1月	166	ビッグモーター保険金不正請求	第17章	その他	332
2022年3月	21	日野自動車排ガス燃費不正	第1章	製品事故・品質偽装・検査不正	42
2022年3月	97	SMBC日興証券相場操縦	第8章	インサイダー取引等	194
2022年4月	131	知床遊覧船沈没	第11章	交通	262
2022年6月	32	スシローおとり広告	第2章	偽装・不当表示	64
2022年6月	56	BIPROGY・尼崎市USBメモリー紛失	第5章	情報セキュリティ	112
2022年8月	150	KADOKAWA東京五輪贈賄	第14章	賄賂・腐敗	300
2022年11月	123	アイ・アールジャパンホールディングス利益相反	第10章	金融	246
2023年3月	65	ジャニーズ事務所性加害問題	第6章	労働・ハラスメント	130
2023年3月	167	空港施設国交省出身役員問題	第17章	その他	334
2023年6月	107	三栄建築設計暴力団排除条例違反	第9章	反社会的勢力	214

企業不祥事インデックス〔第3版〕

1　雪印乳業食中毒

当　事　者：雪印乳業株式会社（以下「雪印乳業」）

表面化時期：2000年6月

表面化の経緯：受診者が食中毒様の症状を呈している旨の医療機関からの届出を受けた大阪市による緊急立入検査、厚生省（当時）による雪印乳業に対する事件公表指示および自主回収の指示

第三者委員会等：経営諮問委員会（2000年10月6日設置、2001年3月13日最終総括公表）

経営責任：代表取締役ほか役員辞任

行政処分：2000年7月2日、大阪市より大阪工場の営業禁止処分等

民事責任：5家族9名を原告とする被害者弁護団が結成され、慰謝料も含め総額約6800万円の賠償を求める訴訟提起、いずれも和解終結

刑事責任：2003年5月27日、元大樹工場長ら2名は業務上過失致死傷罪等で有罪判決（大阪地判平成15・5・27公刊物未登載〔LEX/DB28085635〕）。公表遅れの責任で送検された代表取締役および専務取締役は不起訴となり、検察審査会で不起訴不当の議決がなされたが再度不起訴

事案の概要　雪印乳業大阪工場製造の「低脂肪乳」等を原因とする食中毒事件であり、有症者数1万4780名に達する近年例を見ない大規模食中毒事件である。

　2000年6月27日、大阪市は、受診者が下痢等の食中毒様の症状を呈している旨の医療機関からの届出を受け、有症者の調査、大阪工場の立入検査等を実施し、同工場製造の「低脂肪乳」について、同月28日に製造自粛、回収、事実の公表を指導し、同月29日に本事件の発生を公表、同月30日に回収を命令した。厚生省（当時。現・厚労省。以下同じ）は、患者発生が近隣府県市に及んだため、同日に大阪市に職員を派遣して関係府県市担当者会議を開催し、7月1日に大阪市と合同で立入検査を行った。北海道は、大阪市の調査依頼および厚生省の指示を受けて、8月19日から北海道大樹工場の調査を行い、同月23日に当該脱脂粉乳の製造に関連した停電の発生、生菌数に係る基準に違反する脱脂粉乳の使用、4月1日および4月10日製造の脱脂粉乳の保存サンプルからエンテロトキシンA型の検出等の調査結果について公表した。すなわち食中毒発生の直接の原因は、同工場の停電により製造ラインが止まり、原乳の加温状態が長引いて黄色ブドウ球菌が増殖、エンテロトキシンA型毒素が発生し、この毒素に汚染された乳材料から乳製品が製造されたことによるものであった。

　2000年9月23日、厚生省は、大樹工場から提出された停電事故対策を含む改善計画書を受理し、10月13日に営業禁止命令を解除し、同月14日から操業が再開されたが、冷凍食品部門が後の株式会社アクリフーズ、アイスクリーム部門がロッテスノー株式会社、市乳部門が日本ミルクコミュニティー株式会社となるなど同業他社の支援・事業分割による事実上の解体となった。

関連法令　食品衛生法6条（当時は4条）、55条（当時は23条）

発生原因　2000年12月付雪印食中毒事件に係る厚生省・大阪市原因究明合同専門家会議「雪印乳業食中毒事件の原因究明調査結果について」（以下「本件調査報告書」）によれば、①現場の衛生管理の知識が徹底しておらず、停電時マニュアル等の現場の危機管理意識が欠如しており、②停電等で製造工程が止まった際の菌の増殖防止や、工場の再稼動手順や製品検査、廃棄基準等を決めたマニュアルが作成されておらず、③製造された脱脂粉乳の細菌数が同社の安全基準を上回り、本来廃棄処分すべきにもかかわらず「加熱殺菌すれば安全」と判断し、細菌数が規格を上回った製品を原料に再利用し、新たに脱脂粉乳を製造、大阪工場に出荷したことが原因である。すなわち、工場長をはじめ従業員はエンテロトキシンについて熟知していなかったばかりか、「細菌から発生する毒素は加熱しても毒性を失わない」という基礎知識が欠落していた、とされている。

再発防止策　雪印乳業のプレスリリースによれば、社外有識者から成る経営諮問委員会の設置、企業行動憲章・指針の制定、365日受付のお客様センターの設置、代表取締役直轄組織として商品安全監査室の設置、食品衛生研究所の設立がなされたとのことである。

コメント　本件では、食中毒が発生した後に製品の自主回収、社告の掲載、記者発表などが遅れたために食中毒の被害が拡大し、ひいては雪印乳業の事実上の解体につながった事例である。すなわち、被害発生の兆候を「通常の苦情、問い合わせ」と判断して集団食中毒に発展するという意識を欠いたことに加え、ブランドが傷つくことを恐れ、回収、社告の掲載、記者発表等の対処・決断が遅れ、マスコミ対応にあたって代表取締役が発した「私は寝ていないんだ！」という言葉が大きく報道されるなど、経営トップの危機管理の甘さが重大な結果をもたらした例として参考となる。

さらに理解を深める　雪印食中毒事件に係る厚生省・大阪市原因究明合同専門家会議「雪印乳業食中毒事件の原因究明調査結果について」（2000年12月）

② ダスキン肉まん未認可添加物混入

当　事　者：株式会社ダスキン（以下「ダスキン」）
表面化時期：2002年5月
表面化の経緯：匿名の通報による保健所の立入り
第三者委員会等：ダスキン再生委員会（2002年6月20日設置）

経営責任：取締役、監査役の退任
行政処分：2002年5月31日付食品衛生法に基づく販売禁止等命令（大阪府）
民事責任：担当取締役甲・乙に約53億円（大阪高判平成19・1・18判時1973号135頁）、
　　　　　　専務丙・社長丁に約5億円、上記4名以外の取締役・監査役に約2億円
　　　　　　（大阪高判平成18・6・9判時1979号115頁）の損害賠償責任
刑事責任：2003年9月4日食品衛生法違反による略式命令（罰金20万円）

事案の概要　ダスキンは、自社が経営する「ミスタードーナツ」の店舗において、2000年4月から、「大肉まん」という新商品の販売を開始したところ、委託先の1つであるA社が製造した製品に、中国や米国では使用を認められているが、日本国内では使用が認可されていない添加物が含まれていた。この未認可添加物混入の事実は、肉まんの製造受託先となることを希望していたB社代表者によって同年11月30日に関係者が多数いる試食会の席上で指摘された。また、B社代表者は、自社の試作品がうまくいかないことについての損害賠償等として、7000万円を、ダスキンの肉まん製造等に関して指導にあたっていたC社に対して請求した。

2000年12月2日、ダスキンおよびA社の調査の結果、「大肉まん」の製造原料に未認可添加物が混入していることが確認されたが、他方、実際に販売された「大肉まん」については、同月6日頃に未認可添加物は検出されなかったとの検査結果が出た。そこで、担当取締役甲とその上司であった専務取締役乙は、在庫分の販売継続を決定し、同月20日頃までに合計1300万個あまりの未認可添加物が混入した疑いのある「大肉まん」が販売された（以下「本件販売継続」）。同月29日には、生産本部担当専務取締役の丙が、2001年2月8日には、当時の社長丁が、それぞれ未認可添加物混入の事実を認識した。

その一方、B社代表者のC社に対する請求に関しては、甲および乙の判断により、ダスキンおよび甲がC社の代わりに6300万円を支払った。

2001年7月、社内で甲とB社との関係が問題になり、甲に対する事情聴取が行われ、本件販売継続およびB社への金員の支払い等が明らかになった。その後、主要な役員

の間で、未認可添加物の混入および本件販売継続やB社への金員の支払いの経緯等については自ら積極的には公表しない旨の方針決定がなされ、同年11月29日の取締役会でも、ダスキンの顧問になっていた乙を解任すること等の内部処分が決定されたが、本件販売継続の事実について公表すること等は議題とされなかった。

　2002年5月、保健所が匿名の通報に基づいて大阪府下のミスタードーナツ8店舗に立入調査を行った。これを受けて、ダスキンは記者会見を行ったが、未認可添加物の混入に加えて、事実隠蔽、B社に対する口止め料の支払い等が大々的に新聞報道された。ダスキンは、フランチャイズ店の売上が減少したことに対する補償等として、2003年3月までの決算期において、合計105億6100万円の出費を計上した。

　ダスキンの株主は、当時の取締役、監査役を被告として、株主代表訴訟を提起して105億6100万円の損害賠償を求め、各取締役、監査役について上記の範囲の民事責任が認められた（なお、前記の大阪高裁判決は、2008年2月12日、いずれも上告棄却により確定した）。

関連法令　食品衛生法10条等（当時は6条等）

発生原因　大阪高裁の判決では、甲乙による本件販売継続およびB社への金員の支払いが原因で会社に損害が生じたと判断された一方、未認可添加物の混入や本件販売継続自体について甲乙以外の取締役、監査役に善管注意義務違反があったとまではいえないが、①甲乙以外の取締役については、「自ら積極的に公表しない」という方針を採用し、消費者やマスコミの反応をも視野に入れたうえでの積極的な損害回避の方策の検討を怠った点において善管注意義務違反があり、②監査役については、自ら前記方策の検討に参加しながら以上のような取締役らの明らかな任務懈怠に対する監査を怠った点において善管注意義務違反があったと判断されている。

再発防止策　当時とられた再発防止策については、現時点では不明。

コメント　本事案は、不祥事の公表と経営判断との関係が問題になった重要な意義を有する事案である。大阪高判平成18・6・9判時1979号115頁においては、本件の事例を前提にした場合には、ダスキンの役員が「積極的に公表しない」という方針を前提に積極的な事後対応策をとらなかったことが不合理であると判断され、直接本件販売継続に関わっていなかった取締役、監査役にも善管注意義務違反が認められている。

さらに理解を深める　大阪高判平成18・6・9判時1979号115頁、大阪高判平成19・1・18判時1973号135頁

③　六本木ヒルズ回転ドア事故

当　事　者：ビル管理会社・森ビル株式会社（以下「森ビル」）、製造元・三和タジ
　　　　　　　マ株式会社（以下「三和タジマ」）、製造元親会社・三和シヤッター工
　　　　　　　業株式会社（以下「三和シヤッター」）

表 面 化 時 期：2004年3月

表面化の経緯：回転ドア製造元の親会社およびビル管理会社による記者会見

第三者委員会等：客観的資料により確認できなかったので記載せず

経営責任：森ビル常務辞任、森ビル代表取締役減俸、三和タジマ代表取締役ら減俸、
　　　　　　三和シヤッター代表取締役ら報酬一部辞退

行政処分：客観的資料により確認できなかったので記載せず

民事責任：客観的資料により確認できなかったので記載せず

刑事責任：三和タジマ取締役営業開発部長、森ビル常務取締役および森ビル担当部長
　　　　　　が、業務上過失致死罪で執行猶予付き有罪判決（東京地判平成17・9・30
　　　　　　判時1921号154頁）

事案の概要　　後記2004年3月26日に発生した事故（以下「本件事故」）の現場と
　　　　　　　　なった六本木ヒルズ森タワー（以下「森タワー」）は、2003年4月1
日に竣工された地下6階、地上54階建てのビルであり、森ビルは、森タワーの共用部
分を管理している。三和タジマは、同社が開発した直径4.8m、天井高2.4m、重さ約
2.7トンの大型自動回転ドア「シノレス」を、本件事故現場である2階メインエント
ランスに設置した（以下「本件シノレス」）。三和タジマ製の大型自動回転ドアでは、
2001年3月から本件事故時まで20件以上の傷害事故が発生していたが、そのうち森タ
ワーでの事故は13件、さらに、そのうち7件は8歳以下の児童が大型自動回転ドアに
出入りする際に起きていた。2001年頃に株式会社三越恵比寿店において続発した三和
タジマ製の自動回転ドアにおける挟まれ事故に対しては、飛び込み防止用パネルとゴ
ム製緩衝材を新たに設置したところ事故が発生しなくなったが、森タワーにおいて同
様の措置はとられなかった。

　2003年12月7日、6歳の女児が森タワー2階に設置された他のシノレスで戸先と固
定方立との間に体を挟まれるなどして頭部挫創等の傷害を負う事故が発生したことを
受け、三和タジマは、森ビルに対し、三越恵比寿店の自動回転ドアに設置された飛び
込み防止パネルとゴム製緩衝材を撮影した写真等を見せ、そこでは警備員も配置され

ていると説明した。これに対し、森ビルは、このパネルは見栄えが悪いなどとして、別の防止策を提案するよう求めた。森ビルは、自動回転ドア内への飛び込みを防止するため、本件シノレスを含む6台の大型回転ドアの入口右側に、ベルトパーテーションを置くこととした。警備員については、同年11月から、土日祝日に、通行人数の多い3台の大型回転ドアに配置していたが、本件シノレスはこれに含まれなかった。2004年2月、三和タジマは、進入防止柵の図面を作成したものの、森ビルが求めていた予算を満たさなかったこと等から、その完成には至らなかった。

2004年3月26日午前11時頃、母親とともに六本木ヒルズを訪れていた6歳、身長117cmの男児が、本件シノレスを通って森タワーに入ろうと、入口とベルトパーテーションとの間（約89cm）を通って閉じかけた回転ドア（秒速約80cm）を通ろうとした際、戸先と固定方立の間に頭部、顔面を挟まれ、脳損傷により死亡した。

| 関連法令 | 製造物責任法3条、民法717条（工作物責任） |

| 発生原因 | 東京地判平成17・9・30判時1921号154頁は、製品の製造者たる三和タジマは、通常有すべき安全性を備える製品を製造・販売すべきことはもとより、販売前後を通して、製品が有する危険性を正確にユーザーたる森ビルに開示し、安全対策を実現させるべきであるが、本件ではいずれも不十分であり、森ビルも、本件事故時までに大型自動回転ドアにおける傷害事故が多発していることは認識していたにもかかわらず、見た目や費用の問題から、ただちに十分な安全対策を講じることを怠った、と指摘している。 |

| 再発防止策 | 森ビルは、同社が管理するビルの大型回転ドアをすべて撤去し、また、本件シノレスを移設し、安全教育研修としてその動態保存視察を行うこととした。なお、本件事故を契機として、国交省と経産省が合同で「自動回転ドア事故防止対策に関する検討会」を設置し、2004年6月「自動回転ドアの事故防止対策に関するガイドライン」が策定され、また、これを受け、回転速度は秒速65cm以下とするなどのJIS規格（自動回転ドア−安全性）が定められた。 |

| コメント | 多数発生している類似事故を認知しながら、これへの迅速な対応を怠ったために大きな事故発生を防げなかった例である。 |

| さらに理解を深める | 自動回転ドア事故防止対策に関する検討会「自動回転ドアの事故防止対策について報告書」（2004年6月）、東京地判 |

平成17・9・30判時1921号154頁

4 三菱自動車リコール隠し

当　事　者：三菱自動車工業株式会社（以下「三菱自動車」）、三菱ふそうトラッ
　　　　　　ク・バス株式会社（2003年に三菱自動車のトラック・バス部門が独立
　　　　　　して発足、以下「三菱ふそう」）
表面化時期：2004年5月
表面化の経緯：国交省による公表
第三者委員会等：三菱自動車・企業倫理委員会（2004年6月29日設置、2007年5月21日
　　　　　　答申書〔以下「本件答申書」〕公表）

経営責任：元取締役、元執行役員10名に対し退職慰労金の一部返還要請
行政処分：客観的資料により確認できなかったので記載せず
民事責任：元取締役、元執行役員7名に対し損害賠償請求訴訟、その後和解
刑事責任：元社長、副社長らが業務上過失致死罪で執行猶予付き有罪判決
そ の 他：国交省からの2004年5月6日付警告文書の交付

事案の概要　　2000年、三菱自動車が、運輸省（当時。現・国交省）の検査で見つか
　　　　　　らないよう市場不具合情報を二重管理するとともに、リコールを行わ
ずに不具合を改修（指示改修）する方法により、リコール隠しを長年にわたり行って
いたことが、内部告発により発覚した。その結果、三菱自動車は、組織的なリコール
隠し・隠ぺい体質との厳しい社会的非難を受け、社長が引責辞任し、1998年4月以降
の不具合情報を調べてリコール届等を行うとともに、リコール隠しが行われた原因等
につき社内調査を実施し、再発防止策を策定した。
　ところが、2002年に、大型トラックのハブ破損とクラッチハウジング破損による2
件の死亡事故が発生し、2003年に、これらに関連して三菱自動車の元役員等が逮捕さ
れ、2004年には、三菱ふそうから、ハブとクラッチハウジングの欠陥についてリコー
ルの届出がなされた。さらには、乗用車における過去の指示改修の問題も顕在化し、
1998年のリコール隠しの調査に不十分な点がありリコール手続未了の案件が多数ある
ことが判明した。そして、国交省は、2004年5月6日、三菱ふそうから届出のあった
リコールに関し、三菱自動車（当時）の道路運送車両法のリコールに係る業務につい
ての法令違反（虚偽申告）が判明したとして神奈川県警察本部に告発するとともに、
三菱自動車および三菱ふそうの社長に対し、厳重注意およびリコール業務適正化のた
めの指示についての警告書を交付した。
　これにより、三菱自動車は、「2度目のリコール隠し」があったとして、社会から

厳しい批判を受け、販売台数の激減による深刻な経営危機に至った。

　三菱自動車は、2004年5月、経営トップが「過去の膿はすべて出し切る」との決意を示し、社内の全部門から延べ4000名を動員して、期限を限定せずに品質情報を回収・精査し、同年9月28日までに必要なリコール届出等の措置を完了した。また、社外弁護士による事実関係調査を実施し、2005年3月30日、国交省に把握できた原因と改善施策を報告するとともに、関係者の処分を公表した。2007年1月時点での回収実施車両数は、リコール届出車両約11万台のうち8万4000台に上った。

関連法令　　道路運送車両法

発生原因　　本件答申書によると、直接的には、1998年のリコール隠しの調査に不十分なところがあったことが原因であるが、根本的には、コンプライアンス意識の欠如、「リコールはイメージダウンなのでできるだけ出したくない」というリコール制度に対する誤った理解の存在、リコール隠しが可能となるリコール業務プロセスの存在等が原因であると考えられる。

再発防止策　　経営トップによる「企業倫理遵守最優先宣言」と、信頼回復のための組織改正（品質関連業務の品質統括本部への統合・CSR推進本部の新設・企業倫理委員会の新設）を行ったうえ、経営トップが率先垂範して、①コンプライアンスの浸透・定着活動：(i)企業倫理遵守推進体制の整備、(ii)企業倫理遵守プログラムの実践、(iii)「三菱自動車企業倫理」の見直し、(iv)過去の過ちを風化させないための施策、(v)三菱自動車グループ各社への浸透活動、(vi)企業風土改革への取組み、(vii)内部通報制度の充実、(viii)企業倫理浸透度調査、②品質向上への取組み：(i)リコール業務の適正化（プロセス改善、透明性、適正性）、(ii)開発段階での品質の造り込み、(iii)製造段階での品質の造り込み、③顧客・一般消費者への取組み：(i)お客様満足度向上への取組み、(ii)社会（一般消費者）との交流、(iii)情報開示への取組みを進めた。

コメント　　2000年のリコール隠し発覚後の対応が十分でなかったことが、2002年の死亡事故の発生と2004年の「2度目のリコール隠し」の原因となり、それらが社会からの信頼喪失と深刻な経営危機につながった事案である。人命に関わる自動車の製造企業に求められるコンプライアンス意識、企業倫理観、品質管理・品質保証のあり方を再認識させる事案であるが、信頼回復のため、社外の有識者からなる企業倫理委員会を設置し、「社外の目」「世間の常識」という視点から、経営陣に意見を述べてもらい、コンプライアンス体制の強化につなげた点が参考になる。

さらに理解を深める　　国交省自動車交通局技術安全部審査課リコール対策室「三菱自動車製大型車に係る不正行為に対する対応について」（2004年5月6日）、本件答申書

5 松下電器石油温風機一酸化炭素中毒

当　事　者：松下電器産業株式会社（以下「松下電器」）
表面化時期：2005年4月
表面化の経緯：松下電器による社告
第三者委員会等：なし

経営責任：客観的資料により確認できなかったので記載せず
行政処分：2005年11月29日付消費生活用製品安全法82条に基づく緊急命令
民事責任：客観的資料により確認できなかったので記載せず
刑事責任：客観的資料により確認できなかったので記載せず

事案の概要　2005年1月5日、福島県のペンションにおいて、松下電器製の石油温風機から漏れた一酸化炭素により、1名が死亡、1名が重体となる事故が発生し、その後も2月23日、4月13日に長野県において同型の石油温風機を原因とする同様の事故（いずれも一酸化炭素中毒）が発生した。同月21日、松下電器は、自主的に社告を行い、エアホースの交換、送風系統、給排気筒等の点検を開始したが、同年11月21日にも長野県において同型の石油温風機を原因として1名が一酸化炭素中毒により死亡する事故が発生した。これら一連の事故は、給気用エアホースに入った亀裂から一酸化炭素が漏えいしたことが原因で発生した可能性が高いと考えられていた。

　経産省は、2005年11月29日、松下電器に対し、消費生活用製品安全法82条に基づき、1985年から1992年に製造された「FF式石油温風機」および「石油フラットラジアンヒーター」の25機種について、回収または点検および改修、危険性の周知等必要な措置をとるべき旨の緊急命令を発動した。

　その後、2005年12月2日、山形県において1名が一酸化炭素中毒で重体となる事故（5件目）が発生したが、同事故は、松下電器の自主改修作業によりすでに同年10月8日に部品の交換を済ませていた製品によるものであった。

　松下電器は、前記の緊急命令以降、「FF緊急市場対策本部」を設置し、テレビや新聞等のメディアを通じた告知、大規模な顧客への注意喚起活動、重点地区における巡回訪問等の製品の探索・回収活動等を行い、「FF緊急市場対策本部」の解消後も、「FF市場対策本部」を中心に対策を継続し、2023年3月現在で総販売台数15万2132台のうちの約78%の状況を把握するに至った。

関連法令 消費生活用製品安全法39条（当時は82条）

発生原因 独立行政法人製品評価技術基盤機構（以下「NITE」）の調査報告書によれば、①石油温風機の二次エアホースにオゾンや熱等による劣化から亀裂が生じて孔に発展、②孔の成長で二次空気の供給不足、不完全燃焼、一酸化炭素の高濃度化がもたらされる、③二次エアホース内の送風圧力が低下し、一酸化炭素の逆流が起きる、④さらに給排気筒の閉塞等、事故ごとにそれぞれ他の異状要因も加わり、一酸化炭素濃度の増加や逆流を生じさせたものと推測されている。ただし、個別事故ごとの原因特定は困難であったとされている。

再発防止策 松下電器の発表によれば、松下電器グループは、本件の発生を受け、製品安全対策として、①品質本部傘下に「製品安全統括センター」、「ライフエンド製品安全センター」、「安全・技術法規グループ」等の製品安全の専門組織の設置、②松下電器グループの安全規格の改定・強化、③重要品質予兆の収集・監視の仕組みの構築、④長期使用製品への対応プロジェクトの発足等の取組みに加え、経営責任者から第一線の従業員に至るまで安全教育を実施するなど、従業員の意識風土の改革にも取り組んだ。

コメント 本件は、石油温風機から漏洩した一酸化炭素による中毒事故であり、2名が死亡するという深刻な結果が出たことや、経産省の緊急命令に基づき、松下電器が大規模なリコール活動を展開したことから、当時大きく報道された。松下電器は、比較的早い段階で自主的にリコールを開始したが、一度自主改修した製品を原因とした事故が事後的に発生するなど、事故原因に不明確な点があった。

　本件では、松下電器は、幅広い告知活動、重点地区について一軒一軒巡回訪問するなどの徹底した製品の探索活動と回収活動を継続的に行っており、同様の製品事故が起きた場合の事後対応の1つのあり方として参考になるものと思われる。

さらに理解を深める NITE「石油温風暖房機事故の原因究明等に関する調査報告書」（2006年5月）、経産省「松下電器産業㈱に対する消費生活用製品安全法第82条に基づく緊急命令について」（2005年11月29日）、松下電器「FF式石油温風機及び石油フラットラジアントヒーター緊急対策の進捗状況と今後の活動および製品安全対策の取り組みについて」（2006年5月16日）、「ナショナルFF式石油暖房機事故再発防止に向けた市場対策の取り組みについて」NITE生活安全ジャーナル6号（2008年3月）15頁

6　パロマ給湯器一酸化炭素中毒

当　事　者：パロマ工業株式会社（以下「パロマ工業」）、株式会社パロマ（以下
　　　　　　「パロマ」、パロマ工業とパロマをあわせて「パロマ両社」）
表面化時期：2006年7月
表面化の経緯：2006年6月、10年前に心不全による病死と説明を受けていた子の死体
　　　　　　検案書を入手した遺族が、解剖所見欄に一酸化炭素中毒を示す記述を
　　　　　　見て警視庁に再捜査を依頼。同年7月、警視庁が経産省に事故情報等
　　　　　　を照会。経産省はパロマ工業から事情聴取のうえ、事案を公表
第三者委員会等：第三者委員会（2006年8月24日設置、同年12月21日「事故の再発防止
　　　　　　と経営改革に関する提言」公表〔ただし公開サイト閉鎖済〕）

経営責任：パロマ両社の取締役計11人の年末賞与を全額カット
行政処分：2006年8月28日、経産省は、パロマ工業に対し、消費生活用製品安全法に
　　　　　基づき点検・回収等の緊急命令。さらに2008年6月25日、同社の管理体制
　　　　　が不十分であるとして同法に基づき危害防止命令
民事責任：パロマ工業に対し、2005年11月27日に発生した2名の死傷事故について計
　　　　　約8700万円の賠償責任を認めた例（札幌地判平成23・3・24裁判所ウェブ
　　　　　サイト）等、複数の訴訟が提起されている
刑事責任：パロマ工業の代表取締役および取締役に対し、業務上過失致死傷罪で執行
　　　　　猶予付き有罪判決（東京地判平成22・5・11判タ1328号241頁）

事案の概要　　パロマ工業が1980年から1989年までに製造し、パロマが販売した半密
　　　　　　　　閉式ガス瞬間湯沸器のうちの7機種（以下「本件湯沸器」）について、
安全装置の不正改造等を原因とする排気ファンの作動不良等による一酸化炭素中毒事
故が1985年から2005年までの間に28件発生、21人が死亡した事件である。
　本件湯沸器は、コントロールボックスと呼ばれる部品に通電し強制排気装置が作動
する場合にのみ点火・燃焼する構造であり、はんだ割れ等の原因によりコントロール
ボックスが故障すると点火・燃焼できなくなる。この場合、コントロールボックスを
交換することが正しい修理手順であるが、修理者が交換部品を所持していない、また
はコスト面で消費者が交換を望まないといった理由により、コントロールボックスを
介さない直列回路をつくる手法（短絡）が、一定の年月をかけて、全国のパロマサー
ビスショップの従業員等の間に広まった。この手法によればコントロールボックスが

故障したままでも点火・燃焼が可能となるが、通電しておらず強制排気装置が作動しないときでも点火・燃焼できることとなる。よって、電源プラグが抜け落ちるなどの状態で本件湯沸器が使用されれば、強制排気装置が作動せず不完全燃焼となり、多量の一酸化炭素が排出されて室内に滞留し、一酸化炭素中毒を引き起こす結果となる。

　パロマは、1985年、前記のような不正改造を原因とする事故を認知し、1988年から、営業所、サービスショップ等に対し、不正改造によって事故が発生することを告知し不正改造をしないよう注意喚起を行った。1995年にパロマおよびガス器具点検修理業者らを被告として提起された民事訴訟判決では、販売当時の湯沸器に瑕疵はなく上記のとおり注意喚起も行っていたとしてパロマの責任を認めず、ガス器具点検修理業者のみの責任を認めた（札幌高判平成14・2・7裁判所ウェブサイト）。

関連法令 消費生活用製品安全法39条（当時は82条）、製造物責任法3条

発生原因 前記刑事裁判において、パロマ両社は、本件湯沸器に欠陥はなく、不正改造がされた結果危険を生じたにすぎず、不正改造を行った修理業者は独自の事業主体であるし、修理業者等に対し事故発生の告知や不正改造をしないよう注意喚起も行っていたのであり、利用者に危険を告知したり製品を回収する法的義務は負わないと主張した。これに対して裁判所は、パロマ両社は修理業者等に対し、いつ、どこで、どのような事故が発生したかを具体的に伝えておらず、「短絡」の発見、是正についても、修理等の業務機会をとらえて点検することを指示したにとどまったのであり、「短絡」の危険性を十分に認識させ、その禁止、発見・是正を徹底させる方策として十分なものではなく、①マスメディアを利用した広報等により不正改造や一酸化炭素中毒事故の危険性について注意喚起を徹底し、②物理的に把握可能な範囲まで不正改造の有無を確認し、不正改造製品については回収するという安全対策をすべきであった、と判断した。

再発防止策 執筆時点においても、本件湯沸器の回収を継続している。組織上の再発防止策は「事故の再発防止と経営改革に関する提言」が非開示となったため不明。

コメント 本件は、自社の製品に欠陥はなく消費者または第三者の行為によって損害が発生しているように見える場合であっても、すみやかに事故の拡大防止のための十分な対策をとるべきことを示す例である。類似事件であるが企業価値の減損を免れた例とされる **本書5** も参照されたい。

さらに理解を深める 経産省「製品安全対策に係る総点検結果とりまとめ」（2006年8月28日）、東京地判平成22・5・11判タ1328号241頁、札幌地判平成23・3・24裁判所ウェブサイト

⑦　不二家消費期限切れ原料使用

当　事　者：株式会社不二家（以下「不二家」）

表面化時期：2007年1月

表面化の経緯：当時不二家が依頼した外部コンサルタント会社の報告資料の一部が外部に流出し、マスコミの知るところとなった

第三者委員会等：株式会社不二家信頼回復対策会議（2007年1月29日設置、同年3月30日最終報告書公表）

経営責任：代表取締役が辞任

行政処分：2007年1月23日農水省消費安全局より厳重注意、同月30日大阪府泉佐野保健所より改善指示、同年2月2日埼玉県川口保健所より厳重注意

民事責任：客観的資料により確認できなかったので記載せず

刑事責任：客観的資料により確認できなかったので記載せず

事案の概要　①不二家埼玉工場で原料としていた牛乳は、製造日＋4日の消費期限が付されていたが、同工場においては、加熱工程を経る商品について、消費期限切れ牛乳を原料としても品質上の問題が発生することはありえないという経験則上の確信に基づき、消費期限切れ牛乳を原料として使用していた。また、生クリーム、卵、ジャムについても、同様に消費期限または賞味期限切れのものを原料として使用していた。同種行為は最も古いもので2000年に遡る。②不二家においては、プリンは製造日から8日間が可食期間であるとの判断に基づき、これに安全率80％をかけて、社内基準として「製造日から6日間」を消費期限と定めていたが、埼玉工場および大阪工場の現場担当者、製造課長、生産管理課長、工場長は、消費期限を1日または2日延長して表示した。③埼玉工場において、防鼠に関する対応が十分でない、また、同工場で生産したシューロールについて、細菌数1万個以下/gとの社内基準を超える640万個/gの商品を出荷するなど、全般的な衛生上の問題が存在すると指摘された。

　事件発覚後、連日のようにマスコミに取り上げられ、不二家の製品に対する信頼失墜につながった。また、約2か月間の生産・販売の自粛を余儀なくされた。

　その後、山崎製パン株式会社より衛生管理等の業務支援を受け、のちに同社と資本提携して2008年には同社の連結子会社となった。

関連法令　食品衛生法10条

発生原因　株式会社不二家信頼回復対策会議「信頼回復対策会議最終報告書」（2007年3月30日）によれば、衛生管理、品質管理が経験と勘に依存しており、その適正さを客観的に担保する社内体制が構築されていなかった。消費期限内の使用という法令遵守に反する事態が生じやすい状況や、社内基準と製造現場の実態との不適合が存在したにもかかわらず、これらが是正されなかった。事業本部ごとの縦割りに加え、製造から販売まで、不二家工場、不二家直営店またはFC店という不二家内部で完結する体制となっており、第三者の目が入る機会がなかったことが原因とされている。

再発防止策　不二家「不二家の再生に向けて」（2007年4月18日）によれば、経営体制を刷新するための「改革推進本部」の設置、社長直轄組織として品質保証本部、広報室、企業倫理審査室の設置、外部有識者による「『外部から不二家を変える』改革委員会」の設置、形骸化した規則・マニュアルの再整備、情報開示ルールの整備を実施しているとのことである。

コメント　本件は、食中毒等の具体的な健康被害が発生していない中で、重大な信用失墜につながった例である。つまり、客観的な安全や品質の面での問題がなくとも、安全や品質に対して信頼と安心を確保するための客観性のあるシステムが整備されていることが重要であるといえる。また、外部コンサルタント会社から消費期限切れ原料の使用の事実について指摘を受けながら、事実公表、原因究明および問題の根本的解決を図ろうとせず、逆に、マスコミの取材を受けた途端、事実の確認がとれていない事項等を含めて公表したが、確認がとれていない事項であるがために明確な回答に至らず、かえって隠蔽というイメージを増大させるなど、発表・広報の重要性および難しさにおいて、危機管理対応の参考になる事案である。

さらに理解を深める　株式会社不二家信頼回復対策会議「信頼回復対策会議最終報告書」（2007年3月30日）、不二家「不二家の再生に向けて」（2007年4月18日）

8 タカタエアバッグ大量リコール

当　事　者：タカタ株式会社（以下「タカタ」）ならびに米国子会社TK HOLDINGS
　　　　　　INC.（以下「TKH」）ほかグループ各社（以下タカタとあわせて「タ
　　　　　　カタグループ」）

表面化時期：2008年11月

表面化の経緯：各自動車メーカーがタカタグループ製造のエアバッグを搭載した車種
　　　　　　についてリコールを実施

第三者委員会等：第三者品質保証委員会（2014年12月8日設置、2016年2月監査結果報
　　　　　　告書公表）

経営責任：客観的資料により確認できなかったので記載せず

行政処分：2015年11月3日、TKHは米国運輸省道路交通安全局との同意指令への合
　　　　　意に基づき7000万米ドルの民事制裁金を負担

民事責任：客観的資料により確認できなかったので記載せず

刑事責任：2017年1月13日、タカタは米国司法省から2500万米ドルの罰金

そ　の　他：2017年1月13日、タカタは米国司法省との間で、被害者のための1億2500
　　　　　万米ドルの補償基金および自動車メーカーのための8億5000万米ドルの補
　　　　　償基金の設立に同意

事案の概要　　タカタは、シートベルト、エアバッグ等の自動車安全部品の世界的な
トップメーカーの1つであった。しかし、2007年頃から、タカタグ
ループが製造したエアバッグについて、膨張ガスを発生させてエアバッグを膨張させ
る部品インフレータが破裂し、その金属片による死亡事故等が生じるなど、インフ
レータ関連の不具合が判明した。そのため、2008年11月以降、各自動車メーカーは、
タカタグループの製造したエアバッグを搭載した車種についてリコールを繰り返し実
施した。各自動車メーカーが要したリコール費用の一部はタカタグループの巨額の債
務となる可能性があり、信用収縮・資金繰り悪化の要因となった。

　そして、TKHは、2015年11月3日、米国運輸省道路交通安全局との間で、同意指
令に同意し、7000万米ドルの民事制裁金の支払義務を負った。また、タカタは、2017
年1月13日、米国司法省との間で、司法取引に合意し、自動車メーカーに対して提供
した試験データおよびその報告の不備について通信詐欺の有罪を認め、2500万米ドル
の罰金を科されるとともに、被害者のための1億2500万米ドルの補償基金および自動
車メーカーのための8億5000万米ドルの補償基金の拠出義務を負った。さらに、2015

年2月頃から、カナダ・米国等においてタカタグループに対して損害賠償等を求める多数の集団訴訟が提起された。

　タカタは、エアバッグインフレータに関連する財務上・オペレーション上の問題に対応するため、2016年2月、包括的な再建計画を策定することを目的として外部専門家委員会を設立した。同委員会は、私的整理により再建を図ることが製品の安定供給に資するとの考えに立ち、米国の自動車部品会社キー・セイフティー・システムズ社をスポンサー候補として推挙した。しかし、私的整理による再建計画はステークホルダーおよびスポンサー候補との間で合意に至らなかったため、タカタは、同社との間で事業譲渡に関する基本合意を締結したうえ、タカタおよび国内子会社2社は、2017年6月26日、東京地裁に民事再生手続開始を申し立て、タカタおよび海外子会社12社は、米国において米国連邦破産法11条に基づく再建手続を進めることとした。その後、タカタは、前記事業譲渡を了し、2018年5月23日、東京地裁から、民事再生計画の認可決定を受けた。

関連法令　米国合衆国法典18§1343（通信詐欺罪）

発生原因　タカタは、米国司法省との司法取引の合意に関する2017年1月14日付適時開示において、自動車メーカーに提供したタカタ製インフレータの性能検証試験データおよびその報告に不備があったことを認めた。

再発防止策　タカタは、2017年1月14日付適時開示において、データの正確性ならびにインフレータの安全性および品質向上に向け、①グローバルな内部通報制度の機能向上やコンプライアンスプロセスの強化、②正確で信用できる性能検証試験データ結果を保存するための試験手順・データ管理の改善、③元米国運輸省長官を委員長とした独立した品質保証委員会の設立、④TKHの品質保証部門への人員増強、インフレータグループ・TKHの安全部門への投資、⑤リコール回収率向上のための多大な資源投入の取組み、米国での市場措置周知のための自動車部品メーカーとしては初のターゲットを絞ったデジタル広告キャンペーンの展開をしていると発表した。

コメント　製品の欠陥の把握が自動車メーカー頼みになり、タカタグループ自らが製品の欠陥を見つけ改善する姿勢に欠けていた結果、長期にわたって、被害の発生および各自動車メーカーによるリコールが繰り返され、最終的には、巨大な債務を負担する結果となり、民事再生手続等に至った事案である。

さらに理解を深める　タカタ「米国運輸省道路交通安全局（NHTSA）との同意指令への合意に関するお知らせ」（2015年11月4日）、同「スキナー元米国運輸長官が委員長を務める第三者品質保証委員会の監査結果報告書について」（2016年2月3日）、同「外部専門家委員会による公表について」（2016年5月27日）、同「米国司法省との合意について」（2017年1月14日）、同「民事再生手続開始の申立て等に関するお知らせ」（2017年6月26日）

9　カネボウ美白化粧品白斑

当　事　者：株式会社カネボウ化粧品（以下「カネボウ」）

表面化時期：2013年7月

表面化の経緯：2013年5月13日に岡山県内の大学病院の医師からの問合せを受けて、
カネボウ本社が調査を開始し、白斑の発生を公表

第三者委員会等：2013年7月12日法律事務所への調査依頼、同年9月11日調査報告書
（以下「本件報告書」）公表

経営責任：カネボウの花王グループにおけるカネボウブランド運営事業会社化、役員
報酬の一部返上

行政処分：客観的資料により確認できなかったので記載せず

民事責任：2019年3月31日時点でカネボウが白斑様症状を確認した1万9600人のうち
1万8404人と和解

刑事責任：客観的資料により確認できなかったので記載せず

そ　の　他：厚労省による回収指導

事案の概要　カネボウは、2008年1月25日、厚生労働大臣から承認を受け、美白成
分ロドデノールを含有する各種美白化粧品を製造販売してきた。

　カネボウにおいては、製品に関して顧客から寄せられた情報を集約し、社内で共有
化して活用するための「エコーシステム」があった。しかし、白斑は化粧品由来のも
のではなく個人の病気であると認識されていたため、白斑に関する訴えは、エコーシ
ステムに登録されないか、登録されても「身体トラブル等」ではなく「問い合わせ
（照会）」に分類され、エコーシステムは、本来の機能を発揮していなかった。

　2011年10月、顧客から白斑に関する訴えがあり、その後、2012年前半にかけて、顧
客およびBC（ビューティカウンセラー）からも数件の白斑に関する訴えがあったが、
カネボウは、病気であることを前提に特段の対応をしなかった。

　2012年9月4日、白斑を訴える顧客がカネボウの紹介した大阪府内の大学病院で診
察を受けたところ、「断定できないが、発症の素因を持ち、化粧品がトリガーになっ
た可能性がある」という医師の診断結果が出た。この結果は、本社担当部署に知らさ
れた。同年7月以降も、カネボウは、顧客・BC・販社担当者らから、白斑症状に関
する指摘・問合せを複数受けたが、具体的対応はとらなかった。

　2013年5月13日、岡山県内の大学病院の医師からカネボウの価値創生研究所研究員
に同社化粧品を使用したことにより白斑が生じたと思われるという内容の電子メール

が届いた。カネボウ本社は、前記メールを受信後、エコーシステムに入力された情報を調査し、17件程度の類似の指摘や問合せ事例を発見した。また、同月22日、同社の関係医師から、「ロドデノールが白斑の原因（トリガー）になっている可能性が高い」という見解を得た。研究・技術部門統轄は、会長、社長に対して、同月29日、販売中止の必要性を、6月3日、岡山県内の大学病院の医師から受けた説明内容を報告した。社長は、対策プロジェクトを立ち上げ、同月24日、経営会議において、対策プロジェクトを対策本部として、原因の究明、対応策の協議を行い、同月28日の経営会議において自主回収を行うことを決定した。そして、カネボウは、7月4日、白斑の発生を公表し、製品の自主回収を開始した。

　日本皮膚科学会の特別委員会は、2013年9月7日、現時点でロドデノールと白斑の因果関係を結論づけるのは難しい旨を報告し、厚労省は、同年10月11日、専門家からなる厚生労働科学研究班を立ち上げ白斑の原因分析を進めることとした。

　一方、被害者数は、2019年3月31日時点で、1万9600人に上り、全国各地に被害者弁護団が結成され、カネボウを被告とする多数の損害賠償請求訴訟が提起されている。

関連法令　製造物責任法3条

発生原因　本件報告書は、遅くとも2012年9月4日に大阪府内の大学病院の医師からロドデノールがトリガーとなる可能性があるとの知見を得た時点で、因果関係の存在を疑って適切な対応措置をとるべきであった、また、岡山県内の大学病院から指摘を受けて確定的に因果関係を認識した後公表までに約2か月を要したのは、遅きにすぎると評価している。

再発防止策　親会社の花王株式会社は、2013年10月8日、「安全・安心」をしっかり担保していくためにグループの化粧品事業を支える研究・生産部門を一体化し、カネボウをブランド運営のための事業会社化する旨を発表した。

コメント　白斑は自己免疫疾患という思い込みを背景に、リスク情報が適切に対応部署に伝わらないという情報伝達システム設計上の問題が被害を拡大させた事案である。また、ロドデノールと白斑の医学的因果関係を断定できない状況にあったとしても、ロドデノールがトリガーとなって被害発生のおそれがあるとの知見を得た段階から、公表方法の工夫や早期の自主回収を行っていれば、その後の被害の拡大とブランド価値の毀損という二次不祥事を避けることができた可能性があり、企業の社会的責任も踏まえた実際の危機対応における難しさを感じさせる事案である。さらに、子会社管理およびグループ内部統制の難しさを感じさせる事案でもある。

さらに理解を深める　本件報告書、厚労省医薬食品局安全対策課「美白美容液による白斑問題への対応について」（2013年11月12日）

10 　東洋ゴム免震積層ゴム検査データ改ざん

当　事　者：東洋ゴム工業株式会社（以下「東洋ゴム」）および東洋ゴム化工品株
　　　　　　式会社（以下「東洋ゴム化工品」）

表面化時期：2015年2月

表面化の経緯：2013年1月の性能検査業務担当者が上司に報告。2015年2月6日出荷
　　　　　　停止決定。同月9日、国交省へ報告。3月13日、不正免震材料の交換
　　　　　　改修の方針を発表

第三者委員会等：国交省・免震材料に関する第三者委員会（2015年3月31日設置、同年
　　　　　　7月29日報告書〔以下「第三者委員会報告書」〕公表）、東洋ゴム・
　　　　　　「免震積層ゴムの認定不適合」に関する社外調査チーム（2015年2月
　　　　　　6日設置、同年6月22日調査報告書〔以下「社外調査チーム調査報告
　　　　　　書」〕公表）

経営責任：代表取締役らの辞任、降格、退任および役員報酬の一部返上

行政処分：建築基準法37条2号の国土交通大臣認定の取消し（自主撤下申請）

民事責任：東洋ゴム化工品のマンション販売業者に対する約3億円の損害賠償責任
　　　　　（不法行為・製造物責任法3条）が認められた。同業者の東洋ゴムに対す
　　　　　る製造物責任法3条による責任は否定（東京地判平成29・2・27公刊物未
　　　　　登載〔D1-Law28260534〕〔確定〕）

刑事責任：東洋ゴム化工品が不正競争防止法違反（虚偽表示）の罪により罰金1000万
　　　　　円（枚方簡判平成29・12・12公刊物未登載〔2017WLJPCA12126003〕）。
　　　　　書類送検された東洋ゴム前社長ら18名は不起訴処分との報道（2017年12月
　　　　　12日付日本経済新聞）

そ　の　他：東洋ゴム元取締役16名に対して株主代表訴訟提起（東洋ゴムの2016年8月
　　　　　26日付プレスリリース参照）

事案の概要　2015年3月17日以降、国交省は東洋ゴムに対する立入検査、ゼネコン
関係者、指定性能評価機関およびISO9001の認証機関のヒアリング、
免震材料の他の製造事業者への調査を実施した。免震材料は、建築基準法37条に基づ
く国土交通大臣が定める、いわゆる指定建築材料であり、国土交通大臣指定の指定性
能評価機関の定める品質に関する技術的基準に適合していることが必要である。東洋
ゴムは、この免震材料の性能評価・大臣認定の取得にあたり、不正の製品データや試
験結果を提出して、性能評価・大臣認定を受けた。また、大臣認定で定められた基準
値に適合しない製品について、性能値を改ざんし製造出荷していた。東洋ゴムの前記
行為は、ほぼすべて2013年夏頃の免震積層ゴムに関して行われており、その期間は10

年以上に及んでいた。

　2013年夏頃、東洋ゴムの免震積層ゴム性能検査業務担当者は、開発技術部長に対し、免震ゴムの出荷時性能検査における技術的根拠が不明である旨報告し、2014年５月、東洋化工品社長に対し、大臣認定の基準を充足していない製品が製造販売されている可能性を報告した。同年７月、東洋ゴム社長（以下「社長」）は、製品の出荷時性能検査および大臣認定申請で技術的根拠のない補正がなされていることや、大臣認定申請の際に実測に基づかない数値が使用されている旨の報告を受けた。2014年９月には、社長らが出席する会議にて免震積層ゴム製品の出荷停止の準備と国交省への報告を行う旨の確認がなされたが、その後、出荷予定品につき、大臣認定基準に適合させることが可能である旨の報告があったため、同確認は同日中に撤回された。同年10月には、社長出席の会議において、大臣認定基準に適合しない物件数につき報告がされ、リコールの可否につき検討がされていた。2015年１月30日の社長同席の会議において、出荷済みの製品（GO.39）は最初の物件を除き、大臣認定の基準に不適合であることを認識したが、同年２月３日および４日に出荷が予定されていた同製品の出荷は停止されなかった。同月６日の社長および会長出席の会議において、製品の新規出荷を停止し、国交省への報告を行うことが決定され、同月９日国交省へ報告がされた。３月13日以降、東洋ゴムは、関係者の意向に反しない限り大臣認定不適合等の免震積層ゴムの全数を適合製品に交換する方針を公表した。

関連法令　建築基準法37条、不正競争防止法21条２項５号、22条１項３号（当時は１項）

発生原因　免震材料の開発・製造の技術力が不十分であったのに先行他社に追いつくために最初の大臣認定取得時から不正を行った。また、免震材料の開発・設計担当者の人員体制が不十分であった。大臣認定および製品出荷のほぼすべてにおいて、不正が行われ、この事実は後任者に引き継がれ、部を超えて認識されていたが規範意識の鈍麻により改善が図られることはなかった。社内のチェック体制も不十分なため、是正が図られなかった。経営陣の意識・判断が甘く楽観的な認識にとどまったため、不正の疑いが認識された後においても迅速な対応がされなかった。

再発防止策　2015年６月23日、緊急品質監査等の緊急対策、品質保守部門の組織再編・権限強化、コンプライアンスオフィサー制度の導入等をはじめとする継続対策を講ずることを公表した。

コメント　本件を受け、国交省住宅局は、大臣認定制度の審査の強化を図るため、大臣認定申請者が工場等で行う試験に立ち会うなどの実地確認を実施するなどの措置を講ずることとし、建築基準法施行規則、省令ならびに関連告示の改正を行った（2015年７月30日）。

さらに理解を深める　第三者委員会報告書、社外調査チーム調査報告書、社内調査報告書、東京地判平成29・２・27公刊物未登載（D1-Law 28260534）

11 旭化成建材杭工事施工データ流用

当　事　者：旭化成建材株式会社（以下「旭化成建材」）

表面化時期：2015年10月

表面化の経緯：旭化成建材による公表

第三者委員会等：旭化成株式会社（以下「旭化成」）社内調査委員会（2015年10月14日設置、2016年2月9日「旭化成建材株式会社が施工した杭工事の施工データ流用の問題に関する中間報告書」〔以下「中間報告書」〕公表）、旭化成外部調査委員会（2015年10月22日設置、2016年1月8日「中間報告書（旭化成建材株式会社の杭工事施工物件におけるデータ流用等に関する件）」〔以下「外部調査報告書」〕公表）。なお、最終報告書は客観的資料により確認できなかったので記載せず

経営責任：旭化成および旭化成建材の代表取締役社長らの退任

行政処分：建築業法28条1項に基づく指示処分、同条3項に基づく営業停止処分（15日間）、同法41条1項に基づく勧告（いずれも2016年1月13日）

民事責任：客観的資料により確認できなかったので記載せず

刑事責任：客観的資料により確認できなかったので記載せず

そ の 他：建築主である三井不動産レジデンシャル株式会社（以下「三井不動産レジ」）が施工会社および杭施工を行った下請会社（旭化成建材を含む）を被告として提訴（三井不動産株式会社の2017年11月28日付プレスリリース）

事案の概要　三井不動産レジが販売した横浜市都筑区のマンション（2007年竣工、以下「本件マンション」）は合計8棟705戸からなる共同住宅であるところ、渡り廊下の手すりに段差が生じている旨住民が指摘したことを契機に、約2.4cmの傾斜が生じていることが発覚した。本件マンションの建築主は三井不動産レジ、元請業者は三井住友建設株式会社（以下「SMC」）、基礎杭工事に関し、一次下請業者は株式会社日立ハイテクノロジーズ（以下「日立ハイテク」）、二次下請業者は旭化成建材であった。

　旭化成建材は、2005年12月9日から2006年3月10日までの間に、既製コンクリート杭合計473本を施工し、同年4月、日立ハイテクに施工報告書（以下「本件施工報告書」）を提出した。杭工事に採用された工法は埋込み工法の一種であり、簡略化すれば、所定の支持層（建物を支える固い地盤）に到達するまで杭を挿入するための孔を掘削し、その孔に杭を埋設する工法であるところ、杭が所定の支持層に到達したか否かは、杭打ち機に設置された電流計の値（以下「電流計データ」）や、杭打ち機から

伝わる振動や音の変化等、複数の方法を複合的に用いて判断し（電流計データのみから正確な地盤強度を測定することには限界があり、判断の一要素にとどまる）、取得した電流計データは、施工報告書に添付することとされていた。電流計データは、杭工事の現場責任者が管理等していたが、ペンレコーダー型のアナログ式のもので、湿気による記録紙の詰まりや風雨による記録紙の汚損等により電流計データの欠落が生じやすい状況にあったほか、現場責任者はその他の業務や雑務に追われ、電流計の作動状況を常に確認できていたわけではなく、この点もデータの欠落が生じる要因となっていた。現場責任者は、本件施工報告書の作成に際し、欠落した電流計データについて、別の杭の電流計データの記録紙をコピーして添付するなどしてデータを流用していた。なお、外部調査報告書によれば、現場責任者は、あくまでもデータの欠落を補うために流用を行ったものであり、支持層への未達等の施工上の不具合を隠ぺいする目的でデータの流用を行った事実はないと述べているとのことであり、後述の民事訴訟では、施工不良の存否も争点になるものと思われる（外部調査報告書では、流量計データの流用の問題も指摘されているが、本稿では省略した）。

関連法令　建設業法28条１項、28条３項、41条１項

発生原因　外部調査報告書によれば、①電流計等のハード面の問題（風雨等の外部環境に弱い、電子データとして記録する仕組みがないなど）、②現場における体制面の問題（現場責任者の多忙、現場責任者と施工人員との連携不足等）、③現場責任者らの意識の問題（支持層到達確認の一指標にすぎない、データ流用の常態化等）、④管理体制等の問題（データが欠落した場合の対応方針の不備等）等が指摘されている。

再発防止策　外部調査報告書によれば、①ハード面の改善、②データ管理、データ欠落時のルールの策定、③適切な管理体制・教育体制の構築等が挙げられている。

コメント　社会的耳目を集めた事例である。現場責任者は２名いたが、うち１名は施工人員との連携がとれていたため、現場を離れるときも施工人員がフォローすることでデータの欠落を生ずることがなかった。現場におけるチームワークの乱れが不祥事につながった事例ともいえる。なお、本件マンションは全棟建替えが決定したところ、三井不動産レジは、2017年11月28日、杭の一部が支持層に未到達であったとして、SMC、日立ハイテク、旭化成建材に対し、建替え費用、仮住まい費用等総額約459億円の損害賠償を求めて提訴した（2018年７月、約509億円に請求を拡張）。

さらに理解を深める　上記各報告書、国交省「中間とりまとめ報告書」（2015年12月25日）、三井不動産株式会社「当社グループ会社分譲済みの横浜市所在マンションに係る訴額変更について」（2018年７月11日）

12 三菱自動車燃費不正

当　事　者：三菱自動車工業株式会社（以下「三菱自動車」）
表面化時期：2016年4月
表面化の経緯：三菱自動車による記者会見およびプレスリリース
第三者委員会等：特別調査委員会（2016年4月25日設置、同年8月1日「燃費不正問題
　　　　　　　　　に関する調査報告書」〔以下「本件報告書」〕公表）

経営責任：代表取締役社長COOおよび代表取締役副社長の辞任
行政処分：消費者庁による2017年1月27日付措置命令および課徴金納付命令（4億
　　　　　　8507万円）、2017年7月21日付課徴金納付命令（368万円）
民事責任：客観的資料により確認できなかったので記載せず
刑事責任：客観的資料により確認できなかったので記載せず
そ の 他：対象車両の使用者に対し、最大10万円の損害賠償金の支払い

事案の概要　三菱自動車は、2016年4月20日、同社が2013年6月以降製造・販売し
ている2車種および同社が日産自動車株式会社（以下「日産自動車」）
向けに供給していた2車種の計4車種の軽自動車について、国交省に型式指定審査の
申請をした際、①燃費試験データについて不正な操作が行われていたこと、②型式指
定審査の一環として実施される排出ガス・燃費試験に使用する走行抵抗を法規で定め
られた方法（以下「惰行法」）とは異なる独自の方法（以下「高速惰行法」）で測定し
ていたことを公表した。三菱自動車は、その後、過去に製造・販売したその他の自動
車についても同様の不正が認められたことを国交省に報告し、その内容を公表した。
　本件報告書によれば、三菱自動車は、遅くとも1991年12月頃から、ほぼすべての車
種について、法規で定められた惰行法ではなく、高速惰行法により測定した走行抵抗
をもとに、惰行法により走行抵抗を測定したかのような事実と異なる記録を提出して
型式指定審査を受けていた。
　また、三菱自動車は、遅くとも2005年12月頃から、①実測または一応の合理的な根
拠をもって計算した数値が存在するにもかかわらず、燃費目標を達成するために、恣
意的に走行抵抗を引き下げて型式指定審査の際の数値として使用する、②過去に測定
した走行抵抗に、仕様の変更等に伴う走行抵抗の変化を机上計算した数値を補正し、
これを型式指定審査の際の数値として使用する、などの不正を行っていた。本件の発
覚の端緒となった4車種についても、燃費目標の達成のため、走行抵抗の恣意的な算

出および引下げを次第にエスカレートさせていた。

　以上の不正に伴い、三菱自動車は、対象車両について、実際の燃費性能よりも優れた燃費性能があるかのような広告をしていた。

　なお、日産自動車も、三菱自動車から供給を受けていた2車種について、景品表示法に基づく措置命令を受け、かつ、対象車両の使用者に最大10万円の補償を行った（日産自動車に対する2017年6月14日付課徴金納付命令は後に取り消された）。

関連法令　道路運送車両法75条、自動車型式指定規則3条等、景品表示法5条1号、7条1項、8条等

発生原因　本件報告書では、本件の原因・背景として、①性能実験部および認証試験グループが燃費目標達成に向けた事実上の責任を負っていたこと、②開発における工数の慢性的な不足、③性能実験部ができないことを「できない」ということが容易ではない部署になっていたこと、④法規違反であることの意識の希薄さ、⑤不正行為が長年にわたり発覚せず、改められもしなかったこと、⑥技術的議論が不十分なまま燃費目標の設定がされたこと等が挙げられているが、より本質的な原因として、会社全体で自動車開発に対する理念の共有がなされず、全社一体となって自動車開発に取り組む姿勢が欠けていたことが指摘されている。

再発防止策　本件報告書では、再発防止策の基本的な指針として、①開発プロセスの見直し、②屋上屋を重ねる制度、組織、取組みの見直し、③組織の閉鎖性やブラックボックス化を解消するための人事制度、④法規の趣旨を理解すること、⑤不正の発見と是正に向けた幅広い取組みの5項目が示され、三菱自動車は、当該指針に沿った31項目の再発防止策を実施している。

コメント　自動車の燃費目標の達成を主な動機として、法規とは異なる方法による走行抵抗の算出や恣意的な数値の引下げが行われ、燃費性能に関する優良誤認表示につながった事案であり、その後、他社でも同様の不正が発覚した。本件を契機に、不正があった場合の型式指定の取消し、虚偽報告に対する罰則の強化等の制度（道路運送車両法等の改正）が導入された。また、景品表示法に基づく課徴金納付命令がなされた初の事案でもある。

さらに理解を深める　本件報告書、三菱自動車「当社製車両の燃費問題について」、日産自動車「『デイズ』『デイズルークス』の燃費問題について」、消費者庁「三菱自動車工業株式会社に対する景品表示法に基づく措置命令及び課徴金納付命令並びに日産自動車株式会社に対する景品表示法に基づく措置命令について」（2017年1月27日）、同「三菱自動車工業株式会社及び日産自動車株式会社に対する景品表示法に基づく課徴金納付命令について」（2017年6月14日）

13 神戸製鋼所検査データ改ざん

当　事　者：株式会社神戸製鋼所（以下「神戸製鋼」）およびそのグループ会社数
　　　　　　社（以下「神戸製鋼グループ」）
表 面 化 時 期：2016年6月
表面化の経緯：2016年6月9日に神鋼鋼線ステンレス株式会社において産業標準化法
　　　　　　（以下「JIS法」。当時は工業標準化法）違反の事実を公表。グループ
　　　　　　全体についてJIS等の公的規格および顧客仕様を対象に品質監査、過
　　　　　　去1年分の出荷実績に対する品質自主点検を開始。検査結果の改ざ
　　　　　　ん・ねつ造等を行ったうえ、不適合製品を提供した事実が発覚
第三者委員会等：神戸製鋼・2017年11月10日「当社グループにおける不適切行為に係る
　　　　　　原因究明と再発防止策に関する報告書」（以下「2017年報告書」）、
　　　　　　2018年3月6日「当社グループにおける不適切行為に関する報告書」
　　　　　　（以下「2018年報告書」）公表、外部調査委員会（2017年10月26日設置、
　　　　　　調査結果は2018年報告書で公表）

経営責任：代表取締役その他役員の辞任、退任、減俸、報酬返納。過去の取締役らに
　　　　　当時の報酬一部の自主返納を求める
行政処分：JIS認証の一時停止およびJIS認証の取消し
民事責任：代表原告（2013年5月29日から2018年3月5日の間に神戸製鋼の米国預託
　　　　　証券を購入したすべての者で構成されるクラス代表）が神戸製鋼を被告と
　　　　　して、米国証券法違反を理由にニューヨーク州南部地区連邦裁判所に提訴
　　　　　し、本件訴訟のクラス構成員に50万米ドル（約5600万円）を支払うことで
　　　　　和解
刑事責任：神戸製鋼が不正競争防止法違反（虚偽表示）の罪により罰金1億円（立川
　　　　　簡判平成31・3・13裁判所ウェブサイト）
そ の 他：神戸製鋼およびグループに対し、同社ら製造の自動車向け金属製品および
　　　　　同製品を使用して製造された自動車の購入者らが、カナダにおいて、損害
　　　　　賠償等を請求するとともに、本件訴訟を集団訴訟とすることを求めている。
　　　　　神戸製鋼および子会社3社ならびに自動車メーカーを被告として、自動車
　　　　　をリースしている者およびその購入者が、米国カリフォルニア州北部地区
　　　　　連邦裁判所に損害賠償等の請求と当該訴訟を集団訴訟とすることを求めて
　　　　　いる

事案の概要　2016年6月神戸製鋼グループの鉄鋼事業部門である神鋼鋼線ステンレ
　　　　　　ス株式会社においてJIS法違反事案が発覚した。神戸製鋼は、全事業

所およびグループ会社全体にJIS等の公的規格および顧客仕様適合性を確認するため、品質監査を開始し、過去1年間の出荷実績に対する品質自主点検を実施した。

　また、外部法律事務所を起用した社内調査を行ったが、自主点検の過程において、神戸製鋼グループのアルミ・銅事業部門長府製造所での自主点検に対し、一部管理職を含む神戸製鋼グループ従業員による妨害行為がなされたために、外部調査委員会を設置した。調査の結果、神戸製鋼アルミ・銅事業部門において、公的規格または顧客仕様を満たさない製品等が、検査結果の改ざんまたはねつ造等により、各基準を満たすものとして出荷、提供されていることが発覚した。さらに、神戸製鋼の他の複数の事業所および複数のグループ会社においても同種の行為がなされていることが判明した。特に、神戸製鋼のアルミ・銅事業部門においては、複数の製造所、工場において、早いものは1970年代より、各拠点の特定の部署に所属し、または特定の立場にある歴代の担当者の間で引き継がれ、不正行為が常態化していた。神戸製鋼のアルミ、銅以外の事業部門においても複数の工場において長期にわたり行われていた。また、アルミ・銅事業部門のグループ会社、アルミ・銅事業部門以外の複数のグループ会社において、不適切行為が行われていた。

関連法令　産業標準化法30条、31条、35条、36条（当時は工業標準化法19条〜22条）、不正競争防止法2条1項20号（当時は14号）、21条2項5号、22条1項3号

発生原因　神戸製鋼は、2018年報告書において本件の直接の原因として以下の3点を挙げている。①工程能力に見合わない顧客仕様に基づいて製品を受注・製造したこと、②検査結果等の改ざんやねつ造が容易にできる環境であったこと、③各拠点に所属する従業員の品質コンプライアンス意識が鈍麻していたこと。また、その背景にある根本的な原因として、以下の3つに集約・再編できるとしている。①収益偏重の経営と不十分な組織体制、②バランスを欠いた工場運営と社員の品質コンプライアンス意識の低下、③本件不適切行為を容易にする不十分な品質管理手続。

再発防止策　神戸製鋼は外部調査委員会等からの提言を踏まえ以下の再発防止策を取りまとめた。①品質ガバナンス体制の構築、②品質マネジメントの徹底、③品質管理プロセスの強化、④アルミ・銅事業部門における対策実行計画の策定。

コメント　本件はアルミ・銅事業部門の一部の製造所では遅くとも1970年代から長期的かつ継続的に不適切行為が行われていた点に特徴がある。また、米国司法当局の調査およびカナダにおける損害賠償請求訴訟の提起を理由に外部調査委員会の調査結果の公表は行わず、神戸製鋼作成の2018年報告書を公表した点にも特徴がある。

さらに理解を深める　2017年報告書、2018年報告書

14 日産自動車無資格完成検査

当　事　者：日産自動車株式会社（以下「日産自動車」）
表面化時期：2017年9月
表面化の経緯：2017年9月18日〜29日、国交省が日産自動車の車両製造工場に対する
　　　　　　　立入検査を行ったところ、後述する検査不正が判明したことから、同
　　　　　　　月29日、日産自動車に対し、業務改善を指示
第三者委員会等：2017年11月17日、日産自動車と利害関係のない法律事務所による「調
　　　　　　　査報告書（車両製造工場における不適切な完成検査の実施について）」
　　　　　　　（以下「調査報告書」）公表

経営責任：客観的資料により確認できなかったので記載せず
行政処分：道路運送車両法違反に基づく過料制裁
民事責任：客観的資料により確認できなかったので記載せず
刑事責任：客観的資料により確認できなかったので記載せず
そ の 他：国交省による業務改善指示（2017年9月29日、2018年3月26日）

事案の概要　道路運送車両法においては、本来、自動車の使用者が、国土交通大臣
　　　　　　　に対して、その自動車を現物提示して受けなければならない新規検査
に関して、同一モデルが大量生産される自動車については、自動車製造業者において、
当該製造業者により指定された者（完成検査員）が完成検査を行い、完成検査終了証
を発行することにより、新規検査時の現物提示が不要とすることができるとされてい
る。

　調査報告書等によれば、日産自動車の国内販売車両を製造していた全6工場のうち
5工場において、1990年代には、完成検査員に任命されていない者（補助検査員）が
完成検査の一部を実施すること等が常態化していた。また、完成検査員の任命手続に
ついても社内規程に沿った運用がなされていなかったほか、国交省や日産自動車本社
による監査の際には、現場監督者等の指示により、補助検査員を完成検査以外の業務
に従事させる、あるいは、補助検査員に完成検査員のつけるバッジをつけさせて完成
検査業務を行わせるなどの対応により、不正が発覚することを逃れていた。

　日産自動車は、国交省による2017年9月29日付の業務改善指示に基づき、同年11月
17日、実態調査および再発防止策検討結果について報告したが（以下「日産自動車報
告書」）、国交省は、同報告のほか、前記の業務改善指示後も一部の工場において検査

不正が行われていた事情を踏まえ、2018年3月26日、2度目の業務改善指示を行うとともに、道路運送車両法違反に基づく過料が日産自動車に適用されるよう横浜地裁に通知し、2018年6月2日付日本経済新聞によれば、日産自動車は3210万円の過料を支払った。

関連法令　道路運送車両法75条4項

発生原因　調査報告書等によれば、完成検査員の不足という事情のほか、①完成検査制度に関する規範意識の薄さ、②完成検査員の任命・教育基準書と実態の乖離や、③現場と管理者層の距離、④実効性のある内部監査ができていなかったこと等の事情が、本件が発生した原因・背景とされた。

再発防止策　日産自動車報告書によれば、①完成検査ラインの構成・オペレーションの修正、完成検査員の任命基準の見直し・教育基準の強化等の完成検査制度の改善のほか、②現場と管理者層の定期的な会議・意見交換会の開催等、現場と管理者層の距離を縮める施策、③監査の改善、④組織の強化等の再発防止策が策定された。

コメント　法令に基づく完成検査制度に係る大手自動車メーカーによる大規模な不正事案であり、マスコミも大きく報道し、国交省も2度にわたり業務改善指示を出すなどの対応をとったほか、約120万台の車両のリコール、車両生産の一時停止や売上減少等により、日産自動車の業績にも大きな影響を与えた。

　なお、本件を発端に、株式会社SUBARU（以下「スバル」）でも本件と同様の無資格者による完成検査が行われていたこと発覚するほか、2018年に入って、日産自動車、スバルを含む一部の大手自動車メーカーにおいて、検査データの改ざん等、完成検査をめぐる複数の不正事案が発覚しており、問題の根深さがうかがえる。

さらに理解を深める　調査報告書、日産自動車報告書、日産自動車「当社国内車両製造工場における完成検査に係る不適切取扱いに関する実態調査及び再発防止策検討結果報告について」（2017年11月17日）、国交省「日産自動車㈱の型式指定車の完成検査に係る不適切事案への対応について」（2018年3月26日）

15 三菱マテリアル子会社検査データ改ざん

当 事 者：三菱マテリアル株式会社（以下「MMC」）の連結子会社である三菱電線工業株式会社（以下「MCI」）、三菱アルミニウム株式会社（以下「MAC」）、株式会社ダイヤメット（以下「DMC」）ほか2社

表面化時期：2017年11月（MCI、三菱伸銅株式会社、MAC）

表面化の経緯：MCIは社内調査を経て公表、MACはJIS認証取消処分を契機に2018年2月に詳細公表、DMCは内部通報を契機に同月に公表

第三者委員会等：特別調査委員会（2017年12月1日設置。同年12月28日「中間報告書」、2018年2月20日「中間報告書(2)」、同年3月28日「最終報告書」〔以下「各報告書」〕公表）

経営責任：MCI、MAC、DMCとも代表取締役辞任。MMCは当初は取締役報酬全部または一部返納のみであったが、2018年6月、MMC本体の直島精錬所において日本工業規格（JIS）認証が取り消され、MMCの代表取締役退任

行政処分：2018年1月12日付で、一般社団法人日本規格協会がMACに対しJIS認証取消処分

民事責任：客観的資料により確認できなかったので記載せず

刑事責任：不正競争防止法違反（虚偽表示）の罪で、2019年2月5日DMCおよびその前代表取締役に対し5000万円および200万円の罰金、同月6日MACに対し3000万円の罰金、同月8日MCIおよびその前代表取締役に対し3000万円および200万円の罰金

事案の概要　各報告書によれば、その開始時期はさまざまであるが、長年にわたり、MMC各子会社において、検査記録データを規格内に書き換える行為がなされ、不適合品が出荷されていた。そのうち、刑事事件に至った①MCIにおいては、前代表取締役が、2017年2月には不正行為のリストの存在の報告を受けたが、その原因を解明して改善策を検討したうえ各顧客に対し順次個別に状況と改善策を報告し理解を求めるという「ソフトランディング」の解決をめざす方針とし、同年10月までMMCへも顧客へも報告しなかった。②MACにおいては、2016年11月に板製品について試験データの書換えが判明し、2017年3月以降に再発防止策を策定し、従業員へ周知するなどしたが、その内容は抽象的な内容にとどまった。そのため、板製品以外にも同種行為が存在したにもかかわらず発見も是正もなされず、その後も試験デー

タの書換えが続いた。③DMCにおいては、2016年に内部通報を契機として最終検査の不実施や検査成績表の書換え（以下「先行発覚事案」）が判明し、再発防止策が実施されたが、先行発覚事案において問題とされなかった部品の最終検査不実施等は放置され、また、検査担当者による書換えはなくなったものの、その上長による書換えがなされるといった事実（以下「後続発覚事案」）が発生した。しかし、前代表取締役は、先行発覚事案への対応を優先させ、後続発覚事案の隠蔽を指示し、会議において「すぐに改善することは難しいので、MMCに言っても仕方がない」と意見を述べた。2018年1月、MMCに検査成績表の書換えが継続している旨の投書がなされ、一連の行為が発覚するに至った。

関連法令　産業標準化法（JIS法。当時は工業標準化法）、不正競争防止法21条

発生原因　各報告書を受けた2018年3月28日付MMCの「当社グループのガバナンス体制強化策の策定等について」（以下「対策報告書」）によれば、①品質に対する意識や企業風土の問題、②リスク情報が適時適切に把握、報告されていなかったこと、③内部監査で問題を発見できなかったこと、がMMCの複数の子会社において不適切な行為が長期間継続していた背景・原因とされた。

再発防止策　対策報告書によれば、①ガバナンス関係事項に係る審議・報告・フォローアップ体制の強化、②管理部門における機能の強化および事業部門との連携強化、③人材育成の強化、人材交流の活性化、④内部監査の強化、⑤事業最適化の観点からの検討が、対応策として策定された。

コメント　当初は子会社2社のみの公表であったが、別の子会社3社でも同種事案が発覚、さらに、「最終報告書」提出後に、MMC本体工場でのJIS取消しも発生した。2017年11月24日付日本経済新聞によれば、MACについては、当初から不正が確認されていたものの「顧客への安全性確認が済んでいる」という理由で具体的な内容は公表されなかった。しかし、結果として刑事責任を問われる事案であって、「品質不正があっても後に顧客から了解を得られれば解決である」といった認識は改める必要がある。

　本件ほか類似事案を契機に、工業標準化法が産業標準化法へ改称されるとともに、違反企業への罰金を最大100万円から1億円に引き上げるなどの改正法が2018年5月に成立した。

さらに理解を深める　各報告書、対策報告書

16 東レ子会社検査データ改ざん

当　事　者：東レハイブリッドコード株式会社（以下「THC」）
表面化時期：2017年11月
表面化の経緯：インターネット上の掲示板における匿名の書込みをきっかけとして、親会社である東レ株式会社（以下「東レ」）の株主等から東レに対して複数の問合せ等があったことを受けて公表
第三者委員会等：東レ・有識者委員会（2017年11月27日設置、同年12月27日調査報告書〔以下「本件調査報告書」〕公表）

経営責任：THCの代表取締役社長の辞任
行政処分：客観的資料により確認できなかったので記載せず
民事責任：客観的資料により確認できなかったので記載せず
刑事責任：なし

事案の概要 本件は、THCが、2008年4月から2016年7月までの間、その製造する製品（合成繊維で織られたタイヤコードやその他の産業用コード等）につき、同社の品質保証室が行う品質保証検査において、顧客に提出する検査成績表に記載する数値の一部を、実測したデータの数値とは異なる数値に書き換えることによって（以下「本件改ざん行為」）、顧客との間で取り決めていた規格を満たすものとして検査成績表を作成、提出していたという事案である。

　THCの品質保証室においては、出荷前の完成品について、強力・中間伸度・切断伸度・引抜接着力等11項目について品質保証検査を行っており、室員が行った検査結果を取りまとめ、検査成績表を作成するのは室長の業務とされていた。具体的には、室員の行った実測データの検査結果は、測定装置からの自動転送または室員の手入力によりパスワード管理されているコンピュータに取り込まれ、それ以降は、パスワードを管理する室長のみが直接コンピュータ内の数値を修正する権限を有していた。本件調査報告書が前提とするTHCおよび東レの社内調査によれば、実行者は、社内において本件改ざん行為が発覚した当時の室長およびその前任の室長の2名とされている。両名は、①品質保証検査において実測データが規格値から外れた場合に再測や顧客の同意に基づく特別採用等本来想定されている手続をとっていたのでは納期に間に合わないと考えたこと、②実測データと規格値との差が僅差である場合や実測データが規格値を外れた原因が測定装置または測定方法の瑕疵によるものと考えられる場合

には製品が有する本来的な品質に問題はないであろうと考えたことから、それぞれ本件改ざん行為に及んだものとされている。

　本件は、2016年5月に判明した日本貿易振興機構からの補助金不正受給の問題を受け、東レの指導のもと、同年7月1日にTHCの役職員を対象にコンプライアンスに係るアンケート調査を実施したところ、本件改ざん行為を指摘したものが1件あったことから判明した。そこで、THCおよび東レは、約1年2か月にわたり詳細な社内調査（約11万2000件について実測データと検査成績表の数値の照合作業を実施）を行った結果、149件の改ざんを確認したが、規格値は顧客との間で取り決められた仕様であり、法令違反や安全上の問題はないとして、原則としてこれを公表しないこととした。しかるに、2017年11月3日のインターネット上の掲示板への匿名の書込みをきっかけに株主等から複数の問合せ等があったことから、同月28日、記者会見を開き、本件改ざん行為を公表するに至った。

関連法令　なし

発生原因　本件調査報告書が前提とする社内調査によれば、①品質保証に対する経営層の関心不足（適性を欠く者の室長への配置）、②不正を見抜く強い体制づくりの懈怠、③測定装置の保守管理不足等による品質保証検査の精度の低下、④室長による修正を事後的にチェックするシステムの不存在、⑤実測データが規格外となった場合の全社的なフォロー体制の欠如、⑥品質保証室に対する社内監査の不足、⑦品質保証室と経営層や他部署との希薄な関係性等が挙げられている。

再発防止策　本件調査報告書が前提とする社内調査によれば、①品質保証室長の交代および組織変更、②役職員に対するコンプライアンス意識改革、③品質の安定化（規格外れの原因の明確化、測定装置の更新や品質保証検査精度の向上等）、④検査成績表作成フローの見直し、⑤規格外製品発生時の全社的なフォロー体制の整備等、⑥品質監査の強化等の再発防止策を実施し、または実施する予定とのことである。

コメント　本件は、社内的に把握をしてから公表までに1年以上が経過していたため、批判の対象とされた。本件を受けて、東レは、グループ全社の品質データに関する一斉調査を実施したが、ここでも法令違反や安全性に影響のある事案はなかったとして、データ改ざんの有無については明言を避けたため、あいまいさの残る公表内容となった。

さらに理解を深める　本件調査報告書、東レ「品質データに関する東レグループ一斉調査結果のお知らせ」（2018年3月30日）

17　三菱電機検査データ改ざん

当　事　者	：三菱電機株式会社（以下「三菱電機」）
表面化時期	：2021年6月
表面化の経緯	：2021年6月、長崎製作所において鉄道車両用空気調和装置について顧客と合意した品質試験の一部を実施していないことが発覚したことを端緒に調査が開始され、公表準備をしていたところ、同月29日に報道され、同月30日に三菱電機が公表
第三者委員会等	：調査委員会（2021年7月2日設置。同年10月1日「当社における品質不適切行為に関する調査結果について（第1報）」、同年12月23日「同（第2報）」、2022年5月25日「同（第3報）」、同年10月20日「同（第4報・最終報告）」〔以下「各報告書」〕公表） ガバナンスレビュー委員会（2021年10月20日設置。以下「GR委員会」。同年12月23日「ガバナンスレビュー委員会による検証結果について（第1報）」、2022年10月20日「同（第2報・最終報告）」〔以下「各GR報告書」〕公表）
経営責任	：執行役社長、取締役会長の辞任、取締役の報酬、退任慰労金の減額、自主返納（最大で基本報酬月額50％×6か月分）
行政処分	：客観的資料により確認できなかったので記載せず
民事責任	：客観的資料により確認できなかったので記載せず
刑事責任	：客観的資料により確認できなかったので記載せず
その他	：各拠点において、各認証機関より、ISO9001、IRIS、IATF16949の認証取消または認証一時停止

事案の概要　三菱電機では、2021年4月に名古屋製作所可児工場で製造する電磁開閉器の部品について第三者認証機関に認証登録したものとは異なる材料を使用している事実が発見されたことを端緒に、国内拠点、子会社等、海外子会社の調査の実施を計画していたところ、さらに、同年6月、長崎製作所において、鉄道車両用空気調和装置について顧客と合意した品質試験の一部を実施していない疑いがあることが発覚した。社内調査の結果、同装置について、1985年頃から顧客と合意した品質試験の一部を実施せず、検査成績書に開発時の試験データを基にした架空数値を記載する等の不正があったことを認定し、同年7月2日にこれらの事実を公表予定

であったが、同年 6 月29日に報道されたことから、同月30日に公表に至った。

　2021年 7 月、社外弁護士等からなる調査委員会が設置され、その後、2022年10月にかけて、全22製作所等の品質に関わる調査が実施された。結果的に、合計197件の品質不適切行為が発見され、故意による不適切行為が112件、過失による不適切行為が85件であった。故意による不適切行為は、①契約とは異なる試験・検査を実施した、②実質的な製品品質に影響はないと考えて虚偽の報告をした、という類型が大半であり、過失による不適切行為のうち、10件は電気用品安全法、電波法等に違反する可能性があるものであった。

　なお、三菱電機は、社外弁護士を構成員とするGR委員会も設置しており、同委員会への委嘱事項は、①内部統制システム・ガバナンス体制全般の検証、②これらに対する課題の抽出と改善策の提言、③執行役・取締役の経営上の責任の明確化であった。

関連法令　電気用品安全法、電波法

発生原因　各報告書では、①手続による品質の証明が徹底されておらず、「品質に実質的に問題がなければよい」との正当化（顧客説明の回避も含む）、②品質部門の脆弱性、③ミドル・マネジメントの機能不全、④本部・コーポレートと現場との間の距離・断絶、⑤拠点単位の内向きな企業風土、⑥事業本部制の影響、⑦経営陣の決意の「本気度」に課題があること、等が挙げられている。

再発防止策　各委員会の報告を基に、①品質風土改革（エンジニアリングプロセスの変革により現場が不適切行為を起こす必要のない仕組みと環境の構築）、②組織風土改革（双方向でかつ風通しの良いコミュニケーションの確立による自らが組織として問題解決を図ることができる組織の醸成）、③ガバナンス改革（外部の視点を入れながら、不正が起こらない・起こさせない全社ベースのガバナンス／内部統制の仕組みの構築）を柱にした多様な再発防止策が実施されている。

コメント　本件は、長期間にわたって組織的に継続していた不適切な検査等が問題となり、調査委員会によって、 1 年以上かけて、問題が発覚した拠点以外の各拠点における品質不適切行為についても大規模に調査されたこと、社長、会長が本件が原因で辞任するに至ったことが特徴的な事案である。GR委員会の「モノとしての『品質（狭義の品質）』だけでなく、モノの設計から開発、製造プロセス、そして製品へのクレーム処理や改良までを含めた経営としての『品質（広義の品質）』が問われている」との指摘は、品質不正事案一般について当てはまると思われる。

さらに理解を深める　各報告書、各GR報告書

18 住友ゴム工業防舷材検査データ改ざん

当　事　者：住友ゴム工業株式会社（以下「住友ゴム工業」）

表面化時期：2021年7月

表面化の経緯：住友ゴム工業内における別件の不適切処理事案を契機として全社一斉
　　　　　　　に不適切事案の点検を行ったところ、社内担当者から防舷材における
　　　　　　　検査データの改ざんについて申告があり、内部調査の後、社外に公表

第三者委員会等：特別調査委員会（2021年8月設置、同年11月5日報告書（以下「本件
　　　　　　　報告書」）公表）

経営責任：代表取締役社長、取締役会長および代表取締役副社長の役員報酬一部返上
　　　　　（月額報酬の20〜30％減額×3か月）、関係役員の役員報酬減額（月額報酬
　　　　　の20〜40％減額×3か月）

行政処分：客観的資料により確認できなかったので記載せず

民事責任：客観的資料により確認できなかったので記載せず

刑事責任：客観的資料により確認できなかったので記載せず

そ の 他：2021年8月31日、加古川工場における医療用ゴムと港湾岸壁用ゴムについ
　　　　　て、国際標準化機構（ISO）の品質管理に関する国際規格認証の取消し
　　　　　（医療用ゴムについては、翌年7月に解除）および泉大津工場における医
　　　　　療用ゴムについての同認証一時停止（翌年1月に解除）

事案の概要　住友ゴム工業では、1969年頃から防舷材（船舶が港の桟橋・岸壁や他
　　　　　　　船に横付けするときに、船体や接岸用の構造物を損傷しないように、
舷側や桟橋・岸壁に設置される緩衝設備）を製造・販売していたところ、1981年頃か
ら加古川工場をその生産拠点としていた。

　防舷材については、品質を定めた法的拘束力のある公的基準はないものの、業界で
は、PIANC（国際航路協会）の定めたガイドラインによる圧縮試験の基準（以下
「PIANC基準」）を満たすことが慣行となっており、これが住友ゴム工業と顧客との
間の防舷材に係る売買契約の合意内容となっていた。

　住友ゴム工業は、正確な時期は不明であるものの、1990年代前半頃から、PIANC
基準に達せず顧客に提示した仕様書（カタログデータ）に表示した性能が得られな
かった防舷材の一部について、反力の数値等といった検査データを改ざんしたうえで
出荷し、出荷時に発行される圧縮試験結果書にも修正した虚偽の数字を書き込むとい

う処理を続けていた（なお、本件発覚後にこれらの製品のデータについて再検査したところ、いずれも、防舷材として有すべき機能を維持していたことが確認されている）。

　加古川工場の現場担当者らは、かかる検査データの改ざんがコンプライアンス違反行為であると認識していたため、2001年頃以降、複数回にわたって、チームを組んで製品の品質や検査方法の改善を試みた。しかしながら、PIANC基準を満たす品質には至らず、目ぼしい成果を得られなかった。かかる経緯の中で、現場担当者らは、2018年頃から、データの改ざんを止めるという名目の下、PIANC基準が定める試験方法について、圧縮速度や圧縮回数の変更等といった独自の試験方法に変更して実施し（試験方法の拡大解釈）、同試験に合格した製品を出荷していた。

　なお、住友ゴム工業では、本件の発覚と同時期に、南アフリカ子会社（Sumitomo Rubber South Africa〔Pty〕Limited）でのタイヤ生産における不適切行為（顧客と合意した規格を無断で変更等した行為）が発覚し、かかる問題について、特別調査委員会が2021年7月に設置され、同年11月9日に報告書が公表されている。

関連法令　なし

発生原因　本件報告書によれば、①現場担当者らのPIANC基準に対する懐疑ないしは軽視、②一定の復元率が維持されていれば防舷材としては安全であるという認識、③納期遅れによる影響の大きさに対するおそれ、④上位者の判断への依存、⑤従業員の流動性が低く閉鎖的な職場環境であったこと等が、本件の原因および背景として挙げられている。

再発防止策　住友ゴム工業では、本件報告書の提言を受けて、再発防止策として、社長直轄の組織として「品質保証本部」を新設するとともに、本件報告書における提言に従って、①技術・製造現場の実態を反映させた営業活動、②本社の支援強化による隔たりの解消、③業績・コスト重視による不適切処理を防止する品質保証機能の強化、④内部監査の強化、⑤内部通報制度の周知、⑥職場活性化のための人事異動の実施、⑦社員の教育・研修等を再発防止策として挙げている。

コメント　本件は、検査データの改ざんが30年以上のきわめて長期間にわたって継続され現場において常態化していたという点に加え、検査データの改ざん行為を止める目的で新たな不適切処理（試験方法の拡大解釈）を重ねたという点に特徴がある。

さらに理解を深める　本件報告書

19 神東塗料水道管用塗料検査不正

当　事　者：神東塗料株式会社（以下「神東塗料」）
表面化時期：2022年1月12日
表面化の経緯：従業員が2021年10月に総務人事室に通報したことを端緒に調査が開始
　　　　　　され、2022年1月12日に神東塗料が公表
第三者委員会等：特別調査委員会（2022年1月14日設置。同年4月28日調査報告書〔以
　　　　　　下「調査報告書」〕公表）

経営責任：代表取締役専務、監査役、顧問の辞任、代表取締役社長、代表取締役常務、
　　　　　取締役について報酬減額（20〜50%×2か月）
行政処分：客観的資料により確認できなかったので記載せず
民事責任：客観的資料により確認できなかったので記載せず
刑事責任：客観的資料により確認できなかったので記載せず
そ の 他：公益社団法人日本水道協会（以下「水道協会」）による対象製品の出荷の
　　　　　一時停止、認証の一時停止および認証マークの使用禁止

事案の概要　神東塗料は、2021年10月、技術部門と品質保証部門の担当者・管理職らから総務人事室への通報を端緒に、水道協会の規格であるJWWA K139（以下「K139」）の認証を取得している水道管用塗料（以下「K139認証品」）の一部について、①K139所定のものとは異なる条件で得られた試験結果によりK139の認証を取得する行為（以下「K139不適切認証取得」）、②K139で指定されていない原料（以下「指定外原料」）を使用する行為（以下「K139不適切原料使用」。以下、K139不適切認定取得とK139不適切原料使用を併せて「K139不適切行為」）が行われていた疑いがあることを把握し、2022年1月12日に公表した。水道協会は、これを受けて、対象製品の出荷の一時停止、認証の一時停止および認証マークの使用禁止等の措置を行った。

　神東塗料は、社内調査チームを立ち上げるとともに、外部弁護士を委員長とする特別調査委員会を設置し、K139不適切行為の調査に加え、製品の品質に係るその他の不適切行為（以下「その他の不適切行為」）についても並行して調査を実施した。

　調査の結果、K139認証品である全30製品中、8製品についてK139不適切認証取得が、18製品についてK139不適切原料使用が行われていたことが認められた。なお、これらの製品については、いずれも省令で定める衛生性が確認されている。

　また、調査の結果、神東塗料が製造販売する全3571製品中、552製品について、①所定の検査頻度を落として検査を実施する、②所定の検査を省略して検査成績書に推定値を記載する、③検査成績書に検査結果と異なる数値を記載する、等のその他の不適切行為が認められた。

関連法令　水道法、水道施設の技術的基準を定める省令

発生原因　調査報告書では、一連の不適切行為が発生した原因として、①顧客に使ってもらえたらよいという安易な判断に傾斜していたこと、②規格および顧客仕様への適合性について組織的な対応がとられていなかったこと、不適切行為が長期間発覚しなかった原因として、①技術部門を始め、各部門における業務態勢が内向的かつ閉鎖的であったこと、②品質コンプライアンスに関する啓発不足およびモニタリング機能に不備があったこと、③内部通報制度が有効に機能していなかったことが挙げられている。また、これらの背景にある根本的な原因として、経営陣において、長期間にわたる経営不振の中で経営をいかにして立て直すかという意識が偏った形で働いた結果、相対的にコンプライアンスおよび品質を重視する姿勢がおろそかになったという点も指摘されている。

再発防止策　特別調査委員会の指摘を踏まえ、①経営陣を含む全社的な品質コンプライアンスに対する考え方の抜本的な変革、②品質コンプライアンス体制の構築等を図ること（品質保証・品質管理部門のレポートラインの変更、人員の増員、研修等）、③コンプライアンス研修の充実・強化、④部門・部署をまたいだ人事ローテーションの推進と属人的な業務の見直し、⑤内部通報制度の周知、利用促進および独立性の確保、⑥取引先との密接なコミュニケーションの推進等の再発防止策がとられている。また、再発防止策の実行・モニタリングのためのプロジェクトチームや社長を委員長とする委員会も設置されている。

コメント　日本水道協会の規格認証品についての不適切な認証取得等をきっかけに、その他の製品の規格についても調査が行われ、多数の品質不適切行為が判明した事案である。公表後の出荷停止等により、全国的に水道管工事の施工に影響が出た点、一定期間継続していた問題行為が内部通報によって発覚した点、調査にあたり、かなり大規模な電子データのデジタル・フォレンジック調査が実施された点が特徴的である。

さらに理解を深める　調査報告書

20　東レUL認証登録検査不正

当　事　者：東レ株式会社（以下「東レ」）

表面化時期：2022年1月

表面化の経緯：品質保証本部が実施した東レグループを対象とする品質問題に関する一斉調査アンケートに対する職員からの回答

第三者委員会等：有識者調査委員会（2022年1月31日設置、同年4月12日調査報告書〔以下「本件調査報告書」〕公表）

経営責任：代表取締役社長：月額報酬50％減額（6か月）、代表取締役2名：月額報酬30％減額（6か月）、その他取締役5名：月額報酬10～20％減額（3～6か月）

行政処分：客観的資料により確認できなかったので記載せず

民事責任：客観的資料により確認できなかったので記載せず

刑事責任：なし

そ の 他：一部製品のUL認証の取消し、一部工場等の「ISO9001」の認証取消し

事案の概要　UL規格とは、米国の第三者安全科学機関であるUnderwriters Laboratories Inc.（以下「UL」）が策定する安全性に関する規格であり、UL認証の取得を希望する者からの申請に基づいて、申請された製品、材料、部品等がUL規格の要求事項に適合していると判断された場合には、UL認証が与えられる。UL規格自体に法的拘束力はないため、自社の製品にUL認証を取得するか否かはあくまでも任意であるが、米国で製品を円滑に販売するためには、UL認証を取得していることが必要となる場合が多いことから、特に米国向けの最終製品のために部材を購入する需要者は、当該部材がUL認証を取得した製品であることを前提にしている場合がある。UL94規格は、UL規格のうち、プラスチック材料の難燃性を示す規格である。UL94規格に係る認証を取得するためには、樹脂の原材料（ペレット）を短冊状の試験片に成形したうえで、当該試験片にバーナーで火を付ける方法によって実施する燃焼実験に合格する必要がある。また、ULは、UL認証の取得時だけではなく、UL認証を取得したUL認定品に関し、抜き打ちで製造工場を訪問し、実際に製造されている製品がUL認証取得時と同じ性能を有しているかを定期的に確認している（Follow-Up Service、以下「FUS」）。

東レは、ABS樹脂やエンジニアリング・プラスチックなどの一部製品について、

生産処方ではUL規格における燃焼実験に合格できないが、生産処方に難燃剤を追加するとコストの上昇や物性の低下という問題が生じることから、UL（FUS）用の処方と生産処方を分けることとし、FUS用にあらかじめ難燃剤を添加したペレットを成形して試験片を作成するなどの方法により、FUSにおいてULから指定された量産品のロットとは異なる組成の試験片をULに提出するなどの不適正行為を行っていた。本件調査報告書によれば、ABS樹脂に係る不適正行為は、客観的な記録によって確認できる限り、遅くとも1992年1月以降から始まっていたことが認定されている。

　東レにおいては、2017年に表面化した子会社における品質保証検査データの改ざん行為（本書16、以下「THC問題」）を契機として、グループ全体における品質保証コンプライアンスの強化に向けた取組みを実施しており、その一環として、グループ全社を対象とするアンケート方式による一斉調査を定期的に実施していたが、過去3回の調査ではUL認証にかかる不適正行為の存在は申告されず、2021年11月に実施された一斉調査において初めてUL認証に関する申告があり、問題が発覚した。

関連法令　なし

発生原因　本件調査報告書によれば、①樹脂技術関連部署のコンプライアンス意識の不足（UL規格はあくまでも民間企業が営利として運営している規格にすぎないという認識等）、②UL認証制度に関する知識・教育体制の不足（それが不適正であることを認識しないまま行為に及んでいた可能性等）、③樹脂技術関連部署の閉鎖的な組織風土、④UL対応における品質保証部門等の関与の不足、⑤不適正行為の管理部門に対する報告体制の不足等が指摘されている。

再発防止策　本件調査報告書によれば、①コンプライアンス教育のさらなる強化（民間規格の趣旨・目的や役割等）、②UL対応に関する作業手順・教育体制の確立、③異なる事業部門間における人事異動の実施、④UL対応に品質保証部門または外部機関が関与する体制の構築、⑤品質保証部門の組織体制の強化、⑥不適正行為が管理部門に報告される体制の構築等が提言されている。

コメント　THC問題を契機に、従来工場内部の組織として位置づけられていた品質保証室等を技術部門から組織的に独立した品質保証本部に編入するなど、東レは、グループ全体における取組みを実施してきたが、THC問題以降も、数年間にわたりUL認証にかかる不適正行為がしかるべき部署および役員に報告されることはなかった。コンプライアンス意識が全社的に普及して根付くまでには相当程度の期間を要し、経営陣が現場の職員に対し本気度を継続的に伝えることが重要となる。

さらに理解を深める　本件調査報告書、本書16

21 日野自動車排ガス燃費不正

当　事　者：日野自動車株式会社（以下「日野自動車」）

表面化時期：2022年3月4日

表面化の経緯：日野自動車の社内調査に基づく公表

第三者委員会等：特別調査委員会（2022年3月11日設置、同年8月1日調査報告書〔以下「本報告書」〕）

経営責任：代表取締役の月額報酬50％返上し（3か月間）、取締役3名の辞任、過去の役員へ報酬自主返納を求めるなど

行政処分：国交省より型式指定取消し（2022年3月29日付け、同年9月22日付け）および是正命令（同年9月9日付け）

民事責任：日野自動車とその米国子会社および親会社トヨタ自動車株式会社を被告とする米国における訴訟提起（同年8月5日付け）、日野自動車とその豪州子会社を被告とする豪州における訴訟提起（同年9月30日付け）

刑事責任：客観的資料により確認できなかったので記載せず

そ　の　他：対象車両6万7846台のリコール

事案の概要　日野自動車は、2003年に適用が開始された排出ガス規制への対応以降、エンジンの排出ガスや燃費に関する不正な認証申請を行っていた。具体的には、試作エンジンの調整と排出ガス・燃費の測定を繰り返しながらエンジン性能を最適化していくパワートレーン実験部において、①法規が定める測定点における測定をしない、②法規で定められた時間の最後までエンジンを回さない、③試験そのものを実施しない、④試験中に部品等を交換したにもかかわらず、必要な手続を経ずそのまま試験を継続する、⑤燃料流量校正値およびエンジン回転計を燃費に有利に操作する、⑥法規で定められた手順で測定したかのように試験データを書き換えるまたは他のデータや根拠のない数値を流用する、といったプロセス不正が多機種のエンジンにおいて行われた。

2016年に発覚した三菱自動車工業株式会社（以下「三菱自動車」）による燃費不正事件（**本書12**）を受け、国交省は、国内全メーカーに対し同種事案の有無について報告徴求命令を出したが、日野自動車においては、この回答資料をパワートレーン実験部において収集することになり、役員に対し「三菱自動車の乗用車と日野自動車の重量車とでは試験方法が違い事案を異にする」という趣旨の報告がなされ、国土交通省

に対しても、他のデータの流用または根拠のない数値による資料に基づき「問題ない」旨の回答がなされた。

　開発部門を第三者的な立場から確認すべき品質保証部門は、上記プロセス不正の牽制に主体的な役割を果たさず、上記報告徴求命令の対応にも関与しなかった。

　なお、これら不正への具体的な関与または認識は、パワートレーン実験部の開発担当者レベルにとどまり、同部の担当役員その他の役員が個別具体的な不正行為について認識していたと認定するに足る証拠等は見つかっていない、とされている。

関連法令　道路運送車両法75条、自動車型式指定規則 3 条等

発生原因　本報告書によれば、①役職員一丸となって全体感あるクルマづくりに取り組んでいない（セクショナリズムと人材の固定化。建設的議論の欠如。能力やリソースに関する現場と経営陣との認識の断絶）、②世の中の変化に取り残されている（パワハラ体質。過去の成功体験に引きずられ過ちを認められない）、③業務マネジメントの仕組みの軽視（開発業務と認証業務が共にパワートレーン実験部に属している）などが挙げられている。

再発防止策　本報告書は「①目指すべきクルマづくりのあり方について議論を尽くすこと、②品質保証部門の役割の明確化、機能強化、③法規やルールの把握、社内展開、④開発プロセスのチェックと改善、⑤不正はエスカレートするという教訓を活かす、⑥大胆な選択と集中」を提言し、日野自動車は「(1)不正行為を起こし得ない型式指定申請体制の構築、(2)開発部門の業務実施体制の改善、(3)社内の技術管理体制の再構築」を再発防止策とした（下記「認証不正問題への対応について」参照）。

コメント　三菱自動車による燃費不正事件を契機として道路運送車両法等が改正され、虚偽報告に対する型式指定の取消しが追加されたが、本件はこれが適用された最初の事例である。

　なお、本報告書提出後、国交省による立入検査の中で追加の不正行為が判明した（2022年 8 月22日付け公表）。これにより日野自動車は国内向けほぼすべてのトラックの出荷を停止する事態となった。

さらに理解を深める　本報告書、日野自動車「認証不正問題への対応について」（2022年10月 7 日）、国交省「日野自動車㈱の排出ガス・燃費性能試験における不正行為について」（2022年 8 月 2 日）

22 赤福表示偽装

当　事　者：株式会社赤福（以下「赤福」）

表面化時期：2007年9月

表面化の経緯：農政局・保健所による本社工場・名古屋営業所・大阪営業所への一斉立入調査

第三者委員会等：コンプライアンス諮問委員会（以下「諮問委員会」。2007年11月8日設置、2008年1月31日報告書〔以下「本件報告書」〕公表）

経営責任：創業家出身役員等4名が退任、留任役員する役員2名につき役員報酬減額、一部従業員につき諭旨退職・減給等

行政処分：伊勢保健所による食品衛生法55条1項に基づく2007年10月19日付営業禁止命令ほか

民事責任：客観的資料により確認できなかったので記載せず

刑事責任：客観的資料により確認できなかったので記載せず

事案の概要　2007年9月19日、農政局・保健所による一斉立入調査が行われ、赤福において、①「まき直し」（製造後一時冷凍保管した商品を解凍して出荷販売する際に、再包装紙に、解凍日を新たな製造年月日、解凍日を起点として計算した日を新たな消費期限として再表示して、出荷・販売）、②製造年月日・消費期限表示の改ざん（店頭売れ残り品や未出荷品について、包装紙を破棄し、再包装紙に、新たな製造年月日・消費期限を表示）と「先付け」（製造の際に、最初から翌日の日付を製造年月日として表示）、③不適切な原材料表示（加工食品の原材料については、使用重量順の表示が求められており、「砂糖、小豆、餅米」と表示すべきところ、「小豆、餅米、砂糖」と表示し、冬季には餅の硬化防止のためにトレハロース（添加物）を使用していたにもかかわらず、原材料として添加物を表示していなかった）、④「むきあん」・「むきもち」の再利用（店頭から回収した消費期限切れのものを含む赤福餅から餡と餅を分離して再利用）が行われていたことが発覚した。その結果、赤福は、農水省から報告書提出の指示を受け、保健所から食中毒等の健康被害事案を上回る無期限営業禁止の異例の厳しい処分を受けるとともに、マスコミに大々的に報道され、会社の社会的信用を大きく失墜することとなった。

　赤福は、2007年11月8日、諮問委員会を設置し、後記のとおり、諮問委員会の提言に従って再発防止策を策定のうえ実行し、諮問委員会は、2008年1月31日、赤福の再

出発を承認した。

関連法令 「事案の概要」①・②につき、日本農林規格等に関する法律（以下「JAS法」。当時は農林物資の規格化及び品質表示の適正化に関する法律。以下同じ）59条（当時は19条の13）に基づく食品表示基準（当時は加工食品品質表示基準。以下同じ）9条1項3号（当時は6条3項）、同③につき、食品表示基準3条（当時は4条1項）

発生原因 諮問委員会による原因分析は、以下のとおりである（本件報告書4頁）。　①直接的原因　(i)現場における、「残品なし」という経営方針によるプレッシャーの存在、誤った「もったいない意識」の存在により、現場は、経営方針達成のためには、「まき直し」「先付け」「むきあん・むきもち」といった行為を行えばよいとの認識に到達、(ii)当日製造／当日販売へのこだわりから、製造年月日を販売日と同日とする慣習が存在、(iii)生菓子としてのイメージへのこだわりから、小豆でなく砂糖を最初に表示することや、添加物表示へのためらいが存在、②間接的原因　(i)創業家をはじめとする一部の経営陣への権力や情報の過度な集中、(ii)生産・販売が24時間ラインという1組織に集約されており、組織間での相互牽制が機能しづらい体制の存在、(iii)情報共有や上司と部下とのコミュニケーションに関して機能不全が発生、(iv)経営陣および従業員のコンプライアンス意識の欠如、および食品衛生法やJAS法等に関する知識の欠如、(v)社内のコンプライアンス態勢の未構築。

再発防止策 赤福は、諮問委員会の提言に従って、①家業的経営システムの見直し、②内部統制とコンプライアンスの強化、③食品安全衛生の強化という3つの観点から、再発防止策・改善策として、①経営体制改革（内部監査室・コンプライアンス室・品質保証部・生産管理部・お客様相談室の新設、コンプライアンス・ホットラインの設置等）、②ソフト面の再発防止策・改善策（営業姿勢を見直し通常工程での供給能力の限界を超える営業活動・受注の禁止、各種マニュアルの整備、役職員に対するコンプライアンス・食品衛生に関する研修等）、③ハード面の再発防止策・改善策（冷解凍設備の廃止、折箱への製造年月日の捺印装置の導入等）を実施した。

コメント 家業的経営システムにおける弊害（一部の組織・役職員への権限の集中、牽制機能の欠如、社内コミュニケーションの欠如）と役職員のコンプライアンス意識と食品衛生法・JAS法等に関する知識の欠如が、間接的な不祥事発生原因となった事案である。諮問委員会による不祥事発生の原因分析と赤福により事案発生後実施された再発防止策が同種事案において参考となる。

さらに理解を深める 本件報告書

23 製紙会社古紙パルプ配合率表示偽装

当　　事　　者：日本製紙株式会社（以下「日本製紙」）等17社
表面化時期：2008年1月
表面化の経緯：テレビ番組での報道
第三者委員会等：日本製紙・調査委員会・再発防止委員会（2008年1月21日設置、調査委員会が同年3月24日報告書公表）等

経営責任：引責辞任、役員報酬減額等
行政処分：2008年4月25日付排除命令（日本製紙ほか7社）
民事責任：客観的資料により確認できなかったので記載せず
刑事責任：なし

事案の概要　日本製紙は、郵便事業株式会社から「再生年賀はがき」の印刷を受託した印刷会社からの発注を受け、古紙を利用した年賀はがき用の用紙を製造納入していた。再生年賀はがきについては、全体の40％を古紙とすることが契約の内容とされていたが、日本製紙が実際に納入していた年賀はがき用の用紙は、契約で取り決められた基準を大きく下回り、全体の1〜5％程度しか古紙パルプが配合されていなかった。

　2008年1月8日、報道番組においてこの問題が報道され、翌9日、日本製紙は、古紙パルプの配合率が契約で取り決めた基準を大きく下回っていた事実を認めた。また、同月16日、日本製紙は、コピー用紙等他の再生紙製品についても古紙パルプの配合率を偽装していた事実を認めた。加えて、同日、再生年賀はがき用の用紙を製造納入していたすべての製紙会社（王子製紙、大王製紙、三菱製紙、北越製紙）が契約の仕様よりも低い古紙パルプ配合率のものを納入していたことが判明し、さらに、同月25日までの間に、業界団体である日本製紙連合会に加盟する17社等の製紙会社においても、コピー用紙等の再生紙製品について、古紙パルプ配合率の偽装を行っていた事実が判明した。かかる経緯から古紙偽装問題はマスコミに大きく報道され、また、国等による環境物品等の調達の推進等に関する法律（グリーン購入法）に基づく環境調達が進められる中、再生紙製品の供給停止により官公庁や地方公共団体、あるいは古紙回収業者等の関連事業者にも混乱は拡大したため、同月21日、日本製紙連合会は、古紙配合率問題検討委員会を設置して検討を開始するなど、製紙業界全体として対応を迫られることとなった（同年4月2日、古紙配合率問題検討委員会報告書公表）。

　公取委は、2008年4月25日、製紙メーカー8社に対し、それぞれの商品の包装紙等の古紙配合率の記載が、実際の古紙パルプの配合率を上回るものであり、優良誤認表示にあたるとして、排除命令を行った。

| 関連法令 | 景品表示法5条1号（当時は4条1項1号） |

発生原因　日本製紙の報告書によれば、システム的要因として、①営業判断による受注（環境意識の高まりに伴う顧客の要望に対し、生産部や品質保証部の介在もなく、要望のあった基準どおりの古紙パルプ配合率で製造可能かどうかの確認がなされないまま、営業部門の判断のみで受注がなされた）、②配合率基準の認識不足（製造現場の品質基準書には、白色度、厚さ、平滑性等が記載されるのみで、古紙パルプ配合率については明記されず）、③実績配合率の確認不足、監視体制の不備（製品の古紙パルプ配合率実績について、工場内でのチェックなし）、技術的要因として、①印字適性（白色度やコピー機での走行性の低下）、②購入古紙の品質低下等が指摘されている。

再発防止策　日本製紙の報告書は、受注・生産におけるシステム面からの対応として、①営業部門は顧客の要望を各部門に連絡し、受注の可否については、営業部門だけでなく、品質保証部、生産に携わる工場の技術環境室の3つの部門で判断する、②社内で統一した「品質仕様書」に古紙パルプ配合率の基準を明記する、③製品製造後に工場で配合率実績を確認するとともに、品質保証部においても実績を確認する、実績確認を文書化し、運用状況について内部監査等を受ける、コンプライアンス面からの対応として、①役員・社員コンプライアンス研修の実施等コンプライアンス教育の徹底、②グループ内部通報制度の周知徹底等コンプライアンス体制の再構築を掲げている。

コメント　営業部門と操業現場との連携不足という企業内の管理体制上の不備も問題ではあるが、本件は、そもそも「古紙パルプ配合率」を「品質」として認識していなかったことや、配合率の表示と内容の異なる製品を販売することが法的に問題であるとの認識がなかったこと等、製紙業界全体におけるコンプライアンス意識の欠如が大きな原因となった事案である。そのため、日本製紙の役員らは、報道がなされる前に古紙パルプの配合率の乖離を社内において認識するに至ったものの、適切な情報開示や是正措置の検討等の対応が遅れることとなった。

さらに理解を深める　衆議院調査局環境調査室「古紙パルプ配合率偽装問題について——その経緯と求められる今後の取組」（2008年7月）

24　富久娘酒造原料偽装

当　事　者：オエノンホールディングス株式会社（以下「オエノン」）、富久娘酒造
　　　　　　株式会社（オエノンの連結子会社、以下「富久娘」）
表面化時期：2013年 8 月
表面化の経緯：大阪国税局による税務調査
第三者委員会等：富久娘酒造株式会社の不祥事調査に関する第三者委員会（以下「第三
　　　　　　者委員会」。2013年11月29日設置、2014年 2 月12日調査報告書〔以下
　　　　　　「本件報告書」〕公表）

経営責任：富久娘の社長、取締役（前灘工場長）は解任、オエノンの役員 3 名・富久
　　　　　　娘の役員 2 名は報酬減額、灘工場仕込み責任者は懲戒解雇、その他富久娘
　　　　　　の従業員につき懲戒処分
行政処分：大阪国税局長の富久娘および製造担当者 1 名に対する国税犯則取締法14条
　　　　　　 1 項に基づく罰金相当額納付通告処分
民事責任：客観的資料により確認できなかったので記載せず
刑事責任：客観的資料により確認できなかったので記載せず

事案の概要　　2013年 8 月 5 日から 8 日にわたり、富久娘灘工場において、大阪国税
　　　　　　局による税務調査が行われ、原料米の受払い数量が帳簿上合わないこ
とや、もろみの発酵過程を記録するもろみ経過簿への記帳漏れが指摘された。これに
より、富久娘およびオエノンは、社内調査を始めるとともに、大阪国税局も、調査を
進めた。
　富久娘およびオエノンは、社内調査の結果、純米酒への醸造アルコールの不適切な
使用および特定名称酒への規格外米の不適切な使用等の事実を確認し、2013年11月11
日、同月16日および同年12月12日、前記不適切行為があったこと、ならびに富久娘が
製造した製品の一部を自主回収すること発表した。また、富久娘は、未納税移出先業
者にも連絡をし、自主回収等の対応をした。
　灘税務署長は、2013年11月28日、富久娘に対し、酒税の保全及び酒類業組合等に関
する法律（以下「酒類業組合法」）86条の 6 第 3 項に基づき、同年12月20日までに酒
類の表示の基準を遵守するよう指示を発した。富久娘は、同日、灘税務署長に対し、
酒類の表示の基準に違反していた事実関係や対策等を取りまとめた報告書を提出した。
また、大阪国税局長は、同日、記帳義務違反行為に係る酒税法違反があるとの理由に
より、前記「行政処分」記載の罰金相当額納付通告処分を行い、富久娘および製造担

当者1名は、即日納付した。

　本件報告書は、富久娘における、①特定名称酒の1つである純米酒の製造に、原料としてはならない醸造アルコールを使用していた行為、②特定名称酒の1つである本醸造酒の麹米の原料である規格米に、使用してはならない規格外米を混ぜていた行為、および、③特定名称酒は清酒（特定名称酒と普通酒）を原料としないところ、特定名称酒の原料として清酒を使用していた行為（いずれも酒税法上の記帳義務および表示義務違反）、ならびに、④仕込製造方法・酒類規格表遵守の仮装行為（酒税法上の製造方法申告義務違反・記帳義務違反）、および清酒の製造過程で生じる量の減少（欠減）の調整行為（記帳義務違反）を認定している。

　オエノンは、2014年2月26日、本件調査報告書に基づく再発防止策を発表するとともに、前記「経営責任」記載の関係者の処分を行った。

関連法令 酒類業組合法、酒税法、国税犯則取締法

発生原因 本件報告書によれば、直接の原因は、「事案の概要」①は、規格を充足させるために醸造アルコールの添加という安易な方法を選択したこと、②は、製麹機の容量の関係から普通酒の麹米の原料である規格外米を混ぜて製麹していたこと、③は、酒質を矯正するために清酒を添加していたこと、④は、ルールを遵守しているように仮装するために虚偽記帳をしていたことである。しかし、これらの行為が行われた背景には、製造担当者の技術不足、設備上の問題、不適切な生産計画、製造現場の状況に対応しない原料米の選択、管理者と製造現場のコミュニケーション不足、管理者の製造現場に対する管理意識の不足、品質管理体制の不十分さ、法令遵守意識の欠如、虚偽記載に対する規範意識の欠如があった。

再発防止策 第三者委員会は、①製造技術の向上、②設備の補充、③適切な生産計画の策定、④製造グループと品質管理グループの連携、⑤製造現場と管理者の意思疎通の徹底、実行的な管理体制の構築、⑥酒税法令に関する知識の習得、法令遵守姿勢の確立、および、⑦オエノングループ全体の実効的な管理体制の構築を提言し、オエノンは、2014年2月26日、これに基づく再発防止策に取り組むことを発表した。

コメント 製造担当者の不適切な行為が原因となって発生した事案であるが、不適切な行為を生み出し、かつそれが長年にわたって継続した背景には、組織全体におけるさまざま問題があることを認識させる事案である。

さらに理解を深める 本件報告書、オエノン「富久娘酒造株式会社の不祥事調査に関する第三者委員会からの調査報告に基づく再発防止策について」（2014年2月26日）

25　阪急阪神ホテルズメニュー不実表示

当　事　者：阪急阪神ホテルズ株式会社（以下「阪急阪神ホテルズ」）
表面化時期：2013年10月
表面化の経緯：阪急阪神ホテルズによる公表
第三者委員会等：阪急阪神ホテルズにおけるメニュー表示の適正化に関する第三者委員
　　　　　　　　会（以下「第三者委員会」。2013年11月7日設置、2014年1月31日調
　　　　　　　　査報告書〔以下「調査報告書」〕公表）

経営責任：代表取締役は辞任、取締役は報酬10％減額（6か月）、監査役は報酬10％
　　　　　減額（6か月）
行政処分：消費者庁による2013年12月19日付措置命令
民事責任：客観的資料により確認できなかったので記載せず
刑事責任：客観的資料により確認できなかったので記載せず
そ の 他：申し出た顧客に対する代金の返金等

事案の概要　第三者委員会の調査報告書によれば、2013年6月、阪急阪神ホテルズ
　　　　　　　の取締役常務執行役員（当時）が同業者の会合に参加した際に、メ
ニュー表示と異なる食材使用の事実をホームページ等で公表している他のホテルの事
例が話題になった。問題意識を持った同取締役の指示により、阪急阪神ホテルズが運
営しているホテルおよびレストランにおいて、メニュー表示と使用食材との不一致の
有無に関する社内調査が行われた。

　その結果、阪急阪神ホテルズは、2013年10月に、メニュー表示と異なった食材を使
用していたものと考えられる47品目を公表することとした。同月22日に当該47品目を
公表すると、同月24日には代表取締役社長等3名が記者会見を行った。その際に質問
が多くあった6品目については、同社長自らが詳細調査を行い、同月28日には再度記
者会見を行い、調査結果を報告すると同時に、同社長が辞任を表明した。

　その後、消費者庁は、立入調査等を経て、2013年12月19日、阪急阪神ホテルズに対
し、景品表示法6条に基づく措置命令を出した。同措置命令の対象となったのは、メ
ニューには「地鶏」と表示されていたにもかかわらず、「地鶏」の定義に該当しない
鶏肉を使用していた事例、メニューには「芝海老」と表示されていたにもかかわらず、
シバエビよりも安価で取引されているバナメイエビを使用していた事例等、4ホテル
の7施設12商品であった。

| 関連法令 | 景品表示法4条（当時は5条）1項1号・3号、同法11条を根拠とする公正競争規約等 |

| 発生原因 | 調査報告書によれば、①社内の前例、慣習のままでのメニュー表示、②顧客の目を引くメニュー表示という意識、③各部門の連携不備、改善提案ができにくい体制、④食材・商品に関する知識の不足、⑤関連法令・各種ガイドラインの知識不足、⑥問題となった先例（マスコミ報道も含む）についての認識不足、⑦仕入材料の品質管理不足、⑧仕入先との連携の不備、⑨食材が変更されるときのメニュー変更体制の不備、⑩正しい情報提供意識の不足、等が指摘されている。 |

| 再発防止策 | 調査報告書が公表された時点（2014年1月31日）では、①暫定ガイドラインの作成および配布、②メニュー表示問題に焦点を絞った従業員向けの講習会の実施、③社長直轄の品質管理委員会および「品質管理」という部署を設置し、当該部署がメニュー表示のチェック等を行う体制の構築、④調理部門・サービス部門・購買部門の連携強化、メニューが完成段階に至ったときの最終確認・承認のルール化等の対策が実施されていた。 |

　また、調査報告書においては、①メニュー表示のチェックに関する内部統制システムと定期的・継続的な監視体制の構築、②コンプライアンス教育の徹底、③メニュー表示に関するルールの充実と周知徹底等の再発防止策が提言されている。

| コメント | 2013年後半に多くのホテル、レストランでメニューの不実表示が問題となったが、本件の公表をきっかけに、当該問題が世間の耳目を集めることとなった。外食のメニュー表示については、主に景品表示法が適用され、消費者庁のホームページ等でも典型的な違反事例が公表されているが、阪急阪神ホテルズのメニューには景品表示法に違反する優良誤認表示があり、その背景には食材や表示への知識不足、これを看過していた実態および納入食材のチェック体制の不備という要因が存在していた。 |

　阪急阪神ホテルズを含む多くのホテル、レストランにおける不実表示の発覚をきっかけにして、2014年には、①事業者に表示等の適正な管理のための体制の整備等を義務づける、②都道府県知事に措置命令権限を付与する、などの景品表示法の改正が行われた。

| さらに理解を深める | 調査報告書、消費者庁「近畿日本鉄道株式会社、株式会社阪急阪神ホテルズ及び株式会社阪神ホテルシステムズに対する景品表示法に基づく措置命令について」（2013年12月19日） |

26　JA全農神戸ビーフ偽装

当　事　者：全国農業協同組合連合会（以下「JA全農」）
表面化時期：2017年10月
表面化の経緯：情報提供を受けJA全農内で検証した結果、情報提供されたとおりの
　　　　　　　事実が確認されたため記者会見において公表
第三者委員会等：特別調査委員会（2017年10月24日設置、同年12月27日調査報告書〔以
　　　　　　　下「本報告書」〕公表、2018年3月6日調査報告書（最終）〔以下「本
　　　　　　　報告書（最終）」〕公表）

経営責任：客観的資料により確認できなかったので記載せず
行政処分：2017年12月22日、兵庫県知事による景品表示法7条1項に基づく措置命令
　　　　　および農水省による牛の個体識別のための情報の管理及び伝達に関する特
　　　　　別措置法（以下「牛トレーサビリティ法」）18条3項に基づく勧告、2018
　　　　　年2月9日、農水省による農業協同組合法95条1項に基づく必要措置命
　　　　　令
民事責任：客観的資料により確認できなかったので記載せず
刑事責任：客観的資料により確認できなかったので記載せず
そ の 他：対象商品注文者に対する返金対応

事案の概要　　JA全農兵庫県本部の直営店である神戸プレジール本店の料理長が、
　　　　　　　　神戸ビーフフィレのビーフステーキを注文した顧客に対して、但馬牛
フィレを神戸ビーフフィレと偽って提供していた事案である（以下「本件偽装行為」）。
　本報告書によれば、本件偽装行為は2011年10月に開始され、発覚する2017年10月15
日まで行われた。この間に神戸ビーフフィレと偽って顧客に提供された但馬牛フィレ
の量は推計で約950kg（約9500食分）に相当する。本件偽装行為の具体的な手口は、
検品作業を除いて牛肉の管理・使用に関する一連の業務をすべて単独で行っていた料
理長が、顧客から神戸ビーフフィレの注文を受けた際に、他の調理スタッフに隠して
但馬牛フィレをカットし、これを神戸ビーフフィレであると偽って焼き手に渡し、焼
き手が顧客に対して神戸ビーフフィレと説明して調理、提供するというものであった。
　歴代の支配人、店長、兵庫県本部は、本件偽装行為について認識していなかった。
また、本件偽装行為のあった鉄板焼きの調理スタッフのうち、一部は2013年末頃から
本件偽装行為を疑うようになり、2016年度までには全員が本件偽装行為を認識するよ

うになったが、調理スタッフが、料理長や支配人、店長その他兵庫県本部の職員へ本件偽装行為を明確に報告することはなかった。

　問題となった神戸ビーフフィレ以外の食材、すなわち、神戸ビーフのサーロイン、鉄板焼き以外のメニューで提供された牛肉、牛肉以外の食材については本件偽装行為同様の問題行為は認められなかった。また、神戸プレジール銀座店ならびに神戸プレジール以外のJA全農およびそのグループ会社が経営するレストラン53店舗については、本件偽装行為類似の問題行為は認められなかった。

| 関連法令 | 景品表示法5条1項1号、7条1項、牛トレーサビリティ法16条1項、18条3項、同法施行規則26条、農業協同組合法95条1項 |

| 発生原因 | 本報告書では、本件偽装行為の発生原因として、①神戸プレジール本店の運営が実質的に同店の料理長に任せきりにされており、調理現場がブラックボックス化、聖域化していたこと、②事業計画、棚卸・経営分析や点検・監査等の点で兵庫県本部による適切な管理体制がなかったこと、③内部通報制度が有効に機能しなかったこと、④従業員に対するコンプライアンス施策が十分に効果を発揮しなかったこと、⑤兵庫県本部全体において、神戸ビーフと但馬牛のブランド区分についての認識があいまいであり、消費者目線が欠如していたこと、⑥兵庫県本部において、リスク管理意識、高級ブランドを預かる者としての自覚や「消費者起点」の発想が欠如していたこと、⑦JA全農による適切な管理・監督がなされず、ガバナンス機能が発揮されなかったこと等が挙げられている。

| 再発防止策 | JA全農のプレスリリースによれば、特別調査委員会からの調査結果および提言を真摯に受け止め、関係者を厳正に処分するとともに、①飲食店舗事業におけるガバナンス態勢の強化、②内部通報制度の改善、③コンプライアンス研修強化による従業員へのさらなる啓発等の対策を講じ、改めて役職員一丸となり、再発防止と法令遵守態勢のいっそうの強化に努めていくとされている。

| コメント | 本来神戸プレジール本店を管理・監督すべき兵庫県本部およびJA全農が、同店の料理長に店舗の運営を任せきりにしていたために、結果として神戸ビーフという世界的なブランドにダメージをもたらした例である。なお、神戸プレジール本店は、本件偽装行為発覚後一時的に閉店した。また、JA全農は、本件偽装行為発覚後、顧客に対する返金対応を行った。

| さらに理解を深める | 本報告書、本報告書（最終）

27 雪印種苗種苗法違反

当　　事　　者：雪印種苗株式会社（以下「雪印種苗」）
表面化時期：2018年2月
表面化の経緯：農水省による種苗法65条に基づく報告徴収命令
第三者委員会等：第三者委員会（2018年2月20日設置、同年4月27日「種苗法違反等に関する調査報告書」〔以下「本報告書」〕公表）

経営責任：役員全員の辞任、不正に関与した役員を再任せず、役員報酬の一部減額
行政処分：2018年2月15日および同年5月2日、農林水産大臣より種苗法65条に基づく報告書徴収命令
民事責任：客観的資料により確認できなかったので記載せず
刑事責任：客観的資料により確認できなかったので記載せず
そ の 他：農水省から、雪印種苗が報告した再発防止策の完全実施に向けた努力を継続するよう指導

事案の概要　雪印種苗が販売する種子について、種苗法22条、56条、59条に違反する表示および品種偽装行為が行われた事案である。

　種苗法22条は、登録品種を販売する際の登録品種名の使用義務を定めている。しかし、雪印種苗では、登録品種名を記載せず、普通種や緑肥用といった表示のみを行ったり、品種登録後も登録品種名ではない従来の名称による表示を続けていた。

　種苗法56条は、登録品種以外の品種の包装や広告等へ「登録品種」、「品種登録○○号」といった品種登録表示またはこれと紛らわしい表示を付する行為等の禁止を定めている。しかし、雪印種苗では、かつては登録品種であったが登録品種ではなくなったものについて品種登録表示をして販売したり、OECD登録品種ではあるが種苗法上の登録品種ではないものについて、単に登録品種とのみ印字して販売していた。

　種苗法59条は、農林水産大臣が指定した指定種苗について、その包装等に所定の事項を表示する義務を定めている。しかし、雪印種苗では、表示義務の定められた事項を表示せず販売していたものがあった。

　前記に加え、雪印種苗では、種子について、品種Aを品種Bと表示して販売することを目的として、品種Aを品種Bに偽装する行為（品種偽装行為。指定種苗については種苗法59条違反の表示違反にも該当する）が組織的・恒常的に行われていた。過去の品種偽装行為の実行者の中には、その後専務取締役に就任した者も含まれていた。

また、行為当時の担当副社長の承認を得たうえで行われた品種偽装行為もあった。

　品種偽装行為の存否を確認するため、2014年および2017年に社内調査が行われたが、実際には存在するデータを隠す、疑わしい事例について調査をしないまま違反事例はないと結論づける、調査中に一部の経営幹部を含む関係者により複数の不適切な行為が実行される、複数の関係者により事実・認識と異なる供述がなされる、社内調査の担当者の人選が不適切であるなどの問題があったため、真相の解明には至らなかった。

関連法令　種苗法22条、56条、59条、65条

発生原因　本報告書によれば、違反表示の原因としては、雪印種苗の経営陣が、種苗法の表示問題を真に自らが取り組むべき会社の重要課題であると認識しておらず、違反表示の発生を予防するために会社として当然整備すべき各施策がいずれもごく不十分にしかとられていなかったため、人（担当者、担当部署、経営陣）・制度の両面にわたって、全社的に種苗法に関するリスク認識が低く、認識レベルが不足していたことが挙げられている。

　また、品種偽装行為が行われた原因としては、種子の生産不良のために供給不足となり会社および営業が打撃を受ける事態を避けること、在庫を処理したいという考えがあったこと、システム上発覚の可能性が低かったこと、従前から行われてきた行為であり顧客にとっても大きな不利益はないとして正当化が行われていたこと等が挙げられている。

再発防止策　雪印種苗のプレスリリースによれば、企業風土の改革、ガバナンス体制の抜本的な改善・再構築、違反表示を予防するための方策や品種偽装行為を予防するための方策の実施、人材が特定の部署に長期間固定化されることによる弊害の解消に向けた努力、内部通報制度が実効的に機能するための方策の実施等が挙げられている。

コメント　全社的に種苗法に関するリスク認識が低く、認識レベルが不足していたことを背景に、違反表示および品種偽装行為が行われた事案である。

　品種偽装行為については、過去に2度の社内調査が行われたものの真相の解明に至らず、社内調査の難しさ、適切な社内調査の重要性を感じさせる事案でもある。

さらに理解を深める　本報告書

28　レオパレス21共同住宅施工不備

当　事　者：株式会社レオパレス21（以下「レオパレス21」）

表面化時期：2018年4月

表面化の経緯：施工物件の所有者からの指摘により社内調査をした結果、施工不備が判明したため、社外に公表

第三者委員会等：外部調査委員会（2019年2月27日設置、同年5月29日報告書〔以下「5月報告書」〕公表、同年7月31日報告書〔以下「7月報告書」〕公表）

経営責任：代表取締役および執行役員6名の退任、取締役らの役員報酬減額

行政処分：建築士法に基づく、支店の一級建築士事務所に対する業務停止処分および一級建築士社員に対する免許取消等の処分

民事責任：客観的資料により確認できなかったので記載せず

刑事責任：客観的資料により確認できなかったので記載せず

そ の 他：施工不備物件の所有者からの訴訟提起、補修工事に伴う入居者の転居等費用の負担

事案の概要　レオパレス21は、1991年頃からの深刻な経営危機状況から脱却するために、従来の不動産販売事業から請負建築事業へビジネスモデルを転換すべく、1994年以降、「ゴールドネイル」その他の共同住宅の新シリーズをリリースした。レオパレス21では、従前より創業者である経営トップのアイデアにより商品開発が強く推し進められていたところ、上記新シリーズにおいて創業者が特に重視していたのは、徹底した建築費等のコストダウンであり、経験を積んだ職人を必要とせず、工場で作成した部材をプラモデルのように組み立てることで誰でも簡単に施工ができる規格化商品が強く志向された。

　本来、上記新シリーズにおいては、界壁（共同住宅等で各住戸の間を区切る壁）を、小屋裏・天井裏まで達するように設けるとともに、遮音性や防火性について建築基準法等の関係法令の技術的基準に定める性能を満たす必要があった。しかしながら、レオパレス21は、新シリーズの法令適合性を十分に検討せずに物件数の拡大を推し進めたため、新シリーズの大半の物件には、界壁が小屋裏等に施工されていない、関係法令の技術的基準を満たさない等の不備（以下、これらの不備をまとめて「本件不備」）があった。レオパレス21の社内には、一級建築士等の専門的知識を有する社員も在籍していたが、施工物件数に比してこれらの社員が慢性的に不足していたため、施工管

理等が機能していなかった。また、レオパレス21では、建築確認申請の際、手続を円滑に進めるためという名目の下、全社的・組織的に、建築主事に対して実態と異なる確認申請図を提出して建築確認を取得する等の対応をしており、これも本件不備が長期的に放置された原因の一つであった。本件不備は、上記新シリーズの販売終盤である2009年頃まで約10年以上にわたって続いた。

　2011年に施工物件の所有者から提起された訴訟において、本件不備の一部が主張されたが、レオパレス21は、設計管理部等の特定の部署の検討結果のみをもって法令違反はないとの結論を下し、上記の表面化に至るまで本件不備について全社的に改善対応をすることはなかった。

　本件不備の発覚後、レオパレス21は、自社施工物件を対象に本件不備の有無に関する全棟調査を実施した。当該調査の過程で、レオパレス21が設計等を行い外部の施工業者に建築を発注していた物件においても同様の不備が発覚したことから、かかる他社施工物件における施工不備問題を調査対象として7月報告書が公表された。

関連法令　建築基準法30条等

発生原因　全体的な発生原因について、5月報告書によれば、①「走りながら考える」との状況の下、事業の拡大が最優先されてしまったこと、②経営トップの意向ばかりが強く推し進められるワンマン体制に陥っていたこと、③建築関係法令に対する遵法意識・リスク感度が低く、品質問題に対する当事者意識も欠如していたこと等が挙げられている。

再発防止策　レオパレス21では、再発防止策として、①企業風土の抜本的改革（顧客本位の企業風土の醸成等）、②コンプライアンス・リスク管理体制の再構築（コンプライアンス統括部および建築法務部の設置等）、③建築請負事業体制の見直し（新商品等の開発プロセスの改善等）を挙げている。

コメント　本件は、共同住宅の防火性等という居住者らの生命身体の危険につながる重大な施工不備が問題となったことに加え、相当数の物件の改修工事が必要となったこと（レオパレス21によれば、「明らかな不備棟総戸数」は合計19万2868戸数）等から、社会的に耳目を集めた事案である。レオパレス21は、本件等の影響により、2019年3月期以降3期連続で最終赤字を計上した。

さらに理解を深める　5月報告書、7月報告書および以降の関連リリース

29 大和ハウス建築基準法不適合住宅

当 事 者：大和ハウス工業株式会社（以下「大和ハウス」）	
表面化時期：2019年4月12日	
表面化の経緯：2016年12月20日の内部通報をきっかけに社内調査開始。2019年2月18日、同社は、国交省に建築基準不適合等が生じている可能性がある旨報告。国交省はさらなる調査を指示。同社の調査の結果、防火基準不適合のおそれがあることが判明し、3月26日、国交省に報告。4月12日、公表	
第三者委員会等：外部調査委員会（2019年4月26日設置。5月31日中間報告書、6月17日最終報告書〔以下「最終報告書」〕。6月18日、国交省へ報告、公表）	

経営責任：取締役らの報酬減額（20〜10%　2か月間）、担当変更
行政処分：客観的資料により確認できなかったので記載せず
民事責任：客観的資料により確認できなかったので記載せず
刑事責任：客観的資料により確認できなかったので記載せず

事案の概要　大和ハウスが建築した戸建住宅・賃貸共同住宅において、建物を支える基礎のうち、独立基礎と呼ばれる基礎の仕様や賃貸共同住宅2階外部片廊下を支えるL字型受柱の仕様が建築基準法に基づき型式適合認定を受けた仕様に合致しないという不備（以下、前者を「独立基礎不適合問題」、後者を「L字型受柱不適合問題」）や、主要構造部を準耐火構造として建築する必要性のある建物について、防火基準に適合しないおそれのある部分が存在するという不備（以下「防火基準不適合問題」）があったことが判明した事案である。

　大和ハウスへの内部通報により指摘を受け、社内調査が開始され、2019年2月18日、大和ハウスは国交省に対し、独立基礎不適合問題とL字型受柱不適合問題が生じていた可能性がある旨報告した。国交省は大和ハウスに対し、事案の詳細や影響範囲についてさらなる調査を指示したところ、防火基準不適合問題が新たに判明した。4月12日、大和ハウスは、「戸建住宅・賃貸共同住宅における建築基準に関する不適合等について」を公表し、同月26日、同社取締役会により、外部調査委員会が設置された。

　外部調査委員会が調査の対象とした2001年1月1日から2019年3月15日の期間において、独立基礎不適合問題を生じた棟数は、戸建住宅2153棟（調査対象母数18万130

棟）、賃貸共同住宅1610棟（調査対象母数7万9732棟であり、L字型受柱不適合問題を生じた棟数は、賃貸共同住宅192棟（調査対象母数25万9862棟）、防火基準不適合問題を生じた棟数は77棟であった。

　大和ハウスは、独立基礎不適合問題とL字型受柱不適合問題については、第三者機関による構造安全性の検証を行い、構造評定書を取得して顧客に交付した。防火基準不適合問題については、点検、改修工事実施した。

関連法令　建築基準法6条、27条等

発生原因　最終報告書によれば、①型式適合認定制度は2000年6月1日より導入されたが、大和ハウスは同制度や同制度による認定を受けた仕様について設計者全員に理解させる運用ができていなかったこと、②同制度について全社的な統括をすべき当時の技術本部が法令遵守につき周知徹底ができず、個々の設計者に委ねる運用となっていたこと、③技術本部が各設計現場に対して、CADシステムにおける設計図書作成段階におけるチェック体制の意味を周知徹底できていなかったため、CADシステム上のチェック機能が働かなかったことなどが挙げられている。

再発防止策　大和ハウスは、7つの対策基本方針と対策施策を含めた下記の再発防止策を講じ、実行するとしている。ア）全社的な設計業務に関する法令遵守体制の再構築、イ）型式適合認定制度に関する社内資格制度の導入、ウ）リスク情報の伝達機能の強化、エ）社内監査機能の強化、オ）事業所の法令遵守状況に対する適正評価、カ）本社・事業所間の情報共有の強化、教育の再徹底、キ）社内チェック機能の強化。

コメント　大和ハウスは、全国の設計責任者の研修会を複数回開催し、型式適合認定チェックリストを配布し、基本設計図書を作成するCADシステムにおいて型式適合認定遵守のための一定の措置を講じていた。しかし、現場設計者への教育の不徹底や現場設計者と生産業務センターとのコミュニケーション不足等から長期にわたり違法性の認識がなされないまま違法行為が継続された。大企業において法令遵守を徹底させるための運用上の問題点を示唆する事案といえる。

さらに理解を深める　2019年6月17日付け大和ハウス工業株式会社外部調査委員会「調査報告書」
2019年6月18日付け大和ハウス「外部調査委員会による最終報告に関するお知らせ」
2019年6月18日付け大和ハウス「戸建住宅・賃貸共同住宅における建築基準に関する不適合等についての原因究明及び再発防止策について」
2019年6月25日付け大和ハウス「当社における経営責任および役員の処分に関する代表取締役の異動・担当変更、人事異動・機構改革についてのお知らせ」

30 ステラ漢方・ソウルドアウト未承認医薬品等広告

当　事　者：ステラ漢方株式会社（以下「ステラ漢方」）および同広告担当者Ａ、
　　　　　　ならびにステラ漢方の広告代理店であるソウルドアウト株式会社（以
　　　　　　下「ソウルドアウト」）および同営業所担当者Ｂ
表面化時期：2020年 7 月
表面化の経緯：Ａ、Ｂおよび広告制作会社の担当者Ｃが薬機法68条違反容疑で逮捕さ
　　　　　　れた旨のテレビ番組の報道
第三者委員会等：ソウルドアウト・医薬品医療機器等法違反事件社内調査委員会（2020
　　　　　　年 8 月組成、2021年 4 月 7 日調査報告書（概要版）〔以下「本報告書」〕
　　　　　　公表）

経営責任：ソウルドアウトの役員 5 名の報酬一部返納、Ｂに対する処分（ステラ漢方
　　　　　に関しては、客観的資料により確認できなかったので記載せず）
行政処分：客観的資料により確認できなかったので記載せず
民事責任：客観的資料により確認できなかったので記載せず
刑事責任：2021年 3 月31日、ステラ漢方およびＡならびにソウルドアウトおよびＢに
　　　　　対し、略式起訴（罰金）

事案の概要　2019年 8 ～ 9 月、Ｂは、健康食品事業を営むステラ漢方の広告担当者
　　　　　　Ａの依頼を受け、ステラ漢方が供給する健康食品「肝パワーＥ＋」の
個人による体験談のようなウェブメディア記事風ランディングページ（以下「本広
告」）を、広告制作会社の担当者Ｃに作成させ、各種ウェブメディア（以下「広告媒
体」）を通じて配信した。本広告は、いわゆる健康食品につき脂肪肝改善効果等の疾病
治療等の効果を明示または暗示する点において、薬機法68条に違反する内容であった。
　Ｂは、薬機法に基づく広告規制に係る一定の知識はあったが、その適否判断を、広
告媒体に配信を依頼する際の広告媒体における審査（以下「媒体審査」）に委ねてい
た。そのため、できるだけ訴求力の高い内容で媒体審査を通過させたいという考え方
のもとで、Ｃが作成した本広告につき、適宜、各広告媒体の媒体審査にかけて、これ
に合格した場合にはその内容で配信し、不合格となった場合には指摘された問題点を
修正するなどのプロセスを経て、各広告媒体を通じて配信していた。その結果、「媒
体審査を経た以上は問題がない」という理解のもと、薬機法68条に違反する内容がそ
のまま配信されるに至っていた。

薬機法68条の規制対象は、商品の供給主体のみならず、「何人も」とされていることから、「肝パワーＥ＋」の供給主体で広告主であるステラ漢方の社員Ａのみならず、広告代理店の社員Ｂ、広告制作会社の社員Ｃについても逮捕された。また、ＡおよびＢに加えて、各々の所属する法人についても両罰規定により、略式起訴（罰金）とされた。

関連法令　薬機法68条、85条5号、90条2号

発生原因　本報告書によれば、健康食品の広告に関しては、薬機法上の適法・違法の線引きが一義的に明確でなく、内容に違法またはその疑いのある訴求力が高い広告を展開する他の競争事業者に対抗し市場競争力を維持するために、いわゆる「攻めた」広告を制作・運用する動機等が内在的に存在する業界の実情があることを背景に、ソウルドアウトでは、①健康食品の広告につき、薬機法に基づく広告規制の適否判断を、広告媒体の媒体審査に依拠する実務慣行が存在したこと、②配信される広告内容につき上長の確認や法令審査部門による審査等の社内チェック体制が存在せず、原則として各担当者に一任されていたこと、③薬機法に基づく広告規制に係る社内教育が不徹底・不十分であったこと、が挙げられている。

再発防止策　ソウルドアウトは、本報告書の公表と同時に、①社外の専門企業の監修で薬機法関連法および自主基準を定めたガイドラインを作成し、売上を目標指標とする営業本部から分離させた独立部門に広告内容の適法性を審査させ、②当該審査部門が公正な審査を実施し、正常に機能しているかを、別部署である法務ガバナンスチームが定期的に監査するとともに、③取引前の企業審査・商材審査の実施、取引後は社内審査を通過した広告のみ入稿できることの徹底、④懲戒規程を盛り込んだ広告審査規程の施行、社内教育の徹底を図る旨を公表した。

コメント　薬機法68条は薬事承認を受ける前の医薬品等の広告を禁じるが、健康食品についても、薬機法上の「医薬品」のような効能効果を謳って販売した場合（実際に当該効能効果があるか否かを問わず）、同条が適用される。
　また、規制対象が「何人も」とされていることから、薬機法上の業許可を有している事業者や商品の供給主体に限られないため、違反広告の制作に関与した広告代理店や広告媒体企業、さらにはライター、アフィリエイターや、いわゆる「インフルエンサー」等も広く含まれ得ることを改めて示した事案といえる。

さらに理解を深める　本報告書、ステラ漢方による2021年3月31日付プレスリリース、ソウルドアウトによる同日付および同年4月7日付プレスリリース

31　アクアライン（水道屋本舗）不実告知等による営業

当　事　者：株式会社アクアライン（以下「アクアライン」）
表面化時期：2021年 8 月31日
表面化の経緯：消費者庁による公表
第三者委員会等：第三者委員会（2021年10月14日設置、同年11月30日調査結果報告書〔以下「本報告書」〕）

経営責任：代表取締役の役員月額報酬の40％返上（ 3 か月間）など
行政処分：消費者庁より 9 か月間の業務一時停止命令、再発防止策策定およびコンプライアンス体制構築指示（2021年 8 月30日付け。以下「本件処分」）
民事責任：客観的資料により確認できなかったので記載せず
刑事責任：客観的資料により確認できなかったので記載せず

事案の概要　　アクアラインは、主に、水まわり緊急修理サービス事業（以下「本件事業」）を行う業界唯一の上場企業である。本件事業は、マグネット式広告などで集客して修理依頼を受け付け、全国で「水道屋本舗」の屋号のもと展開されているが、地域ごとの営業所はなく、コールセンターからの指示により、サービススタッフ（当時はすべて正社員）が自宅から現場へ直行直帰するという形態をとっている。また、本件事業は、要請を受けて訪問した顧客先において、サービススタッフが点検のうえで器具の交換等を提案（特商法の訪問販売に該当）し、顧客が当初依頼した段階の意思を超える器具の交換等の追加作業を実施することで成り立っており、かつ、売上額がサービススタッフの給与額に大きく影響する給与体系であった。

　そのような中、サービススタッフは、水道屋本舗ウェブサイトの数千円程度の料金表示を見て要請をしてきた顧客先において、「部品は製造終了で在庫もない。トイレ一式を全部交換するしかない」などと不実を述べて30万円以上の役務提供契約の勧誘を行ったり、クーリングオフを申し出た顧客に対し「すでに発注済みなので、材料費だけでも払ってもらえませんか」「うちには、クーリングオフはありません」「これからお宅に行かせてもらおうか」などと申し向けてクーリングオフ妨害を行った。

　アクアラインは、2015年 5 月18日付け香川県知事による「香川県消費生活条例に基づく報告について」により不当な取引行為について問題提起を受けたが、この事実について取締役会での報告等はなされなかった。また、アクアラインは、2015年12月14日付け消費者庁による「特定商取引法に違反するおそれのある営業方法の見直しにつ

いて」（以下「2015年消費者庁通知書」）の注意文書連絡を受け、2021年1月21日には消費者庁の立入検査を受けた。2015年消費者庁通知書の報告は取締役会になされたものの、その後2021年の立入検査まで、特商法に関する報告等がなされなかった。

　本件処分に伴い消費者庁取引対策課が公表した本件事業に関する相談件数は2018年以降毎年100件を超えており、第三者委員会による調査により認定された特商法違反の事例は18件（書面交付義務違反5件、不実告知4件、クーリングオフ妨害3件など）、同法違反の可能性が否定できない事例は183件（書面交付義務違反14件、不実告知38件、威迫・困惑2件、クーリングオフ妨害9件など）である。

　なお、国民生活センターは、2018年12月20日付け「水漏れ修理、解錠など『暮らしのレスキューサービス』でのトラブルご注意」および2021年10月7日付け「水回り修理『950円〜』のはずが…数万円の高額請求に！」を公表、消費者庁は、2021年8月18日付け「訪問販売等の適用除外に関するQ&A」および同月31日付け「暮らしのレスキューサービスに関する悪徳商法にご注意！」を公表した。

関連法令　特商法8条1項、7条1項

発生原因　本報告書によれば、①経営陣の上場企業としての自覚およびコンプライアンス意識が希薄であり、本件事業に内在するリスクの認識が不十分であったこと、②給与体系を含む人事制度が特商法違反を誘発しやすい制度であり、コンプライアンス教育・管理・監督体制が不十分であること、などが挙げられている。

再発防止策　アクアラインは、本件処分を受け、「新モデル」として、事前に顧客が選択したプランの範囲で修理ができない場合等は、サービススタッフが現場で契約を締結するのではなく、改めて顧客からコールセンターへ架電して契約申込みをするという業務フロー、つまり形式的には訪問販売ではなく通信販売とする形態に移行しているとのことである。しかし、本報告書は、業務フロー自体の問題というより管理体制上の問題に起因するところが大きいと指摘し、厳格な管理体制の構築・運用・浸透、役員および従業員全員の抜本的な意識改革・意識の向上を提言している。

コメント　同種のトラブルは、同業他社において現在も頻発している。本報告書は、再発防止策によっても依然として特商法違反が生じる可能性が払拭できないとして、特商法の規制対象とならない事業モデルへの転換も選択肢としている。

さらに理解を深める　本報告書、消費者庁「特定商取引法違反の訪問販売業者に対する業務停止命令（9か月）及び指示並びに当該業者の代表取締役等2名に対する業務禁止命令（9か月）について」

32 スシローおとり広告

当 事 者：	株式会社あきんどスシロー（以下「スシロー」）（親会社は東証プライム市場上場の株式会社FOOD&LIFECOMPANIES〔以下「F&LC」〕）
表面化時期：	2022年6月9日
表面化の経緯：	2022年6月9日消費者庁措置命令（景品表示法7条1項）
第三者委員会等：	F&LC監査等委員会と外部弁護士による共同調査（調査期間2022年6月17日から同年7月5日、同年7月6日調査報告書（以下「本件報告書」））

経営責任：	F&LC代表取締役（基本月額報酬30％）、F&LC常務執行役員・本件当時スシロー代表取締役社長（基本月額報酬20％）、F&LC執行役員・本件当時コミュニケーション企画管掌（基本月額報酬10％）の辞退（3か月間）
行政処分：	景品表示法第7条1項に基づく措置命令
民事責任：	客観的資料により確認できなかったので記載せず
刑事責任：	客観的資料により確認できなかったので記載せず

事案の概要　スシローは、回転ずしのチェーン店を展開している会社である。国内全店において実施するキャンペーン期間中、広告した料理を提供できない事態となった後も、当該料理を提供するかのような広告を続けていたことが「おとり広告」に該当するとして、景品表示法に基づく措置命令の対象となった。

　スシローは、2021年9月8日から20日実施のキャンペーン対象料理のうち、「新物！　濃厚うに包み」の料理につき、材料のうにが不足する可能性があると判断し、9月13日に、14日から17日の4日間、店舗における提供を停止した。しかし、スシローは、提供停止期間中もテレビコマーシャルを継続し、自社ウェブサイトの画像も「ご好評につき店舗において完売している場合がございます。」と追記したのみで、提供停止を明示しなかった。また、各店舗に掲示したポスターには「大変申し訳ございません。本日、"濃厚うに包み"が大変ご好評につきまして入荷待ちとなりご用意できません。あしからずご了承くださいませ。」という事実に反する掲示をした。

　また、同年9月8日から10月3日実施のキャンペーンの対象料理のうち、「とやま鮨し人考案　新物うに　鮨し人流3種盛り」の料理につき、9月13日、うにが不足する可能性があると判断し、同月18日から20日の3日間提供を停止した。しかし、販売停止の前日17日に、自社ウェブサイトの広告掲載を終了したのみで提供停止を積極的

に告知しなかった。

　さらに、同年11月26日から12月12日実施のキャンペーンの対象料理のうち、「冬の味覚！　豪華かにづくし」の料理について、販売実績数量が計画数量を大幅に超過し、多数の店舗で提供できない事態となったが、テレビコマーシャルや自社ウェブサイトにおいて、全店舗にて提供するかのように表示していた。

関連法令　景品表示法5条3号、7条1項

発生原因　本件報告書によれば、①キャンペーン実施前における販売数量予測の前提条件の設定が不十分であった、②キャンペーン対象商品の欠品についての問題意識が著しく低く、広告担当部署や経営陣にキャンペーン内容の変更情報が随時共有される体制が構築されていなかった、③過去のキャンペーンにおいても対象商品の欠品に関するクレームは頻繁になされていたが、経営会議で対策が議論されていなかった、④景品表示法の理解がきわめて不十分であったこと等が挙げられている。

再発防止策　スシローは、①キャンペーン商品の計画販売を実施する、キャンペーン内容を決定する会議に法務部門が参加する、広告表現を変更する場合にも事前に法務部門の確認を実施する、経営陣や公告関連部署所属全従業員に景品表示法に関する研修を実施する、②コンプライアンス意識の向上と日常業務への反映を徹底、③キャンペーン開始後の管理体制の構築、④不適切な広告等が発見された場合の体制構築、⑤キャンペーンのあり方の見直しを実行するとしている。

コメント　回転すし業界最大手である企業において、従業員から経営層に至るまでキャンペーンとして広告した内容を誠実に実施するという認識が欠如しており、かつ、景品表示法の理解が不十分であったために生じた事案といえる。売上至上主義に陥らず、経営陣および全従業員にコンプライアンス意識の向上を図り、再発防止策に掲げている体制整備とその適切な運用が必要である。

さらに理解を深める　消費者庁・公取委「株式会社あきんどスシローに対する景品表示法に基づく措置命令について」（2022年6月9日）、スシロー「国内スシローにおけるキャンペーンの一部広告表示に関する措置命令についてのお詫びとお知らせ」（2022年6月9日）、スシロー「景品表示法違反に関するお詫びと対応策について」（2022年7月8日）

33 関西テレビ「発掘！あるある大事典」不実放送

当　事　者：関西テレビ放送株式会社（以下「関西テレビ」）および日本テレワー
　　　　　　ク株式会社（以下「日本テレワーク」）
表面化時期：2007年1月
表面化の経緯：週刊誌の質問状を端緒とする関西テレビの社内調査
第三者委員会等：「発掘！あるある大事典」調査委員会（以下「調査委員会」。2007年1
　　　　　　月30日設置、同年3月23日調査報告書〔以下「本件報告書」〕公表）

経営責任：関西テレビの代表取締役の辞任（代表権を持たない取締役に降格）、3人
　　　　　　の役員の月額報酬3か月返上および降格、制作局長・東京支社制作部長・
　　　　　　同制作部プロデューサー等3名の解職、編成局長等3名の譴責処分、日本
　　　　　　テレワークの役員2人の辞任
行政処分：なし
民事責任：なし
刑事責任：なし
そ の 他：日本民間放送連盟からの除名処分、関西テレビに対し、総務大臣名による
　　　　　　警告と再発防止に向けた真摯な取組みの要請、1か月以内に再発防止策、
　　　　　　3か月以内に措置状況について報告を求める行政指導

事案の概要　関西テレビが、同テレビの番組である「発掘！あるある大事典Ⅱ」に
　　　　　　おいて、納豆は食べ方によってすぐに痩せる効果があると放送したが、
その後、番組制作過程において、①納豆の痩身効果に関する米国人研究者の発言は、
日本語による解説の吹替段階においてまったく異なる内容に変更されていた、②納豆
に含まれるDHEAの摂取により痩せたとされる米国人の写真は無関係のものだった、
③納豆を食べて痩せたとされる被験者の数値は、そもそも測定自体されていなかった
ことが明らかになった。

　「発掘！あるある大事典Ⅱ」の制作者は関西テレビであるが、実際の制作は日本テ
レワークに委託していた。日本テレワークは、タレントを起用してスタジオ収録する
部分以外は、さらに9つの制作会社に再委託していた。

　不実放送が明らかとなった3日後に番組の打切りが決定され、その後、過去放送分
の調査がなされたところ、結論を導くための極端な単純化や結論に合わせた実験結果
のねつ造が複数確認された。

関連法令　なし（放送法違反には該当せず）

発生原因　調査委員会は、本件発生の構造上の原因と背景は、「発掘！あるある大事典Ⅱ」を取り巻く制作環境や、日本の放送界の構造にあると分析した。その要因を整理すると、①大阪に本拠地を置く関西テレビが東京での番組制作の主導権を握りにくかったこと、②制作部門の評価がされにくく、スタッフの番組作成・番組管理への意欲が低かったこと、③不十分な制作スタッフの育成環境、④制作会社主導の番組の立ち上げ、⑤限りある健康テーマについて、毎週目新しいテーマを提示する必要性、⑥番組批判の軽視、⑦視聴率本位の制作態度、⑧完全パッケージ方式（番組制作のすべてを制作会社に委託し、完成品を納品させること）による制作委託の問題、⑨再委託契約におけるピラミッド型の制作体制の問題、⑩製作費の削減措置による影響、⑪東京支社プロデューサーの過重な負担等が挙げられている。

再発防止策　関西テレビは、①2007年4月3日に検証番組「私たちは何を間違えたのか 検証・発掘！あるある大事典」を放送し、ねつ造等に至った経緯と実態を明らかにした。また、②社長直轄のコンプライアンス強化組織である再生委員会・放送活性化委員会の設置、③経営の機構改革（20名の取締役を11名に縮小し、議論の活発化を図るなど）、④「関西テレビ倫理・行動憲章」の制定、⑤番組による信頼回復（科学の困難性を表現する番組の制作）、⑥番組の委託制作方式の改善（「放送番組の制作委託に関する自主基準」の策定）、⑦コンプライアンスの徹底（内部通報制度の充実）、⑧メディアリテラシー活動の充実（視聴者に対する放送への理解を求める番組制作）、⑨オンブズ・カンテレ委員会の設置（3名の委員によるオンブズマン機能と視聴者からの苦情に基づく関西テレビの改善機能の充実）を実施した。

コメント　人気生活情報番組が「わかりやすさ」を強調しようとするあまり、複雑な理論を切り捨て、ねつ造等を用いて面白く事実を放送した。調査委員会は、ねつ造等を形成した基礎的構造を分析し、会社の機構改革・番組作成の手法それ自体の改善を求めた。このような番組制作手法上の「危うさ」や番組制作者・放送関係者間の「事実に対する厳格さ、探究心や当事者意思の希薄さ、あるいは欠如」、関西テレビ・制作会社の「番組制作基準の曖昧さ」、制作者の「コンプライアンス意識の希薄さ」について、テレビ会社が調査委員会の提言に従って組織改革を行い、視聴者の意見を反映して、番組構築のあり方を検討した事案である。

さらに理解を深める　本件報告書、奥田良胤「『あるある大事典Ⅱ』のねつ造問題——関西テレビの信頼回復への取り組みと課題」放送研究と調査2011年2月号16頁

34 日本テレビ「真相報道　バンキシャ！」虚偽証言放送

当　事　者：日本テレビ放送網株式会社（以下「日本テレビ」）

表面化時期：2009年2月

表面化の経緯：裏金の情報提供者が公金詐欺事件で逮捕・起訴された後、日本テレビ関係者と面談した際に、裏金の告発証言が虚偽であったことを表明

第三者委員会等：放送倫理・番組向上機構放送倫理検証委員会（以下「放送倫理検証委員会」）に特別調査チーム設置（2009年3月13日）、同年7月30日「日本テレビ『真相報道　バンキシャ！』裏金虚偽証言放送に関する勧告」（以下「本件勧告書」）公表

経営責任：社長の引責辞任、報道局長の役職罷免、番組担当者ら4人に出勤停止

行政処分：なし

民事責任：なし

刑事責任：なし

事案の概要　日本テレビは、2008年11月23日日曜日夕方に放送された報道局制作の番組「真相報道　バンキシャ！」の中で、「独占証言……裏金は今もある」と題して、岐阜県や山口県の職員が関与したとするケース等、4件の裏金や不正経理の問題を取り上げた。中でも、岐阜県のケースにおいては、匿名の建設会社役員がVTR出演し、県職員が準備した架空人名義の口座に裏金を振り込んだと証言するなど、県当局を具体的に告発する内容を放送した。

放送から約2か月後の2009年1月、当該証言者が岐阜県中津川市に関わる公金詐欺事件で逮捕・起訴された。そして、日本テレビ関係者が、同年2月末頃、当該証言者と面談したところ、先の告発証言が虚偽であったことを告白した。そのため、「真相報道　バンキシャ！」のスクープは、一転して、全面的に虚偽報道であったことが明らかとなった。

関連法令　刑法233条後段（当該証言者について）

発生原因　放送倫理検証委員会は、本件勧告書において、本件の原因を、①放送の取材・制作の過程における慎重な取材・調査および事実検討の欠如、②「スクープ」を誇示する姿勢に代表される番組制作上の安直さ・粗雑さ、③謝礼の可能性を示した情報募集サイトの利用による安易な情報収集の姿勢、④番組の趣旨やテーマ、方向性に沿った言葉・コメント・映像だけを調達し、組み合わせるという番組制作手法、⑤テーマ設定・取材・編集・放送について、1週間を前提として組み立てることにより、十分な取材ができない状況であっても、放送日に合わせて無理矢理取材を間に合わせるという制作体制、⑥幹部スタッフと取材現場スタッフとの間の情報交換とその共有、それを踏まえた方針決定と任務分担の明確化の欠落と指摘した。

再発防止策　日本テレビは、内部調査結果を報道局全体ですみやかに共有したうえで、「真相報道　バンキシャ！」の制作体制を見直し、「放送日ありき」の制作スケジュールの全面見直しを行い、一定期間の取材・裏づけを要する企画については、放送日を定めず、内容について、十分な検討を行ったうえで、放送するか否かの最終的な判断時間を確保することとした。また、報道局内に「危機管理チーム」を常設し、取材から放送に至るまで、無理な番組づくりを行わないようにした。さらに、本件において、インターネットの情報募集サイトの利用が、結果的に虚偽の証言者を引き寄せる大きな原因となったことから、インターネット情報の扱いの厳格化を行った。そして、報道局で働くスタッフ全員の意識とスキルの向上をめざし、体系的な研修システムの整備を行うこととした。

コメント　本件は、インターネットの情報募集サイトから提供された情報をもとに、杜撰な事実確認や調査のみを行い、「スクープ」として放送するに至ったという事案である。制作会社が作成した番組をそのまま放送してしまう体制そのものに問題があった事案であり、かかる番組制作と放送の態度には、報道が持つ役割、影響力への自覚が組織的に欠如していたといわざるをえないであろう。

さらに理解を深める　本件勧告書、奥田良胤「『真相報道　バンキシャ！』『サンデージャパン』に放送倫理違反──BPO2委員会が相次いで『勧告』」放送研究と調査2009年11月号70頁

35　九州電力やらせメール

当　事　者：九州電力株式会社（以下「九州電力」）
表面化時期：2011年7月
表面化の経緯：政党紙「しんぶん赤旗」がやらせの事実があったことをスクープ
第三者委員会等：第三者委員会（2011年7月27日設置、同年9月30日報告書〔以下「本件報告書」〕公表）

経営責任：会長および社長は役員報酬全額を3か月分返上、原子力発電本部副本部長と支社長は減俸1か月
行政処分：なし
民事責任：なし
刑事責任：なし

事案の概要　東京電力福島第一原発事故発生後、原発再稼働の是非について社会の関心が集中していた2011年6月、経産省は、佐賀県において、「放送フォーラムin佐賀県『しっかり聞きたい、玄海原発』──玄海原子力発電所 緊急安全対策 県民説明番組」（以下「本件番組」）の放映を予定していた。放映にあたり、佐賀県知事は、九州電力側に対し、玄海原発再稼働に向けて、本件番組に対する投稿の中で、「発電再開容認の意見」の割合が増えることを期待していることを伝えた。かかる発言を受け、九州電力側は、社員、協力会社、取引先等に対して、原発再稼働に賛成する意見のメール投稿を要請した（以下「本件やらせ」）。その結果、九州電力からの要請を受けた番組へのメール投稿は、100通を超えた。

本件やらせの事実は2011年7月2日に明らかとなったが、九州電力は、同月4日における鹿児島県議会原子力安全対策等特別委員会において、その事実を否定した。そして同月6日になって、衆議院予算委員会において本件やらせの事実が質疑の対象となったことから、九州電力は、内部調査を徹底し、その後になってやらせの事実を認めた。

九州電力は、2011年10月、本件やらせに関する報告書を国に提出したが、その内容の一部は第三者委員会の認定を事実上否定するものであった。これを受けて国側は、第三者委員会の意見を無視する九州電力の態度を厳しく非難した。そこで、九州電力は、第三者委員会の意見を取り込む内容に修正し、最終報告書を再提出するに至った。

関連法令　なし

発生原因　第三者委員会は、本件やらせの原因を、①東日本大震災・福島原発事故後の急激な環境変化により、電力会社に企業活動の透明性が強く求められていたにもかかわらず、透明性確保の基盤となる経営トップの環境変化の把握および問題認識能力が欠如していたこと、②知事の発言を受けてやらせ行為を行うという関係行政機関との不透明な関係、③取締役会・監査役会による会社執行部に対する牽制機能の不足、④モチベーションが高い人材がいるにもかかわらず、これを十分に活用できていないという会社の人的資源の不活用、⑤原子力部門が独立・閉鎖的であるがゆえの独善的行動、⑥外部有識者を含めたコンプライアンス委員会が年に２回しか開催されておらず、会社執行部のコンプライアンス関連業務は担当部が分かれていて、かつ統一的な理解・方針が構築されていないというコンプライアンス体制および危機管理体制の欠如にあると分析した。

再発防止策　第三者委員会は、①経営トップを中心とする会社幹部が、電気利用者等の消費者、ステークホルダーと直接対話を行う場を設け、本件やらせおよびその事後対応を真摯に反省したうえで、今後透明な企業活動を徹底する方針を明確にすること、②原発立地自治体の首長との不透明な関係の根絶を行うこと、③原子力部門の閉鎖化・独善化を防止するため、人材を流動化するとともに原子力部門を監視する社内組織を設置すること、④コンプライアンス部門を一元化して機能を強化し、危機管理体制を構築すること、⑤社外取締役および社外監査役による牽制機能を強化すること、⑥人材の育成・評価を適正化するための人事・教育制度の見直し、⑦原発立地地域に対する説明の拡大と内容の実質化、⑧組織風土が良好であることを前提とし、これを悪化させないようにすることを提言した。

　これを受けて九州電力は、①企業活動の透明性確保と自治体との健全な関係の構築という方針の徹底、ステークホルダーとの対話の実施、②消費者との積極的なコミュニケーションを図る場の設置と意見・要望を共有する仕組みの強化、③原子力部門の透明性確保のための仕組みの構築、④経営幹部層のマネジメント能力強化に向けた研修の検討、⑤組織風土の改善を目的としたコミュニケーションの活性化、⑥組織風土の定期的な調査の実施、⑦コンプライアンス推進体制の再構築、⑧危機管理体制の再構築、⑨社外役員と経営トップの定期的な意見交換会の実施等の取組みを行うことを発表した。

コメント　電力会社は市場の支配的地位を有する独占企業であるから、その事業の状況に関しては、適宜適切な情報開示を行うことによる透明性の確保と説明責任の履行が強く求められる。しかし、本件では、やらせ行為のみならず、やらせの事実が表面化した後の事実否認、また第三者委員会の報告書を事実上否定する内容での国への報告を行ったことから、九州電力の組織的な不透明性が際立つ結果となった。

さらに理解を深める　社内調査報告書（2011年７月14日および29日）、本件報告書

36　朝日新聞吉田調書歪曲報道

当　事　者：株式会社朝日新聞社（以下「朝日新聞」）
表面化時期：2014年5月
表面化の経緯：第三者証言（衆議院経済産業委員会での東京電力社長の証言）
第三者委員会等：朝日新聞・報道と人権委員会（2014年11月12日「『福島原発事故・吉
　　　　　　　田調書』報道に関する見解」公表）

経営責任：2014年12月5日社長辞任
行政処分：なし
民事責任：なし
刑事責任：なし

事案の概要　朝日新聞の2014年5月20日付朝刊は、福島第一原発事故の当時、所長
だった吉田昌郎氏（故人、以下「吉田氏」）が政府事故調査・検証委
員会の聴取に応えた非公開文書（以下「吉田調書」）を入手したとしたうえで、所長
命令に違反して所員の9割が福島第二原発に撤退したという印象を与える見出しや内
容の記事を掲載した。吉田氏は、混乱時に伝言が正確に伝わらなかった事実や自身の
第一原発付近への避難指示が適切でなかったことを調書の中で認めており、Web版
ニュースではこの点に言及しているものの、朝刊紙面では触れていなかった。

　2014年5月21日、衆議院経済産業委員会に参考人として出席した東京電力の社長は、
命令違反との報道内容を否定した。その後も、吉田氏にインタビュー経験のあるノン
フィクション作家のブログ、週刊誌、ネットメディアで、朝日新聞の報道に疑問を呈
する指摘が続いた。同年6月上旬、朝日新聞は、取材を申し込んだ週刊誌2誌に「法
的措置も検討する」旨の抗議書を送り、自社の紙面にそのことを伝える記事を掲載し
た。同年8月、入手した吉田調書に基づき、命令違反や撤退の事実を否定する他紙の
報道が続いた。

　同社は、内部の協議を重ねた結果、2014年9月初旬、従来の記事を訂正もしくは取
り消す方向での検討を始めた。政府による吉田調書の公表日である同月11日、朝日新
聞の社長が記者会見を行い、同年5月20日付記事を取り消し、読者と東京電力の関係
者に謝罪した。その後も、抗議書を送った相手や東京電力の関係者に謝罪した事実を
紙面で伝えた。同年12月、社長は、引責辞任した。

関連法令　なし

発生原因　朝日新聞の報道と人権委員会は、不適切な記事を掲載した事実関係について、①5月20日付記事の内容は、取材で裏づけられた客観的事実としては認められない、②取材記者の推測が事実のように記載されている箇所がある、③取材は尽くされておらず、公正性と正確性に問題があった、④吉田調書の内容が2人の取材記者以外に共有されていなかった、⑤紙面組込みの前日から当日にかけて見出しや内容に多くの疑義が社内の各方面から出されていたが、ほとんど取り上げられなかった、⑥責任者が取材記者等を過度に信頼して任せきりの状態だった、と総括している。

　また、報道内容への疑問が指摘されて以降の対応については、読者の視点についての想像力の欠如と危機意識の希薄さがある、情報源の秘匿や危機意識の希薄さから吉田調書の社内における開示と情報共有が遅れた、などを指摘している。

再発防止策　朝日新聞は2015年1月5日、報道と人権委員会の意見等を受けて、「信頼回復と再生のための行動計画」を公表した。同計画では、問題発生に至った構造的原因を「過剰な使命感によって、読者がどう受け止めるかという視点を見失い、公正さや正確さを軽視しました。内向きの論理にこだわって、誤りを率直に認めることをためらい、必要な対応が遅れたことで、みなさまの不信感を広げてしまいました」と分析している。そして、「1.公正な姿勢で事実に向き合います　2.多様な言論を尊重します　3.課題の解決策をともに探ります」と理念を示したうえで、①社内外の数人で構成し、記事を書く編集部門から独立した立場で報道内容を点検するパブリックエディター制度、②朝日新聞に対する異論・反論を含め、社内外や読者の多様な見方・主張を掲載するフォーラム面、③訂正記事をまとめて掲載するコーナー、④読者との「車座集会」の全国各地での開催等の具体的な取組みを説明している。

コメント　報道は、対象事実の完全性と正確性に基づくことが最大のコンプライアンスである。本件は、反原発や再稼働反対の世論誘導と世間が感じるほど演出過剰に走った点に反発や批判が集まった。組織内に聖域をつくり、その暴走を許した失敗事例といえよう。

さらに理解を深める　朝日新聞・報道と人権委員会「『福島原発事故・吉田調書』報道に関する見解」(2014年11月12日)

37　DeNAキュレーションサイト問題

当　事　者：株式会社ディー・エヌ・エー（以下「DeNA」）、iemo株式会社（以下「iemo」）、株式会社ペロリ（以下「ペロリ」）、株式会社Find Travel（以下「FT」）
表面化時期：2016年11月
表面化の経緯：ネットメディアを含む外部からの指摘
第三者委員会等：第三者委員会（2016年12月15日設置、2017年3月11日「調査報告書（キュレーション事業に関する件）」〔以下「本件報告書」〕公表）

経営責任：DeNA代表取締役社長役員報酬6か月間50％減額、DeNA執行役員兼iemoおよびFT代表取締役引責辞任、ペロリ代表取締役引責辞任
行政処分：客観的資料により確認できなかったので記載せず
民事責任：客観的資料により確認できなかったので記載せず
刑事責任：客観的資料により確認できなかったので記載せず

事案の概要　DeNAは、キュレーション事業に注力すべく、iemoおよびペロリを2014年9月に、FTを2015年2月に買収し、100％子会社としたうえで、DeNAが運営する「WELQ」、「CAFY」等7サイトに、iemoが運営する「iemo」、ペロリが運営する「MERY」、およびFTが運営する「Find Travel」をあわせ、合計10サイトを展開していた（なお、キュレーションとは、インターネット上のコンテンツを特定のテーマや切り口で読みやすくまとめ、編集・共有・公開することをいう）。

　これらのサイトのうち、ヘルスケア情報を扱うWELQについて、医師等の専門家の監修を受けることなく、根拠が不明確な医療に関する内容を含む記事を掲載している旨の指摘を外部から受け、DeNAは、2016年11月29日、WELQに掲載されていたすべての記事を非公開とした。また、MERYを除くその余の8サイトについても、DeNAは、記事の作成過程に問題があるとの指摘を受けて調査を実施したところ、記事作成マニュアルに他のウェブサイトからの文言転用を推奨していると解釈されかねない点があったとし、同年12月1日、非公開とした。さらに、MERYについても、サービス運営の停止が必要であると判断したとして、同月7日までに非公開とした結果、10サイトすべてが非公開となった。

　これらのサイトでは、著作権法違反となる無断での画像・文章の利用や、効能効果について製品の添付文書に記載されていない記述や安全性誤認の可能性がある記述の

掲載による「医薬品、医療機器等の品質、有効性及び安全性の確保等に関する法律」（以下「薬機法」）違反、実証されていない健康保持増進効果等を表示する健康増進法違反等が指摘されている。

| 関連法令 | 著作権法21条、27条等、特定電気通信役務提供者の損害賠償責任の制限及び発信者情報の開示に関する法律３条１項等、薬機法66条〜68条、医療法６条の５第１項（当時は１項各号）、健康増進法31条１項 |

発生原因　本件報告書では、DeNAがキュレーション事業をプラットフォームにすぎないと考え、自らメディアとしての自覚を欠いていたこと、不適切な内容を含むマニュアルの存在、画像の挿入に関するルールやシステム構成が不十分であったこと、およびチェック体制の不備を背景とした法令違反等を含む内容の記事が作成・公開されていたこと等が指摘されている。そして、その原因として、①子会社買収によって、キュレーション事業へと参入する段階で、同事業に関する分析・議論が尽くされず、事業リスクが適切に把握されていなかったこと、②子会社買収後、キュレーション事業を開始する局面において、同事業の潜在的なリスクに対する予防策が十分に講じられていなかったこと、③同事業を拡大していく過程において、同事業のリスクに対するチェックや手当てが十分でなかったために、リスクの顕在化を招くとともに問題の早期発見が遅れたこと、④同事業においては事業運営に対する「自己修正」を妨げる要因が複数存在していたこと、が指摘された。

再発防止策　本件報告書では、①「永久ベンチャー」を免罪符とせず、DeNAがめざすべき企業としてのあり方を正しく認識し直すこと、②数値偏重から公正な稼ぎ方を重視する方向に移行できるよう、事業のあり方について再検討すること、③経営判断・事業運営における全社的なリスク感覚の醸成を目的として、事業参入後の必要十分なチェックや振り返りを継続していく体制とプロセスを検討すべきであること、が指摘された。

　本件報告書を受け、DeNAは、経営体制を見直し、代表取締役を従来の１名から２名に変更するとともに、創業者である会長が代表取締役に復帰すること、取締役会による業務執行に関する監視を強化すること、コンプライアンス・管理体制を強化すること、役職員の抜本的な意識改革を行っていく方針をプレスリリースで発表した。

コメント　DeNAは企業買収により事業拡大を図ったが、同事業に対するリスク観念・対策が不足していたため、法令違反の可能性をはらむ記事を掲載する事態となった。企業買収後のPMI（Post Merger Integration）に際し、親会社が子会社と一体となって、当該事業およびその運用の遵法性の検討と確保を行うことの重要性を再確認できる事案である。

さらに理解を深める　本件報告書、本件報告書（要約版）

38 日本テレビ「世界の果てまでイッテＱ！」企画「でっち上げ」疑惑

当　事　者：日本テレビ放送網株式会社（以下「日本テレビ」）

表面化時期：2018年11月

表面化の経緯：2018年11月8日、週刊誌が報じたことをきっかけに表面化

第三者委員会等：放送倫理・番組向上機構放送倫理検証委員会（以下「放送倫理検証委員会」。2019年7月5日「日本テレビ『謎とき冒険バラエティー 世界の果てまでイッテＱ！』2つの「祭り企画」に関する意見（以下「本意見」）公表）

経営責任：客観的資料により確認できなかったので記載せず

行政処分：客観的資料により確認できなかったので記載せず

民事責任：客観的資料により確認できなかったので記載せず

刑事責任：客観的資料により確認できなかったので記載せず

事案の概要　「祭り企画」は、日本テレビのバラエティー番組「謎とき冒険バラエティー 世界の果てまでイッテＱ！」（以下「本番組」）のコーナー企画の1つで、2007年3月から放送され、出演タレントが世界各地の祭りやコンテストに挑戦する企画である。

　2018年5月20日放送回の「ラオス・橋祭り」は、川やため池に渡された一本橋を何人もの人が自転車で走る「祭り」が東南アジア各地で流行しているとの現地コーディネーターの情報および提案に基づいて企画され、タレントがこの「祭り」に参加する姿が撮影・編集され、「年に一度の祭り」といったナレーションを付けて放送された。しかしながら、本意見によれば、ラオスでこのような「祭り」は行われておらず、テレビ番組を通じて日本をラオスに紹介したいと考えていたコーディネーターが、他の現地関係者らと企画したものであった。

　また、2017年2月12日放送回の「タイ・カリフラワー祭り」は、タイで行われているカリフラワーの収穫競争を「祭り」として企画され、「ラオス・橋祭り」と同様に撮影・編集され、「年に一度の祭り」「五穀豊穣を願う」祭り、「今年も優勝の呼び声高い強豪」といったナレーションを付けて放送された。しかしながら、本意見によれば、撮影場所で本来行われるはずだったのはキャベツの収穫競争であり、カリフラワーを対象にすることや競争のルールは、「テレビ映え」のためにコーディネーターと現地関係者が協議して決めたことであった。

　本番組制作スタッフ担当者は、いずれの回においても、コーディネーターが番組企画を提案するに至る経緯について把握していなかった。

　なお、本意見によれば、日本テレビは、上記２回の放送を除く109回の「祭り企画」についても自主調査を行っており、その結果、初めての開催、あるいは不定期の開催であったのに「年に一度」という定型化したナレーションを付けたものが12件、開催地の環境、安全対策、撮影許可などの事情で開催場所を変更したものが３件、元の行事の原型を失わない範囲でルールやコースのアレンジを要請し認められたものが８件、スケジュールや演出の都合で開催時期の変更を要請し認められたものが３件との報告があった（同一の事例で複数の項目に該当するものがある）。

関連法令 なし

発生原因　本意見は、①「祭り」が番組のために用意されたものであったにもかかわらず、本番組製作スタッフがそのことを把握していなかったこと、②視聴者の「了解（テレビ局と視聴者との間の相互の「約束」。本番組では、「祭り」の舞台に偽りや誤りがないとの了解）」の範囲を見誤り、ナレーションによって地元に根差した「祭り」への体当たり挑戦と思わせたこと、③「祭り」に挑戦するタレントの姿にフォーカスするあまり、挑戦の舞台である「祭り」そのものへの関心が希薄化し、安易なナレーションを生んだこと、を検証項目としている。

再発防止策　日本テレビが放送倫理検証委員会に2019年10月２日付で提出した報告書（以下「本報告書」）によれば、本番組において、現地公的機関の客観的データ添付や祭りに関する現地情報、成立過程、背景等を記載するチェックシートの導入によるコーディネーターの作業プロセスの把握、プロデューサーによる企画相互チェックなどが講じられたほか、情報・制作局として、プロデューサーによる海外コーディネーターからの情報を受ける際の内容確認を行うこと、「番組制作向上推進事務局の報告共有会」の出席対象を局次長以上から情報・制作局の全チーフプロデューサー（CP）に拡大することで最新のコンプライアンス案件や表現事例をCP経由で現場にも共有できるようにしたことなどの取組みがされている。

　本意見によれば、日本テレビは、番組制作のあり方を猛省し、視聴者に自信を持って提供できる体制が整うまで「祭り企画」自体を当面休止するとした（その後再開）。

コメント　本意見にも言及のある視聴者との「了解」は、バラエティー、ドキュメンタリー、ニュース・報道番組などの番組の性質や視聴者の属性によっても異なるものであり、特定の正解は存在しない。加えて、本番組のように海外取材を伴う場合、言語や人脈などの問題から、情報収集やロケのアレンジなどについて、現地のコーディネーターに任せざるを得ない面がある。情報の信頼性の確認、演出のための創作の許容性など、番組制作スタッフ担当者が直面する課題が浮き彫りになった事例といえよう。

さらに理解を深める　本意見、本報告書、放送倫理検証委員会「ニュース・トピックス」（2019年１月11日）、同委員会議事概要（第133回〜第139回）

39 NHK東京五輪ドキュメンタリー番組虚偽発言

当　事　者：日本放送協会（以下「NHK」）

表面化時期：2021年12月〜2022年1月

表面化の経緯：SNS等による外部からの指摘、NHKによる謝罪コメント発表および謝罪放送（2022年1月9日）

第三者委員会等：放送倫理検証委員会（2022年9月9日「NHK BS1 東京五輪に関するドキュメンタリー番組への意見」〔以下「意見書」〕公表）

経営責任：NHK大阪放送局長の専務理事が2か月間役員報酬の10％を返上

行政処分：客観的資料により確認できなかったので記載せず

民事責任：客観的資料により確認できなかったので記載せず

刑事責任：客観的資料により確認できなかったので記載せず

事案の概要　2021年12月26日、NHK「BS1スペシャル」枠で東京五輪公式映画の製作陣に密着取材したドキュメンタリー番組『河瀬直美が見つめた東京五輪』が放送された（以下「本件番組」）。番組中、密着取材を受けていた映画ディレクターがある男性にインタビューをするシーンにおいて、当該男性が「五輪反対デモに参加しているという男性」「実はお金をもらって動員されていると打ち明けた」という字幕で紹介され、また、インタビューに対して同男性が「デモは全部上の人がやるから（主催者が）書いたやつを言ったあとに言うだけ」「それは予定表をもらっているから　それを見て行くだけ」と発言する姿が放映された（以下「本件シーン」）。

　番組放送後、SNS上では、五輪反対派に対する批判的な声があがる一方、このシーンはデモ全般の評価を貶め、自由な表現活動を愚弄するものではないか、などといった意見もあがった。NHKには視聴者から放送内容の真偽を問う声が相次いだ。

　2022年1月9日、NHKは、事実関係を調査した結果、男性が五輪反対デモに参加していたことは確認できなかったとして、おわびのコメントを発表するとともに、同日午後10時からの「BS1スペシャル」放送後におわびの放送を行った。

関連法令　なし

発生原因　本件シーンが放送されるに至った要因について、意見書は、取材、編集、試写の各段階で問題があったと指摘する。

　取材段階については、そもそも男性は、映画ディレクターによるインタビューに対し、五輪反対デモに参加した経験があるとも参加予定があるとも語っておらず、逆に、

五輪反対デモに関心はなく、行ったこともないと明言していた。にもかかわらず、これと異なる内容の本件シーンが放送された理由について、映画ディレクターに密着取材していた大阪放送局の番組担当ディレクターは、インタビュー後に男性が五輪反対デモに行く予定はあると語っていたと述べている。しかし、そのようなやり取りは録音も録画もされておらず、近くにいた映画ディレクターも聞いていないとのことである。結局、この点については適切な取材がなされていないと意見書は指摘する。

　編集段階については、あたかも五輪反対デモに関する発言のように放送された「デモは全部上の人がやる」などの男性の発言は、実際は男性が参加したことのある別のデモについての発言であったが、番組担当ディレクターは、同じ主催者による五輪反対デモにも男性が参加予定であるならばこのような表現も許されると思ったとのことである（これについては論理が飛躍していると意見書は指摘している）。結果、断片的な情報をつなぎ合わせる編集がなされ、五輪反対デモを貶める内容が伝えられてしまったと意見書は指摘する。

　試写段階については、本件番組は放送前に6回試写が行われたが、デモ一般に対する関係者の関心が薄かったことや、入局20年で経験豊富な番組担当ディレクターに対して細かいことをいうべきでないと考える関係者もいたことなどから、このまま放送すれば大きな反響が出るであろう本件シーンに対して本質的な疑問が呈されることはなく、取材・編集過程のチェック機能が働かなかったと意見書は指摘する。

| 再発防止策 | 意見書を受けてＮＨＫは、再発防止に向け、①チェック機能の強化、②リスク事例の共有、③放送ガイドラインの原点に立ち返るジャーナリスト教育等に取り組んでいる旨放送倫理検証委員会に報告している。このうち、①チェック機能の強化の具体的取組みとしては、新たに配置した「コンテンツ品質管理責任者」を中心とするチェック体制の構築、取材・制作の担当者とは別の職員等による「複眼的試写」の実施拡大、「取材・制作の確認シート」の活用強化などの実践が報告されている。

| コメント | 意見書は、本件シーンについて、五輪反対デモに参加していない男性をあたかも参加したかのように描いている点や、別のデモに関する男性の発言を五輪反対デモに関するものかのように編集・放送している点などにおいて、放送倫理基本綱領やＮＨＫ放送ガイドラインに反しており、重大な放送倫理違反があると非難している。

　また、意見書は、ＮＨＫがおわび放送等において本件放送の問題点が適切な取材を怠り誤った字幕を付したことに限定されるかのような説明を行ったとしたうえで、実際のところ番組担当ディレクターは男性の発言が五輪反対デモに関するものではないことを明確に認識していたのであって、本件放送の問題は単なる字幕の付け間違いという問題ではないと付言する。

| さらに理解を深める | 意見書、ＮＨＫ「ＢＳ１　東京五輪に関するドキュメンタリー番組への意見を受けて」（2022年12月8日公表）

40 橋梁談合

当　事　者：株式会社横河ブリッジ、三菱重工業株式会社（以下「三菱重工」）等50社
表面化時期：2004年10月
表面化の経緯：公取委の立入検査
第三者委員会等：三菱重工・公共工事ビジネスプロセス検証・提言委員会（2010年7月
　　　　　　　　設置、2011年3月18日調査報告・提言書公表）ほか

経営責任：役員報酬減額等
行政処分：審判審決等および課徴金納付命令（49社に対し総額141億2167万円）
民事責任：発注者による損害賠償請求訴訟（東京高判平成23・8・30裁判所ウェブサ
　　　　　イト。違反事業者3社に対し連帯して7986万6711円）等、株主代表訴訟
　　　　　（三菱重工〔2006年7月19日提訴、2010年3月31日和解成立。役員7名に
　　　　　ついて和解金1億6000万円〕ほか）
刑事責任：独占禁止法違反（法人：罰金1億6000万円～6億4000万円、個人：懲役1
　　　　　年〔執行猶予3年〕～懲役2年6月〔執行猶予4年〕）
そ　の　他：競争入札への指名停止措置等

事案の概要　本件は、国交省関東地方整備局、同東北地方整備局および同北陸地方
　　　　　　整備局（以下「3地整」）ならびに旧日本道路公団（以下「公団」）が
発注する鋼橋上部工事および鋼橋上部工工事の入札談合事件である。

入札参加業者50社は、「K会」または「A会」と呼ばれる談合組織のいずれかに所
属し、各社が営業責任者級の者を届け出て、それぞれ、毎年度末に、各総会において
正副常任幹事社を選出していた。また、50社のうちの大部分は、公団の退職者を役員
または従業員として受け入れており（以下、これらの者を「公団OB」）、公団OBは、
公団が発注する工事に係る未公表情報の収集等の業務を行っていた。入札参加業者50
社は、遅くとも2002年4月1日以降2005年3月31日まで、3地整および公団発注の鋼
橋上部工事等について、受注価格の低落防止および安定した利益の確保を図るため、
①K会およびA会の幹事社が、または公団OBが割り付けた者（またはJV）を受注予
定者とする、②受注価格は受注予定者が定め、受注予定者以外の者は、受注予定者が
その定めた価格で受注できるように協力する旨の合意のもとに、受注予定者を決定し、
受注予定者が受注できるようにしていた。

公取委は、2005年9月29日、立入検査前に事業を取りやめていた5社を除く45社に
対し、排除勧告を行い、勧告を応諾した40社に対して、同年11月18日、勧告審決を

行った。残る5社は審判を請求し、うち3社については、2006年7月31日までに同意審決を行い、残りの2社については、2009年9月16日に審判審決が行われた。また、違反行為を認定された50社のうち49社に対して、2006年3月24日から2009年12月16日までの間に計4回にわたって総額141億2167万円の課徴金納付命令が行われた。

さらに、公取委は、3地整発注の工事については2005年5月23日および同年6月15日に違反事業者である法人26社および違反行為に関わった従業員8名を、公団発注の工事については同月29日、同年8月1日および同月15日に法人6社および従業員4名、公団OBならびに公団の副総裁および理事を、それぞれ刑事告発した。告発された法人および個人はすべて起訴され、法人については合計78億円の罰金刑が、個人については執行猶予付き懲役刑が、それぞれ言い渡された。

本件では、民営化により公団から業務を承継した高速道路3社が、違反事業者に対して、独占禁止法25条（無過失損害賠償責任）に基づく損害賠償請求訴訟を提起したほか、違反事業者の株主が、違反行為期間に取締役であった者を被告として株主代表訴訟を提起するなど、多数の民事訴訟も提起された。

関連法令　独占禁止法2条6項、3条、7条の2

発生原因　三菱重工の報告書によれば、①事業者側の事情として、談合組織の規模（鋼橋工事の国内事業者のほとんどが加入）、離脱した場合の報復に対する懸念、鋼橋工事の市場における発注量の減少傾向、公団OBの採用、②発注者側の事情として、受注予定者についての発注者側の意向の表明（いわゆる「天の声」）、③三菱重工固有の事情として、人事管理のあり方（事業本制制のもと、同一部署において同一製品の営業を長期間にわたり担当する者の存在等）等が指摘されている。

再発防止策　三菱重工の報告書は、再発防止策として、①現状のコンプライアンス体制の再点検・見直し、②追加的・補充的な措置の導入（内部通報の外部窓口の設置、抜き打ち監査の実施等）、③新しい時代に対応した行為規範の策定などを提言している。

コメント　本件は、公団副総裁の逮捕にまで発展した官製談合事件として耳目を集めた。刑事告発された違反事業者は、法人として罰金刑を受け、さらには、会社のために談合に関わった従業員個人も有罪判決を受けることとなった。加えて、課徴金納付命令、損害賠償請求訴訟および株主代表訴訟等もあり、独占禁止法違反が事業者にもたらしたダメージがきわめて大きい事案であったといえる。

さらに理解を深める　和田健夫・公正取引712号59頁、横手哲二＝永久雅也＝勝上一貴・公正取引732号106頁

41 マリンホースカルテル

当　事　者：株式会社ブリヂストン（以下「ブリヂストン」）、横浜ゴム株式会社
　　　　　　（以下「横浜ゴム」）、Dunlop Oil & Marine LTD.（英国）等8社
表面化時期：2007年5月
表面化の経緯：ブリヂストン化工品海外部部長の米国における逮捕（横浜ゴムによる
　　　　　　各国競争当局へのリニエンシー申請）
第三者委員会等：客観的資料により確認できなかったので記載せず

経営責任：客観的資料により確認できなかったので記載せず
行政処分：2008年2月20日付排除措置命令および課徴金納付命令（ブリヂストンに対
　　　　　し238万円）
民事責任：客観的資料により確認できなかったので記載せず
刑事責任：反トラスト法違反（ブリヂストン〔法人〕：罰金2800万ドル、ブリヂスト
（米国）　ンの化工品海外部部長〔個人〕：禁固2年、罰金8万ドル）
そ の 他：米国での損害賠償請求訴訟（集団訴訟）
　　　　　制裁金（欧州委員会・5850万ユーロ、韓国・3億1900万ウォン）

事案の概要　ブリヂストン、横浜ゴムおよび英国、米国、フランス、イタリアにそ
れぞれ本店所在地を有する外国事業者5社（以下、あわせて「8社」）
は、それぞれマリンホース（タンカーと石油備蓄基地施設等との間の送油に用いられ
るゴム製ホース）の製造販売業者または販売業者である。
　8社は、1999年12月10日頃以降、受注価格の低落防止を図るため、①日英仏伊の4
か国のいずれかをマリンホースの使用地とする場合には、使用地となる国に本店を置
く者を受注予定者とし、複数の事業者がこれに該当する場合には、そのうちのいずれ
かの者を受注予定者とする、②前記①以外の場合には、あらかじめ定められた受注割
合に基づき算出される各社の受注すべき金額と実際の受注金額との過不足等を勘案し
て、コーディネーター（英国コンサルタント会社代表者）が選定する者を受注予定者
とする、③受注価格は受注予定者が定め、受注予定者以外の者は、受注予定者がその
定めた価格で受注できるように協力する旨の合意のもとに、受注予定者を決定し、受
注予定者が受注できるようにしていた。8社およびコーディネーターは、バンコクや
ロンドン等において会合を開催していたほか、違反行為の発覚を防止するため、コー
ディネーターに対する自社の受注実績の報告や受注希望の連絡等を行うにあたっては、
各社の商号に代えて、「A1」等のコードネームを使用していた。

　ブリヂストンと横浜ゴムは、前記①の合意に基づき、日本を使用地とするマリンホースについて、過去の2社の受注実績等を勘案し、2社の間の話合いによって受注予定者を決定していた。

　2006年秋頃、社内調査の過程においてカルテルへの関与が明らかとなったため、横浜ゴムは、各国競争当局に対し、リニエンシーの申請を行った。横浜ゴムの協力により、米国においてはおとり捜査が行われ、2007年5月2日、前日にカルテル会合が行われていたヒューストンで、当時ブリヂストンの化工品海外部の部長であった邦人担当者を含む5社の営業担当者およびコーディネーターが逮捕されたことを皮切りに、各国競争当局の調査協力によって、同月2日、3日、7日のうちに、米英仏伊日の5か国において一斉に立入調査が実施された。

　公取委は、2008年2月20日、ブリヂストンを含む違反事業者5社に対して排除措置命令を、また、ブリヂストンに対して238万円の課徴金納付命令を行った。さらに、ブリヂストンは、米国司法省から罰金2800万ドル、欧州委員会から制裁金5850万ユーロ、韓国公正取引委員会から課徴金3億1900万ウォンの支払いをそれぞれ命じられたほか、米国において集団訴訟が提起され、また、化工品海外部の部長であった邦人担当者個人も、米国において禁固2年・罰金8万ドルの実刑を受けることとなった。

　なお、横浜ゴムは、前記のとおり、各国競争当局に対してリニエンシーの申請を行ったため、いずれの国においても罰金・制裁金等の対象となっていない。

| 関連法令 | 独占禁止法2条6項、3条、7条の2、各国競争法 |

発生原因　過当競争により業界全体として受注価格の低落が起きていたことが背景にある。

再発防止策　ブリヂストンは、①マリンホース事業からの撤退、②コンプライアンス教育の再徹底、③販売価格決裁システムの見直し（営業部門だけでは決裁が行えない体制の整備等）、④全社的な組織変更と内部統制体制の強化（化工品海外部の解体・廃止等）等を内容とする再発防止策を策定、実施している。

コメント　リニエンシー制度が各国で導入されたことや協定に基づく各国競争当局の調査協力によって、国際カルテルの摘発は容易になってきているといえる。全世界規模の国際カルテルが摘発された場合のリスクは大きく、ブリヂストンは、マリンホース事業から撤退するに至った。監査および危機管理の場面において、日系企業の2社に大きな差が出た事案であるといえる。

さらに理解を深める　大川進＝平山賢太郎・公正取引693号69頁、同83頁、同700号64頁、多田英明・同705号22頁、同87頁、ブリヂストン「社会・環境報告書2008」、横浜ゴム「コンプライアンス遵守の経営について」（2008年2月22日）

42 自動車用ワイヤーハーネスカルテル

当　事　者：矢崎総業株式会社（以下「矢崎総業」）、住友電気工業株式会社（以下「住友電工」）、株式会社フジクラ（以下「フジクラ」）、古河電気工業株式会社（以下「古河電工」）
表面化時期：2010年2月
表面化の経緯：公取委の立入検査
第三者委員会等：客観的資料により確認できなかったので記載せず

経営責任：役員報酬一部返上等
行政処分：2012年1月19日付排除措置命令および課徴金納付命令（3社に対し総額128億9167万円）
民事責任：米国での集団訴訟（矢崎総業：和解金1億ドル）
刑事責任：反トラスト法違反（法人：罰金2000万ドル〜罰金4億7000万ドル、個人：
（米国）　禁固15か月〜禁固2年）
そ　の　他：欧州委員会、中国国家発展改革委員会等各国競争当局による制裁金
　　　　　株主代表訴訟（住友電工：役員ら22名について和解金5億2000万円との報道〔ただし、光ファイバーケーブルのカルテル事件を含む（2014年5月7日付日本経済新聞電子版）〕）

> **事案の概要**　本件は、自動車メーカーが発注する自動車内の配線用電線（ワイヤーハーネス）および同関連製品（以下「ワイヤーハーネス等」）の談合・価格カルテル事件である。

　自動車メーカー各社は、自社および子会社が製造する自動車に搭載される自動車用ワイヤーハーネス等を調達するにあたり、現行車種をフルモデルチェンジするなどの場合に見積り合わせ（以下「コンペ」）を実施しており、かかるコンペにおいて、エンジンルームハーネス、ドアハーネス、フロアーハーネス等の種類（以下「部位」）ごとに受注者を選定していた。自動車メーカー各社は、製品の品質、供給能力等を考慮してコンペの参加者を選定していたが、コンペの大部分において、矢崎総業、住友電工、古河電工、フジクラの中から2社ないし3社の参加者を選定していた。

　コンペの参加者は、量産価格の低落防止を図るため、受注予定者を決定し、受注予定者以外の者は、受注予定者が受注できるように協力する旨の合意のもとに、現行車種における受注部位や受注シェア等を勘案して、話合いにより部位ごとに受注予定者を決定し、受注予定者が受注できるようにしていた。

　公取委は、2010年2月24日、米国司法省および欧州委員会等とほぼ同時期に調査を

開始し、2012年1月19日、矢崎総業およびフジクラの2社に対して排除措置命令を、矢崎総業、住友電工およびフジクラの3社に対して課徴金納付命令を、それぞれ行った。なお、古河電工は、課徴金減免申請を行ったため、排除措置命令および課徴金納付命令の対象となっていない。

　さらに、本件は、前記のとおり、米国司法省および欧州委員会等の各国競争当局からも調査を受けたところ、古河電工は、2011年9月29日、米国司法省との間で、罰金2億ドルを支払うこと等を内容とする司法取引に合意し、矢崎総業も、2012年1月30日、米国司法省との間で、罰金4億7000万ドルを支払うこと等を内容とする司法取引に合意した。また、矢崎総業の邦人幹部4名も有罪答弁を行い、15か月から2年の禁固刑に服することに同意した。フジクラは、同年4月23日、米国司法省との間で、罰金2000万ドルを支払うこと等を内容とする司法取引に合意した。

　その後も、2013年7月10日に欧州委員会が、2014年8月20日に中国国家発展改革委員会が、それぞれ、フジクラを除く前記3社を含む日本の自動車部品メーカーに対して、制裁金の支払い等を命じる決定を行った。

関連法令　独占禁止法2条6項、3条、7条の2、米国・EU・中国の各国競争法

発生原因　フジクラの公表資料によれば、①ワイヤーハーネス等の受注機会が、5～6年に1度のフルモデルチェンジのタイミングしかなく、これがその後の数年間の事業規模を左右するため、コンペに際し、担当部署が大きなプレッシャーを受けていたこと、②ワイヤーハーネス等の事業規模が社内的にも大きくなく、担当部署も比較的小規模な体制にあったため、業務の特定個人への依存が強まる傾向にあったこと、③独占禁止法の教育、遵守のための管理体制の整備等が不十分であったこと等が指摘されている。

再発防止策　フジクラの公表資料によれば、同社は、再発防止策として、①取締役会におけるカルテルからの絶縁決議、②独占禁止法コンプライアンス・プログラムの策定、③競業他社との接触基準の策定、④監査部および法務室による独占禁止法違反行為に関する内部監査の実施、⑤役職員に対する独占禁止法教育の実施等の取組みを行っており、独占禁止法遵守体制の再構築に努めている。

コメント　企業活動のグローバル化に伴い、公取委は、諸外国の競争当局とも積極的に協力してカルテル調査を強化している。国際カルテルが摘発された場合、日本に比べ、海外の競争当局による罰金や制裁金は規模が大きく、また、役職員の禁固刑や集団訴訟の提起等のリスクも非常に大きいため、競争法遵守の意識を高く持ち、いっそうのコンプライアンス強化を図ることが求められる。

さらに理解を深める　フジクラ「自動車用ワイヤーハーネス等の取引に関する独禁法違反などについて（ご報告）」（2012年5月29日）

43 架空送電工事等談合

当　事　者：株式会社かんでんエンジニアリング等電気設備工事業者延べ88社
表面化時期：2012年11月
表面化の経緯：公取委の立入検査
第三者委員会等：関西電力株式会社（以下「関西電力」）調査チーム（2013年11月26日
　　　　　　　設置、2014年2月4日調査結果公表）

経営責任：役員報酬減額等
行政処分：2014年1月31日付排除措置命令および課徴金納付命令（総額23億7048万
　　　　　円）
民事責任：客観的資料により確認できなかったので記載せず
刑事責任：客観的資料により確認できなかったので記載せず
そ　の　他：公取委は、発注側の関西電力に対しても、再発防止策の策定等を要請

事案の概要　　関西電力は、架空送電線路の建設工事等（以下「架空送電工事」）お
　　　　　　　よび地中送電線路の建設工事等（以下「地中送電工事」）について、
登録業者の中から複数の業者を指名し、当該工事について見積価格を提示させ、最も
低い見積価格を提示した者を発注予定先とし、その者との間で当該見積価格および関
西電力の設定する目標契約価格をもとに価格交渉を行うなどしたうえで、その者に当
該工事を発注していた。

　違反事業者延べ88社は、遅くとも2009年4月16日以降（地中送電工事については遅
くとも同月21日以降）、架空送電工事および地中送電工事について、受注価格の低落防
止および受注機会の均等化を図るため、受注を希望する者が複数社あるときは、過去
の受注実績を勘案するなどして、話合いにより受注予定者を決定し、受注予定者以外
の者は、受注予定者が定めた見積価格よりも高い見積価格を提示するなどにより、受
注予定者が受注できるようにしていた。なお、関西電力は、架空送電工事および地中
送電工事を発注するにあたり、指名競争見積等の参加者を一堂に集めて現場説明会を
行っていたところ、参加した工事業者の営業担当者は、現場説明会終了後に引き続い
て、受注予定者を決定する話合いをしており、また、関西電力の設計担当者や購買担当
者の中には、①現場説明会の場等において、工事業者の営業担当者の求めに応じ、契
約締結の目安となる予算価格等を教示したり、②指名競争見積等の参加者の選定にあ
たって、参加者の組合せについて事前に特定の工事業者に相談したりするなどしてい

た者がいた。さらに、工事業者の担当者の中には、関西電力の退職者が29名おり、このうち少なくとも14名は、関西電力の設計担当者から予算価格等の教示を受けていた。

　公取委は、2014年1月31日、工事業者ら違反事業者に対し、独占禁止法3条（不当な取引制限の禁止）の規定に違反する行為を行っていたとして排除措置命令および課徴金納付命令を行うとともに、関西電力に対し、同社の社員の一部が違反行為を誘発し、または助長していたとして、再発防止策を講じること等を申し入れた。

関連法令　独占禁止法2条6項、3条、7条、7条の2

発生原因　関西電力の調査チームの報告書によれば、①予算情報等の開示が、工事業者の独占禁止法違反行為を誘発・助長するおそれがあるという意識・知識が社員に不足していたこと、②現場説明会等、予算を扱う設計担当者が工事業者に直接対応する機会があったこと、③工事業者からの求めに対し、担当者のみの判断で行動するなど、会社としての対応がとれていなかったことが指摘されている。

再発防止策　関西電力は、公取委の申入れを受け、再発防止策として、①コンプライアンスの再徹底（コンプライアンス研修の実施、問題行為防止ルールの明確化等）、②発注のしくみに関する見直し（現場説明会の原則廃止、工事業者からの問合せに対する決裁手続を経たうえでの書面回答、工事業者から不適切な働きかけがあった場合の報告ルールの明確化等）、③グループ会社についての再発防止徹底（関西電力のグループ会社である工事業者が談合の主導的役割を果たしていたことに鑑み、グループ会社に対する再発防止策の水平展開、グループ各社に対する実地モニタリングの実施等）、④再発防止策に関する実施状況のモニタリング等を公表している。

コメント　本件は、発注側である関西電力が、予算情報を開示するなど、受注側の談合に関与したとして、公取委から再発防止策の策定等適切な措置を講じることを要請された点に特色がある。調査報告書では、受注側に予算情報等を開示した理由として、施工品質と安全対策の確保（入札価格が安いと工事の品質に影響する）等が挙げられているが、受注側にグループ会社や関西電力のOBが関与していたことからも、受注側の不適切な求めに対し、関西電力の担当者が断りきれない場面もあったものと考えられる。再発防止策にあるように、グループ内部統制のあり方という観点からも、参考となる事案であるといえる。

さらに理解を深める　関西電力「架空送電工事および地中送電工事の設計・発注業務における調査結果および再発防止策について」（2014年2月4日）

44　ダイヤモンド電機カルテル

当　事　者：ダイヤモンド電機株式会社（以下「ダイヤモンド電機」）、その米国子
　　　　　　会社である米国ダイヤモンド電機株式会社（以下「米国ダイヤモンド
　　　　　　電機」）
表面化時期：2013年7月
表面化の経緯：ダイヤモンド電機による米国司法省との司法取引契約に関する適時開
　　　　　　示
第三者委員会等：独占禁止法問題調査委員会（以下「本委員会」。2013年11月25日設置、
　　　　　　同年12月27日調査結果報告）

経営責任：代表取締役社長、同副社長は辞任
行政処分：なし
民事責任：客観的資料により確認できなかったので記載せず
刑事責任：ダイヤモンド電機につき罰金1900万ドル、社長につき禁固16か月・罰金
　　　　　5000ドル、副社長につき禁固13か月・罰金5000ドル

事案の概要　　ダイヤモンド電機は、遅くとも2003年7月から少なくとも2010年2月
　　　　　　にかけて、米国独占禁止法に違反して、米国内およびその他の地域に
おいて販売されたフォード製、トヨタ製および富士重工製（一部の子会社を含む）の
自動車に組み込まれている点火コイルについて、他者と共謀して談合を行い、販売価
格を車種ごとに固定、安定、維持させていた（以下「本件カルテル行為」）。

　米国司法省は、2011年7月、米国ダイヤモンド電機に対して調査を開始した。ダイ
ヤモンド電機は、当該調査に全面的に協力し、2013年7月16日、米国司法省との間で、
本件カルテル行為を認め、罰金1900万ドルを5年分割で支払うとともに今後の捜査に
協力することを合意し司法取引契約を締結した。

　ダイヤモンド電機は、2013年7月17日、同年5月に設置した代表取締役社長が委員
長を務める「コンプライアンス委員会」において、諸施策を検討整備し、法令遵守の
実現と社会的信用の回復に努める旨ならびに役員報酬の3か月間の一部返上を公表し
た。

　ダイヤモンド電機は、2013年11月25日、同社から独立した3名の弁護士から構成さ
れる本委員会を設置し、本件カルテル行為についての事実確認および原因の究明なら
びに再発防止およびコンプライアンス強化のための改善施策の確認と妥当性評価を委

嘱した。本委員会は、調査を実施し、同年12月27日、調査結果を報告した。

　本委員会の報告を受けて、代表取締役社長および同副社長は、2014年1月10日、本件カルテル行為に関する責任を引き受ける形で辞任した。ダイヤモンド電機は、同日、取締役会において、本件カルテル行為に深く関与していた職員に対する社内処分を実施し、本件カルテル行為の再発防止およびコンプライアンス強化のため抜本的な組織変更により経営体制を再構築することを決議し、これを公表した。

　米国司法省は、2014年1月31日、代表取締役社長および同副社長が本件カルテル行為に関与していたことを認め、前記禁固刑および罰金刑に服することに同意した旨を公表した。

　ダイヤモンド電機は、2014年3月7日、臨時株主総会および臨時取締役会を開催して、新経営体制に移行した。

関連法令　米国独占禁止法

発生原因　米国独占禁止法に対する認識不足、親会社代表取締役の違法行為への関与。

再発防止策　ダイヤモンド電機は、2014年1月10日、再発防止・コンプライアンス強化のために経営体制を再構築することとし、社外取締役1名の選任、管理本部の直下にコンプライアンス全般を所管する法務部の設置、ITシステムの活用も含めた管理制度の整備および各種研修の充実等を推進することを発表した。

コメント　米国子会社による米国独禁法違反行為により、親会社に巨額の罰金が科されるとともに、本件カルテル行為に関与していた親会社の社長および副社長に長期の禁固刑と罰金が科される結果にまで至った事案である。価格カルテルが海外で摘発された場合の結果の深刻さを認識させられる事案である。

さらに理解を深める　ダイヤモンド電機「自動車部品に係る米国司法省との司法取引契約に関するお知らせ」（2013年7月17日）、同「代表取締役の異動、代表取締役・役員の異動内定並びに臨時株主総会の開催、臨時株主総会招集のための基準日設定及び付議議案に関するお知らせ」（2014年1月10日）、公取委ホームページ・国際的な取組→海外当局の動き→米国→2013年9月および2014年3月

45 東日本大震災高速道路舗装復旧工事談合

当　事　者：前田道路株式会社（以下「前田道路」）等舗装工事業者20社

表面化時期：2015年1月

表面化の経緯：公取委の立入検査

第三者委員会等：前田道路・社外調査委員会（2016年1月25日設置、同年6月24日調査
　　　　　　　報告書（要約版）〔以下「本件調査報告書」〕公表）

経営責任：役員報酬一部返上

行政処分：2016年9月6日付排除措置命令および課徴金納付命令（20社のうち11社に
　　　　　対し総額14億951万円。ただし、同年12月15日付決定により独占禁止法63
　　　　　条に基づく課徴金の一部控除または取消し）、建設業法41条1項または28
　　　　　条3項に基づく勧告、営業停止処分

民事責任：発注者（東日本高速道路株式会社）に対する違約金の支払い

刑事責任：独占禁止法違反（法人：起訴された10社のうち7社について罰金1億2000
　　　　　万円、うち3社について1億8000万円、個人：懲役1年2月〔執行猶予3
　　　　　年〕）

その他：国交省による競争入札への指名停止措置等

事案の概要　本件は、東日本高速道路株式会社東北支社（以下「NEXCO東日本東
北支社」）が発注する東日本大震災に係る東北自動車道等の舗装災害
復旧工事合計12件（以下「本件復旧工事」）についての入札談合事件である。

　NEXCO東日本東北支社は、本件復旧工事を総合評価落札方式による条件付一般競
争入札の方法により発注していたところ、違反事業者20社は、本件復旧工事の入札に
参加した者のうちそのほとんどを占めていた。

　東北地区においては、かねてよりNEXCO東日本東北支社等が発注する舗装工事等
について、調整役と呼ばれる舗装工事業者が他の舗装工事業者の受注希望を聴取する
などして受注に関する調整を行っていたところ、本件復旧工事の時期において調整役
を担っていたのは、前田道路、株式会社NIPPO、日本道路株式会社および世紀東急
工業株式会社の4社であった。

　違反事業者20社は、2011年7月中旬以降（うち6社については遅くとも同年8月下
旬以降）、本件復旧工事について、受注価格の低落防止を図るため、①受注予定者を
決定する、②受注価格は受注予定者が定め、受注予定者以外の者は、受注予定者がそ

の定めた価格で受注できるように協力する旨の合意のもとに、調整役が各社の受注希望を勘案するなどしてそれぞれの工事の受注予定者を指定し、受注予定者が受注できるようにしていた。なお、違反事業者20社は、同年8月下旬頃、本件復旧工事について、NEXCO東日本東北支社から独占禁止法違反行為の疑いに係る事情聴取を受けた際、同行為を行っていない旨説明し、その旨の誓約書を提出していたにもかかわらず、その後も違反行為を継続していた。

　公取委は、2016年2月29日、違反事業者20社のうち10社とその営業担当者（当時）ら11名を刑事告発するとともに、同年9月6日、違反事業者に対し、独占禁止法3条（不当な取引制限の禁止）の規定に違反する行為を行っていたとして排除措置命令および課徴金納付命令を行った。刑事告発された法人および個人はすべて起訴され、法人については罰金刑が、個人については執行猶予付き懲役刑が、それぞれ言い渡された。

関連法令　独占禁止法2条6項、3条、7条、7条の2、89条、95条

発生原因　本件調査報告書によれば、①本店による支店に対するガバナンスの不足（重要な意思決定もすべて支店判断）、②支店の売上の相当部分を占めるアスファルト合材の販売を通じた同業他社との関係性、③談合行為に対する認識の甘さ（役職員の遵法意識の欠如、公共性・緊急性の高い例外的工事であるとの認識）、④コンプライアンス体制の不備（人的体制の不十分、支店における人員配置の固定化等）、⑤道路舗装業界の体質等が挙げられている。

再発防止策　本件調査報告書によれば、①経営トップによる法令遵守方針の再徹底、②本店機能の強化（本支店間における報告・決裁手順等）、③同業他社との接触ルールの策定、④コンプライアンス研修の充実、⑤危機管理体制の強化（入札監視委員会の設置、社内リニエンシー制度の整備等）、⑥人事政策の見直し、⑦道路舗装業界全体による体質改善等が提言されている。

コメント　本件復旧工事は、財源の大半を国の補助金が占める公共性の高い事業であり、その規模も落札金額合計約177億円と高額に上った。震災復興という社会性・緊急性の高い工事であることを違反行為の正当化理由とする意識も一部にはあったようだが、かねてより談合に非協力的な事業者には嫌がらせをするなど業界全体において常態化していた談合体質が本質にあった事案であるといえる。

さらに理解を深める　本件調査報告書、東京地判平成28・9・7公取委審決集63巻423頁〜456頁等

46 アスファルト合材カルテル

当　事　者：世紀東急工業株式会社（以下「世紀東急」）、前田道路株式会社、大成
　　　　　　ロテック株式会社、鹿島道路株式会社、大林道路株式会社等9社
表面化時期：2017年2月
表面化の経緯：公取委の立入検査
第三者委員会等：世紀東急・調査委員会（2019年8月7日設置、同年12月18日調査報告
　　　　　　書〔以下「本件調査報告書」〕公表）

経営責任：役員報酬減額
行政処分：2019年7月30日付排除措置命令および課徴金納付命令（9社のうち8社に
　　　　　対し総額398億9804万円）
民事責任：株主代表訴訟（世紀東急の役員ら4名〔元役員を含む〕に対し、一部につ
　　　　　き連帯して最大18億3417万円の請求認容判決〔東京地判令和4・3・28公
　　　　　刊物未登載、東京高判令和5・1・26公刊物未登載、令和5・6・22和解
　　　　　成立〕）
刑事責任：客観的資料により確認できなかったので記載せず

事案の概要　　道路舗装に係る事業は、舗装工事事業と道路建設に用いるアスファル
　　　　　　ト合材の製造販売事業に分かれており、大手の道路舗装業者は概ねそ
のいずれの事業も営んでいるが、中小の道路舗装業者の多くは自らアスファルト合材
の製造設備（プラント）を持たず、舗装工事を行う際にはアスファルト合材を製造し
ている業者からこれを購入して道路を建設している。また、アスファルト合材は時間
が経過すると冷えて固まってしまう性質を有することから、大手の道路舗装業者で
あっても、自社が受注した舗装工事の現場近くに自社のプラントが存在しない場合は、
他社のプラントからアスファルト合材を購入している。

　違反事業者9社は、かねてから、9社会と称する会合を開催するなどして、各社に
おけるアスファルト合材の販売価格の引上げ時期や引上げ幅等について情報交換を
行っていたところ、原材料の価格高騰を契機として、遅くとも2011年3月頃以降、ア
スファルト合材の販売価格の引上げを共同して行っていく旨の合意（以下「本件合
意」）の下、9社会において販売価格の引上げに関する方針を確認し、当該方針に
沿って販売価格の引上げを行うため、全国の自社プラントの工場長等に指示するなど
して、地域の状況に応じて引上げ幅等を調整するなどしながら、販売先に対する販売
価格の引上げを行っていた。

　また、9社は、本件合意の実効性を確保するため、①安値販売により販売数量を拡大している者がいないことを確認し合うため、9社会において、アスファルト合材の製造数量を発表し合う、②販売価格の引上げが進んでいない地域等に複数の9社会の出席者が共に出向き、プラントの工場長等に販売価格の引上げを行うよう指導する、③本件合意が発覚することを防止するため、9社会で話し合った内容については記録しない、または書面等には「用済み廃棄」等と注記するなどの対策を講じる、などしていた。

　公取委は、2019年7月30日、違反事業者9社のうち7社に対して排除措置命令を行い、違反事業者9社のうち8社に対して課徴金納付命令を行った。

　なお、世紀東急は、課徴金納付命令において課徴金算定の対象とされた売上高に関し、公取委と一部見解の相違があるとして、課徴金納付命令の一部（課徴金28億9781万円のうち10億6364万円）に対する取消訴訟を提起したが、2022年11月10日、最高裁判所において世紀東急に対する上告棄却および上告不受理決定がなされ、世紀東急の請求を棄却した控訴審判決が確定している（東京地判令和3・8・5、東京高判令和4・6・8〔公取委審決等データベース〕）。

関連法令　独占禁止法2条6項、3条、7条、7条の2

発生原因　本件調査報告書によれば、①各社単独では原油価格の高騰による原材料の急激な価格上昇を容易にアスファルト合材の販売価格に転嫁できなかったこと、②法令違反行為を防止する措置・体制が不十分であったこと、③アスファルト合材の特質上、同業者間取引が生じ、同業社間の最低限の付き合いが避けられないため、価格カルテルが行われやすい状況が存在したこと等が指摘されている。

再発防止策　本件調査報告書によれば、世紀東急では、舗装工事部門が関与した入札談合（**本書45**）を契機に独占禁止法違反防止措置が整備されたが、専ら工事に係る入札談合の防止が主眼とされたものであり、本件のような製品の販売価格に関するカルテル防止は念頭になかったため、合材の製造販売部門に対する防止措置の周知徹底等が提言されている。

コメント　総額約399億円もの課徴金に加え、世紀東急においては、株主代表訴訟により役員らに最大約18億円の損害賠償責任が認められる結果となっており、改めて独占禁止法違反のインパクトの大きさを思い知らされる事案であるといえる。いわゆる「物言う株主」（アクティビスト）が提起した株主代表訴訟において、役員らの責任が一部認容された点も特徴的な事案といえる。

さらに理解を深める　本件調査報告書、東京地判令和3・8・5、東京高判令和4・6・8（公取委審決等データベース）

47 リニア中央新幹線談合

当　事　者：大成建設株式会社（以下「大成建設」）、鹿島建設株式会社（以下「鹿島建設」）、株式会社大林組（以下「大林組」）および清水建設株式会社（以下「清水建設」といい、前記3社とあわせて以下「スーパーゼネコン4社」）

表面化時期：2017年12月

表面化の経緯：東京地検特捜部の強制捜査

第三者委員会等：大林組・第三者委員会（2018年9月1日設置、2019年1月31日調査報告書〔開示版〕〔以下「本件調査報告書」〕公表）

経営責任：辞任、役員報酬一部返上等

行政処分：スーパーゼネコン4社に対して建設業法41条1項に基づく勧告、法人として罰金刑の有罪判決が確定した大林組と清水建設に対して同法28条3項に基づく120日間の営業停止処分

民事責任：客観的資料により確認できなかったので記載せず

刑事責任：独占禁止法違反（大林組：罰金2億円、清水建設：罰金1億8000万円〔東京地判平成30・10・22公刊物未登載（2018WLJPCA10226003）〕。なお、大成建設、鹿島建設およびその従業者各1名については、公判係属中）

そ の 他：国土省および東海旅客鉄道株式会社（以下「JR東海」）による競争入札への指名停止措置

事案の概要　本件は、JR東海が発注する品川・名古屋間のリニア中央新幹線の建設工事（以下「リニア工事」）に係る受注調整事件である。リニア工事は、品川駅および名古屋駅の新設工事や南アルプス等の山岳トンネルの新設工事等が計画されているところ、これらの工事はスーパーゼネコン4社にとっても前例のない難工事とされている。

　本件調査報告書によると、JR東海は、リニア工事を複数の工区に分割したうえ、各工区について総合評価型の競争見積方式（競争参加事業者の技術提案等の内容と見積金額とを総合的に評価して価格協議先を決定し、当該協議先と価格協議を行って請負金額を決定し契約を締結する方法）により発注していた。この方法によると、JR東海としては、価格協議先の選定段階と選定された協議先との価格協議段階における二段階のコストダウンを見込むことができる。

　大成建設、鹿島建設および大林組は、リニア工事に係るJR東海の予算が相当少ないとの情報のもと、受注価格の低落防止を図るため、2014年4月下旬頃以降、3社の

関係者が集まってリニア工事に関する会合（以下「3社会合」）を定期的に開催するようになり、その席上、各社の受注希望工区の情報を交換し、希望が重なった場合には協議交渉するなどして、それぞれの受注希望工区の棲み分けを図っていた（以下「本件受注調整」）。また、3社は、清水建設にも本件受注調整の枠組みに入るよう持ちかけ、2015年1月下旬頃以降、同社も本件受注調整に参加することとなった（なお、清水建設は本件受注調整に参加してからも3社会合には出席せず、個別の面談や電話等を通じて、本件受注調整に関する連絡を行っていた）。

スーパーゼネコン4社は、本件受注調整の結果に基づき、各工区について受注予定者が受注できるよう、見積書をJR東海に提出する前に、見積価格等に関する情報を相互に連絡するなどして、受注予定者が受注できるようにしていた。

公取委は、2018年3月23日、スーパーゼネコン4社および大成建設と鹿島建設の従業者各1名を刑事告発し、公判において公訴事実を認めた大林組および清水建設については、同年10月22日、それぞれ罰金刑が言い渡された（なお、大成建設、鹿島建設およびその従業者各1名については、公判において無罪を主張し、争う方針を示しており、公判が係属中である）。

関連法令 独占禁止法2条6項、3条、89条、95条

発生原因 本件調査報告書によれば、①JR東海の徹底したコストダウン方針による赤字受注への強い懸念、②大規模かつ多数の工区を擁するリニア工事の特殊性（受注調整による各社の棲み分けが容易）、③役職員らの独占禁止法に対する理解不足（民間工事の場合は公共工事ほど規制が厳しくないとの誤解、アウトサイダー〔中堅ゼネコン等〕が存在すれば違法な受注調整には該当しないとの誤解等）、④土木事業分野における同業者相互の関係性（同業者との接点の多さ）等が挙げられている。

再発防止策 本件調査報告書によれば、①同業者との接触ルールの厳格化、②独占禁止法の正しい理解の徹底、③内部通報制度の実効化、④（土木部門のトップである役員が関与していたことを受け）役員や決裁権者に対する牽制の強化等が挙げられている。

コメント 本件は、建設工事の総費用として約9兆円を見込む国家的事業をめぐり、日本を代表するスーパーゼネコン4社の関与が指摘されたという点において、インパクトのある事件となった。4社は、2005年12月、共同で談合決別宣言を行っているが、入札参加者の大半が関与する従来型の談合とは異なり、本件受注調整は中堅ゼネコンとの通常の価格競争の余地を残すものであり、かつ合意に反する行動に出た者に対するペナルティも存在しないという点で拘束力も弱かったことから、グレーではあるが違法とまではいえないという誤った認識が背景にあったものと思われる。

さらに理解を深める 本件調査報告書

48 ヤフーBB個人情報流出

当　事　者：ソフトバンクBB株式会社（以下「ソフトバンクBB」）

表 面 化 時 期：2004年1月

表面化の経緯：個人情報を入手した者が恐喝行為に及んだことにより情報流出が判明し、社外に公表

第三者委員会等：個人情報管理諮問委員会（2004年3月3日設置、同月18日第1回答申）、技術諮問委員会（同日設置）

経営責任：代表取締役社長兼CEOは減給50％（6か月）、取締役副社長兼COOは減給30％（3か月）、取締役CTOは減給30％（3か月）等

行政処分：なし

民事責任：ヤフーBBの元会員5名に対して1名につき6000円（慰謝料5000円、弁護士費用1000円）の損害賠償請求を認容（大阪地判平成18・5・19判時1948号122頁。以下「本判決」）

刑事責任：客観的資料により確認できなかったので記載せず

事案の概要　本件は、ブロードバンド総合サービスである「ヤフーBB」の顧客情報（加入者等の氏名、住所、電話番号、申込時のメールアドレス等。なお、クレジットカード番号、銀行口座番号等は含まれていない）が外部に流出した事件であり、最終的な流出件数は約450万件と発表された。

　本件は、ソフトバンクBBの業務委託先の企業から派遣され、同社の顧客データベースのメンテナンス等を行っていた者（以下「恐喝行為協力者」）が、同社における同人の業務を完了した後に、インターネットカフェのパソコンから同データベースにアクセスして顧客情報を不正に取得し、さらに同人から当該顧客情報を入手した者がソフトバンクBBに恐喝行為を行った（なお、当該恐喝行為とは別に、同時期に、過去にソフトバンクBBに派遣されていた者が、派遣期間中に入手した顧客情報をもとに同社に恐喝行為を行っている）。ソフトバンクBBは、顧客情報の管理が不適切であったとして、総務省から行政指導を受けた。

　ソフトバンクBBは、恐喝行為を受けた2日後に個人情報の流出に関する発表を行い、個人情報管理諮問委員会および技術諮問委員会を設置して後記の再発防止策を策定したほか、ヤフーBB会員全員に対する500円相当の金券等の送付（送付手数料を含め総額約40億円を負担）およびセキュリティソフトの無償供与等の対策を行った。

関連法令 個人情報保護法20条、22条（当時。ただし、本件は同法施行〔2005年4月〕以前の事案）

発生原因 本判決やソフトバンクBBのプレスリリースによれば、本件当時、恐喝行為協力者を含め、当該顧客データベースにアクセスできる権限を有する者は135名存在し、恐喝行為協力者は、ソフトバンクBBにおいて業務を行う際に与えられていたユーザー名やパスワードを使用すれば、ソフトバンクBBの社外のパソコンから顧客データベースにアクセスする権限も有していた。

　また、ソフトバンクBBは、恐喝行為協力者が同社における業務を完了した後も、同人が使用していたユーザー名の削除やパスワードの変更を行っていなかった。

再発防止策 ソフトバンクBBは、2004年3月末までの緊急対策として、①組織的安全対策（情報セキュリティ管理責任者の任命、情報セキュリティポリシーの策定等）、②物理的安全対策（高セキュリティエリアを設定等）、③技術／運用的安全対策（顧客情報の取扱いの制限、高セキュリティエリアからの情報の送出の制限等）、④人的／業務委託安全対策（派遣会社および従業員に対する教育、業務委託先との契約の見直し等）等の対策を公表するとともに、情報セキュリティに関する規定の再整備、顧客情報取扱業務のプロセスの見直し等の中長期的な活動についても公表した。

コメント 本件は、当時の過去最大規模の個人情報流出事件であり、個人情報保護法成立後施行前というタイミングもあいまって、マスコミ等で大々的に報道され、ソフトバンクBBは、その顧客情報の管理体制についても批判を受けた。

　ただし、ソフトバンクBBは、個人情報保護法の施行前に、また、現在のような第三者委員会制度が十分に整備されていない時期に、前記の一連の対策を講じており、これらの対応は、本判決の慰謝料金額（5000円）の算定にあたって斟酌された（なお、同訴訟の控訴審においては、前記の500円相当の金券の送付が損害に対する一部弁済である旨の認定がなされ、慰謝料は4500円に減額された〔大阪高判平成19・6・21公刊物未登載（D1-Law2814294）〕）。

さらに理解を深める ソフトバンクBB「お客様情報流出問題に関する、現時点までの調査結果と今後の対応について」（2004年2月27日）、同「顧客情報の保護に関わる具体的な対策」（同年3月4日）、同「個人情報管理諮問委員会第1回答申」（同月18日）、大阪地判平成18・5・19判時1948号122頁

⑷9　三菱UFJ証券個人情報流出

当　事　者：三菱UFJ証券株式会社（以下「三菱UFJ証券」）

表面化時期：2009年 4 月

表面化の経緯：顧客からの問合せにより内部調査した結果、情報流出が判明し、社外
に公表

第三者委員会等：調査委員会（2009年 4 月21日設置、同年 7 月 2 日調査報告書〔抜粋〕
公表）

経営責任：社長・役員報酬30％（ 4 か月）ほか役員 6 名について減俸処分

行政処分：金商法51条に基づく業務改善命令

民事責任：客観的資料により確認できなかったので記載せず

刑事責任：個人情報を不正に取得し名簿業者に販売した元社員（以下「流出行為者」）
が不正アクセス行為の禁止等に関する法律（不正アクセス禁止法）違反お
よび窃盗罪で懲役 2 年の実刑判決（東京地判平成21・11・12公刊物未登載
〔LEX/DB25462848〕、東京高判平成22・ 3 ・ 9 公刊物未登載〔LEX/DB
25462849〕）

事案の概要　本件は、証券会社である三菱UFJ証券の顧客情報（氏名、住所、電話
番号、性別、生年月日のほか、職業、年収区分、勤務先の名称、住所、
電話番号、部署、役職、業種）を、同社の社員が不正に取得し、名簿業者に売却した
事件であり、当該社員が取得した顧客情報は約148万件、うち名簿業者に売却した顧
客情報は約 5 万件と発表された。

　本件は、三菱UFJ証券のシステム部の部長代理であった流出行為者が、2009年 1 月
から 3 月にかけて、顧客データ処理担当の別の社員のIDとパスワードを利用して顧
客データ管理用のサーバーにアクセスしたうえ、データ処理を担当する外部委託先職
員に当該データをCDに保存させ、借り受けたCDを社外に持ち出して名簿業者に売却
したものである。三菱UFJ証券は、個人顧客情報の管理が不十分だったとして、金融
庁から、同年 6 月25日付で金商法に基づく業務改善命令を受けるとともに、個人情報
保護法34条（当時）に基づく行政指導を受けた。

　三菱UFJ証券は、2009年 4 月 8 日に流出に係る公表を行った後、顧客情報を取得し
た名簿業者および勧誘業者に対して顧客情報の利用停止等に係る警告書や勧誘中止の
要請等の措置を行ったほか、執拗な勧誘を受けた顧客個人の代理人として三菱UFJ証

券の顧問弁護士に警告措置をとらせるなどの措置を講じるとともに、個人情報が流出した顧客に1万円相当の金券を送付した。また、同年7月2日付で金融庁に提出した業務改善報告書において、後記の再発防止策を発表した。

関連法令　個人情報保護法20条、22条、23条（当時）、金商法51条

発生原因　金融庁のプレスリリースによれば、本件の直接的な要因として、①流出行為者が顧客情報等の検索ツールの開発等の実質的責任者であったほか、外部委託先職員を指導する立場にあるなど、顧客情報の不正持出しを可能とする権限等が分断されていなかったこと、②CDへの情報保存や貸出しに関する所定の承認手続の確認が徹底されていなかったこと等が指摘され、それ以外にも、外部委託先職員を含む職員への教育・研修が不足していたこと、情報セキュリティ管理のための統括部署が設置されているものの、情報システムの管理はシステム部自身の所管とされており、牽制が働きにくい態勢になっていたこと等が指摘された。

再発防止策　三菱UFJ証券は、金融庁に対する業務改善報告書等において、①経営管理態勢の改善（情報セキュリティ・ガバナンスの強化、システム部署への監査機能強化等）、②情報セキュリティ管理態勢の充実・強化（部門間の牽制機能の確保、外部委託先を含めた各種手続の運用実態の検証とその実効性の確保、システム開発・運用に係る権限の分断・見直し等）、③人事管理等の改善（職員に対する倫理教育等の徹底、システム関係職員・外部委託会社職員に対する研修等）等の対策をはじめとする再発防止策を公表した。

コメント　本件は、大手証券会社の管理職が大量の顧客情報を不正に取得し、これを金銭目的で名簿業者に売却した事案として世間の耳目を集め、また、当該情報を取得した不動産業者から顧客が執拗な勧誘を受けるなどの被害が出たことから、顧客情報の管理体制の不十分さとあいまってマスコミ等から批判された事案である。

　一定程度の内部統制システムが整備されていても、実質的な権限を有する内部者が悪意を持って不正行為を行う場合にこれを阻止することは困難な場合があること、また、多数の実被害が発生している場合には企業には積極的な対応が必要となることを示す一例であるといえる。

さらに理解を深める　三菱UFJ証券「業務改善報告書（概要）」および「調査報告書」（2009年7月2日）、金融庁「三菱UFJ証券株式会社に対する行政処分について」（同年6月25日）

50 ベネッセ個人情報流出

当　事　者：株式会社ベネッセコーポレーション（以下「ベネッセ C」）
表面化時期：2014年 7 月
表面化の経緯：急増した顧客からの問合せにより調査した結果、情報流出が判明し、
　　　　　　　　社外に公表
第三者委員会等：個人情報漏えい事故調査委員会（以下「調査委員会」。2014年 7 月15
　　　　　　　　日設置、同年 9 月25日調査報告公表）

経営責任：ベネッセ C の親会社の株式会社ベネッセホールディングス（以下「ベネッ
　　　　　　セ HD」）の役員 2 名が辞任（2014年 7 月31日）
行政処分：なし
民事責任：客観的資料により確認できなかったので記載せず
刑事責任：客観的資料により確認できなかったので記載せず
そ の 他：個人情報を流出させた業務委託先の元社員（以下「流出行為者」）につき
　　　　　　不正競争防止法違反（営業秘密の開示、複製）により懲役 2 年 6 月および
　　　　　　罰金300万円の実刑判決（東京高判平成29・ 3 ・21判タ1443号80頁）

事案の概要　本件は、通信教育事業を行うベネッセ C のシステム開発・運用を行っ
ているグループ会社の業務委託先企業の当時社員であった流出行為者
が、ベネッセ C の顧客情報（サービス登録者やその子の氏名、性別、生年月日、住所、
一部については出産予定日）を、ベネッセ C のデータベースから、貸与されていたパ
ソコンを経由して自己のスマートフォンに送信することにより取得して複数の名簿業
者に売却したものである。当該顧客情報を名簿業者から取得したベネッセ C の同業者
が、2014年 6 月下旬頃、当該顧客にダイレクトメールを送付し、顧客からベネッセ C
への問合せが急増したことにより発覚し（なお、ベネッセ C の顧客情報を取得したベ
ネッセ C の同業者は、自社が取得した顧客情報がベネッセ C から流出したものである
ことが判明した後、当該顧客情報を消去したと発表した）、調査委員会の報告書によ
れば、最終的な流出件数は約3500万件（人単位では約4800万人分）とされた。

　ベネッセ HD は、2014年 7 月 9 日に個人情報の流出に関する発表を行い、その後、
後記の再発防止策の策定のほか、①外部識者を含めた調査委員会の設置、②二次被害
防止のための支援組織として「お客様本部」の設置、③流出被害者に対する500円相
当の金券等の送付、④経済的理由や重い病気等の困難を抱える子どもたちの学習や進
学の支援等のために「財団法人ベネッセこども基金」の設立等の対応を行ったが、ベ
ネッセ C は、同年 9 月26日、経産省から、個人情報保護法20条および22条（当時）違

反として行政指導（是正勧告）を受けた。また、情報流出の被害を受けた多数の顧客がベネッセCに対して損害賠償請求訴訟を提起した。

| 関連法令 | 個人情報保護法20条、22条（当時）、流出行為者については不正競争防止法21条 |

発生原因　調査委員会の報告書においては、情報処理システム上の問題点として、①流出行為者に貸与されていたパソコンから外部メディアへのデータの「書き出し」（送信）制御機能が流出行為者のスマートフォンでは機能しなかったこと、②アクセス権限の管理やデータベース内の情報管理が不十分であったこと等の指摘がなされ、また、組織体制の問題点として、①ベネッセグループにおける情報セキュリティに関するグループ全体の統括責任者が必ずしも明確に定められず、情報セキュリティについてグループ全体で統括的に管理を行う部署が存在しなかった、②実効性を持った監査が行われていなかったなどの指摘がなされた。

再発防止策　ベネッセHDは、システムセキュリティ・システム運用における緊急施策のほか、グループ全体の情報管理体制・組織改革として、データベースの管理、保守・運用、利用の３つの機能を分離し、グループ内の事業会社が利用するデータベースについて、管理についてはベネッセHDが、保守・運用については外部委託を行わず、ベネッセHDと情報セキュリティ会社が新たに設立する合弁会社がそれぞれ担当することとするとともに、ベネッセHDに外部監視機関を設置すること等の再発防止策を公表した。

コメント　本件は、これまでの流出規模をはるかに上回る過去最大の個人情報流出事件として世間の耳目を集め、当事者も、これまでの同種の事件と同様の被害者対策（500円相当の金券等の送付）のほか、前記の各対策を講じた。しかし、その流出規模とともに、子供の個人情報が流出したことによる保護者の被害感情等もあり、報道等においても厳しい批判を受け、多数の損害賠償請求訴訟も提起されている（なお、本稿執筆時点において、ベネッセCに損害賠償責任を認めた裁判例は見当たらないが、本件についてプライバシー侵害である旨を明らかにし原審を破棄〔差戻し〕した最高裁判例があることは注目される〔最判平成29・10・23判時2351号７頁〕）。

　なお、本件では流出した顧客情報を「営業秘密」に該当するとして、流出行為者が不正競争防止法違反により有罪判決を受けた（東京高判平成29・３・21判タ1443号80頁〔確定〕）が、改正個人情報保護法において、本件に係る行為に対して「データベース提供罪」が新設された（個人情報保護法83条）。

さらに理解を深める　ベネッセHD「お客様情報の漏えいについてお詫びとご説明」（2014年７月９日）、同「お客様情報の漏えいに関するご報告と対応について」（同年９月10日）、同「個人情報漏えい事故調査委員会による調査結果のお知らせ」（同月26日）

51　日本年金機構不正アクセス情報流出

当　事　者：日本年金機構（以下「機構」）

表面化時期：2015年 6 月

表面化の経緯：警察より、機構から流出したと考えられるデータを発見したとの連絡を受領したことにより情報流出が判明し、公表

第三者委員会等：機構・日本年金機構不正アクセスによる情報流出事案に関する調査委員会（2015年 6 月 4 日設置、同年 8 月20日「日本年金機構不正アクセスによる情報流出事案に関する調査結果報告」公表〔以下「機構報告書」〕）、厚労省・日本年金機構における不正アクセスによる情報流出事案検証委員会（同年 6 月 4 日設置、同年 8 月21日検証報告書公表〔以下「厚労省報告書」〕）

経営責任：理事長、副理事長およびシステム部門担当理事について、戒告および月額報酬の20％を 2 か月間辞退、事業管理部門担当理事について訓告

行政処分：日本年金機構法に基づく業務改善命令

民事責任：客観的資料により確認できなかったので記載せず

刑事責任：なし

事案の概要　本件は、年金事業を行っていた機構の内部事務処理用ネットワークシステムに対してウィルスメールによる不正アクセスが行われ、共有ファイルサーバに保存されていた顧客の「基礎年金番号」「氏名」「生年月日」「住所」といった個人情報約125万件が流出した事案である。

　機構報告書によれば、機構は、2015年 5 月 8 日、内閣サイバーセキュリティ（以下「NISC」）より「不審な通信を検知」との通報を受領し、該当端末を特定して抜線措置を講じたが、同月15日、システム運用委託会社より「新種ウイルスは外部に情報を漏えいするタイプではない」解析結果を受領したことから、問題は収束したと判断した。ところが、同月18日から相当数の不審メールを受信するようになり、同月22日および23日、NISCやシステム運用委託会社から「不審な通信を検知」との通報を受領したことから、そのつど、該当端末を抜線し、該当拠点の統合ネットワークを通じたインターネット接続を遮断する措置を講じて対応していた。しかし、同月28日、警察より情報流出の連絡を受けたことから、同月29日、機構全体の統合ネットワークを通じたインターネット接続を遮断するに至り、同年 6 月 1 日、これを公表した（なお、

調査の結果、同年 5 月21日から同月23日にかけて、個人情報が流出していたことが判明した）。

| 関連法令 | 独立行政法人等の保有する個人情報の保護に関する法律 7 条、日本年金機構法49条 |

発生原因　機構報告書においては、不審メールを受信した際の対応（後記コメント参照）や共有ファイルサーバの取扱い等の不備のほか、組織としての対応方針の明確なルール化と訓練等による徹底が行われなかったこと、情報セキュリティに対する役員の認識がきわめて不十分だったこと等に加え、その根底に、組織としての一体感の不足、緊急事態発生時の指揮命令系統の明確化がなされず、ルール不在の緊急時に際して幹部が適切な判断をすることができなかったこと等があると指摘された。

　また、厚労省報告書においては、機構におけるサイバー攻撃に対する人的・組織的な準備の不足、システムの脆弱性対応の不徹底やシステム監視の不十分性といった技術的要因のほか、厚労省における情報セキュリティ体制の脆弱性、機構のシステムに対する監督体制の欠落といった点も指摘された。

再発防止策　機構報告書において、機構のシステム全体の防御体制の整備、情報セキュリティ体制の強化、職員研修および内部監査のほか、ガバナンス・組織風土の抜本改革に取り組むことが公表された。

　また、厚労省報告書において、機構の人的体制の整備（実効性のあるセキュリティ対策本部の設立、個人情報の一元的管理と整理、教育訓練の徹底等）、厚労省の監督体制の整備、実効性のあるシステムの整備等のほか、機構の意識改革について提言がなされた。

コメント　本件は、いわゆる「消えた年金記録問題」等の問題により廃止された社会保険庁の年金業務を引き継いだ機構において発生した事案であり、マスコミのみならず、国会審議でも大きく取り上げられた。

　なお、機構報告書で指摘された不審メール受信時の対応（送信元アドレスの受信拒否設定、メール受信者への添付ファイル開封の有無の確認、拠点のみならず機構全体の統合ネットワークを通じたインターネット接続の遮断等）については、企業の情報セキュリティ対策においても参考になると思われる。

さらに理解を深める　機構報告書、厚労省報告書のほか、機構「業務改善計画」（2015年12月 9 日）、厚労省「情報セキュリティ強化等に向けた組織・業務改革――日本年金機構への不正アクセスによる情報流出事案を踏まえて」（同年 9 月18日）

52 リクナビ内定辞退率提供サービス

当　事　者：株式会社リクルートキャリア（以下「リクルートキャリア社」）、株式
　　　　　　会社リクルート（以下「リクルート社」、両社を併せて「リクルート
　　　　　　キャリア社等」）
表面化時期：2019年8月1日
表面化の経緯：メディア報道（同日、リクルート社がプレスリリース）
第三者委員会等：外部有識者を加えた諮問委員会（2019年12月設置）

経営責任：客観的資料により確認できなかったので記載せず
行政処分：客観的資料により確認できなかったので記載せず
民事責任：客観的資料により確認できなかったので記載せず
刑事責任：客観的資料により確認できなかったので記載せず
その他：「事案の概要」記載の行政指導のほか、一般財団法人日本情報経済社会推
　　　　進協会によるリクルートキャリア社のプライバシーマーク付与の取消し

事案の概要　就職情報サイト「リクナビ」を運営するリクルートキャリア社は、①
委託先である株式会社リクルートコミュニケーションズを通じて、
2019年に卒業する予定の学生の就職活動を支援するウェブサイトである「リクナビ
2019」に会員登録した学生について、個人情報である氏名の代わりにウェブアンケー
ト等を通じて取得したCookie情報（ウェブサイトを閲覧したときに取得される閲覧
者が閲覧したサイトや入力したデータ等の情報）を突合して特定の個人を識別しない
とする方式などにより内定辞退率を算出し、当該学生の同意を得ずに、リクルート
キャリア社と契約した企業（以下「サービス利用企業」）に対し、当該学生の内定辞
退率を提供するサービスを行った（以下「本サービス」）。他方で、内定辞退率の提供
を受けたサービス利用企業においては特定の個人を識別でき、リクルートキャリア社
もそれを認識していた。また、②2020年に卒業する予定の学生を対象とした「リクナ
ビ2020」においては、利用者がいわゆるプライバシーポリシーに同意する形式により
本サービスを行ったが、当該プライバシーポリシーには第三者提供の同意を求める記
載がないなどの不備があった。①②の本サービスにより内定辞退率等の情報をサービ
ス利用企業に提供された学生の数は、2万6060人であった。
　リクルートキャリア社は、2019年7月、個人情報保護委員会からプライバシーポリ
シーの表現が学生にわかりにくいものになっているのではないかとの指摘を受け、本
サービスを停止（その後廃止）したが、個人情報保護委員会は、2019年8月26日、同
年12月4日付にて、リクルートキャリア社等に対して、本サービスは個人情報保護法

20条または23条1項の規定に違反するなどとして、必要な措置を講じるよう勧告・指導するとともに、サービス利用企業35社についても実名を公表に対して、利用目的の通知・公表を適切に行うことなどを指導した。

　また、東京労働局は、リクルートキャリア社等およびサービス利用企業に対して、本サービスが職業安定法または同法に基づく指針に違反するとして、必要な是正および再発防止策を策定するよう指導した。

関連法令　個人情報保護法20条、23条、41条、42条1項（当時）、職業安定法5条の4

発生原因　リクルートキャリア社のプレスリリースによれば、①本サービスの企画・開発体制およびプロセスの問題、専門的知見を事業に装着する際の事業——スタッフ間および親会社との連絡不全といった「ガバナンス不全」と、②ただでさえ大きな不安を抱えながら就職活動に臨む学生をさらに不安にさせてしまうようなサービスを生み出すなどした「学生視点の欠如」を課題として挙げた。

再発防止策　リクルートキャリア社のプレスリリースによれば、上記発生原因①に関して、商品開発に関わる組織の一本化、商品開発フロー・チェックプロセス標準化に対する監督の実施やグループ会社横断での個人情報保護・データ利活用の体制強化、上記発生原因②に関して、「新卒事業検討プロジェクト」を発足し、「リクナビ」など新卒学生向けサービスのあり方を、抜本的に変えていくなどの再発防止策を策定した。また、適切なデータ利活用を実行することを目的に外部有識者を加えた諮問委員会を設置し、同委員会の議論を踏まえ、活用目的、活用範囲、透明性と選択機会、セキュリティ、体制の5条からなるパーソナルデータ指針を策定した。

コメント　本件は、就職活動サイトの中でも最大手とされる「リクナビ」が、大手企業に対して、学生の就職活動に不利益を生じさせかねない内定辞退率を提供していたという点で大きく報道された。また、いわゆるHRテック（AIなどを利用して、人的資源の調査、分析、管理を高度化しビジネスのパフォーマンスを高めるテクノロジー）とプライバシーの問題がクローズアップされ、提供元がCookie情報を利用することにより提供先に情報を提供し提供先がこれを利用するという手法は、個人関連情報の第三者提供の制限等、令和2年改正の個人情報保護法において規制されることとなった。

さらに理解を深める　リクルート社ウェブサイト「『リクナビDMPフォロー』に関するお詫びとご説明」、個人情報保護委員会「個人情報の保護に関する法律第42条第1項の規定に基づく勧告等について」（2019年8月26日）、同「個人情報の保護に関する法律に基づく行政上の対応について」（2019年12月4日）、同「諮問委員会の設置について」、同「パーソナルデータ指針」

53 東京証券取引所システム障害

当　事　者：株式会社東京証券取引所（以下「東証」）、株式会社日本取引所グルー
　　　　　　プ（以下「JPX」）
表面化時期：2020年10月1日
表面化の経緯：株式等の取引の停止
第三者委員会：システム障害に係る独立社外取締役による調査委員会（2020年10月5
　　　　　　日設置、同年11月30日調査報告書提出〔以下「本報告書」〕）

経営責任：東証代表取締役社長、JPX取締役兼代表執行役グループCo-COOが辞任、
　　　　　JPX取締役兼執行役グループCEO役位報酬減額（月額報酬50％〔6か月〕）
　　　　　等
行政処分：東証、JPXに対して金商法に基づく業務改善命令
民事責任：客観的資料により確認できなかったので記載せず
刑事責任：なし

事案の概要　2020年10月1日午前7時4分、東証の現物株式売買システム
　　　　　　　　（arrowhead）を構成する装置に故障が発生した。当該システムの仕
様上は、当該装置に不具合が発生した場合にはもう一台の装置に自動的に切り替える
仕様となっていたが、自動的に切替えが行われなかったため、強制的に切り替えるこ
とを試行したが、何度かこれに失敗し、切替えに成功したのは同日午前9時26分で
あった。東証は、同日午前8時36分に売買取引の停止を決定したが、通常の売買停止
の実施方法が故障した装置の正常稼働が前提となっていたため、実際に売買停止がで
きたのは同日午前8時56分であった。東証は、当日中の売買を再開するか否かを決定
するに際し、大手証券、オンライン証券、外資系証券等に注文の再発注の可否につい
てヒアリングを行った結果、仮に再開しても参加できるのは一部の外資系証券とその
顧客のみと考えられたこと、売買を再開するという手順について市場参加者と合意も
なく、テストを実施していないことなどから、売買を再開することは一部の偏った需
給のみによって価格を形成することとなり適切ではなく、市場開設者として不安定な
状況で市場を開設することは避けるべきであると判断し、同日午前11時45分、売買を
終日停止することを決定した。

| 関連法令 | 金商法153条前段（東証）、106条の28第1項（JPX）

| 発生原因 | 本報告書によれば、①システム障害の発生について、装置の故障に伴う自動切替えが行われなかった原因が自動切替えに関する設定にマニュアルの記載ミスに起因する不備があったこと、また、手動切替えに時間を要した原因がそのような場合への対処措置の事前検討が不十分であったことにあり、システムの開発者の責任が大きい、②障害発生当日中の取引再開ができなかったことについて、東証の判断が不合理であったとは認められないが、正常に売買停止ができない場合の対応という点や、システム障害発生時における売買停止の判断手続、通常でない売買停止後の売買再開に向けた手続等に関する事前の十分な検討とルール化、取引関係者を含めた関係者への周知という点においては東証に不十分な点があったと考えられるとした。

| 再発防止策 | 本報告書においては、東証およびJPXが策定した①システムの設定と仕様の一致の確認、装置故障時の切替えの手段の整備、継続的なテスト・訓練の実施といったシステムに関する対応、②売買停止をするための手段の拡充、③市場停止および再開にかかるルールの整備等について合理的であると評価するとともに、「想定外」の障害やトラブルに備えるための検討、一定の障害発生は避けられないことを前提とした対応の検討、トラブル発生時の適時適切な情報発信等の提言を行った。

| コメント | 東証は、2005年11月に半日以上にわたって株式取引が停止したシステム障害をきっかけにarrowheadを開発し、2010年1月から稼働を開始したが、その後も複数回システム障害が発生していた中で、初めて、終日株式等の取引が停止する本件が発生し、大きく報道された。

　本件の発生を受け、東証は、証券会社、投資家、システムベンダー等をメンバーとする「再発防止策検討協議会」を設置し、2021年3月25日、売買停止・再開に係るルール・手順の整備、コンティンジェンシー・プランにおける売買再開基準・運用の明確化、情報発信の拡充等に関する報告書を公表した。

| さらに理解を深める | 本報告書、JPX「システム障害に係る業務改善命令及び責任の所在の明確化について」（2020年11月30日）、JPX「システム障害に係る『再発防止策検討協議会』」

54 みずほ銀行システム障害

当　事　者：株式会社みずほ銀行（以下「みずほＢＫ」）
表面化時期：2021年2月28日
表面化の経緯：ATM内の通帳・カードの取込み、ATMの不稼働が多数発生
第三者委員会等：システム障害特別調査委員会（2021年3月17日設置、同年6月15日「調査報告書」〔以下「本報告書」〕公表）

経営責任：みずほＢＫの頭取および持株会社である株式会社みずほフィナンシャルグループ（以下「みずほＦＧ」）の取締役兼執行役社長等が辞任、多数の役員が報酬減額
行政処分：みずほＢＫおよびみずほＦＧについて、銀行法および外為法に基づく業務改善命令・是正措置命令（以下「本命令」）
民事責任：客観的資料により確認できなかったので記載せず
刑事責任：なし

事案の概要　2021年2月28日、みずほＢＫの勘定系基幹システムである「MINORI」に発生したシステム障害により、顧客が取引等を行おうとしたみずほＢＫのATM内に通帳・カードが取り込まれて戻らないという事象が多数発生するとともに、ATM内の大半が不稼働になるなどの事象が発生した。また、同年3月3日、同月7日および同月12日にも、ATMの通帳・カードの取込み、ATMやインターネットバンキングにおける定期入金取引の不成立、外国為替送金処理の遅延等の事象が連続して発生した。これらの事象を受け、みずほＦＧは、2021年3月17日にシステム障害特別調査委員会を設置するとともに、同年6月15日に公表された本報告書に基づき、同日、再発防止策の策定や多数の役員の報酬減額の役員処分について公表した。ところが、同年8月20日、同月23日、9月8日および同月30日にも、営業部店端末による取引業務の一時停止、一部のATM・営業部店端末等の使用不能、外為法17条に基づき銀行等に求められる確認義務の履行不能といった事象が発生した。これらの事態を受け、金融庁および財務省は、2021年11月26日、みずほＢＫおよびみずほＦＧに対して本命令を発し、みずほＢＫおよびみずほＦＧは、同日、本命令を踏まえた再発防止の取組みとともに、役員の追加処分として、みずほＢＫの頭取やみずほＦＧの取締役兼執行役社長等の辞任を公表した。

関連法令　銀行法26条（みずほＢＫ）、52条の33（みずほＦＧ）、外為法17条の2（みずほＢＫ）

発生原因　本報告書において、2021年2月および3月に発生したシステム障害の原因や、当該原因と「ＭＩＮＯＲＩ」が開発された原因となった後述のシステム障害の原因とされた点の共通性等に照らし、今回発生したシステム障害に共通する人為的側面の原因として、①危機事象に対応する組織力の弱さ、②ＩＴシステム統制力の弱さ、③顧客目線の弱さの3点が存在し、さらにその根底に④企業風土の問題があると指摘された。

再発防止策　みずほＢＫおよびみずほＦＧは、本報告書および本命令を踏まえ、2021年6月15日付および同年11月26日付にて、①システム（ＭＩＮＯＲＩの特性に相応しい態勢整備）、②顧客対応・危機管理（平時・有事における不断の顧客目線徹底）、③人と組織の持続的強化（ルールや責任を超えた組織的行動力のさらなる強化）、④外為法令専門チームの設置といった再発防止策を公表した。

コメント　みずほＢＫは、2011年に発生したシステム障害を受け、総額4000億円超の費用を投下してＭＩＮＯＲＩを開発し、2019年7月に移行を完了したが、その約1年半後に本件が発生し、報道等において厳しい批判を受けた。また、本報告書と同様に、2011年のシステム障害に受けた業務改善命令においても企業風土の問題が指摘されており、企業風土の根本的な改善が困難であることを示す一例であるといえる。

さらに理解を深める　本報告書、みずほＦＧ「株式会社みずほ銀行におけるシステム障害にかかる原因究明・再発防止について」（2021年6月15日）、みずほＦＧ「金融庁および財務省による行政処分について」（2021年11月26日）、金融庁「みずほ銀行およびみずほフィナンシャルグループに対する行政処分について」（同日）、財務省「みずほ銀行に対する行政処分について」（同日）、みずほＢＫ「システム障害特別調査委員会の調査報告書の受領について」（2021年6月15日）第2版 事例43

55 LINEアプリ個人データ越境移転対応不備

当　事　者：LINE株式会社（以下「LINE社」）およびLINE社の親会社であるZ
　　　　　　　ホールディングス株式会社（以下「ZHD」）

表面化時期：2021年3月17日

表面化の経緯：メディア報道（同日、LINE社がプレスリリース）

第三者委員会等：ZHD・グローバルなデータガバナンスに関する特別委員会（以下
　　　　　　　「特別委員会」。2021年3月19日設置、同年6月11日第一次報告、同年
　　　　　　　8月4日第二次報告、同年10月18日最終報告書〔以下「最終報告書」〕
　　　　　　　公表〔以下合わせて「各報告書等」〕）

経営責任：客観的資料により確認できなかったので記載せず

行政処分：客観的資料により確認できなかったので記載せず

民事責任：客観的資料により確認できなかったので記載せず

刑事責任：客観的資料により確認できなかったので記載せず

その他：「事案の概要」記載の行政指導

事案の概要　中国では、2017年6月28日に国家情報法が施行される等、事業者に対し政府の情報収集活動への協力義務を課す制度があり、ユーザーの個人情報に対するガバメントアクセスのリスクがある等、日本とは個人情報保護法制が著しく異なる。LINEアプリにおいては、受信したメッセージが不適切である等とユーザーから通報された一定の通信内容（送受信されたデータ）について、中国の委託先企業から業務に基づくアクセスがあることについて、ユーザーに対して説明をしていなかった。なお、特別委員会の調査の範囲内においては、データへの不適切なアクセスは確認されず、外部への情報漏えいの事実は認められなかった。

　また、LINEアプリにおいて送受信された画像、動画およびファイルが韓国のデータセンターに保存されていたにもかかわらず、ユーザーを含め対外的には、「LINEの個人情報を扱う主要なサーバーは日本国内にある」という不正確な説明をしていた。中央省庁等に対しては、「LINEアプリの日本ユーザーに関する全てのデータが『日本に閉じている』」旨の、客観的事実に反する説明を一部で行っていた。

　LINE社に対し、個人情報保護委員会は2021年4月23日付で、総務省は同月26日付で、大要、①委託先に対し必要かつ適切な監督を行い、②利用者に対し取得する個人情報の範囲をよりわかりやすく通知し、通知内容が適切か確認する体制を整備し、③社内システムに関する安全管理措置を強化し、社内システムに関するリスク評価等を通じて透明性・アカウンタビリティを向上するよう、行政指導を行った。

関連法令　個人情報保護法28条、147条

発生原因　最終報告書によれば、LINE社においては、中国企業への委託の決定の過程で、ガバメントアクセスのリスクに焦点を当てた検討がされず、経済安全保障への適切な配慮ができておらず、事後的にもこれを見直す体制が整備できていなかった。

　また、LINE社においては、客観的な事実を誠実に伝える点にコミットするのではなく、「相手にどう受け止められるか」ということからコミュニケーションの内容を決めるような傾向がみられ、LINEアプリが日本のサービスとして受け入れられることを重視して、韓国とのかかわりを正面に出さないコミュニケーションを行っていた。

再発防止策　最終報告書は、(1)LINE社においては、グローバルな事業運営を前提としつつ、適切な「横のガバナンス」を確立し強化していくこと、日本のコミュニケーションインフラを提供する企業として、ユーザーや社会からの信頼を獲得していくため、機能面や技術面だけでなく、信頼の獲得や誠実さを基礎に置いたユーザーファーストを追求し、コミュニケーションのあり方について客観的な事実を誠実に伝えるという点にコミットすること、(2)ZHDにおいては、適切な「縦のガバナンス」を確立し強化していくこと、が必要であるとした。

　最終報告書における提言を踏まえ、LINE社が改善策を実施するとともに、ZHDは法律事務所に対し、データガバナンス強化の適切性やアカウンタビリティを果たすための取組みの適切性について検証を依頼し、2022年12月27日付ZHDグループのデータガバナンスに関するフォローアップレポート（以下「フォローアップレポート」）が出されている。

コメント　令和2年改正個人情報保護法が2022年4月より施行される以前であったため、LINE社やZHDが同法に違反したわけではない。LINEアプリが日本社会で極めて多くの利用者を得ており、公共機関も利用する等、デジタル社会のコミュニケーションインフラとなっていることから、より高い信頼を得ることが求められたといえる。

　なお、同改正法の施行後においては、具体的な移転先国または地域の名称や移転の対象となる情報、生じ得る本人の権利利益への影響の具体的内容、越境移転の必要性の詳細等について、プライバシーポリシー等において積極的に開示していくべきことには留意が必要である。

さらに理解を深める　LINE社による2021年3月23日付プレスリリース、ZHDによる2021年10月18日付プレスリリース、各報告書等、フォローアップレポート

56　BIPROGY・尼崎市USBメモリー紛失

当　事　者：BIPROGY株式会社（以下「「BIPROGY」）、尼崎市
表面化時期：2022年6月
表面化の経緯：BIPROGY、尼崎市が公表
第三者委員会等：BIPROGY・第三者委員会（2022年7月組成、同年12月12日調査報告書（公表版）〔以下「BIPROGY報告書」〕公表）、尼崎市・尼崎市USBメモリー紛失事案調査委員会（2022年7月組成、同年11月28日調査報告書〔以下「尼崎市報告書」〕公表）

経営責任：代表取締役社長・月額役員報酬の20％自主返納（3か月）、業務執行役員（2名）・月額役員報酬の10％自主返納（1か月）
行政処分：客観的資料により確認できなかったので記載せず
民事責任：客観的資料により確認できなかったので記載せず
刑事責任：客観的資料により確認できなかったので記載せず
そ の 他：個人情報保護委員会による指導

事案の概要　BIPROGYは、2022年4月、BIPROGYの官公庁の受注先でも主要な取引先の一つであった尼崎市から、住民税非課税世帯を対象にした新型コロナウィルスに関する臨時特別給付金の給付に関する委託業務を受注した。BIPROGYは、受注業務のうちシステム改修等の業務を協力会社に再委託し、同社は当該業務をX社に再々委託した。当該業務において、BIPROGYは、尼崎市全市民の住民基本台帳の情報（約46万名の統一コード、氏名、郵便番号、住所、生年月日等）、全市民の税情報、生活保護受給世帯と児童手当受給世帯の口座情報等を取り扱っており、その中には臨時特別給付金の支給対象の該当性審査のための障害の有無等の要配慮個人情報も含まれていた。当該給付金の給付の実施のためにコールセンターが設置されていたが、最新の諸情報を当該コールセンターのシステムに登録・更新するためには、当該情報をUSBメモリ等の可搬メディアを用いて尼崎市の関連施設から当該コールセンターまで運搬する必要があった。

　2022年6月21日、X社の社員は、尼崎市の関連施設においてUSBメモリに上記の個人情報を保存したうえで私用の鞄に収納してコールセンターへ電車で移動し、コールセンターにおいてUSBメモリ内のデータを用いてコールセンターのデータベース等を更新した。その後、同社員は、当該USBメモリを収納した鞄を所持してBIPROGYの社員らと22時30分頃まで飲酒を伴う飲食をした後、USBメモリの入った鞄を所持した

まま自身とは関係のないマンション内に入り眠り込み、翌22日午前3時頃に目を覚ま
し、当該鞄を当該マンションに置き忘れた状態で徒歩で帰宅し、当該鞄を紛失した。
同月24日、当該USBメモリの入った鞄は上記のマンション内で発見された。

　BIPROGYにおいては情報セキュリティや個人情報保護にかかる社内規程が整備さ
れ、また、当該業務にかかる尼崎市とBIPROGYとの契約上、USBメモリ等の運搬時
の遵守事項やデータの消去に関して遵守事項が定められていたが、BIPROGYやX社
の社員はこれらの規程や遵守事項を遵守していなかった。また、尼崎市とBIPROGY
との契約上、BIPROGYが業務を再委託する際には尼崎市の承認を要するとされてい
たが、BIPROGYは承認を得ないまま当該業務を再委託等していた。

　BIPROGYは、2022年9月21日、個人情報保護法委員会より、組織的および物理
的・技術的安全管理措置、委託先の監督について、個人情報保護法144条に基づく指
導を受けた。

関連法令　個人情報保護法23条、25条、144条（当時）

発生原因　BIPROGY報告書によれば、本件にかかるBIPROGYの問題点として、
　　　　　　情報セキュリティの保全および個人情報の保護に関する各種規範の不遵
守、無承認での再委託など契約違反の常態化が指摘されたほか、当該問題が生じた原
因として、BIPROGY役職員のコンプライアインス意識の欠如、制度の運用におけるリ
スク管理意識の欠如、業務遂行におけるモニタリング機能の不全が指摘された。

再発防止策　BIPROGYは、本件の発生を受け、組織的安全管理措置、物理的・技
　　　　　　　術的安全管理措置、委託先管理の各事項について再発防止策を策定す
ることを公表した。

コメント　尼崎市の全市民の個人情報が入ったUSBメモリが一時期紛失したこと
　　　　　　に加え、その紛失の態様や尼崎市が記者会見においてパスワードの桁数
を公表したことも併せ、世間の耳目を集めた事案である。BIPROGY報告書に加え、
尼崎市報告書においても本件の問題と対策等について報告されており、いわゆるベン
ダーロックイン（システムの構築や整備を特定のベンダー〔メーカー〕に依存しなけ
ればならない状態）を含め、個人情報の取扱いに関する委託に関する諸問題を検討す
るにあたり参考となる。

さらに理解を深める　BIPROGY報告書、尼崎市報告書、個人情報保護委員会
　　　　　　　　　　　「BIPROGY株式会社に対する個人情報の保護に関する法
律に基づく行政上の対応について」（2022年9月21日）

57 パナソニックプラズマディスプレイ（パスコ）偽装請負

当 事 者：パナソニックプラズマディスプレイ株式会社（以下「PPD」）、パスコ株式会社（以下「パスコ」）

表面化時期：2005年7月

表面化の経緯：大阪労働局への是正申告により、2005年7月に大阪労働局による是正指導がなされた

第三者委員会等：客観的資料により確認できなかったので記載せず

経営責任：客観的資料により確認できなかったので記載せず

行政処分：客観的資料により確認できなかったので記載せず

民事責任：被告会社に対し慰謝料として90万円の支払義務を認める旨の判決確定（最判平成21・12・18民集63巻10号2754頁）

刑事責任：客観的資料により確認できなかったので記載せず

そ の 他：PPD・パスコ間の業務請負契約が労働者派遣契約に該当するとして、大阪労働局により本件契約の解消および労働者派遣契約への切替えを行う旨の是正指導がなされた

事案の概要 Xは、PPDと業務請負契約を締結していたパスコに雇用され、2004年1月からPPDの工場で薄型ディスプレイ装置のリペア作業に従事していた。ところが、Xは、本件工場におけるXの勤務実態がいわゆる偽装請負にあたるとして、PPDに対し直接の雇用を求め、大阪労働局に対しても、パスコによる労働者派遣が行われていると主張して是正申告を行った。

その後、PPDはパスコとの業務請負契約を解消し、パスコを退職したXはPPDとの間で期間を定めた雇用契約を締結したが、契約期間満了後、PPDが契約更新を拒否した。これを受けて、XがPPDに対し、地位確認・未払賃金支払等を求めて提訴した。

第1審（大阪地判平成19・4・26労判941号5頁）では、Xの精神的苦痛に対する慰謝料以外の請求をすべて棄却したが、第2審（大阪高判平成20・4・25判時2010号141頁）では、Xとパスコの雇用契約は脱法的な労働者供給契約であり無効として、PPDとの黙示の労働契約が成立しているとした。その他、PPDによる解雇ないし雇止めも不法行為にあたるとして90万円の慰謝料も認容したため、PPDが上告した。最高裁（最判平成21・12・18民集63巻10号2754頁）では、一部棄却、一部破棄自判

（原審が慰謝料請求を認容した点については結論において是認、雇用契約の成立と解雇ないし雇止めに関する判断は是認できない）となった。

関連法令　労働者派遣法2条、40条の4、40条の6（当時は未制定）、職業安定法4条4項・7項（当時は6項）、44条、労働契約法（当時は未制定）6条、民法623条、632条、709条

発生原因　客観的資料により確認できなかったので記載せず

再発防止策　客観的資料により確認できなかったので記載せず

コメント　第2審が「黙示の労働契約の成立」と判断したことから、産業界も注目した事件である。本件最高裁判決は、いわゆる偽装請負の場合であっても、「特段の事情のない限り、そのことだけによっては派遣労働者と派遣元との雇用契約が無効になることはないと解すべきである」と判示し、派遣労働者と派遣先との労働契約の成立や派遣先の直接雇用の義務を認めなかった。

　しかし、2012年改正労働者派遣法（同年3月28日成立）では、猶予期間が切れる2015年から、労働者派遣の役務提供を受ける者が、違法であることを知りながら派遣労働者を受け入れている場合、「その時点における当該派遣労働者に係る労働条件と同一の労働条件を内容とする労働契約の申込みをしたものとみなす」との規定（40条の6第1項）が適用される。この点、「特段の事情のない限り」雇用元との雇用契約を無効としないという判決の理論構成が覆されるので、注意が必要である。

　なお、本件のように、労働者派遣法によるさまざまな法規制を潜脱するがごとき就業実態と雇用管理、すなわち適正な請負と認められる要件（昭和61年4月17日労働省告示第37号、最終改正は平成24年9月27日厚労省告示第518号）である指揮命令・勤怠管理・資金調達・設備提供・事業主責任や、適正な請負の範囲に納める予防や運用が必ずしも十分でないケースは多い。

　そこで、厚労省は、「製造業の請負事業の雇用管理の改善及び適正化の促進に向けた取組について」（平成19年6月29日基発第0629001号、職発第0629001号、能発第0629001号）と題する通達を行い、製造業における請負事業の適正化をめざしたガイドラインを設け、さらにその各種チェックシートを作成し、請負事業者および発注者に対するガイドラインの周知ならびに啓発を行った。これを受けて、各企業も、偽装請負に対する意識をいっそう高め、適正化に取り組んでいる。

さらに理解を深める　厚労省「製造業の請負事業の雇用管理の改善及び適正化の促進に向けた取組について」（平成19年6月29日基発第0629001号、職発第0629001号、能発第0629001号）

58 日本マクドナルド名ばかり管理職

当　事　者：日本マクドナルド株式会社（以下「日本マクドナルド」）
表面化時期：2005年12月
表面化の経緯：訴訟提起（2005年12月22日）を受けての新聞報道
第三者委員会等：客観的資料により確認できなかったので記載せず

経営責任：客観的資料により確認できなかったので記載せず
行政処分：客観的資料により確認できなかったので記載せず
民事責任：東京地判平成20・1・28判時1998号149頁（高裁で和解）
刑事責任：客観的資料により確認できなかったので記載せず
そ の 他：2009年3月18日、東京高裁にて、①原告が管理職に該当しないことの確認、②原告の要求金額全額の解決金の支払い、③訴訟提起を理由とした原告の降格は移転減給を行わないことを内容とした和解成立

事案の概要　原告は、全国に多数の直営店を展開しているハンバーガーの販売等を業とする日本マクドナルドの従業員であり、直営店の店長を務めていた。

日本マクドナルドの就業規則によれば、原告は、店長以上の職位の従業員を労働基準法41条2号の管理監督者と扱っており、法定労働時間を超過する労働時間については、割増賃金は支払われていなかった。そこで原告は、日本マクドナルドに対し、過去2年分の割増賃金等をさかのぼって支払うよう訴訟を提起した。

主な争点は、店長職にある原告が、労働基準法上の管理監督者に該当するか否かであったが、原審は、労働基準法上の管理監督者に該当しないとし、時間外・休日労働の割増賃金と付加金をあわせて、約750万円の支払義務があるとした。その後、日本マクドナルドは控訴したが、2009年3月18日、東京高裁にて和解が成立した。

関連法令　労働基準法41条、36条、37条、114条

発生原因　客観的資料により確認できなかったので記載せず

再発防止策　客観的資料により確認できなかったので記載せず

コメント　ファストフード店をはじめ、ファミレス、コンビニ、その他流通業等の
サービス業においては、深夜早朝を含む多様な労働時間帯が珍しくなく、
コスト削減から非正規雇用中心の労働力や少人数での業務等、労働者1人の負担が重
く、長時間労働を強いられる傾向が強い業態である。特に、店長は、アルバイトのシ
フトの穴埋めを自ら行うなど、連続勤務が常態化しがちである。

　しかし、店長の業務は、もっぱら店舗内の運営に限られ、経営を補助する性質のも
のではなく、一般の店員に比べて賃金・手当が格段と配慮されているわけでもない。
かねてから労働基準行政で示されていた管理監督職の判断基準に照らしても、労働時
間の規制から除外される権限・業務・処遇の実態を備えているとはいいがたい。同社
の経営において、この点の判断が十分ではなかったこと、ならびに店長の過酷な勤務
実態に対して改善策がとられなかったことが、本件紛争の原因と考えられる。

　かような「名ばかり管理職」問題については、ファストフード店店長以外にも、小
売店の店長や、コンビニエンスストア店長等が同様の請求を裁判所に提起しており、
裁判例も多数あるところである。本件では、被告の企業規模が大きく、直営店や店長
の数がきわめて多数であるという特徴があるものの、管理監督者の認定については、
これまでの裁判例と同様の枠組みが維持されている。本件裁判によって、名ばかり管
理職問題への社会の問題意識も飛躍的に高まり、後記の厚労省通達も発せられたこと
から、ファストフード業界のみならず、産業界全体が管理監督者の取扱いに関する適
切な対応を労働者から迫られ、労働審判や訴訟が続く事態となった。

　かかる実態を受けて、厚労省は、「管理監督者の範囲の適正化について」（平成20年
4月1日基監発第0401001号）と題する通達により、各都道府県労働局長あてに、管
理監督者の取扱いにつき適切な監督指導を行うよう指導した。

　前記通達によれば、いわゆる管理監督者の範囲について「一般的には、部長、工場
長等労働条件の決定その他労務管理について経営者と一体的な立場にある者であって、
労働時間、休憩及び休日に関する規制の枠を超えて活動することが要請されざるを得
ない、重要な職務と責任を有し、現実の勤務態様も、労働時間等の規制になじまない
ような立場にある者に限定されなければならないものである」。「具体的には、管理監
督者の範囲については、資格及び職位の名称にとらわれることなく、職務内容、責任
と権限、勤務態様に着目する必要があり、賃金等の待遇面についても留意しつつ、総
合的に判断することとしているところである」としている。

　前記を受けて、各企業も「名ばかり管理職」問題対応に乗り出している。

さらに理解を深める　厚労省「管理監督者の範囲の適正化について」（平成20年
4月1日基監発第0401001号）、日本労働組合総連合会・事
務局長古賀伸明「日本マクドナルド『名ばかり管理職』訴訟の和解に関する談話」
（2009年3月19日）

59 大庄過重労働・過労死

当 事 者：株式会社大庄（以下「大庄」）、同社取締役4名
表 面 化 時 期：2008年12月
表面化の経緯：本件訴訟提起に関する新聞報道（朝日新聞・産経新聞等）
第三者委員会等：客観的資料により確認できなかったので記載せず

経営責任：客観的資料により確認できなかったので記載せず
行政処分：客観的資料により確認できなかったので記載せず
民事責任：被告会社および取締役らにつき、合計約7800万円の支払いを命じる旨の判決確定（最決平成25・9・24公刊物未登載〔LEX/DB25502094〕〔上告棄却〕、京都地判平成22・5・25判時2081号144頁、大阪高判平成23・5・25労判1033号24頁）
刑事責任：客観的資料により確認できなかったので記載せず

事案の概要　A（当時24歳）は、全国的に飲食店チェーンを展開する大庄に、2007年4月に入社し、同社運営の店舗で仕入れ品の検品収納・調理準備・盛り付け・品出し・食器洗い等多岐にわたる業務に従事していたが、入社から4か月ほど経過した同年8月11日、急性左心機能不全により死亡した。当時Aには、既往症も現病歴もなかった。

　入社後からのAの労働時間は、記録に残る範囲でも、発症前1か月の総労働時間226時間54分、時間外労働時間79時間46分、発症前2か月間ないし5か月間の1か月あたり平均時間外労働時間が78時間から104時間で推移していた。

　大津労働基準監督署は、2008年12月10日、Aについて、前記のような長時間労働に従事したことで、著しい疲労の蓄積をもたらす特に過重な業務に就労していたものと認定し、各種労災給付金を支給した。

　Aの遺族は、A死亡の原因が大庄での長時間労働にあるとして、2008年、同社および同社取締役らに対し、損害賠償請求訴訟を提起した。

関連法令　会社法429条1項、労働基準法36条

発生原因　高裁判決によれば、大庄では、多数の従業員が恒常的に長時間労働に従事せざるをえない不合理な36協定や賃金ルールを採用していたことが、発生原因の１つとして挙げられている。

　まず、①時間外労働として月100時間を６か月間にわたり許容する旨の36協定が締結されている点が挙げられる。厚労省の基準に照らしても、100時間の時間外労働はきわめて長時間であり、業務と疾病等の発症との関連性が強く評価される。次に、②基本給の中に時間外労働80時間分が含まれ、当該時間外労働に満たなかった場合には基本給が減額される給与体系を採用していたことも挙げられる。このように、恒常的な長時間労働を促す社内体制であったにもかかわらず、取締役らもそれを認識しながら、長時間労働の抑制等何らの対策も行わなかったことが、安全配慮義務違反の主な内容であると同時に、本件発生の大きな原因といえよう。

再発防止策　本件をはじめとする従業員の労働時間長時間化等の問題や、労働時間につき監督官庁からの指摘を受けたことを受けて、大庄は、2014年２月12日「『業務構造改革』の取り組みに関するお知らせ」を公式ホームページに掲載し、営業時間の見直しのみならず、店舗リストラクチャリングを含めた業務構造改革を行うことを取締役会にて決議した旨を公表した。

　この記事によれば、「営業体制の大幅な刷新」として、「昼時間帯や深夜帯を中心に営業時間を短縮し」「定休日の設定」を行うこと、さらには「従業員にとって働き甲斐がある勤務体制」に構造改革すること、「従業員にとって真に働きやすい労働環境を再構築するとともに、従業員のモチベーションを高めるべく、新しい人事制度や賃金制度の構築」を行うことも標榜している。

コメント　本件では、取締役らの責任について、いわゆる大企業においては、直接的に労働者の労働時間を把握および管理すべき立場にあるわけではないとし、個別具体的な措置をとる義務までは認定せず、その点で民法709条の不法行為責任は否定している。他方で、取締役は、会社の使用者としての立場から労働者の安全に配慮すべき義務を負っており、本件の取締役らについても、労働者の生命・健康を損なうことがないような体制を構築すべき義務を負うことから、悪意重過失による任務懈怠が明かであるとして、会社法429条１項に基づく取締役の対第三者責任を認めた。

　つまり、取締役の責任として、労働災害の発生を防止すべき業務遂行体制を構築する責任を認め、会社法上の責任を追及することで、労働者への適正な労働条件の提供を実現させようとした点に特色がある。

さらに理解を深める　大庄「『業務構造改革』の取り組みに関するお知らせ」（2014年２月12日）

60　オリンパス配転無効

当　事　者	：オリンパス株式会社（以下「オリンパス」）、オリンパスの従業員Xおよび X の上司 A
表面化時期	：2009年3月
表面化の経緯	：マスコミ各社による、X が東京弁護士会に人権救済申立てを行うことの報道
第三者委員会等	：客観的資料により確認できなかったので記載せず

経営責任	：客観的資料により確認できなかったので記載せず
行政処分	：客観的資料により確認できなかったので記載せず
民事責任	：配転命令無効ならびにオリンパスおよび上司 A について連帯して220万円の支払義務等を認める旨の判決確定（東京高判平成23・8・31判時2127号124頁）
刑事責任	：客観的資料により確認できなかったので記載せず
そ の 他	：2012年1月27日、東京弁護士会からオリンパスに対する「警告」

事案の概要　オリンパスは、グループ企業行動憲章を定め、その実効性を確保するためとしてヘルプラインを設置するとともに、ヘルプライン運用規程において、①本人の承諾なく個人の特定されうる情報を開示してはならない、②ヘルプラインを利用した事実により不利益な処遇を行ってはならないという旨の規定を置いている。

　2007年6月11日頃、X は、オリンパスのコンプライアンスヘルプラインに電話をかけ、コンプライアンス室長らに対し、所属部の上司 A らによる顧客からの従業員引抜きの事実および同顧客からの第2、第3の従業員引抜きの動きがあることを申告し、同顧客からの信頼失墜を招くことを防ぎたいと考えているなどと相談した。同月27日、コンプライアンス室長は、上司 A に対して通報者が X であることを告げたうえ、上司 A から事情を聴取し、同年7月3日、X に対する回答を電子メールで送信したが、同電子メールは、上司 A および人事部長らにも同時に送信された。同年7月頃、上司 A は、X の配転の検討を開始し、同年8月27日、上司 A らは、X に対し、同年10月1日付での配転命令（1回目）を告げた。また同年9月、X は、すべてのユーザー等への接触を禁止する旨の指示を受けた。X は、配転前は営業チームリーダーの職にあったが、配転先において X に部下はおらず、定年後再雇用された者が新たな直属の上司となった。

　2008年2月、Xは、オリンパスおよび上司Aらを被告として、配転無効確認等を求めて提訴した。オリンパスは、同訴訟でXの主張を争い、その口頭弁論が終結した後である2010年1月1日付でXに対し2回目の配転命令をした。同月15日の第1審判決（東京地判平成22・1・15判時2073号137頁）ではXが敗訴し、控訴した。オリンパスは、同年10月1日付でXに対し3回目の配転命令をした。2011年8月31日、配転命令の無効確認ならびに上司Aの不法行為責任およびオリンパスの使用者責任を認定し慰謝料等220万円を連帯して支払う義務等を認める旨の高裁判決が出された（東京高判平成23・8・31判時2127号124頁）。オリンパスらは最高裁へ上告するも2012年6月28日付で上告棄却・上告不受理となり、同高裁判決が確定した（最決平成24・6・28公刊物未登載〔LEX/DB25481842〕）。

　また、2009年3月頃、Xは東京弁護士会に対し人権侵害救済申立てを行い、2012年1月27日付で、同弁護士会からオリンパスに対し、オリンパスの対応および行為はXの人格権を侵害するものであるとして「警告」がなされた。

　なお、2012年9月3日、Xは、判決確定後のオリンパスの不誠実な対応を理由としてオリンパスに対し損害賠償を求めて提訴し、その後和解したと報道されている（2016年2月18日付日本経済新聞電子版）。

関連法令　民法709条、715条、公益通報者保護法5条

発生原因　東京高判平成23・8・31判時2127号124頁によれば、上司Aらのみならず、コンプライアンス室においても法令遵守が徹底されなかったことが、①コンプライアンス室によるヘルプライン運用規定（守秘義務）の不遵守、②これにより得た情報に基づく上司AらによるXに対する不利益取扱いにつながったとされている。

再発防止策　オリンパスが公開する「オリンパスCSRレポート2012」において、高裁判決確定を受け、「裁判所による司法判断を厳粛に受け止め、今後の取り組みに活かしてまいります」と記され、また、本件事案に対する再発防止策と明示されてはいないものの、2012年5月18日より、社内通報受付窓口に加え外部弁護士による社外通報受付窓口の運用を開始した旨が記されている。

コメント　内部通報制度は、内部統制上の問題点を発見する重要な制度であるが、この制度を機能させるためには、窓口を設置するだけでなく守秘義務および通報による不利益取扱いの禁止というルールを遵守することが非常に重要である。本件は、このいずれもが遵守されなかった。

さらに理解を深める　東京高判平成23・8・31判時2127号124頁、東京弁護士会「人権侵害救済申立事件について（警告）」（2012年8月31日）、「オリンパスCSRレポート2012」

61 富国生命保険パワハラ

当　事　者：富国生命保険相互会社（以下「富国生命保険」）
表面化時期：2009年10月
表面化の経緯：後記鳥取地裁米子支部判決を受けての各種報道
第三者委員会等：客観的資料により確認できなかったので記載せず

経営責任：客観的資料により確認できなかったので記載せず
行政処分：客観的資料により確認できなかったので記載せず
民事責任：富国生命保険に対し330万円の支払いを命じる旨の判決（鳥取地米子支判
　　　　　平成21・10・21労判996号28頁〔控訴後和解〕）
刑事責任：客観的資料により確認できなかったので記載せず
その他：原告の精神疾患発症につき、その精神的負荷は業務の遂行により発生した
　　　　　として業務起因性を認め、労働者災害補償保険法による休業補償給付を不
　　　　　支給とした行政処分が取り消された（鳥取地判平成24・7・6労判1058号
　　　　　39頁）

事案の概要　富国生命保険の営業所において、マネージャー職（班長）を務めていた原告が、顧客の死亡につき告知義務違反の疑いをかけられ、2003年、①同支社長は、他の社員のいる中で、原告にとって不名誉な事実（顧客に対する不告知教唆）の有無を問いただした。

　また、当時の原告の班の成績が芳しくなかったことから、②同支社長ならびに同所長は、社内のルールに反し、原告の承諾なく班の分離を実施し、原告に対し「マネージャーが務まると思っているのか」「マネージャーをいつ降りてもらっても構わない」等の言葉を使い、いかにもマネージャーの能力を備えていないかのような侮辱的で人格を否定する言葉で叱責した。

　その後、原告は体調に不調を来し、原告班の分離から3か月後には、ストレス性うつ病と診断されて、休業し入院するようになった。その後も原告は欠勤を続け、2005年に自動退職に至った。

　これを受け、2007年、原告は富国生命保険および同支社長、同所長に対し、それぞれ5000万円の支払いを求めて本件訴訟を提起した。

関連法令　民法715条、709条、415条

| 発生原因 | 客観的資料により確認できなかったので記載せず |

| 再発防止策 | 客観的資料により確認できなかったので記載せず |

コメント　本件のようないわゆるパワーハラスメント行為（以下「パワハラ」）は、部下の名誉感情や就業意欲のみならず、心身の健康をも害することがある。上司や労働者の個々的な事情によりさまざまであろうが、重大なパワハラ問題が発生する原因としては、パワハラを阻止する組織文化や教育啓蒙が整備されていない、もしくはパワハラの兆候に迅速・適切に対応する仕組みや体制がないなどの組織的不備に起因する部分があると考えられる。職場の同僚がパワハラ行為とその被害を現認している場合、上層部や担当窓口に相談して事態の深刻化を防げる立場にある。その意味で、上司による報復を恐れた職場の同僚が内部通報に踏み出せない状況も推測できる。

　本件では、被告らは不法行為責任を負うと結論づけ、①相当因果関係が認められる損害の範囲については、ストレス性うつ病の発症までであって、回復に時間を要して自動退職せざるをえないほどの重篤な症状を引き起こすことまでは、社会通念上予見不可能であるとした。さらに、②精神疾患の既往歴や家庭上の問題等の素因については、本件以外のストレスも発症に寄与している可能性は否定できないとしながらも、原告の損害を、慰謝料と弁護士費用に限定することをもって斟酌し、素因減額については否定した。

　いわゆるパワハラ問題は、直接の加害者（上司）の責任を問うこととなるが、本件では、会社の職場環境の配慮義務違反を認めているところに特徴があり、パワハラ対策を怠れば、企業全体として法的な責任を問われる可能性があること示すものといえる。

　かような結論を受けるも、本件における再発防止策に関する富国生命保険からの公表は見当たらないが、本件類似の事件はいまだ多発している。かような職場でのパワハラに関する相談が増加傾向にあることを踏まえ、厚労省は2012年1月に「職場のいじめ・嫌がらせ問題に関する円卓会議ワーキング・グループ報告」を公表し、典型的な行為類型を、①身体的な攻撃、②精神的な攻撃、③人間関係からの切り離し、④過大な要求、⑤過小な要求、⑥個の侵害（私的なことに過度に立ち入ること）に区分したうえで、それらが「業務の適正な範囲」を超えることを不当なパワハラと説明した。また、同年3月に「パワーハラスメントの予防・解決に向けた提言取りまとめ」を公表し、パラハラ撲滅に向けた企業や労働組合の基本姿勢、トップマネジメント、上司、職場1人ひとりの期待役割を解説している。

| さらに理解を深める | 鳥取地米子支判平成21・10・21労判996号28頁、鳥取地判平成24・7・6労判1058号39頁、厚労省「職場のいじめ・嫌がらせ問題に関する円卓会議ワーキング・グループ報告」（2012年1月） |

62　ゼンショー（すき家）労働環境悪化

当　事　者：株式会社ゼンショーホールディングス（以下「ゼンショーHD」）お
　　　　　　よびその完全子会社である株式会社ゼンショー（現・株式会社すき家
　　　　　　本部。以下「ゼンショー」）
表面化時期：2014年2月
表面化の経緯：自主公表（店舗の一時休業・時間帯休業、深夜・早朝営業休止）
第三者委員会等：「すき家」の労働環境改善に関する第三者委員会（2014年4月28日設
　　　　　　置、同年7月31日調査報告書〔以下「調査報告書」〕公表）

経営責任：なし
行政処分：なし
民事責任：なし
刑事責任：なし
そ の 他：背景事実として労働基準監督署による是正勧告書交付が多数あり

事案の概要　ゼンショーは、24時間365日営業の牛丼チェーンを全国で展開し、約
2000店と国内最大規模の店舗数に急成長したが、近年、新規採用者を
吸収してしまう規模の退職者が発生し、店舗数の増大に比して在籍社員数が伸びてい
なかった。また、社員（非管理職）やアルバイトの残業時間が100時間／月を超える
ケースも珍しくなく、時間あたり売上高予測による要員計画に起因するサービス残業
も行われ、各地の労働基準監督署による是正勧告も急増していた。
　2014年2月、マネージャーやアルバイトの大量退職、内部組織変更による混乱、手
順が複雑な新商品の投入による現場負荷等が重なり、計画外の一時休業・時間帯休業
が複数発生し、現場も本部も混乱した。会社は3月以降、人手不足への対応と古く
なった店舗設備のリニューアルを理由に、200店舗の閉鎖と約300店舗の深夜営業休止
を決め、実施した。その後、ゼンショーHDは、抜本的対策として、①本社分社化・
7地域運営会社の設立、②労働環境改善の取組みを表明し、第三者委員会に本社分社
化案の評価と労働環境改善の提言を求めた。

関連法令　労働基準法

発生原因　調査報告書によれば、店舗閉鎖等の以前から、慢性的かつ深刻な労働力不足に陥っていた。その結果、①36協定を大幅に超える社員およびアルバイトの過重労働の常態化、②多数の社員の生命・身体・健康への深刻な影響、③過労による交通事故の多発、④15分未満切捨てや時間あたり売上高予測による要員計画に起因するサービス残業の多発、⑤24時間呼出し等によるプライベートな時間の喪失、⑥低売上予測時の１人勤務体制（ワンオペ）、⑦休憩時間の非付与や恣意的運用、⑧限度を超えた休日労働、⑨外国人留学生の就業制限を超える労働等、コンプライアンス上も問題のある現場での労働が続けられ、負のスパイラルに陥っていた。

　過重労働の把握と対策について、労働安全委員会で議論や検討は行われていたが、取締役会に報告されなかった。人事部門による退職理由の調査結果、労務部門による労務基準監督者への対応、勤怠管理や店舗管理に関する内部監査結果も、取締役会に報告された形跡はない。こうした情報は、役員や営業本部にも一定程度は共有されていたようであるが、企業経営に直結するリスクあるいは重大なコンプライアンスの問題と認識することはなく、全社的な検討や対応がなされることはなかった。

再発防止策　ゼンショーほかグループ７社は、2014年７月31日、次の改善策を公表した。
①　６月２日に７つの地域会社を設立し、各社の担当店舗数を300店舗前後とし、各階層のマネージャーが担当する店舗数も減らすことで、よりきめ細かい店舗運営を可能にした。各社社長が従業員と密なコミュニケーションを行った結果、アルバイトの意欲が向上し、地域正社員の登用も加速した。
②　労政部を社長直轄組織とし、専任の労政担当を配置し、より機動的な問題解決を可能にした。また、従業員組合会との間で、「時間管理委員会」を設け、毎月議論を行って労働環境を改善している。なお、親会社であるゼンショーHDは11月14日、５人の外部委員をメンバーとする「職場環境改善促進委員会」、ならびに同委員会の活動を支援する内部組織「グループ職場環境改善改革推進室」の設置を発表した。
③　常勤監査役を設置し、社外取締役を招聘する。

コメント　急速な規模拡大と人件費効率の最大化を基本戦略とする経営の意思決定が、現場オペレーションの実態から乖離してしまい、真面目な社員やアルバイトが頑張ったものの、問題が一気に噴出してしまった事例である。特別損失の計上、配当・業績予測の下方修正等深刻な経営ダメージにつながった。2015年１月23日、労働環境の改善や人手の確保に目途がついたとして、同年６月末までに全店舗の深夜営業を再開させる計画をゼンショーHDが固めた旨の報道が流れた。再発防止の徹底が期待される。

さらに理解を深める　調査報告書

63　広島中央保健生活協同組合マタハラ

当　事　者：広島中央保健生活協同組合
表面化時期：2014年9月
表面化の経緯：最高裁判所が弁論を開いたことを受けての新聞報道
第三者委員会等：客観的資料により確認できなかったので記載せず

経営責任：客観的資料により確認できなかったので記載せず
行政処分：客観的資料により確認できなかったので記載せず
民事責任：広島中央保健生活協同組合に対し約175万円の支払いを命じる旨の判決確定（広島高判平成27・11・17判時2284号120頁〔差戻控訴審〕、最判平成26・10・23民集68巻8号1270頁、広島高判平成24・7・19労判1100号15頁、広島地判平成24・2・23労判1100号18頁）
刑事責任：客観的資料により確認できなかったので記載せず

事案の概要　Aは、広島中央保健生活協同組合の運営する病院に雇用され、副主任の職位にあった理学療法士であるところ、第二子の妊娠による軽易業務への転換（労働基準法65条3項）に際し、転換先ではAより職歴の長い者が主任についていたため、広島中央保健生活協同組合から副主任の解任を告げられ、Aはこれを渋々ながら受け入れた。また、育児休業からの復職に際し、広島中央保健生活協同組合はAの希望にも配慮し復職先を決めたが、復職先ではAより職歴の短い者が副主任についていたため、Aは副主任に任ぜられなかった。

　Aはこれを不服とし強く抗議し、副主任の解任（予備的に復職時の副主任の不再任）は男女雇用機会均等法9条3項に反し無効であるとして、訴訟を提起した。

　当該訴訟の最高裁判決は、女性労働者につき妊娠中の軽易業務への転換を契機として降格させる事業主の措置は、原則として男女雇用機会均等法9条3項の禁止する不利益取扱いにあたるが、①当該労働者が自由な意思に基づいて降格を承諾したものと認めるに足りる合理的な理由が客観的に存在するとき、または、②業務上の必要性から支障があるため当該措置を行わざるをえない場合において、当該措置につき同項の趣旨および目的に実質的に反しないものと認められる特段の事情が存在するときは、不利益取扱いにあたらないとし、加えて「合理的な理由」や「特段の事情」に関し勘案すべき要素等を述べた。

　そして、当該訴訟の差戻控訴審判決は、①自由な意思に基づく承諾については、降

格による影響等につき適切な説明を受けて十分に理解したうえで承諾したとはいえないとして否定され、②業務上の必要性および特段の事情については、広島中央保健協同組合の主張した主任や副主任が複数配置されることによる「指揮命令系統の混乱」につき具体的な弊害が明確ではないなどとして業務上の必要性につき十分な立証がなされておらず、降格による不利益を補うほどの業務上の軽減措置があったともいえないとして、業務上の必要性および特段の事情のいずれも否定した。

関連法令　男女雇用機会均等法2条、9条3項、育児休業、介護休業等育児又は家族介護を行う労働者の福祉に関する法律（以下「育児・介護休業法」）10条、労働基準法65条3項

発生原因　客観的資料により確認できなかったので記載せず

再発防止策　客観的資料により確認できなかったので記載せず

コメント　本件の最高裁判決を受けて、厚労省は、「『改正雇用の分野における男女の均等な機会及び待遇の確保等に関する法律の施行について』及び『育児休業・介護休業等育児又は家族介護を行う労働者の福祉に関する法律の施行について』の一部改正について」（平成27年1月23日雇児発0123第1号。以下「平成27年1月23日付通達」）により、妊娠・出産・育児休業等を「契機として」行われた不利益取扱いについては、当該最高裁判決の述べるような例外的事情がない限り、男女雇用機会均等法または育児・介護休業法違反にあたるものとする旨を明らかにした。

　なお、2016年3月の男女雇用機会均等法および育児・介護休業法改正により、妊娠・出産・育児休業等に関する言動により労働者の就業環境が害されることのないよう雇用管理上必要な措置をとることが事業主に義務づけられた（2017年1月1日施行）。

さらに理解を深める　平成27年1月23日付通達

64 電通過重労働・過労自殺

当　事　者：株式会社電通（以下「電通」）
表面化時期：2016年10月
表面化の経緯：社員の自殺が労災認定を受けた事実を、遺族が公表
第三者委員会等：客観的資料により確認できなかったので記載せず

経営責任：①判決確定前（いずれも役職は当時）：代表取締役社長執行役員が月額報
　　　　酬20％の3か月分、執行役員計9名が月額報酬10％の3か月分を自主返上。
　　　　代表取締役社長執行役員が、社長執行役員を引責辞任。自殺被害者所属部
　　　　署の関係者3名および関係役員ら2名の合計5名に対し3か月分の月額報
　　　　酬20％減額処分。4名の執行役員が月額報酬10％の3か月分を自主返上。
　　　　②判決確定後（いずれも役職は当時）：後任の代表取締役社長執行役員に
　　　　対し、6か月分の月額報酬20％減額処分。同副社長執行役員、同専務執行
　　　　役員の3名に対し、3か月分の月額報酬20％減額処分
行政処分：客観的資料により確認できなかったので記載せず
民事責任：客観的資料により確認できなかったので記載せず
刑事責任：電通に対し、罰金50万円（労働基準法違反。東京簡判平成29・10・6 NBL
　　　　1116号19頁）
　　　　被害者元上司に対しては、不起訴処分
そ の 他：労災認定を契機とした臨検監督（行政指導）の実施（後に強制捜査に切替
　　　　え）および経産省や国交省関東地方整備局等による指名停止措置や、滋賀
　　　　県、京都市等による入札参加停止措置
　　　　示談により電通が遺族に対し和解金（慰謝料と未払残業代金含む「社会的
　　　　に相当な金額」〔金額非公開〕）を支払う旨合意したとの報道（2017年1月
　　　　20日付日本経済新聞）

事案の概要　　本件は、過労が原因で自殺をした社員を含む4名の社員に対し、各社
　　　　　　　員の労働時間管理を行う3名の所属部長らが、電通が労働基準監督署
に届け出た36協定が労働基準法所定の要件を満たさず無効であるにもかかわらず、有
効であると誤信したうえで、同協定で定める延長可能時間（1か月につき50時間）を
超えて、同協定に反した時間外労働を行わせた事案である。

| 関連法令 | 労働基準法121条1項、119条1号、32条1項、刑法45条前段、48条2項 |

発生原因　東京簡判平成29・10・6 NBL1116号19頁以下によれば、電通では違法な長時間労働が常態化しており、直近に労働基準監督署から是正勧告を受けていたにもかかわらず、36協定の改定等形式的な違法状態の解消に終始し、労働者の増員や業務量の削減等の抜本的な対策が講じられることはなかった。さらに、労働時間削減のための具体的な対応は、個々の労働者および労働時間の管理を行う部長等管理職任せにされており、社員らにおいて、具体的な勤務時間削減のための方策を見いだせないまま、サービス残業が蔓延する状態になっており、本件事件もかような社内環境に起因して発生したものとされている。

再発防止策　2017年1月20日付日本経済新聞によれば、電通は、同日調印の遺族との合意において、謝罪に加え、残業時間の削減、新入社員の労働時間抑制措置、社員心得「鬼十則」を社員手帳から削除、ハラスメント防止措置、役員および管理職対象の研修会実施、遺族に対する再発防止措置に関する実施状況の定期的な報告等の再発防止策を表明したとのことである。

　また、電通のウェブサイトによれば、社内における労務改革推進の具体的内容として、社長執行役員を本部長とする労働環境改革本部の設置、外部有識者による助言・監督・改善実態の検証を行う独立監督委員会の設置、私事在館の原則禁止、深夜時間帯における全館消灯・業務持ち帰り禁止、業務効率改善、精神科産業医の常駐、社員の家族からの相談「ファミリーライン」導入、有給休暇取得促進、前年比減額となった残業手当を賞与として還元等（以上、2017年1月18日、同年10月6日発表の施策）、インプットホリデー導入（全社一斉法定外休暇）、バイタリティノート導入、年間100時間以上の学習機会の提供等（以上、2018年2月13日、4月16日発表の施策）等、多種多様な制度の導入を行うこととした。

コメント　本件は当初、東京区検察庁により略式起訴とされたが、裁判所が非公開審理では不十分であるとして正式裁判を開くなど、公開法廷で電通の刑事責任が問われ、社会的意義や関心も高い事件であった。また、過労により自殺に至った社員については、長時間労働のみならず、パワハラ等の問題も同時に浮上していたことが注目された。

さらに理解を深める　東京簡判平成29・10・6 NBL1116号19頁以下、電通「労働問題に関する社内処分等について」（2017年1月18日）、同「当社の労働基準法違反に対する判決について」（同年10月6日）、同「当社が推進する労働環境改革について」（2018年2月13日）、同「当社が推進する労働環境改革の新たな施策について」（同年4月16日）

65　ジャニーズ事務所性加害問題

当　事　者：株式会社ジャニーズ事務所（以下「ジャニーズ事務所」）
表面化時期：2023年3月18日
表面化の経緯：イギリスの公共放送BBCが日本で配信した番組「J-Popの捕食者　秘められたスキャンダル（原題　Predator：The Secret Scandal of J-Pop）」の報道
第三者委員会等：外部専門家による再発防止特別チーム（以下「特別チーム」。2023年5月26日組成、同年8月29日調査報告書〔以下「本報告書」〕公表）

経営責任：経営責任：2023年9月5日付で代表取締役社長が辞任（代表取締役の地位は残る）
行政処分：なし
民事責任：多数の被害者に対する補償（被害補償受付窓口の設置）
刑事責任：客観的資料により確認できなかったので記載せず
そ の 他：ジャニーズ事務所は社名変更の上で補償に特化、エージェント業務を行う新会社設立

事案の概要　ジャニーズ事務所は、多数の人気男性アイドルタレントが所属する著名な芸能プロダクションであり、芸能プロデューサーとして知られるA氏（故人）が1962年6月に個人事業として創業した芸能事務所が母体である。1975年1月には株式会社として法人化され、その経営は、A氏と、A氏の姉のB氏（故人）とが掌握し、両氏の死去後は、一族であるC氏が経営全般を担い、全株式を保有していた。

2023年3月、イギリスの公共放送BBCが、日本でも配信した番組において、ジャニーズ事務所在籍時にA氏から性加害を受けたという男性の証言等を紹介するなどして、A氏による性加害疑惑を報道した。また、同年4月、元「ジャニーズJr.」（本報告書によれば、明確な定義はないが、デビューを目指してレッスンを受けながら芸能活動を行う男性タレントを指す）の男性が、A氏から複数回にわたり性加害を受けた旨を記者会見で訴え、日本の報道機関でもA氏の性加害の問題が取り上げられるようになった。

本報告によれば、被害者に対するヒアリングの結果、A氏はジャニーズJr.のメンバーを含む多数の未成年者に対し性加害を行い、そうした事実が1950年代から2010年代半ばまで万遍なく存在していた。また、性加害は、特定の者ではなく、多数の者に対して広範に行われており、被害者は少なく見積もっても数百名との証言が複数あった。一方、ジャニーズJr.の間では、A氏から性加害を受ければ優遇され、これを拒めば冷遇されるとの認識が広がっていたとされる。

本報告書は、一連の性加害について、所属タレントのプロデュースに絶対的な権力を持っていたA氏が、デビューして有名になりたい（性加害を拒めば冷遇される）との各被害者の心情に付け込んで行われたものと評価している。なお、本報告書は、A氏以外のジャニーズ事務所社員による性加害も確認されたとしている。

関連法令　民法709条、会社法350条

発生原因　本報告書は、原因として、(1)A氏の性嗜好異常、(2)人並外れた経営手腕を有し、実質的最高権力者であったB氏によるA氏の行動の放置と隠蔽、(3)A氏の性加害について何らの対応もしないどころか、むしろ辛抱させるしかないと考えていたふしもあるというジャニーズ事務所の不作為、(4)被害の潜在化を招いた関係性における権力構造（A氏とジャニーズJr.との一方的な強者・弱者の関係性）を指摘している。

　また、本報告書は、背景として、(5)同族経営の弊害、(6)ジャニーズJr.に対するずさんな管理体制、(7)ガバナンスの脆弱性（取締役会の機能不全と各取締役の監視・監督義務の懈怠、内部監査部門の不存在、基本的な社内規程の欠如、内部通報制度の不十分さ、ハラスメントに関する不十分な研修）、(8)マスメディアの沈黙、(9)業界の問題（エンターテインメント業界の特性）、を挙げている。

再発防止策　本報告書は、C氏の代表取締役社長辞任を含む解体的出直しを図らなければ、ジャニーズ事務所は社会からの信頼回復を到底期待することができないことを覚悟しなければならないなどと指摘している。そして、ジャニーズ事務所が、組織として性加害の事実を認め、真摯に謝罪することが必要であるとした上で、再発防止策として、(1)被害者の救済措置制度、(2)人権方針の策定と実施、(3)研修の充実、(4)ガバナンスの強化（C氏の代表取締役社長辞任と同族経営弊害の防止、取締役会の活性化、社外取締役の活用、内部監査室の設置、基本的社内規程の整備、内部通報制度の活性化、相談先の拡充とアドボケイトの配置）、(5)CCOの設置、(6)メディアとのエンゲージメント（対話）、(7)再発防止策の実現度のモニタリングとその公表を提言している。

　ジャニーズ事務所は、この提言を踏まえ、提言内容に沿った再発防止策に着手、今後も進捗状況を定期的に説明するとしている。また、ジャニーズ事務所は、2023年10月2日、記者会見を行い、ジャニーズ事務所は社名変更の上で被害補償に特化すること、エージェント業務を行う新会社を設立し、所属タレントおよび社員については希望者全員が新会社に移籍すること、新会社にはA氏一族の資本は入らず、経営にも参画しないことを明らかにした。

コメント　ジャニーズ事務所は、多数の男性人気タレントを輩出しているわが国で最も著名な芸能事務所の1つである。性加害は決して許されることではなく、A氏による一連の行為や、それらの行為を阻止できなかったジャニーズ事務所の体質は厳しく批判されるべきことはもちろんであるが、本報告書が背景として指摘するガバナンスの脆弱性は、企業一般において留意すべき事項である。そうした観点からは、本事案は、ガバナンスの欠如が招いた権力者の「暴走」が惹起した不祥事であり、もって「他山の石」とすべき事例であろう。本事案の発覚後、ジャニーズ事務所所属タレントの起用を控える動きや所属タレントの退所も報じられている。上記の再発防止策の実施状況や今後の新会社を注視する必要があろう。

さらに理解を深める　本報告書（公表版）、ジャニーズ事務所2023年10月2日付「故ジャニー喜多川による性加害問題に関する再発防止策の実行等についてのお知らせ」、同日付「弊社の社名変更と新会社設立及び補償状況について」

66 西武鉄道株式保有割合虚偽記載

当　事　者：西武鉄道株式会社（以下「西武鉄道」）、株式会社コクド（以下「コクド」）

表面化時期：2004年10月

表面化の経緯：自主公表

第三者委員会等：西武グループ経営改革委員会（以下「本件第三者委員会」。2004年11月22日設置、2005年3月25日最終答申公表）

経営責任：コクド代表取締役会長（西武鉄道元代表取締役会長）A、コクド代表取締役社長、同代表取締役専務および西武鉄道常務取締役が順次引責辞任

行政処分：客観的資料により確認できなかったので記載せず

民事責任：西武鉄道、コクド（の承継者）およびAに対し、西武鉄道株式を買い取った取引先企業、元株主等から損害賠償請求訴訟（最判平成23・9・13民集65巻6号2511頁、最判平成23・9・13判時2134号45頁ほか）

刑事責任：証券取引法違反で、コクド取締役会長A（西武鉄道元代表取締役会長）は懲役2年6月執行猶予4年、罰金500万円（虚偽記載、内部者取引）、西武鉄道は罰金2億円（虚偽記載）、コクドは罰金1億5000万円（内部者取引）（東京地判平成17・10・27公刊物未登載〔証券取引等監視委「平成17年度版年次公表」の「付属資料」197頁以下参照〕）

そ の 他：西武鉄道は2004年12月17日東証1部上場廃止

| 事案の概要 | 西武グループでは、その中核たる西武鉄道（東証1部）株式の大半を |

西武グループでは、その中核たる西武鉄道（東証1部）株式の大半を創業家が支配するコクド（非上場）において保有する形態がとられてきた。コクドによる西武鉄道株の保有は、長年、西武鉄道発行済み株式の80％前後に上り、その中には元従業員ら名義を用いた「名義株」も含まれていた。しかし、こうした西武鉄道株式保有実態は秘匿されており、コクドの西武鉄道持ち株比率は、40％台として公表され、東証の少数特定者持株比率基準に抵触しないよう装われていた。

（虚偽の有価証券報告書提出）西武グループ総帥でコクド取締役会長A（2004年3月西武鉄道役員らによる総会屋への利益供与商法違反発覚により同年4月兼任していた西武鉄道代表取締役会長を引責辞任）は、西武鉄道役員らと共謀のうえ、西武鉄道の業務に関し、同年6月、関東財務局長に対し、コクド所有に係る西武鉄道株式数につき、発行済株式総数に対する割合が約65％であるのにもかかわらず、その所有割合

を約43％等とする重要な事項について虚偽の記載ある有価証券報告書を提出した（告発事実）。

　（内部者取引・会社関係者等の禁止行為）Ａは、その職務に関し、西武鉄道の有価証券報告書に継続的にコクドの社有株式数等について虚偽の記載をしてきたことを知りながら、その公表前に、その株式を売却してその株式数等を減少させようと企て、同年９月、コクドの従業員らと共謀のうえ、コクドの業務に関し、他社に対し、コクドが所有する株式を売り付けた（告発事実）。

　西武鉄道では、2004年３月に商法違反（総会屋への利益供与）発覚以来、改革が進められていた途上で本件各事件が発生した。そうした中で西武鉄道自ら、同年10月13日、コクド保有の西武鉄道株式数等に関する有価証券報告書の訂正等を公表し本件が明らかとなった。東京地検は、2005年３月３日、Ａを証券取引法違反で逮捕し、同月22日、証券取引等監視委の告発を受け、同月23日、虚偽有価証券報告書提出でＡおよび西武鉄道を、内部者取引でＡおよびコクドを各起訴した。

　本件後再編等を進めた西武グループは、株式会社西武ホールディングスを中核とする企業グループになり、2014年４月、同社は東証１部上場となった。

| 関連法令 | 金商法（当時は証券取引法）197条１項１号、24条１項（虚偽有価証券報告書提出）、197条の２第13号（当時は198条19号）、166条３項（会社関係者等の禁止行為） |

発生原因　本件第三者委員会最終答申では、西武鉄道等を中心とする西武グループは大規模かつ公益的事業の担い手であって、多数の利害関係人が存在する大企業としての社会的責任があったのに、旧来個人商店としての経営実態にあり、①オーナーの意向を絶対とする組織体質、②人的関係に基づく支配、③不透明な経営目標・不透明な経営実態であったことを指摘している。

再発防止策　本件第三者委員会最終答申によると、前記発生原因を踏まえ、コンプライアンス体制の確立（人の支配から法の支配へ）と新たなコーポレートガバナンス体制の確立（透明性の確保と利害関係人への説明責任）をめざすとしている。

コメント　公共機関たる鉄道事業を中核とする企業グループによる事案として大きな反響を呼び、金商法の改正を後押ししたとされる。創業家一族による支配が生んだ不祥事であるが、Ａらは、本件後も西武鉄道株式を保有していたところ、同社等が被った損害を填補すべく、2017年２月までにこれら株式を処分し、支配力を失った。

さらに理解を深める　本件第三者委員会最終答申、前記最判平成23・９・13民集65巻６号2511頁等に関する判タ1361号103頁以下

67 カネボウ巨額粉飾決算

当　事　者：カネボウ株式会社（以下「カネボウ」）

表面化時期：2004年10月

表面化の経緯：経営浄化調査委員会調査結果に基づく公表

第三者委員会等：外部弁護士を委員長とする経営浄化調査委員会（金融審議会資料によると、2004年4月19日設置、同年10月28日調査結果公表とあるが、調査結果については客観的資料により確認できず）

経営責任：代表取締役社長Aおよび常務取締役Cが引責辞任（副社長Bは本件表面化前に辞任）

行政処分：監査法人につき、業務一部停止2か月、公認会計士3名を登録抹消、同1名を業務停止1年（金融庁）

民事責任：客観的資料により確認できなかったので記載せず

刑事責任：①証券取引法違反で、代表取締役社長Aは懲役2年執行猶予3年、取締役副社長Bは懲役1年6月執行猶予3年（東京地判平成18・3・27公刊物未登載〔証券取引等監視委「平成17年度版年次公表」の「証券監視委の活動状況」13頁参照〕）。②担当監査法人公認会計士3名は懲役1年6月ないし1年各執行猶予3年（東京地判平成18・8・9公刊物未登載〔証券取引等監視委「平成18年度版年次公表」の「付属資料」141頁以下参照〕）

そ　の　他：2005年6月東証1部、大証1部上場廃止

事案の概要　カネボウは、1973年のオイルショック以降、次第に採算が悪化し、粉飾決算が行われるようになった。1998年4月社長に就任したAは、会社の信用と自らの地位維持のため決算の粉飾を続け、Aの意を踏まえた副社長Bが経理担当者を指揮し、売上の過大計上、経費の繰延計上等をし、担当監査法人の公認会計士の合意も得て粉飾決算を具体化させた。

　カネボウの代表取締役社長A、取締役副社長Bは、担当監査法人公認会計士3名らと共謀のうえ、同社の業務に関して、売上の過大計上等に加え、大量の不良在庫等を抱えて業績が悪化していた子会社を連結の対象から外すなどの方法により、2002年3月期および2003年3月期の2期において、連結純資産をそれぞれ約800億円粉飾するなどして、虚偽の記載のある連結貸借対照表および連結損益計算書を掲載した有価証券報告書を提出した。

　しかし、粉飾決算も行き詰まったカネボウは、産業再生機構に支援を求めた。2004年3月、産業再生支援機構はカネボウ支援を決定した。カネボウは、外部弁護士を委員長とする経営浄化調査委員会の設置を決定し、同年10月、同委員会の調査結果に基づく公表で、Aらによる粉飾の一部が発覚した。2005年4月13日、カネボウは、経営浄化調査委員会および独自の社内調査の結果をもとに過年度決算の訂正（決算短信）を発表した。証券取引等監視委もカネボウに対する調査を開始し、同年7月、東京地検と証券取引等監視委は、合同で強制捜査・調査に入り、A元社長、B元副社長、C元常務の3名を逮捕し、同年8月、AおよびBの2名を証券取引法違反で公判請求した（Cは不起訴）。また、東京地検は、同年9月、カネボウの会計監査を行っていた監査法人の公認会計士4名を逮捕し、同年10月、うち3名を公判請求した。東京地裁は、AおよびBにつき、2006年2月27日に、また、公認会計士4名につき、同年8月9日に、それぞれ上記の判決をした。
　2005年12月、産業再生機構は、カネボウ本体およびカネボウ化粧品の3ファンドおよび花王への譲渡を決定した。

関連法令　金商法（当時は証券取引法）197条1項1号、24条1項

発生原因　客観的資料により確認できなかったので記載せず

再発防止策　カネボウでは、単独での再発防止、会社再建は困難と考え、産業再生機構に支援を求めるとともに、外部弁護士を中心とする経営浄化調査委員会を設置して粉飾内容の解明等に努めることにより、再発防止、会社再建をめざした。

コメント　証券取引法から金商法への改正を後押しした事案の1つとされる。
　　　　　　　公認会計士の関与により、公認会計士、および、監査法人が前記行政処分を受け、同監査法人の多くの顧客企業に影響が及んだ。本件が1つの契機となり、金融庁による監査制度の改正が行われた。
　本件後、カネボウの営業譲渡に反対する株主による株式買取価格決定申立事件決定（東京高決平成22・5・24金判1345号12頁）や公開買付適用除外規定における「株券等」の意義に関する判決（最判平成22・10・22民集64巻7号1843頁）といった会社法著名判例が生まれた。

さらに理解を深める　第8回金融審議会公認会計士制度部会配付資料3「説明資料」（2006年7月10日）、産業再生機構（預金保険機構保管情報）「カネボウ株式会社（支援企業について）」

68 日本システム技術架空売上

当　事　者：日本システム技術株式会社（以下「日本システム技術」）
表面化時期：2005年2月
表面化の経緯：当該会社による自主公表
第三者委員会等：客観的資料により確認できなかったので記載せず

経営責任：代表取締役社長を含み全取締役の月額報酬の30％減給3か月間および役員退
　　　　　職慰労金引当金の30％自主返上、常勤監査役の月額報酬の15％減給3か月間
行政処分：客観的資料により確認できなかったので記載せず
民事責任：なし。日本システム技術の損害賠償責任は、最高裁で否定された（最判平
　　　　　成21・7・9判時2055号147頁）
刑事責任：役員についてはなし。不正行為実行者たる元事業部長につき有印私文書偽
　　　　　造、同行使罪で懲役1年6月執行猶予3年（大阪地判平成18・3・30公刊
　　　　　物未登載〔前記損害賠償請求訴訟第1審たる東京地判平成19・11・26判時
　　　　　1998号141頁の判決理由参照〕）
そ の 他：東証2部監理銘柄指定（後日解除）

事案の概要　本件は、東証2部上場の日本システム技術営業部門幹部Bらによる架
空売上計上が発覚し、日本システム技術においてこれを公表のうえ、
過年度にわたる有価証券報告書の誤り（虚偽記載）を訂正したところ、前記公表前に
日本システム技術株式を取得した株主Xが損切りせざるをえなかったとして日本シス
テム技術に対し損害賠償請求訴訟（会社法350条）を提起した事案である。

　不正行為等の概要は以下のとおりである。日本システム技術の事業は、主力のソフ
トウェアの受託開発事業（売上の約80％を占める）と本件不正行為があったパッケー
ジ事業（販売会社2社を通じての大学向け事務ソフト販売）からなる。後者に、Bが
統括する事業部があり、同事業部にはBが部長を兼務する営業部のほか、売上管理、
検収等営業事務を分担する複数の部門が置かれていた。Bは、部下らとともに、注文
書、検収書を偽造して売上を仮装し、財務部（同事業部外）に売上を報告した。財務
部および監査法人は、毎年、販売会社に売掛金残高確認書の用紙を送付して確認を求
めていたが、Bらは販売会社に発送ミスがあったと称して同用紙を回収し、確認書を
ねつ造して財務部に送り返していた。また、不正行為による売掛金の回収が遅れると、
Bらは最終ユーザーである大学の予算執行上の都合等によるものであるなどと偽った。

売掛金の中には2年以上も未回収のものも出るなど例外的な事態も生じたが、財務部ではこれを合理的な説明と思い込み、自ら直接販売会社に接触するなどしていなかった。その後、代表者Aが販売会社側と売掛金残高について会話を交わしたことから、双方の認識の相違が明らかとなり、本件不正行為が発覚した。

　こうした日本システム技術のリスク管理体制について、第1審（東京地判平成19・11・26判時1998号141頁）および控訴審（東京高判平成20・6・19金判1321号42頁）は、①営業活動および営業事務の部門がいずれもB元事業部長傘下にあったことに組織体制および事務手続上のリスクが内在していた、②財務部が事業部からの情報提供に基づいて売上管理していたこと、例外的な長期未収の売掛金があったから、それにつき事業部から合理的とも思える説明があったとしても、財務部独自に直接販売会社に売掛金債権の存在や遅延理由を確認するなどすべきであり、また可能であったから、財務部によるリスク管理体制を機能させていなかった、などとしてAのリスク管理体制構築、運用義務違反を認めたのに対し、上告審（最判平成21・7・9判時2055号147頁）は、通常想定される架空売上の計上等の不正行為を防止しうる程度の管理体制は整えているなどとして、Aの本件不正行為を防止するためのリスク管理体制構築義務違反を認めなかった。

関連法令　会社法350条（当時は商法266条の3）。なお、本件は2004年改正証券取引法施行前の事案であるが、同施行後は金商法21条の2の募集または売り出しによらない取得者への虚偽記載等のある書類提出会社の賠償責任（無過失責任）の適用が問題となる。

発生原因　直接の原因は、B元事業部長ら営業担当従業員らによる不正行為にある。日本システム技術のリスク管理体制については、法的な構築義務違反の有無はともかく、結果的に、第1審、控訴審指摘の前記体制不備ないし不足が背景となったものである。

再発防止策　日本システム技術の2005年5月18日付改善報告書によると、再発防止策として、①コンプライアンスの再徹底、②社内通報制度の制定、③業務改善による内部牽制の強化、④組織体制の変更（業務分担の変更）、⑤内部監査の強化を行う、としている。

コメント　本件最高裁判決は、最高裁として株式会社代表者が負うべき従業員による不正行為防止のためのリスク管理体制構築義務違反についてはじめての判断を示したものである。

さらに理解を深める　前記東京地判平成19・11・26、その控訴審たる上記東京高判平成20・6・19、その上告審たる上記最判平成21・7・9

69　福岡魚市場子会社不正融資

当　事　者：株式会社フクショク（以下「フクショク」）、株式会社福岡魚市場（以
　　　　　　下「福岡魚市場」）
表面化時期：2005年6月
表面化の経緯：定時株主総会において、フクショクに対する15億5000万円の支援損を
　　　　　　含む計算書類、利益処分案を承認する決議
第三者委員会等：客観的資料により確認できなかったので記載せず

経営責任：福岡魚市場代表取締役が退任の際退職慰労金不支給、実行者であったフク
　　　　　ショクの取締役が解任のうえ、役員としての退職慰労金等が不支給
行政処分：客観的資料により確認できなかったので記載せず
民事責任：フクショクの非常勤役員を兼務する親会社（福岡魚市場）代表取締役らに
　　　　　18億8000万円の賠償が命じられた（最判平成26・1・30判時2213号123頁）
刑事責任：なし

事案の概要　　福岡魚市場の100パーセント子会社であるフクショクは、1997年から
　　　　　　1998年頃、資金の豊富な仕入業者に対して、一定の預かり期間に売却
できなければ、期間満了時に買い取る旨約束したうえで、魚の輸入を依頼していた
（以下これを「ダム取引」という）。フクショクの代表者らは、1999年1月、在庫商品
内に評価額が異常に高額なものがあることに気づいたので調査したところ、かなりの
割合の在庫商品自体に不良品があることが判明した。そこで、福岡魚市場社長に報告
し、同社長からは不明瞭な在庫状況等についての調査が指示された。

　フクショクでは、2002年頃から、ダム取引の預かり期間満了時に、売却できなかっ
た在庫商品をいったん買い取り、そのうえで、当該在庫を一定の預かり期間に売却で
きなければ期間満了時に買い取る旨約束して前記仕入れ業者を含む複数の業者に売却
することにより、商品を往復させる取引が行われるようになった（以下これを「グル
グル回し取引」という）。

　福岡魚市場の取締役会において、2002年11月18日、公認会計士からフクショク等子
会社を含めて在庫管理を適切に行うよう指導がなされたが、特段の対応はなされな
かった。

　福岡魚市場は、2003年末ないし2004年3月頃、フクショクには非正常な不良在庫が
異常に多いなどの報告を受け、調査委員会を立ち上げて調査した。しかし、調査委員

会は、フクショクの担当者らからの聴取り調査を行い、報告書を提出させたものの、契約書、帳簿類、棚卸しの一覧表等具体的な書類を確認することはせず、また聴取した内容を信頼し、踏み込んだ調査をすることはなかった。

　フクショクは、前記調査委員会の調査報告書に基づき特別損失額を14億8000万円とするフクショクの再建計画書を福岡魚市場に提出した。

　福岡魚市場は、2004年4月21日、取締役会で、フクショクに対する20億円の貸付枠を承認する旨の決議を行い、同月29日から同年12月29日までの間に、フクショクに対し、合計19億1000万円を貸し付けた。福岡魚市場は、同年12月24日、取締役会で、本件貸付金残額の15億5000万円の債権を放棄する旨の決議を行った。また、福岡魚市場は、新たに3億3000万円を貸し付けた。

　福岡魚市場の定時株主総会は、2005年6月13日、フクショクに対する支援損15億5000万円を含んだ貸借対照表、損益計算書および利益処分案を承認する旨の決議を行った。なお、福岡魚市場のフクショクに対する融資は銀行融資により賄われていたため、福岡魚市場には銀行への多額の債務が残存している。

　株主より、フクショクの非常勤役員を兼務する親会社代表取締役らに対し、株主代表訴訟が提起され、回収不能となった18億8000万円について、賠償が命じられた（福岡地判平成23・1・26金判1367号41頁、控訴審同旨〔福岡高判平成24・4・13金判1399号24頁〕）。

関連法令　会社法355条（当時は商法254条の3）、423条1項（当時は商法266条）、民法644条

発生原因　裁判所の認定によれば、福岡魚市場の元役員らは、不良在庫の発生に至る真の原因等を探求して、それに基づいて対処すべきであったが、フクショクの不良在庫問題の実態を解明しないまま、安易にフクショクの再建を口実に、むしろその真実の経営状況を外部に隠蔽したままにしておくために、フクショクに対して貸付けを行ったと判示している。

再発防止策　客観的資料により確認できなかったので記載せず

コメント　本件は、子会社において発生した不祥事に対し、親会社取締役が子会社非常勤役員も兼務し、異常な在庫の存在を認識していた事案であり、一般的に子会社を調査する義務が発生すると判示した裁判例ではないものの、グループ会社の管理に関する親会社取締役としての法的責任を検討するうえで、参考になる裁判例である。

さらに理解を深める　福岡地判平成23・1・26金判1367号41頁、福岡高判平成24・4・13金判1399号24頁

70　ライブドア有価証券報告書虚偽記載・偽計

当　事　者：株式会社ライブドア（以下「LD社」）、株式会社ライブドアマーケティング（以下「LM社」）

表面化時期：2006年1月

表面化の経緯：東京地検および証券取引等監視委による強制捜査・調査着手

第三者委員会等：LD社は外部調査委員会設置の意向を表明したが、報告書は客観的資料により確認できず

経営責任：LD社代表取締役ほか取締役複数名が引責辞任

行政処分：なし

民事責任：元機関投資家らがLD社等法人、役員、監査法人に対しそれぞれ損害賠償請求訴訟を提起し、金商法21条の2による損害額の算定が争われた（最判平成24・3・13民集66巻5号1957頁ほか）

刑事責任：LD社代表取締役は懲役2年6月実刑（東京地判平成19・3・16判タ1287号270頁）、LD社取締役1名は懲役1年2月実刑（東京高判平成20・9・12公刊物未登載）、LD社取締役2名は執行猶予付き懲役（東京高判平成19・3・22公刊物未登載）、LD社は罰金2億8000万円、LM社は罰金4000万円（以上東京地判平成19・3・23公刊物未登載）、公認会計士2名は執行猶予付き懲役（東京高判平成20・9・19公刊物未登載、東京地判平成19・3・23公刊物未登載）（以上各判決結果全般につき証券取引等監視委「平成24年度版年次公表」の「付属資料」292頁以下参照）

そ の 他：2006年4月14日東証マザーズ上場廃止（LD社、LM社）

事案の概要　LD社代表取締役および同社取締役ら数名は、共謀のうえ、LD社の子会社であるLM社において、同じくLD社の子会社C社がすでに投資事業組合名義で買収していたD社を、株式交換によって買収するにあたり、D社の企業価値を過大に評価した株式交換比率でD社をLM社の完全子会社とする旨公表するとともに、LM社の株式を100分割する旨をあわせて公表し、さらにLM社について、実際は2004年12月期第3四半期通期に経常損失および当期純損失が発生していたのに、架空の売上、経常利益および当期純利益を計上して虚偽の業績を発表することにより、LM社の株価を維持上昇させたうえで、前記株式交換によりC社が実質的に取得したLM社株式を売却し、同売却益をC社の親会社であるLD社に連結計上するなどして利益を得ようと企て、東証の適時開示制度によって、前記株式交換およびLM社の四半

期業績に関し虚偽の事実を公表し、もって、LM社株式売買のためおよび同株式の相場の変動を図る目的をもって、偽計を用いるとともに、風説を流布した。

　LD社代表取締役、同社取締役らおよび同社担当監査法人公認会計士およびその前任の公認会計士は、共謀のうえ、LD社の2004年9月期において、3億1278万4000円の経常損失が発生していたにもかかわらず、売上計上の認められないLD社株式売却益および架空売上を売上高に含めるなどして経常利益を50億3421万1000円として記載した内容虚偽の連結損益計算書を掲載した有価証券報告書を提出した。

関連法令　金商法（当時は証券取引法）197条1項5号（当時は7号）、158条（風説の流布および偽計）、197条1項1号、24条（虚偽有価証券報告書提出）

発生原因　内部調査報告であるコンプライアンス強化委員会レポート概要（2006年2月24日記者会見発表資料中）によれば、こうした経営において、①一部の取締役に権限・情報が集中し、内部監査室が十分に機能しない体質、②倫理綱領の未制定、③内部通報制度の不存在、④社員研修の不十分さ、⑤査定間隔が短く、短期的利益追求に傾きやすかった、⑥バックオフィスの規模抑制等の問題があった旨指摘されている。

再発防止策　前記コンプライアンス強化委員会レポートで、①社外取締役の設置と監査役会の充実、社長による内部監査室の積極的利用、②企業の社会的責任や企業倫理を含めた倫理要綱のすみやかな作成、③内部通報制度の整備および社内、社外の連絡先の設置、④入社時研修、各部門の特性に合ったコンプライアンス研修等の実施、⑤査定期間、査定指標の見直し、⑥バックオフィスにおける十分な人材配置等が提言されている。

コメント　本件は、LD社が、証券市場における規制緩和を背景に、他の会社を次々に合併・買収して拡大していく中で、株式交換や投資事業組合を活用して同社株式の時価総額を増大させて見かけの企業価値を上げることで有利に買収を繰り返し、グループの規模を急拡大させていく中で発生した事案である。本件の発覚等がきっかけとなり、LD社株式が暴落し、新興市場に大きな影響を与えたほか、東証の取引システム上の問題が指摘されるなど証券市場に影響を与えた。

さらに理解を深める　前記内部調査報告（2006年2月24日コンプライアンス強化委員会レポート）、証券取引等監視委「平成17年度版年次公表」。株主による損害賠償請求につき最判平成24・3・13民集66巻5号1957頁。LD社代表取締役の刑事責任に関する東京地判平成19・3・16判時2002号31頁、その控訴審である東京高判平成20・7・25判時2030号127頁。なお、上告は棄却された（最決平成23・4・25公刊物未登載）

71 日興コーディアルグループ発行登録追補書類虚偽記載

当　事　者：株式会社日興コーディアルグループ（以下「NCC」）、日興プリンシ
　　　　　　パル・インベストメンツ株式会社（以下「NPI」）、NPIホールディン
　　　　　　グ株式会社（以下「NPIH」）

表面化時期：2006年12月

表面化の経緯：発行登録追補書類の虚偽記載に係る証券取引等監視委からの課徴金納
　　　　　　付命令勧告

第三者委員会等：特別調査委員会（2006年12月27日設置、2007年1月30日調査報告書公
　　　　　　表）

経営責任：NCC取締役兼執行役会長、同社取締役兼代表執行役社長、NPI代表取締役
　　　　　会長、同社代表取締役社長が引責辞任

行政処分：金融庁による5億円の課徴金納付命令（2007年1月5日）

民事責任：客観的資料により確認できなかったので記載せず

刑事責任：なし

そ の 他：監理ポストへの割当て
　　　　　NCCは、2007年4月、前記NCC取締役兼代表執行役社長ら3名に対し合
　　　　　計約33億6000万円の損害賠償請求訴訟を東京地裁に提起したが、2009年6
　　　　　月和解（和解金額約2億3200万円）したとの報道（同月17日付ブルーム
　　　　　バーグ電子版）

事案の概要　NCCは日興グループの持株会社、NPIはNCC100％出資の投資会社、
NPIHはNPIが買い取った休眠会社をコールセンター大手のベルシス
テム24買収目的でSPCとした株式会社である。NCCでは、ベンチャーキャピタル条
項を理由にNPIHを連結の範囲に含めない会計としていた。2004年7月、NPIはNPIH
を通じてベルシステム24を買収するにあたり、NPIHにそのための資金を捻出させる
ため、NPIHをして同年8月4日におけるベルシステム24株式の終値を交換価格とす
るEB債を発行させてNPIが全部を引き受けた。当時ベルシステム24株式は値上がり
傾向にあったが、NCCおよびNPIでは、EB債の発行決議が行われた日が実際は同年
9月22日であったのに、より交換権行使価格が低かった8月4日まで遡らせることに
より交換権行使価格を意図的に引き下げ、ベルシステム24株式の価格が上昇した9月
末日の株価と交換権行使価格の差額によって算定される評価額を水増しした。これに
より、NPIにEB債の評価益約147億円が（2005年3月期）発生する一方、NPIHに同
額の評価損が発生したが、NPIHが非連結とされていたため、NPIの評価益のみが

NCCに連結計上されることとなった。その後、NCCは、2005年11月、前記水増し評価を内容とする有価証券報告書を参照書類として、発行登録追補書類を関東財務局長に提出し、別途500億円の社債の公募を行った。

　前記社債募集時開示書類に問題があること等の端緒を得た証券取引等監視委は、2006年7月、立入検査を開始し、同年12月18日、①NPIが100％株式を保有し、実質的に支配しているNPIHを連結の範囲に含めず、②EB債発行日を遡らせて偽るなどして評価益を水増ししたうえ、内容虚偽の発行開示書類に基づく有価証券募集を行ったことを理由として、金融庁に対し、5億円の課徴金納付命令をNCCに発出すべきとする勧告を行った。しかし、前記勧告を受けた際の記者会見で、NCC副社長らが、本件の原因はNPIの一社員のミスにあるとする見解を発表して、組織的関与の否定に終始したため、マスコミの批判を浴びたのみならず、当時の金融担当大臣が、「単に一個人のミスで済ませられる問題か疑問」と異例の批判発言をする事態となった。

　ここに至ってようやくNCCは、2006年12月25日、NCC会長および社長が記者会見を行い、両者の辞任と外部委員4名からなる特別調査委員会の設置を発表した。

　東証は、証券取引等監視委の前記勧告があったことからいったんNCCを監理ポストに割り当てたものの、2007年3月13日付で解除した。しかし、その後、NCCはシティ・グループにより完全子会社化され、2008年1月23日上場廃止となった。

関連法令　金商法（当時は証券取引法）23条の8、172条の2（当時は172条）

発生原因　特別調査委員会調査報告書において本件不祥事発生原因は特定されていない。NCC会長がその辞任に際しての社内向けあいさつ（特別調査委員会調査報告書資料中）で、自己の管理不十分が原因である旨述べている。

再発防止策　後任のNCC社長就任会見発言要旨（特別調査報告書資料中、2006年12月28日付）によると、①ビジネスラインごとの業務推進チェック体制や組織的な牽制体制の再点検を行い、全体として品質保証体制のフレームワークを構築する、②内部統制強化を目的として設置した「CEOオフィス」による業務の見える化の推進やグループ役社員を対象とする内部統制強化を目的とした研修を実施する、としている。

コメント　市場の公正さや適切な開示の重要性を企業に指導する立場にある証券会社を中心とするグループ企業自らが虚偽開示等市場の信頼を裏切る事態を生じさせた事案である。

　また、不祥事発覚時の対応が後手後手に回り、金融担当大臣がその対応を批判するまでの事態に至るなど、危機管理の不手際が事態をより悪化させた事例である。

さらに理解を深める　特別調査委員会調査報告書

72 フタバ産業有価証券報告書虚偽記載

当　事　者：フタバ産業株式会社（以下「フタバ産業」）

表面化時期：2007年5月

表面化の経緯：①有価証券報告書等虚偽記載につき監査法人による指摘、②業務上横領につき不正会計に関する調査において発覚

第三者委員会等：有価証券報告書等虚偽記載につき、過年度決算訂正社外調査委員会（2008年10月24日設置、2009年3月10日調査報告書〔要約〕公表）、業務上横領につき、特別調査委員会（同年4月2日設置、同年5月14日調査結果報告公表）、責任追及委員会（同年5月14日設置、同年7月28日答申公表・確定）

経営責任：社長および首謀者たる常務取締役は調査報告書提出時に退任。その他役員は、降格の上株主総会時に退任。一部従業員につき懲戒解雇等

行政処分：2009年7月28日付課徴金納付命令（1816万9998円）

民事責任：取締役2名について、約15億円および約187万米ドルの損害賠償責任認容（名古屋高判平成28・10・27金判1526号53頁・確定）

刑事責任：首謀者たる常務取締役につき業務上横領と有印私文書偽造・同行使の罪により懲役2年6月（実刑）、首謀者たる執行役員につき業務上横領と有印私文書偽造・同行使の罪により懲役2年4月（実刑）

そ の 他：2009年4月3日東証に改善報告書提出（同年7月17日改訂）
上場契約違約金1000万円、2009年10月会社から取締役および執行役員に対し仮差押・損害賠償請求訴訟提起、2011年12月株主代表訴訟提起（取締役3名、元取締役9名、監査役2名、元監査役7名〔前記判決〕）

事案の概要　フタバ産業は、監査法人の交代に伴い、監査法人からの指摘を受けた結果、①製品生産に要する金型・設備等を製作した場合、量産開始時までは建設仮勘定に計上し、量産開始時から固定資産に計上し減価償却を開始するべきところ、量産開始後の国内生産用金型につき、固定資産の減価償却資産への振替えが行われず、建設仮勘定に計上したままとなっていたこと、②研究開発費が金型の建設仮勘定に計上したままとなっていたこと、③海外子会社向け金型・設備・検具につき、売上原価に振り替えて費用処理すべきものが仕掛品として残存するなど、仕掛品の売上原価への振替え漏れがあったこと、④本来、据付調整費は、国内生産に使用するものは固定資産の取得原価とし、海外子会社に販売する金型・設備等に関するものは売上原価に含めて計上するべきところ、量産開始後の金型・設備等に関しては固定

資産に計上し、金型・設備等については、仕掛品に計上し、出荷時に売上原価に振り替えたこと等、同社において不適正な会計処理が行われていたことが確認された。

　また、フタバ産業が前記の建設仮勘定についてさらに調査をした結果、建設仮勘定については取引実態がなく、その実態は、フタバ産業の持分法適用会社であった株式会社ビジネスデザイン研究所（以下「BDL」）への金融支援の一部であったことが判明した。すなわち、2005年8月頃から、BDLが金融機関との対応に苦慮し財務状態が芳しくなくなったため、一部役員が会社所定の手続を実施することなく、フタバ産業自身による融資・預金担保・手形担保・保証および海外ならびに国内子会社による融資が行われ、一部は返済されたものの、約20億円が未返済となっており、会社に未返済額相当の損害を与えた。

関連法令　金商法（当時は証券取引法）24条〜、172条の4（当時は172条の2）、刑法253条、159条1項、161条1項

発生原因　特別調査委員会報告書は、社長であったK氏が絶対的な支配力を持ち、多くの役職員がK氏の意向を最優先に慮って行動するというような風潮が蔓延していたことのほか、「社長案件」としてBDLを失敗させてはいけない、BDLに関してK氏に悪い報告をすることすらできないと認識していたことに遵法意識の欠如が加わり、正しい決裁手続を経ることなく、露見しないような方法で、徐々にBDLを支援し始めたものと推察されるとしている。

再発防止策　特別調査委員会の調査結果報告によると、①法令遵守、社内ルール遵守その他のコンプライアンスに対する意識の徹底、②内部統制により、悪心を起こしてもできない仕組みづくり、③ヘルプラインの有効活用（説明会等による意識喚起、各役職員の面談・アンケート等によるコンプライアンス・内部統制上の問題意識のあぶり出し等）、④管理部門の強化（内部監査部門のよりいっそうの強化、監査役を補助する仕組みの強化、法務部等の設置等）、⑤決裁ルールの合理化（決済基準が低すぎるために重要な取引の決裁がおろそかになってはならない）等が再発防止策として提言されている。

コメント　トップの意向に盲目的に従い、違法行為も辞さないという「社長案件」における弊害が生じた典型的な事例である。また、違法行為を隠匿するためにさらに違法行為を重ね、さらなる不祥事を発生させたという点も、複数見受けられる典型事例である。

　なお、本件は、報告書等が4種類作成された事例である。

さらに理解を深める　有価証券報告書等虚偽記載につき、フタバ産業社内調査委員会調査報告書（要約）（2009年3月10日）、過年度決算訂正社外調査委員会調査報告書（要約）、業務上横領につき、特別調査委員会調査結果報告、責任追及委員会答申

73 アーバンコーポレイション転換社債発行

当　事　者：株式会社アーバンコーポレイション（以下「アーバン」）。関与企業と
して、ビー・エヌ・ピー・パリバ証券会社東京支店（以下「BNPパ
リバ東京支店」）
表面化時期：2008年8月
表面化の経緯：アーバンによる民事再生手続開始申立て
第三者委員会等：アーバンについては客観的資料により確認できなかったので記載せず。
BNPパリバ東京支店の本件関与につき外部検討委員会（2008年9月
16日設置、同年11月11日調査報告書公表）

経営責任：客観的資料により確認できなかったので記載せず
行政処分：課徴金納付命令（臨時報告書の虚偽記載につき2008年11月7日課徴金150
万円、有価証券報告書の虚偽記載につき同月28日課徴金1081万円）
民事責任：株主によるアーバンに対する損害賠償請求（再生債権査定異議事件として
最判平成24・12・21判時2177号51頁）、役員らに対する損害賠償請求（東
京地判平成24・6・22金法1968号87頁）
刑事責任：客観的資料により確認できなかったので記載せず
そ　の　他：2008年9月14日上場廃止（東証1部）

事案の概要　アーバンは2008年6月12日、BNPパリバ東京支店に対し、自社の資
金調達方法提案方を申し入れた。BNPパリバ東京支店は、同月18日、
アーバンの300億円の転換社債（CB）と2つのスワップ取引を組み合わせた資金調達方
法を提案した。その内容は、アーバンが300億円のCBをBNPパリバ東京支店に発行し、
同支店から300億円の払込みを受けるが、スワップ契約により、①300億円全額を同支
店にただちに交付し、その「返済」の形で、同支店がCBを転換した株式を市場で売却
することで資金調達を行う、②その資金調達額はアーバンの株価に連動するため、株
価が下落すると300億円を下回る可能性があり、その返済時期も株価に影響され不確
定である、などの条件がつけられていた。BNPパリバ東京支店側がスワップ契約部分
については非公表とするよう働きかけたところ、アーバンは承諾し、同月26日の取締
役会で前記提案内容を了承する手続をとり、同日スワップ契約部分を伏せてCB発行を
公表した。また、同日提出の臨時報告書および同月30日提出の有価証券報告書（重要
な後発事象の注記）の前記CB発行に関する記載にスワップ契約部分を記載しなかった。
　その後、アーバンの株価が下落し、前記CB発行による資金調達は、当初想定の300

億円を大きく下回る92億円にとどまった。これを含む資金調達の不調により、アーバンは2008年8月13日東京地裁に民事再生手続開始を申し立てて、倒産した。

その後、アーバンの株主から、アーバンに対する金商法21条の2に基づく損害賠償請求訴訟（再生債権査定異議事件）あるいはアーバン役員に対する損害賠償請求訴訟が複数提起されたが、それらの中には、最高裁（前記最判平成24・12・21）が、アーバン株価の下落はもっぱら書類の虚偽記載等により生じたとする高裁（東京高判平成22・11・24判時2103号24頁）の判断を覆して、他の要因による株価下落もあるとし同条4項・5項による損害額の減額を肯定した事案がある。

BNPパリバ東京支店については、金融庁からも、2008年11月28日、本件への関与に関し業務改善命令が発出されている。しかし、翌2009年10月23日には、重ねて本件に関する報告聴取命令に対する対応不備等により15日間の業務停止命令および業務改善命令がなされた。

関連法令　報告書提出義務につき、金商法24条の5第4項、企業内容等の開示に関する内閣府令19条2項2号（臨時報告書）、金商法24条1項（有価証券報告書）。課徴金納付命令につき、同法172条の2。賠償責任につき、同法21条の2

発生原因　アーバンが前記資金調達におけるスワップ部分を非開示とすることに応じた同社内での判断プロセスは明らかでない。これに対し、前記非開示を働きかけたBNPパリバ東京支店については、前記外部検討委員会調査報告書において、経営陣の株式市場に対する適切な情報開示の重要性に関する基本姿勢の欠如、職員の倫理意識・内部統制に対する指導監督の不足等が指摘されている。

再発防止策　アーバンにおける再発防止策は、倒産のため特段講じられなかった模様である。一方、BNPパリバ東京支店については、前記外部検討委員会調査報告書において、①コンプライアンス遵守の企業文化の確立、②内部管理体勢の強化、③ガバナンス体制の確立、④リスク管理体勢の強化・確立、が提言され、再発防止の方向性が示された。

コメント　資金手当に窮した企業が、証券会社たる金融事業会社から資金調達案の重要な部分の非開示を求められ、これに応じた事案で、経営危機に瀕した企業におけるコンプライアンス維持の困難さを物語る。他方、本件は公正健全な市場の担い手である証券会社自身が市場の信頼を大きく傷つけた事案で関係者の反響には大きいものがある。

さらに理解を深める　BNPパリバ証券東京支店外部検討委員会調査報告書、日証協行動規範委員会「『アーバンコーポレイション転換社債契約等を巡る事案に関する小委員会』報告書」（2009年2月2日）

74　シャルレMBO利益相反

当　事　者：株式会社シャルレ（以下「シャルレ」）役員
表面化時期：2008年10月
表面化の経緯：相当数の内部通報
第三者委員会等：第三者委員会（2008年10月26日設置、同月31日調査報告書〔以下「本件報告書」〕公表）

経営責任：代表執行役解任、取締役（元代表執行役）および創業者取締役辞任
行政処分：客観的資料により確認できなかったので記載せず
民事責任：株主による損害賠償請求は棄却（東京高判平成23・12・21判タ1372号198頁、東京地判平成25・9・30公刊物未登載〔2013WLJPCA09308010〕）。株主代表訴訟につき、控訴審は元代表執行役兼取締役および創業者取締役に対する約 1 億2000万円の損害賠償請求認容（神戸地判平成26・10・16金判1456号15頁、大阪高判平成27・10・29金判1481号28頁、最決平成28・11・9公刊物未登載〔LEX/DB25544936〕〔上告不受理・棄却〕）
刑事責任：客観的資料により確認できなかったので記載せず
そ の 他：2008年12月19日大証に改善報告書提出（ただし再々提出）

事案の概要　シャルレは、女性向け下着を主体とする衣料品・化粧品等の販売を業とする、東証 2 部上場会社（事件当時は大証 2 部上場）であるが、2008年 9 月、代表執行役兼取締役含む創業者一族の持株会社により、MBOを目的とする公開買付けが行われた。同社は、当該公開買付けに対して賛同する旨の意見表明を行ったが、賛同の意見表明を決議するに至るまでの手続経過等に関して「相当数」の内部通報等がなされ、第三者委員会が設置された。その結果、以下のとおり、不公正であると認定された。

　まず、公開買付けにおける対象会社の意見表明に際し、2008年 6 月、利害関係人である買付者を除く取締役である社外取締役が買付価格算定を算定人に依頼したところ、同年 7 月、DCF法で1104円〜1300円、株式市価法で528円〜544円、株価倍率法で897円〜1129円、修正純資産法で925円という結果が示された。これに対して、買付者側は市場株価法で498円〜600円、類似会社比準法で599円〜855円、DCF法で646円〜908円という算定結果を得ており、その乖離が大きかった。そのため、買付者の関与のもと、算定根拠となった経営計画が同年 8 月31日付で修正され、その結果、買付価格が再度算定され、同社の算定する株価が引き下げられた。

　次に、同社は、かかる過程の中で、その適正性について法律事務所に意見書を求めたところ、2008年 8 月31日付計画は当初の算定価格を低くする目的で作成されたもの

であると判断される可能性が十分あり、本件社外取締役らが善管注意義務に問われる可能性も十分に存在する、とのドラフトを受領したが、同見解は利益計画の実現可能性の低さを考慮に入れておらず、容認できないと考え、正本の受領を不要とした。こうした経緯について、同社は、意見表明報告書等の開示書類に記載していなかった。

そして、公開買付価格を800円とする公開買付けが開始され、同社がこれに賛同する意見表明を行ったものの、相当数の内部通報があり、第三者委員会を設置して調査を行った結果、不適正な株価算定等が行われていることが判明した。

第三者委員会の調査結果等を踏まえ、2008年12月、買付者が代表執行役を解任され、また取締役を辞任し、同社は、新たな経営陣のもとで、公開買付けに対して賛同できない旨の意見表明を改めて行い、MBOは不成立となり上場が維持された。

なお、株価も公開買付時の約800円から不祥事発覚直後は300円台に下落している。

その後、株主からシャルレに対する株価下落等による損害賠償請求訴訟が提起されるも、会社勝訴にて確定した。また、同社取締役に対する株主代表訴訟については、第1審では、元代表執行役兼取締役および創業者である取締役に対し約1億9700万円の損害賠償請求が認容され、控訴審では約1億2000万円の損害賠償請求が認容され、その後上告不受理等により確定した。なお、社外取締役には任務懈怠があるものの損害との間に因果関係がないとして損害賠償請求は認められていない（神戸地判平成26・10・16金判1456号15頁、大阪高判平成27・10・29金判1481号28頁、最決平成28・11・9公刊物未登載〔LEX/DB25544936〕）。

関連法令　金商法27条の2～27条の20

発生原因　証券取引所に提出された改善報告書によると、本件の背景・原因は、①オーナー経営による弊害、②経営トップのコンプライアンス意識の欠如、③取締役会のチェック機能不全、④社外取締役の機能不全、⑤内部監査部門や監査委員会の監視活動が不十分、⑥適時開示上のルールや指針の不存在、にあるとされる。

再発防止策　以下の再発防止策を、大証あての改善報告書にて公表した。
①創業者一族の退任、社外取締役の辞任および指名委員会の強化、②ガバナンス監視委員会の設置、③コンプライアンス、コーポレート・ガバナンス教育の実施、セミナー等への参加および内部監査部によるチェック、④内部監査部および監査委員会による監視活動の強化、⑤適時開示体制の問題の改善（(i)適時開示体制の強化、(ii)適時開示に関する教育の実施）、⑥内部通報制度の整備・強化。

コメント　上場廃止を目的とするMBO（マネジメント・バイ・アウト）において、買付者たる取締役が、株主の利益ではなく自らの利益を優先して買付価格を引き下げたという、MBOに典型的に見られる利益相反事件である。

さらに理解を深める　本件報告書およびシャルレ検証委員会報告書（2008年11月18日）。なお、株主代表訴訟において文書提出命令認容（神戸地判平成24・5・8金判1395号40頁）。

75 メルシャン架空取引

当　事　者：メルシャン株式会社（以下「メルシャン」）
表面化時期：2010年 5 月
表面化の経緯：取引先からの通報
第三者委員会等：第三者委員会（2010年 6 月11日設置、同年 8 月27日報告書〔以下「本
　　　　　　　報告書」〕公表）

経営責任：報酬返上：代表取締役社長、代表取締役専務執行役員（50%を 3 か月）、
　　　　　取締役常務執行役員 1 名（30%を 3 か月）、同 1 名（10%を 3 か月間）、同
　　　　　2 名（10%を 1 か月）、常勤監査役（10%を 3 か月）、降格：代表取締役専
　　　　　務執行役員取締役→取締役執行役員、取締役常務執行役員 1 名→取締役執
　　　　　行役員
行政処分：2011年 2 月22日付課徴金納付命令（1000万円）
民事責任：客観的な資料により確認できなかったので記載せず
刑事責任：客観的な資料により確認できなかったので記載せず
そ の 他：上場契約違約金1000万円、親会社との株式交換により上場廃止

事案の概要　　メルシャンでは、2004年から2006年にかけて、飼料原料や養殖魚、魚
粉等の架空取引が行われ、2006年から2010年にかけては、先行売上計
上や架空製造、架空販売取引が行われていた。たとえば、水産飼料事業本部（以下
「本件本部」）が養殖業者に対する売掛金回収目的で、①養殖業者から商社に対して養
殖魚を販売したことにする、②商社が飼料製造業者に魚粉を販売したことにする、③
飼料製造業者が飼料を製造したことにして本件本部が飼料を購入したことにする、と
いう循環取引を行っていた。その後、かかる架空取引を糊塗するために、さらに、商
社を介在せずに本件本部と養殖業者と飼料製造業者の間で架空循環取引を行ったり、
運送業者や卸売業者との間で架空取引を行った。このように、飼料等の架空製造、架
空販売等を、多数の取引先との間でさまざまな組み合わせで行っていた。
　その結果、課徴金納付命令の対象となっただけでも、2007年度につき 約21億円、
2008年度につき 約17億円、2009年度につき 約21億円の利益が架空計上された。

関連法令　　金商法24条、24条の 4 の 7 、172条の 4

発生原因　本報告書によれば、本件不祥事の発生原因は多岐にわたるが、①本件本部が熊本県八代市にあり、本社との意思の疎通・伝達が十分に行われず、役員の監視の目が届かなかったこと、②水産飼料事業が主たる事業たる酒類事業と異質なこと、③本件の主犯であり飼料を開発した功労者である事業本部長との特殊な関係があったこと、④部門間の牽制機能が働かなかったこと、⑤本件本部が「傍流」であり、将来的な譲渡が取りざたされるなどの事情が内部統制の意識を弱めた可能性があること等が指摘されている。

　次に、内部統制上の問題として、本件本部では、事業本部長の独断専行で各種の架空取引が行われていたところ、①特定の従業員による独断に対し、担当役員は事業本部を管理統制するのではなく事業本部長に事業本部を任せ、事業本部長が他部署に異動した後も当該事業本部長が事実上支配することを容認していたこと、②現場では、サインや伝票、品質検査証明書の偽装等、各種の偽装工作が行われ、その結果、内部統制が無力化されていたこと、③こうした点は監査等において発見されていたものの、役員等は、同種の問題点が繰り返し指摘されながらこれらの指摘に対して断固たる対応をとってこなかったこと等が挙げられている。

　さらに、偽装工作による監査対応として、実地棚卸しに際して、監査直前に飼料等を他の倉庫に移動したことにしたり、偽装在庫品をつくり在庫を偽装したり、倉庫の鍵が手もとにないと主張するなどして発覚を免れてきたことも指摘されている。

再発防止策　本報告書では、多岐にわたる再発防止策が提示されているが、一部を抜粋すると、①内部統制システム徹底への強く堅固な意思、②主流とはいえない事業に対する注意力と配慮、③取締役会による監督、④監査役・監査部と取締役等との連携、⑤定期的な人事ローテーション、⑥事業部に対するコンプライアンスの意識づけとコミュニケーション、⑦適正な財務報告の作成についての従業員教育、⑧業務分掌、⑨内部統制違反に対する対応等、内部統制に関する多数の事項が提案されている。

コメント　経営トップの目が届かない部署で発生した不祥事の典型的な事例であるが、その内容は多岐にわたっている。また、再発防止策も多岐にわたり、内部統制の構築だけでなく、その運用の重要性を認識させられる失敗事例として参考となる。

　また、2014年の会社法改正およびこれに伴う2015年の会社法施行規則改正により導入・明確化された親会社によるグループ内部統制についても参考となる事件である。

さらに理解を深める　メルシャン社内調査委員会報告書（2010年8月12日）、本報告書、キリンホールディングス第三者委員会報告書（同年11月5日）

76　エフオーアイ架空売上上場

当　事　者：株式会社エフオーアイ（以下「FOI」）

表面化時期：2010年 5 月

表面化の経緯：証券取引等監視委による強制調査の報道およびFOIによる公表

第三者委員会等：客観的資料により確認できなかったので記載せず

経営責任：客観的資料により確認できなかったので記載せず

行政処分：証券取引等監視委により、2010年10月 6 日に有価証券届出書虚偽記載、同月26日に偽計により刑事告発

民事責任：取締役 4 名、社外 2 名を含む監査役 3 名、元引受証券会社、受託証券会社、売出所有者、取引所等に対して損害賠償請求がなされ、役員について責任認定（東京高判平成30・ 3 ・23資料版商事法務414号84頁）、元引受証券会社について責任認定（最判令和 2 年12月22日）。なお、会計監査人も当初被告に含まれていたが、和解

刑事責任：金商法違反（有価証券届出書虚偽記載、偽計）により代表取締役社長および代表取締役専務に対し懲役 3 年の実刑（さいたま地判平成24・ 2 ・29公刊物未登載〔D1-Law28180625〕）

そ の 他：2010年 5 月31日破産手続開始決定、同年 6 月15日上場廃止

事案の概要　FOIは2009年 3 月期において、連結売上高が 3 億1956万5084円であったところ、118億5596万円と記載した有価証券届出書を提出し、マザーズ市場へ上場した。また、2010年 3 月期第 1 四半期連結累計期間における連結売上高が73万6930円であったところ、24億3073万6000円とした目論見書を2009年10月29日に配布し、2010年 3 月期第 2 四半期連結累計期間における連結売上高が465万3095円であったところ、48億9300万円の見込みであるとした業績予想を2009年10月16日に公表するなどした。会社ぐるみの組織的かつ継続的な行為により、売上の90%を超えるきわめて巨額な粉飾をなし約52億円の資金を集めたとされ、その手口は「注文書の偽造等」、「残高確認書の偽造等」、「売掛金回収の偽装」、「装置の納入に関する偽装」、「取引先実査における工作」であったとされる。その後、2010年 5 月12日に、証券取引等監視委による強制調査が入り、同月31日には破産手続開始決定、2014年 9 月24日破産手続終結。

関連法令　金商法197条 1 項 1 号、207条 1 項 1 号（虚偽有価証券届出書提出）、197

条1項5号、158条（偽計）、21条1項1号、（22条1項〔役員等の賠償責任〕）、21条1項、同条2項3号

発生原因 さいたま地判平成24・2・29公刊物未登載（D1-Law28180625）等によれば、2004年3月期の赤字決算の見通しを受け、金融機関からの融資やベンチャーキャピタルによる出資を継続させるために、架空売上を計上し、同期より粉飾を行うようになり、2007年にはいっそう窮迫する資金繰りを受けて、株式を上場して公募増資することで解決するしかないとし、粉飾した決算内容でマザーズ市場へ上場申請することを決行したとされる。その後、内部告発等により上場申請を2度取り下げる事態となるも、3度目の申請で上場承認された。代表者が中心となって実行されており、経営者不正の類型に該当する。

再発防止策 客観的資料により確認できなかったので記載せず

事案の特色 民事訴訟の被告として、役員および会計監査人のみならず、元引受証券会社、ベンチャーキャピタル等の売出所有者等も対象となった。役員の責任としては、週2日程度しか出勤していなかった常勤監査役のみならず、社外監査役についても、当該常勤監査役の職務執行状況について是正措置をとらなかったとして責任が認められ、社外監査役として果たすべき職責についての議論に一石を投じる結果となった。また、元引受証券会社が損害賠償責任ついての免責を受けるためには、財務計算部分に係る独立監査人との合理的な役割分担を前提としつつ、引受審査に際して上記監査の信頼性の基礎に重大な疑義を生じさせる情報に接した場合は、当該疑義の内容等に応じて、当該監査が信頼性の基礎を欠くべきものではないことに係る調査確認が求められることを明らかにした。

　上場前の出資につきロックアップが設けられていたところ、その解除期限前に証券取引等監視委が強制調査を行ったが、大量の株式が市場で売却可能になる前に強制調査を行うことで、一般投資家の被害がさらに拡大することを防ぐ狙いがあったとされる。

　上場会社による新規上場時の粉飾を伴う公募増資について、有価証券届出書の虚偽記載に加えて金商法158条の偽計を適用した初の事例であり、公募増資に至る一連の偽計行為を不公正ファイナンスとして問題視し、併合罪とすることで、より重い刑事罰が科されることによる抑止効果を狙ったものとされる。売上高に着目して刑事告発した事案として、利益影響額のみをもって投資家への影響を判断しないことが明確にされた。

さらに理解を深める さいたま地判平成24・2・29公刊物未登載（D1-Law 28180625）、最判令和2・12・22資料版商事法務442号73頁（第1審：東京地判平成28・12・20判タ1442号136頁）、証券取引等監視委「告発の現場から⑩——新規上場企業による粉飾と偽計公募増資」

77　オリンパス損失飛ばし・解消

当　事　者：オリンパス株式会社（以下「オリンパス」）

表面化時期：2011年10月

表面化の経緯：雑誌記事を契機に独自調査を行った元社長が解職され、マスコミに告発

第三者委員会等：第三者委員会（2011年11月1日設置、同年12月6日調査報告書公表）、取締役責任調査委員会（同年12月7日設置、2012年1月7日調査報告書公表）、監査役等責任調査委員会（2011年12月7日設置、2012年1月16日調査報告書公表）

経営責任：会長兼社長辞任(取締役も辞任)、副社長解職(取締役は辞任)、常勤監査役辞任、その後の臨時株主総会（2012年4月）で取締役および監査役の一斉交代

行政処分：2012年7月11日付課徴金納付命令（1億9181万9994円）

民事責任：マイケル＝ウッドフォード（英国労働審判）に対して和解金1000万ポンド、米国ADR購入者（米国訴訟）に対して和解金合計260万3500米ドル、事業会社である株主（取引先と見込まれる）に対して和解金60億円、複数の外国人投資家が訴訟を提起し、和解金110億円

複数の信託銀行による訴訟提起（訴額合計279億1456万7399円〔オリンパス・2014年4月9日開示〕、2018年7月31日に和解金約190億円の支払い）、会社（監査役）から元取締役へ訴訟提起（訴額合計36億1000万円〔同・2012年1月10日開示〕）、会社（代表取締役）から元監査役へ訴訟提起（訴額合計10億円〔同・同月17日開示〕）、株主代表訴訟（訴額総額1494億1900万円〔同日付日本経済新聞WEB〕、19名中13名和解（総額7197万0600円）、3名につき約592億円の損害賠償請求認容〔東京高判令和元・5・16資料版商事法務425号31頁〕、控訴上告・上告受理申立令2・10・26不受理・確定）

刑事責任：法人に罰金7億円、元会長兼社長に懲役3年（執行猶予5年）、元副社長に懲役2年6月（執行猶予4年）、元常勤監査役に懲役3年（執行猶予5年）（東京地判平成25・7・3公刊物未登載〔D1-Law28212286〕）

そ の 他：英国重大不正捜査局（SFO）によるオリンパスおよびGyrus Group PLC（英国子会社）の訴追（2015年11月10日無罪判決）

事案の概要　オリンパスは、1985年頃、急速な円高による大幅な営業利益の減少のもと、金融資産の積極的運用に乗り出し、当時経理部門に所属していた元副社長および元常勤監査役が担当していたが、1994年以降には損失額が約1000億円に達していた。そこで、連結決算の対象外となるファンドがオリンパスからの買取資金の提供を受け、含み損が生じている金融商品を簿価相当額でオリンパスから買い取り、損失を貸借対照表上の資産から分離する方法によって、損失を計上しなかった

（損失分離スキーム）。

　その後、分離した損失を解消するため、アルティス、ヒューマラボ、NEWSCHEF の 3 社の株式をオリンパスがファンドから高額で購入し、これをのれんの形式で償却して損失を解消し、ジャイラス社の買収に伴う手数料や配当優先株式購入等の金額を高額とし、その名目で支払った金銭をファンドに環流させて損失を解消しようとした（損失解消スキーム）。

　以上の手続において、オリンパスは、約1350億円の支出をした。主たる関与者は元副社長と元常勤監査役であり、歴代社長は報告を受けてこれらの事実を知っていた。これに対し、マイケル・ウッドフォード元社長は、雑誌記事を契機に以上の手続の不審さに気がつき、独自に調査を行い、元会長兼社長に異論を述べたところ、代表取締役を解職された。

関連法令　金商法24条、24条の 4 の 7 、172条の 4 、会社法423条、民法709条

発生原因　第三者委員会報告書によれば、発生原因として、①経営トップによる処理・隠蔽であり、「悪い意味でのサラリーマン根性の集大成」、②企業風土、意識、③隠蔽等の手段の巧妙さ、④会社法上の各機関の役割が果たされなかったこと、⑤監査法人が十分機能を果たさなかったこと、⑥外部専門家による委員会等が十分機能を果たさなかったこと、⑦情報の開示が不十分であったこと、⑧会社の人事ローテーションが機能していなかったこと、⑨コンプライアンス意識が欠如していたこと、⑩外部協力者の存在等が指摘されている。

再発防止策　第三者委員会報告書では、①旧経営陣の一新、②監査法人と会社との関係についてのあり方の検討、③関係者の法的責任の追及、④ガバナンス刷新委員会の設置、⑤経営監視委員会または経営監視役の設置、⑥社外取締役、社外監査役の充実、⑦新経営陣の意識改革、⑧職場環境づくりおよび役職員の意識改革、⑨監査役、監査役会の意識改革、⑩情報の開示、⑪社内における各体制の改革等が指摘されている。

コメント　本事件は、2014年の会社法改正に影響を与え、また、国内外の機関投資家に対して日本のコーポレート・ガバナンスに疑念を生じさせるきっかけとなった事件である。

　取締役・監査役の責任を調査する委員会がそれぞれ設置され、調査結果に基づき損害賠償請求訴訟が提起され、さらに、株主代表訴訟が提起されている（一部訴訟につき和解成立、違法配当と課徴金・罰金につき600億円弱の請求認容（確定）。

さらに理解を深める　第三者委員会調査報告書、取締役責任調査委員会調査報告書、監査役等責任調査委員会調査報告書。他の参考文献として、マイケル・ウッドフォード『解任』（早川書房、2012）。内部通報制度および報復行為が本件発覚直前に問題になった（東京高判平成23・8・31判時2127号124頁・最決平成24・6・28公刊物未登載〔LEX/DB25481842〕。**本書60**）。この関連書籍として、浜田正晴『オリンパスの闇と戦い続けて』（光文社、2012）がある。

78　沖電気工業架空取引

当　事　者：沖電気工業株式会社（以下「沖電気」）

表面化時期：2012年 6 月

表面化の経緯：OKI SYSTEMS IBERICA, S.A.U.（以下「OSIB」）に対する調査等を
　　　　　　株式会社沖データ（以下「ODC」）が行っていたところ、OSIBの社
　　　　　　長自らが不正行為を報告

第三者委員会等：外部調査委員会（2012年 8 月 7 日設置、同年 9 月11日調査報告書〔要
　　　　　　約版〕〔以下「報告書」〕公表）

経営責任：辞任：ODC前社長、報酬減額：ODC社長、副社長、執行役員経理部長
　　　　　（元ODC経理担当役員）は30％ 3 か月、専務執行役員（コンプライアンス
　　　　　責任者）、取締役常務執行役員（ODC社長）、執行役員（ODC副社長）は
　　　　　30％ 2 か月、取締役専務執行役員は10％ 2 か月、監査役（元経理担当役
　　　　　員）は10％ 2 か月を自主返上

行政処分：2013年 6 月 5 日課徴金納付命令（1680万円）

民事責任：客観的資料により確認できなかったので記載せず

刑事責任：客観的資料により確認できなかったので記載せず

そ の 他：2012年 9 月14日東証公表措置、同年10月 1 日東証に改善報告書提出

事案の概要　OSIBは、沖電気の子会社であるODCの子会社であるOKI EUROPE
LTD.（以下「OEL」）の子会社（すなわち、沖電気の曾孫会社）であ
り、プリンタおよび消耗品等の販売代理店として、1993年以降、スペインにて事業を
行っていた。

　OSIBの社長は、遅くとも1999年頃から、収益目標の達成を目的として、本来必要
のない商品を販売先（報告書上は「ディストリビュータ」）に無理に購入させ（押込
販売）、販売先がその商品の保管が不可能であった場合には、OSIBが倉庫から移動さ
せずに販売したこととし、また、販売先が購入資金を調達できない場合は、販売取消
と新たな売上を計上して監査に触れないような支払猶予を行ったり、ファクタリング
で確保した資金を販売先に提供して売上債権の入金を仮装するなどした。同社長は、
その他に、ファクタリングと手形割引の二重ファイナンス、テレビ販売活動における
債務の未計上や売掛金過少計上等の不正を繰り返した。

　こうした不正の結果、2013年 3 月期第一四半期までの損益計算書に与える累計の影

響額は、売上金が75億円の減少、営業利益が216億円の損失、経常利益が215億円の損失、当期純利益が308億円の損失となった。

関連法令　金商法24条、24条の4の7、課徴金につき同法172条の4

発生原因　報告書によれば、不適切な会計処理の原因として、①OSIBの社長が不正会計を行う動機として（明記されてはいないが）OSIB、OEL、ODCの収益目標の達成、ボーナス額の増額、およびOSIBに対する高い評価の維持があったこと、②ODCとOELが、OSIBを管理する手段を手放したこと（倉庫について外部倉庫の利用を認めたこと、独自の資金調達を認めたこと、社長の独断について誰も指摘しなかったこと等）、③ODCがOELに対して過剰な収益目標を課したこと、④沖電気自身が、子会社の管理体制を十分構築できていなかったこと、が挙げられている。また、グループ全体の内部統制に関する各種の不備についても指摘がなされている。

再発防止策　報告書は、再発防止策として、①役職員の意識改革（経営手法の改善、危機管理対応の見直し、財務報告の信頼性の確保・維持に関する重要性の再認識）、②子会社管理体制の見直し（バランスのとれた子会社管理体制の構築、関係会社等に対するグループ企業管理の徹底、人事制度の見直し）、③関係会社等の事業およびリスクの特性に適合した財務報告に係る内部統制の再構築、④関係会社等の経営状況のモニタリング体制の強化、が提言されている。

コメント　遠隔地で行われた粉飾決算の事例として著名であるが、手口は比較的単純である。

　ただし、この粉飾について、沖電気は遅くとも2011年3月には関係部署の指摘を受け、同年6月には粉飾の疑いが濃厚である旨を示す報告書が提出されたにもかかわらず本格的な調査を行わず（報告書を作成した担当者は異動している）、OSIBの問題を指摘し続けたODCの常任理事は、同年9月に退職し、ODC社長は、同年12月に交代している。その後に調査を引き継いだODC副社長らは、2012年6月まで調査を実行せず、OSIB社長の報告を受けてはじめて調査を開始したという、不正の端緒をつかんでから調査が行われるまでに長期間を要しているという経緯がある。

　この点につき、外部調査委員会は、関係者が実態を直視して問題が明瞭となることを避けようとする考えが働いた可能性があるとの指摘をしている。あわせて、外部調査委員会による調査開始後の担当者の消極性についても指摘をしている。

さらに理解を深める　報告書、東証あて改善報告書（2012年10月1日）

79　リソー教育架空売上

当　事　者：株式会社リソー教育（以下「リソー教育」）

表面化時期：2012年12月

表面化の経緯：証券取引等監視委の任意調査による

第三者委員会等：第三者委員会（2013年12月16日設置、2014年 2 月10日報告書〔要約〕〔以下「本報告書」〕公表）、再発防止委員会（同年 3 月 4 日設置）、TOMAS再建委員会（同年 4 月18日設置）

経営責任：報酬減額：代表取締役会長（ 4 か月）、辞任：代表取締役社長および常務取締役 1 名、他の役員および従業員につき懲戒処分を行った模様（非公表。なお、常務 1 名と取締役 1 名は課長職位に降格〔リソー教育・2015年 5 月 8 日開示参照〕）

行政処分：2014年 4 月18日課徴金納付命令（ 4 億1477万円）

民事責任：大株主でもある代表取締役による、配当可能額を超えて配当された2009年 2 月期（第24期）から2013年 2 月期（第28期）までの配当金相当額計 8 億7100万円（納付済の所得税相当額を除いた金額）の自主返還、主体的立場にあった前社長、前常務 1 名および子会社元社長に対して損害賠償請求（訴額各 3 億円）（認諾）。株主 8 名からの損害賠償請求につき 7 名合計約1300万円認容（東京地判平成29・ 3 ・28金法2070号74頁、東京高判平成29・ 9 ・25金判1530号12頁、上告受理申立て）

刑事責任：客観的資料により確認できなかったので記載せず

そ の 他：退会者に対する返金、上場契約違約金1000万円、信託銀行から損害賠償請求（訴額合計約 3 億6743万円）（リソー教育・2015年 3 月20日開示）

事案の概要　リソー教育は、学習塾の経営および家庭訪問による学習指導業務等を業とする株式会社であるが、2007年頃より、以下の①および②の方法により、売上を過大に計上するなどしていた。①通常の授業および講習会において、授業料の請求等をもって計上した売上について、未消化コマが発生している場合、本来であれば、事業年度末において未実施の授業数に対応する入金分を前受金として処理したうえで、売上を取り消すべきであったにもかかわらず、授業料の返還義務が発生しない当日欠席や顧客が合格後に授業を受けず返金を申し出ない「ご祝儀」が多数あったなどと仮装した。②映像講座（講義内容を撮影したDVDにビデオ・オン・デマンド方式を組み込んだ教材販売類似商品）の場合、売上の計上時期は契約締結時と

していたことから、(i)契約日付の遡及や仮伝票等により売上計上する、(ii)契約締結見込みがないにもかかわらず売上を計上する（翌期に解約したことにする）、(iii)翌期の講習会契約について、映像講座の契約書を作成して売上計上する、などの方法により売上を架空計上したり計上時期を不正に操作した。また、同社の子会社において、無料で実施した授業や授業料単価を値引きした契約分について、正規の授業料単価に基づき算出した金額により、売上を過大に計上するなどした。これらの結果、リソー教育は、関東財務局長に対し、金商法172条の2第1項等に規定する「重要な事項につき虚偽の記載がある」有価証券報告書等を提出した。

<hr>

関連法令　金商法24条、24条の4の7、172条の4

<hr>

発生原因　本報告書（要約）によると、本件の背景・原因は、①営業成績至上主義によるコンプライアンス軽視の社内風土、②営業成績至上主義に基づく業績評価・人事評価、②営業成績至上主義ゆえに管理部門が軽視され、売上計上に対するチェック機能が失われたことに集約される。

<hr>

再発防止策　リソー教育は、適時開示において以下の再発防止策を公表した。
　　①　コンプライアンス重視の経営方針の再確認として、売上を過度に重視する経営方針を見直し、コンプライアンス重視を経営の柱に据え、健全な成長をめざすことがリソー教育の経営方針であることを再確認することが挙げられている。
　　②　組織改革によるコンプライアンス遵守体制の整備として、(i)再発防止委員会の新設、(ii)取締役会・監査役会・内部監査室の機能強化、(iii)管理部門の強化、(iv)子会社に対する経営管理機能強化が挙げられている。
　　③　社内制度の改革として、(i)人事制度の改革、(ii)内部通報制度、(iii)全役員・全社員に対する不正防止のための継続的な研修の実施が挙げられている。
　　④　業務についての改革として、(i)授業・講座に関する内容・手続の改革、(ii)退会時の手続の明確化、(iii)株式会社名門会における授業に関する改革が挙げられている。
　　⑤　適切な会計システムの構築が挙げられている。
　さらに、リソー教育は、再発防止委員会およびTOMAS再建委員会を設置した。

<hr>

コメント　ワンマン経営者のもと、会社が過度の営業成績至上主義に陥ると、コンプライアンス軽視の社内風土が醸成され、業績の向上や維持を名目として、組織的な違法行為が誘発されてしまいがちであることを示す事例である。本報告書上は、月謝方式等の基本事項およびその会計処理方法等の基本的な会計ルールが確認されていないため正確なところは不明であるが、不正の方法が多様であり、役職員に対する過度のプレッシャーがあったことがうかがえる。

<hr>

さらに理解を深める　リソー教育「第三者委員会の調査報告に基づく再発防止策について」（2014年2月14日）

80　昭光通商架空取引・循環取引

当　事　者：昭光通商株式会社（以下「昭光通商」）

表面化時期：①2015年 2 月頃、②2016年11月頃

表面化の経緯：①2015年第一四半期決算過程において回収不確実な債権判明、②2016年12月期決算過程において、監査法人の指摘を契機とした監査役らによる実査において不審な船荷証券の写しを発見

第三者委員会等：①特別調査委員会（2015年 5 月 8 日設置、同年 7 月30日調査報告書〔以下「報告書①」〕公表）、②特別調査委員会（2017年 2 月13日設置、同年 4 月17日調査報告書〔以下「報告書②」〕公表）

経営責任：①報酬減額　各月額報酬を 6 か月間減額（代表取締役社長50％、取締役20％、上席執行役員20％、執行役員10％）、②報酬減額　各月額報酬を 6 か月間減額（代表取締役社長30％、取締役 20％、上席執行役員20％、執行役員10％）

行政処分：2018年12月14日課徴金納付勧告（2400万円：①②合算）

民事責任：客観的資料により確認できなかったので記載せず

刑事責任：客観的資料により確認できなかったので記載せず

そ の 他：2017年 6 月26日東証に改善報告書提出、同年12月27日東証に改善状況報告書提出

> **事案の概要**　①昭光通商の子会社である昭光上海は、中国国内の鉄鋼関連メーカーグループとの間で、2012年に鉄鋼製品の販売等の取引を開始したが、2014年 6 月以降の売上について支払いを行ったにもかかわらず納品がない架空取引であった。
>
> ②2014年 1 月に昭光通商が子会社化した株式会社ビー・インターナショナル（以下「ビー社」）が、子会社化以前から炭化ケイ素および人工ダイヤモンド加工品等の輸入販売を業務内容とし、以下の取引Aおよび取引Bを行っていた。
>
> 【取引A　中国メーカー⇒G社⇒B社⇒ビー社⇒（E社⇒）A社⇒C社、D社】
>
> 当該製品は上海所在のG社が輸入し、最終顧客であるC社工場に直接納品され、B社、ビー社およびA社には納品されず、納品確認等は行われていなかった。また、ビー社の仕入代金は仕入月に決済されるが、ビー社の売上代金は船積み月末締 3 か月後支払いであり、2011年 4 月から2017年 2 月までの間、累計約160億円の取引がなされた。
>
> 【取引B　中国メーカー⇒国内商社⇒A社⇒ビー社⇒B社⇒国内顧客】
>
> B社からビー社に対する支払いおよびビー社からA社に対する支払いのいずれもが

納品書受領後3か月後とされ、2015年3月から2017年1月までの間、累計約15億円の取引がなされた。

　しかし、取引Aおよび取引Bは、①船積関連書類の写しおよび預金通帳の写しについて偽造・変造が疑われること、②最終需要家の購入額が5年間合計数百万円であり、取引Aについての実在性が確認できないことから、架空循環取引と認定された。

　こうした不正の結果、以下のとおり変動した。

（百万円）

取引	年度（平成）	売上高	営業利益	経常利益	当期純利益
①	26（通期）	▲1,943	▲104	▲104	▲96
②	26（通期）	▲3,414	▲363	▲370	▲1,416
	27（通期）	▲5,225	▲280	▲291	▲215
	28（第1）	▲1,424	10	7	80
	28（第2）	▲2,901	55	49	▲1,742
	28（第3）	▲4,460	80	71	130

　なお、昭光通商の親会社である昭和電工株式会社（以下「親会社」。昭光通商の株式を約44％保有）が、本件に関連して訂正有価証券報告書（2015年12月期）を提出している。

関連法令　金商法24条、24条の4の7、課徴金につき同法172条の4

発生原因　報告書および改善報告書によれば、①全社的かつ統括的な管理の不徹底、②子会社内部の知識および経験の不足、牽制機能の不存在、③子会社と所管本部との間の責任の所在の不明確さ、④本社審査法務部の審査範囲の不足および監査室人員の量と質の不足、⑤グループ戦略管理・M&A時の検討不足（①事件の検証不十分）、⑥与信管理ルールの内容および運用の不十分性、⑦新規取引のリスクを分析・評価する機能の不存在、等が挙げられている。

再発防止策　報告書および改善報告書は、再発防止策として、①子会社における牽制体制の構築、②所管本部における牽制体制の構築、責任の所在の明確化、③本社牽制部門（審査法務部、監査室）の拡充・整備、④M&Aに関する手続の整備と責任部署の明確化、⑤与信管理ルールの見直し、⑥教育体制の整備および実施、等が提言されている。

コメント　①②両事件の特別調査委員である常勤監査役（元・親会社の取締役執行役員最高財務責任者）は、報告書②において①事件後の検証不十分と指摘された当事者でもあり、調査主体となる委員の選任には慎重さが必要である。

さらに理解を深める　報告書①②、東証あて改善報告書（2017年6月26日）、東証あて改善状況報告書（同年12月27日）

81 東芝有価証券報告書虚偽記載

当　事　者：株式会社東芝（以下「東芝」）

表面化時期：2015年4月

表面化の端緒：東芝による公表

第三者委員会等：第三者委員会（同年5月8日設置、同年7月21日調査報告書公表）、
　　　　　　　　役員責任調査委員会（同年9月17日設置、同年11月9日調査報告書公
　　　　　　　　表）

経営責任：取締役・執行役・相談役の辞任、代表執行役社長90％、取締役20〜40％、
　　　　　執行役40％の月額基本報酬の返上

行政処分：金融庁より73億7350万円課徴金納付命令（2015年12月24日）

民事責任：客観的資料により確認できなかったので記載せず、法人に対し37本の損害
　　　　　賠償請求がなされ進行中、一部認容判決

刑事責任：客観的資料により確認できなかったので記載せず

そ　の　他：米国において集団訴訟が提起

事案の概要　第三者委員会は「①工事進行基準案件に係る会計処理」、「②映像事業
　　　　　　　　における経費計上に係る会計処理」、「③ディスクリート、システム
LSIを主とする半導体事業における在庫の評価に係る会計処理」、「④パソコン事業に
おける部品取引等に係る会計処理」について、2008年度から2014年度までの長期にわ
たり、税引前損益の要修正額を1518億円と認定した。東芝はこれに加え「⑤海外の連
結子会社における水力発電所建設に係る工事進行基準案件で引当金の計上時期が不適
切であった案件」、「⑥製造委託先で発生した一部費用について引当金の計上の必要性
が認識された案件」についても不適切な会計処理として公表した。

　また、株主より会社法847条1項に基づく役員の責任を追及する訴えの提起をする
よう請求がなされ、当時の監査委員と新監査委員候補者との合同会議の結果、役員
責任調査委員会が設置された。「インフラ関連案件」、「Buy-Sell案件」、「キャリー
オーバー案件」、「半導体事業」等について役員責任の検討を行い、元社長3名および
元CFO2名について任務懈怠ありと報告され、東芝は、元役員5名に対し損害賠償
請求訴訟を提起した。

| 関連法令 | 金商法172条の2第1項1号、172条の4第1項本文 |

発生原因　東芝は、内部管理体制の改善報告において、「①経営方針の歪み、ガバナンスの形骸化、職責・コンプライアンス意識の希薄化」、「②経営判断プロセスの課題」、「③会計処理の逸脱と開示体制の問題」、「④子会社（特に海外子会社）管理の脆弱さ」の4つを問題意識として挙げている。より具体的には、①については「取締役会、指名委員会及び監査委員会における牽制機能の不全」、「内部監査部門における牽制機能の不全」、「内部通報制度の不十分さ」が、③については「カンパニー社長の牽制機能の不全」、「財務部門による牽制機能の不全」、「内部統制の不備」が述べられている。

再発防止策　東芝は、内部管理体制の改善報告において、4つの問題意識に対応する形で改善策を発表している。前記①に対応するものとして、「指名委員会の牽制機能の強化」、「社長月例の廃止及び業績報告会の新設、予算統制等の見直し」、「歴代社長による影響力の排除」、「取締役会」、「指名委員会の牽制機能の強化」、「監査委員会による監視の強化」、「内部監査部による牽制の強化」、「内部通報制度の拡充と周知徹底」、「会計コンプライアンス委員会の設置」、「マネジメント・従業員の意識改革」、「厳格な処分の実施」を挙げている。②に対応するものとして、「ビジネスリスクマネジメントについての基本的な考え方を再認識・再徹底」、「ビジネスリスクマネジメントのフレームワーク整理」、「監査委員会によるモニタリング」を挙げている。③に対応するものとして、「CFOによる牽制機能強化」、「主計部による牽制機能強化」、「業務プロセス改革」、「情報開示体制の整備」、「開示に係る基本姿勢の明確化、規程再整備、周知徹底」、「情報収集方法の明確化」を挙げている。④に対応するものとして、「子会社管理方針の明確化」、「コーポレートによる情報連携やガバナンスの改善」を挙げている。

コメント　日本を代表する企業において、長期間にわたり不適切な会計処理が組織ぐるみで行われていた事案であり、日本企業への信頼を揺るがすものであった。「当期利益至上主義」と「チャレンジ」という概念はその後の不正事案にも影響を与え、歴代の経営トップまでも関係者とした組織風土に起因した大規模不祥事として、ガバナンスおよび内部統制へ提起した問題は大きい。

さらに理解を深める　第三者委員会調査報告書（2015年7月21日）、役員責任調査委員会調査報告書（同年11月9日）、「コーポレートガバナンス・ガイドライン」（同年12月21日）、「改善計画・状況報告書」（2016年3月15日）、「内部管理体制の改善報告（これまでに取り組んできた改善策の進捗状況と今後の取組み等について）」（2017年10月20日）、東京地判令和3・5・13金法2175号51頁

82 富士ゼロックス海外子会社不正会計

当　事　者：富士フィルムホールディングス株式取引（以下「FH」）、富士ゼロックス株式会社（以下「FX」）

表面化時期：2017年4月

表面化の経緯：FH社内調査委員会設置後、第三者委員会設置に際して自主公表

第三者委員会等：第三者委員会（2017年4月20日設置、同年6月12日調査報告書公表）

経営責任：（FH）代表取締役会長CEOおよび代表取締役社長COOにつき、報酬返上10％・3月。（FX）代表取締役会長につき、退任、報酬20％・3月および賞与30％減。代表取締役社長につき、報酬20％・3月および賞与30％減。代表取締役副社長および取締役専務執行役員につき、退任、報酬30％・3月および賞与50％減。常務執行役員および執行役員につき、退任もしくは役員退任、各報酬30％・3月および賞与50％減。常勤監査役2名につき、報酬20％・3月減（常勤監査役1名はあわせて退任）。非常勤監査役2名につき、報酬10％・3月減

行政処分：客観的資料により確認できなかったので記載せず

民事責任：客観的資料により確認できなかったので記載せず

刑事責任：客観的資料により確認できなかったので記載せず

事案の概要　FHは、英国Xerox Limitedとの合弁会社であるFX（FH出資比率75％）等を傘下とする持株会社、FXは、複写機等の製造、販売等を目的とする会社で国内外に300超の製造、販売子会社等を有するところ、シンガポールのFuji Xerox Asia Pacific Pte. Ltdを実質的に差配するFX内部部門のAsia Pacific Operation（以下「APO」）において、アジア、パシフィック地域での営業とオペレーションを行っていた。Fuji Xerox New Zealand Limited（以下「FXNZ」）は、FXのニュージーランドにおける販売子会社であるが、2009年9月のAPO内部監査部による監査で、リース販売の一種であるMSA契約（販売と保守サービスを一体化させ、毎月のコピー料金で回収する方式）について、販売時に一括売上計上できるキャピタルリースでないのに一括売上計上するなどの不適切があるとの指摘を受けた。しかし、予算管理も担当していたAPO経理部は、この指摘を軽視する姿勢を見せ、FXNZの社長Aらも改善をしなかった。APOトップのAPO営業本部長も同経理部の意向に従ったため、FXNZにおける不正会計の改善は若干の取扱い変更を除きほとん

ど進まなかった。2015年7月7日、FXNZ不正会計告発の匿名メールが、FX副社長らに届いた。また、2016年9月8日、ニュージーランド地元誌等がFXNZでの多額の損失計上を報道した。しかし、これらの間、会計事務所から特段の指摘はなく、APOでは、MSA契約に関する会計処理を将来的に厳格化したものの、従来の契約は見直さなかった。FX副社長やFX専務も問題を事実上隠ぺいするような発言をした。しかし、新たにFHの監査法人となった会計事務所が、同年11月、FX側に事実確認を求めたこと等からFXNZにおける問題が明らかになり、FHがFXに調査を指示するなどした。2017年3月、同会計事務所は、FXNZに関するFraud Letterの出状を表明し、FH第三者委員会設置につながっていった。第三者委員会による調査で、FXNZに加えて、FXNZ同様Aが社長をしていたオーストラリアにおける販売子会社Fuji Xerox Australia Pty. Limitedでも、同様の不適切な会計処理が行われていたことが判明し、その結果、過去数年間にわたるFH連結ベースの当期純利益に与える累計影響金額は375億円の損失となった。

関連法令　会社法431条、330条、民法644条

発生原因　（FH）FXに対する監視、監査体制に不備があり、FXからFHに情報が十分上がらなかった。（FX）①APOの子会社管理体制の不備、FX本体の監査体制や管理部門による統制の欠如等内部統制上の問題があり、FX社内情報が遮断され、FX最上部に実態情報が上がらなかった。②売上至上主義の社風。③FXNZで社長に権限が集中し、取締役会が有効に機能しなかった。④FXNZでは売上重視でコミッション、ボーナス等が支給されていた。

再発防止策　（FX）①財務諸表作成に際しての倫理観・誠実性の欠如の是正。②経理部の組織再編－業績管理の経理部所管からの分離。③内部監査部門の独立性確保・人材確保。④海外子会社の管理体制の見直し。（FH）①子会社管理体制の再構築。②監査体制の機能強化。③内部通報制度を利用した情報の収集と共有。

コメント　海外子会社に対するガバナンスが問題となった一事例である。ただし本件では、不正を察知した本社部門および本社上級幹部までもがその解明にきわめて消極的であったことやそれらにより本格解明まで長期間を要したことが特徴的である。

さらに理解を深める　前記第三者委員会調査報告書、FH「第三者委員会による報告書の概要と今後の対応について」、FX「Sustainability Report 2017」

83　日産自動車取締役報酬虚偽記載

当　事　者：日産自動車株式会社（以下「日産」）
表面化時期：2018年11月19日
表面化の経緯：内部通報を契機とした社内調査
第三者委員会等：日産自動車ガバナンス改善特別委員会（2018年12月17日設置）

経営責任：2022年11月22日代表取締役会長A、代表取締役Bの2名解職
　　　　　2019年4月8日株主総会決議により当該取締役2名解任
　　　　　2018年（日付詳細不明）、2019年5月31日代表取締役S1名の報酬減額
行政処分：2020年2月27日課徴金24億2489万5000円
　　　　　（2022年4月27日　22億2489万5000円に減額）
　　　　　2020年9月23日米国証券取引委員会と和解（課徴金1500万米ドル）
民事責任：会社からAに対して、不正な支出およびこれらの調査に対する損害賠償金
　　　　　100億円の損害賠償請求訴訟提起
刑事責任：会社につき2022年3月3日虚偽有価証券報告書提出罪につき罰金2億円
　　　　　Aにつき起訴および公判停止中（海外逃亡中）
　　　　　Bにつき同日懲役6か月執行猶予3年判決・控訴
　　　　　その余の取締役は協議・合意制度（日本版司法取引）により不起訴

事案の概要　代表取締役会長Aは、O取締役と共謀し、2009年度から2017年度まで
の取締役報酬合計約90億7800万円につき、これを取締役退任後に受領
することとして取締役報酬ではないかのように装うことで隠蔽し、有価証券報告書の
開示義務に違反した。また、株価連動型インセンティブ受領権（SAR）の行使可能
数が確定し、権利の公正価額合計約22億7100万円を取締役報酬として開示すべきとこ
ろ、未確定として書類を操作して隠蔽し、有価証券報告書の開示義務に違反した。

　また、代表取締役Bは、毎年1億円以上の取締役報酬を得ていたが、報酬の一部に
つき受領時期の繰延べや取締役就任直前への繰上げ（取締役就任後に、取締役就任前
の2011年度に付与されたSARの数が実際より多かったように偽装する工作を含む）、
海外関連会社を通じて受領した報酬の非開示などにより、年1億円未満の取締役報酬
しか得ていないかのように偽装して、有価証券報告書の開示義務に違反した（2019年
9月9日付社内調査報告概要）。

　刑事裁判はBのみ一審判決が下され、控訴中のため確定していない。一審判決は、

Ｂが１事業年度のみＡとＯ取締役と共謀して虚偽記載を行ったと認定した。

　代表取締役Ｂは、有価証券報告書で開示した報酬以外に支払いの期限や条件が確定した報酬は存在しない、Ｂが作成した契約書は未払報酬の後払いではなく、会長Ａが退任後に提供する業務への正当な対価（いわゆる顧問報酬）だと無罪を主張したが、裁判所は、顧問報酬等ではなく役員報酬であると認定したものの、ＡとＢの共謀について１事業年度についてこれを認めたが、その他の事業年度の共謀を認めず、１事業年度のみ有罪となった。

関連法令　金商法24条、24条の４の７、課徴金につき同法172条の４、刑事罰につき同法197条1項1号、取締役報酬につき会社法361条

発生原因　刑事判決および改善報告書によれば、①Ａについて、報酬開示によりフランス政府、ルノー社との関係で高額報酬が問題視され、保身を図ったこと、②会社としては、過去に低迷していた会社業績を急速に回復させるなどしたＡの経営者としての力量への依存、③人事報酬に関するＡへの権限集中、④権限が集中するＡに対する過度の萎縮、⑤Ａへの監視機能が形骸化（取締役会の監督機能、監査機能、その他各部署の牽制機能の不全）、⑥一部管理部署のブラックボックス化等が挙げられている。

再発防止策　改善報告書上、①指名委員会設置会社への移行、②取締役および執行役員への行動規範教育の徹底、③会計処理と役員報酬の明細情報の突合等、役員報酬に関する適正な会計処理のための管理体制の強化、④適正な役員報酬開示のための管理体制の強化、⑤内部監査による監督機能の強化、⑥内部通報制度の改革等が挙げられている。

コメント　取締役報酬という非財務情報に関する有価証券報告書の虚偽記載に関し、正面から法人の刑事罰と役員の懲役刑（ただし、すべての起訴事実のうち１事業年度のみ）を認めた事案であり、その後の役員報酬ガバナンス強化の契機となった。また、いわゆる日本版司法取引により、ＡとＢと法人のみが起訴されていることも注目される。

　なお、当時のＳ代表取締役の株価連動型インセンティブ受領権（ＳＡＲ）について、2013年５月に報酬を受け取る権利の行使日を確定させたが、日産の株価が上昇していたため、行使日を1週間後にずらして当初より多くの利益を得たと報じられ（2019年９月５日日本経済新聞電子版）、同取締役は同月16日付で辞任した。

さらに理解を深める　2019年６月27日付改善報告書、2019年９月９日付社内調査報告書（概要）、東京地判令和4・3・3資料版商事458号123頁、2019年３月27日ガバナンス改善特別委員会報告書

84　日本フォームサービス非財務情報虚偽記載

当　事　者：日本フォームサービス株式会社（以下「日本 F」）
表面化時期：2019 年 4 月
表面化の経緯：2019 年 3 月に外部から指摘を受け検証作業
第三者委員会等：第三者委員会（2019 年 4 月 5 日設置、同年 6 月12日中間報告書、同年 6 月21日報告書〔以下「報告書」〕）

経営責任：取締役・監査役 6 名辞任、役員退職慰労金不支給、月額基本報酬返上（代表取締役社長30%、取締役25%、監査役10%）
行政処分：2020 年 1 月31日課徴金納付命令2400万円
民事責任：客観的資料により確認できなかったので記載せず
刑事責任：客観的資料により確認できなかったので記載せず
そ の 他：特設注意市場銘柄指定、および上場契約違約金徴求2000万円（2019 年 8 月 8 日）、公開買付けを経て2021年 4 月26日上場廃止
　　　　　金融庁により、会計監査人である監査法人は解散、所属の公認会計士のうち 1 名は登録抹消、1 名は業務停止 2 年の処分

事案の概要　　日本 F は、2014年 9 月期〜2018年 9 月期の有価証券報告書等および2018年12月第 1 四半期報告書について過年度訂正を行った。報告書によれば、(A)経営陣も認識する意図的な「会計操作」、(B)その他の「会計操作」、(C)慣行に流されてきた「不適切な会計処理」、(D)事務ミスと思料される「修正が必要な会計処理誤り」が大分類として指摘され、(A)については、子会社における売上先行計上、「業務委託収入」の先行計上、不適切な預かり在庫売上計上、仕入除外および仕入除外隠ぺい操作、在庫（棚卸資産）の水増し、費用未計上、賞与引当金（未払費用）の過少計上、連結会社間の利益の付替えが列挙された。

　　加えて、証券取引等監視委は、有価証券報告書中の「コーポレート・ガバナンスの状況」において、「原則月 1 回とされている取締役会が実際には年 3 回であり重要事項の大部分が付議されていなかったこと」「常勤監査役が重要な会議には出席しているものの取締役の業務執行に関して何ら監査していないこと」「コンプライアンス担当取締役を任命し監査室を設けるところ実際には当該取締役の任命実績なく監査室も実体がなかったこと」「監査役が会計監査人との意見交換を行ったことがなかったこと」等を虚偽記載と認定した。

| 関連法令 | 金商法24条、24条の4の7、172条の4 |

発生原因　報告書によれば、日本Fと取引銀行との間の当座貸越契約およびコミットメントライン契約に係る3つの財務制限条項のうち「各年度の決算期における連結の損益計算書に示される経常損益を損失とならないようにすること」を社長が意識し「経常損益の黒字化を必達の目標」と考え、経営会議において経常赤字回避のために経営幹部を叱咤している状況が認定されており、経営者に起因する不正の類型に該当する。

再発防止策　日本Fによる2019年12月26日の改善計画・状況報告書によれば、再発防止策として「社長による影響力の排除」「新たな業務執行体制の構築」「取締役会及び各取締役による監督機能の正常化」「実現可能な予算策定体制の構築」「予算管理体制の構築」「内部監査体制の構築」「監査役会及び各監査役による監査機能の正常化」「経理部門の強化と会計監査人との連携の正常化」「コンプライアンス体制の構築とコンプライアンス意識の醸成」「内部通報制度の充実化」が挙げられているとしている。

コメント　ESG情報開示の重要性が高まる中で、有価証券報告書の「コーポレート・ガバナンスの状況」という非財務情報が虚偽記載とされた希少な事案として注目に値する。本件の不適切な会計処理は原始的な類型が多く、「監査役監査、内部監査がそれぞれ本来の監査を適切に行い、相互に連携したうえで、会計監査人とも適切に連携していたならば、本件粉飾決算の一端を早期に発見し是正することができた可能性が高い」と報告書で指摘されており、「コーポレート・ガバナンスの状況」の記載に沿う実態があれば予防・発見し得たであろう点が、虚偽記載と認定されたポイントと思料される。

　加えて、特設注意市場銘柄の指定継続の理由の中で「改善計画の中心である、同社の支配株主でもある当時の代表取締役社長による影響力の排除について、根本的な解決に至っていないこと」「不適切な会計処理に中心的に関与していた者が、依然として同社の事業運営の中核を担っていること」と指摘されたこと等を受け、最終的に創業家系の経営企画室室長による公開買付けで非上場化した点も特徴的である。

さらに理解を深める　日本F「第三者委員会の報告書全文開示に関するお知らせ」（2019年6月21日）、証券取引等監視委「日本フォームサービス株式会社における有価証券報告書等の虚偽記載に係る課徴金納付命令勧告について」（2019年12月6日）

85 ハイアス・アンド・カンパニー不適切会計・報告懈怠

当　事　者：ハイアス・アンド・カンパニー株式会社（以下「ハイアス」）

表 面 化 時 期：2020年 7 月28日

表面化の経緯：外部情報から社内調査等を行い特別調査委員会（ハイアス社外役員等で構成）設置と同時に開示

第三者委員会等：2020年 8 月31日上記調査委員会に代えて第三者委員会設置、同年 9 月29日中間調査報告書公表、同年10月26日最終調査報告書公表

経営責任：中間調査報告書公表後、代表取締役A等 5 名の取締役辞任。最終調査報告書公表後、代表取締役Bら取締役等 3 名の月額報酬減額（30% 6 か月 1 名、10% 3 か月 2 名）。Bは別件の不適切債務負担が判明し辞任（同年12月15日）。取締役 1 名監査役 3 名辞任（同月23日）。
2021年 6 月 4 日、グロース市場上場企業の子会社となる。

行政処分：客観的資料により確認できなかったので記載せず

民事責任：2021年 6 月29日A他 2 名の元取締役に対し善管注意義務違反で合計697百万円（後日請求拡張後金額）の損害賠償請求訴訟提起

刑事責任：客観的資料により確認できなかったので記載せず

そ の 他：2020年 9 月30日監理銘柄（審査中）指定、同年11月27日特設注意市場銘柄指定、東証第 1 部からマザーズへの上場市場変更、上場契約違約金3360万円徴求等。2022年 7 月28日特設注意市場銘柄および監理銘柄（審査中）各指定解除（以上東証）。不正経理に積極的に協力した公認会計士は、金融庁から業務停止 6 か月の懲戒処分（2022年 6 月30日）、日本公認会計士協会から権利停止 6 か月の懲戒処分（2023年 1 月16日）を受けた。

事案の概要　ハイアスは、住関連産業に特化した経営コンサルティング事業を展開していた。

　最終調査報告書によると、不適切会計として、上場準備中の2014年11月、営業利益等の予実精度確保のため取引先 3 社との間で後日の返金を約して約2700万円の売上を過大計上するなどし、かつ、それが代表取締役等複数役員の主導、黙認の下、役員から粉飾スキーム作成を指示された財務経理部次長が能動的に関与し、上場準備にかかわった公認会計士も同スキームの巧妙化をアドバイスした。また、2016年 4 月のマザーズ上場に際し、東証に宣誓書を提出しながら、不適切会計により粉飾された財務

諸表を付した申請書類を提出した。

　もっとも、これら不正の規模は、不適切会計の2020年4月期連結財務諸表営業利益への900万円余の影響に留まる。しかし、東証一部への市場変更過程においても、2020年6月に不適切会計発見の端緒を得ながら、変更後の同年7月28日まで何ら公表しなかったことや、市場変更手続における虚偽の連結財務諸表等の変更申請書類提出、自主規制法人への不適切会計の報告懈怠も判明した。

　また、監査法人との関係では、同年6月から7月の同法人による調査の際のメールデータ隠蔽、役員による虚偽回答等があり、同法人から、経営者の誠実性への疑義により、2015年4月期以降各期の連結財務諸表等について監査意見不表明とされ、これも上記東証による処分の理由となった。

　以上の経過を踏まえて、ハイアスでは、2020年12月の臨時株主総会で創業時の大株主たる取締役中心の役員構成を社外役員中心とする新体制に移行する改革を行った。さらに、2021年6月に別企業による買収と役員総入替え、監査等委員会設置会社への移行を行い、その後もガバナンス改革を続けた。

関連法令　会社法432条1項、355条、330条、金商法4条1項、5条1項2号、193条の2第1項・第2項

発生原因　不適切な会計処理が行われた要因として、①それを主導、黙認した役員の上場リテラシー欠如、②外部専門家（公認会計士）の不適切助言等、があり、また、市場変更時の報告懈怠の要因として、①監査法人との適切な連携不足、②不適切会計に関与した役員の消極姿勢等、が挙げられる。

再発防止策　1　旧経営陣らの経営責任および法的責任の明確化
　　　　　　　　2　大株主が業務執行を担う組織形態の解消を前提とする取締役会、および財務会計部門等におけるガバナンスの抜本的改革等

コメント　本件は、上場準備中に始まった不適切会計が上場後も修正されないまま継続され、東証第1部への市場変更の直後に発覚した事案であり、証券取引所への報告懈怠も問題とされた。上場準備のアドバイスをする公認会計士が不正経理に積極的に協力して自らも報酬を得たとして懲戒処分を受けたことも特徴的である。

さらに理解を深める　上記東証処分に関する東証マーケットニュース（事案の立体的把握）、2022年5月27日付ハイアス開示「改善計画の進捗状況に関するお知らせ」（ガバナンス改革全体像）。2020年10月26日最終調査報告書

86 EduLab不適切会計

当　事　者：株式会社EduLab（以下「Edu社」）

表面化時期：2021年8月2日

表面化の経緯：監査法人による2021年9月期第3四半期レビュー手続においてEdu社およびその連結子会社と取引先との間の共同事業取引の経済合理性に関して疑問が提示された。その後も、監査法人から他の取引の売上の実在性や期間帰属等の疑義が指摘され、最終的に4次調査まで行われ、さらに自主調査が行われた。

第三者委員会等：特別調査委員会（2021年8月2日設置）

経営責任：代表取締役社長兼CEO等3名・代表取締役等解職のうえ、臨時株主総会にて不再任、元取締役7名につき2022年1月～3月報酬の35%～65%以上減額および月額報酬3か月分の5～20%相当額を自主返上
創業者取締役・臨時株主総会後辞任、顧問就任

行政処分：客観的資料により確認できなかったので記載せず

刑事責任：客観的資料により確認できなかったので記載せず

民事責任：2022年8月5日に株主21名がEdu社に対し約1億7098万円の損害賠償請求。2023年5月17日に元取締役7名に対し株主代表訴訟（総額23億1721万円4000円）を東京地方裁判所に提起

その他：上場契約違約金4800万円
2022年2月12日東京証券取引所市場第1部からマザーズへ変更
2022年4月1日特設注意市場銘柄に指定（2023年5月22日解除）
旺文社との業務提携解消、増進会ホールディングスとの間で資本業務提携契約締結、同社が間接保有も含め33.16%株式保有

事案の概要　（1次調査）2020年1月に特定顧客と損益を折半する共同事業契約を締結したにもかかわらず、損失発生状況で事業損失引当金を計上せず、また資産取得による事業損失引当金の戻し入れを行わなかった。また、当該取得資産の価格も合理性がなかった。

（2次調査）グループ内取引である2020年7月1日付合計100百万円のコンサルティング契約について役務提供が伴っていなかったため、6百万円への売上減額修正と残額を預かり金に変更する修正を行った。さらに、非連結子会社との取引について連結範囲の修正を行い、連結内取引として相殺処理をした。

（3次調査）子会社がソフトウェアを販売して当該購入先からライセンスを受ける契約につき、セール＆リースバック取引に修正し、70百万円のリース資産とリース債務を計上し、2018年9月期における売上から5年間の償却処理とした。

　また、ある子会社が支払を受けたプラットフォーム使用権費用につき、期間の前半に傾斜配分されていたものを期間内均等に配分した。

　（4次調査）顧客に対する要件定義等の役務提供の対価を一括して受領していたが、実質的には自社資産のソフトウェアについてのライセンス契約であると評価され、前受金処理および期間中に均等に売上計上する旨の修正をした。また、WebDMビジネスについても、配信実績に応じた配分を行った。

　その他、第三者割当増資における親引け（証券会社が引き受けた株券を発行者の指定する販売先に売り付けること）とセットとなった業務提携契約の収益の帰属期間の恣意的な設定、要件定義業務委託料の前倒し計上、取引実態にそぐわない価格設定や、契約日付のバックデート等多数の不適切な処理が発見された。

　これらの結果、Edu社は2016年9月期通期から2021年9月期第3四半期まで決算修正を行い、その結果、例えば、上場（2018年12月）前の2017年9月期の連結最終損益は1億2000万円の赤字（修正前は3億3500万円の黒字）になった。

関連法令　金商法24条、24条の4の7、172条の4

発生原因　報告書において、経営陣および全社的な連結業績優先の意識、経理部門における会計処理実施に関する自覚の欠如、グループ間・親密先取引への杜撰な対応、取締役会の監督の軽視、内部管理部門における管理と連携が不十分（経理部門、総務人事部門等）、内部監査部門による不十分な監査等が指摘されている。

再発防止策　改善報告書等では、①取締役会の構造改革（社外取締役の拡充、指名・報酬委員会の設置、新経営体制への移行）、②経営責任の明確化（該当役員の報酬返上）、③会計処理に関する理解の醸成、④コンプライアンス意識の徹底、⑤ガバナンス体制の強化（取締役会事前説明の増加、関連当事者や親密先の監督強化、社内規程の改定・整備、業務や稟議フローの見直し、内部通報制度や社内規程の周知徹底、予実管理上のコミュニケーションの改善等）、⑥管理・監査体制の強化等が記述されている。

コメント　調査期間が長期に及び、上場直前の増資に伴う有価証券届出書に関する当期未処分利益を赤字から黒字とする虚偽記載、2020年10月19日付東証一部への市場変更時の増資時に有価証券報告書への当期純利益を約700百万円増加させる虚偽記載も含まれ、これに伴い創業者を含めた取締役等が売出しを行っていることから、発行市場への悪影響が認められる事案である。

さらに理解を深める　2022年2月28日付特別委員会最終報告書、2022年1月25日付改善報告書、2022年5月19日付改善計画・状況報告書、日経新聞2022年3月1日付記事

87　グレイステクノロジー不適切売上計上

当　事　者：グレイステクノロジー株式会社（以下「グレイス」）

表面化時期：2021年11月

表面化の経緯：2021年 4 月に外部からの指摘を受け社内調査実施後、同年11月に特別
　　　　　　　調査委員会を設置し公表

第三者委員会等：特別調査委員会（2021年11月 9 日設置、2022年 1 月27日報告書〔以下
　　　　　　　「報告書」〕）、役員責任調査委員会（2022年 2 月18日設置、同年 5 月18
　　　　　　　日報告書）

経営責任：客観的資料により確認できなかったので記載せず

行政処分：金融庁により、2022年 4 月27日に2400万円の課徴金納付命令

民事責任：株主176人がグレイスと元役員らに対し約 5 億4000万円の損害賠償を求め
　　　　　東京地方裁判所に提訴（2022年 6 月 2 日日本経済新聞電子版）

刑事責任：客観的資料により確認できなかったので記載せず

そ の 他：2022年 2 月28日に上場廃止

事案の概要　証券取引等監視委が課徴金の対象とした法定開示書類は、2017年 6 月第 1 四半期～2022年 3 月期である。　報告書によれば、不適切取引として「受注した案件で売上の早期計上【前倒し型】」「受注見込みの案件に係る売上計上事案【未受注架空型】」「受注見込すらない案件に係る売上計上事案【完全架空型】」が挙げられている。

　特徴的な手口としては「役職員らがストックオプションを行使して得た株式売却益を原資として顧客名義での銀行振込みをなすことで架空売上の回収偽装を行ったこと」「納品未完了であっても顧客から納品を証する受領書を回収すれば売上計上可能という誤った実務が行われていたこと」「顧客の署名や押印が必要な受注内容確認書や受領書の偽造がなされたこと」「顧客が作成すべき立替払委託契約書等を偽造してリース会社から当社に対して売掛金を入金させ、役職員らが自己資金を顧客名義でリース会社に振込返済することで正常な返済を偽装したこと」「会計監査人による顧客への残高確認状について回収し顧客名義を騙って回答する偽装工作を行っていたこと」等が挙げられる。

関連法令　金商法24条、24条の４の７、172条の４、企業内容等の開示に関する内閣府令17条の15の２第１項

発生原因　報告書によれば、機関投資家の期待や目線に迎合して身の丈に合わない予算を決定し、経営陣によるパワーハラスメントを伴う強力な売上目標達成プレッシャーの下で、売上の前倒しや架空売上が行われ、予算達成による上場、市場変更、新株予約権の行使条件成就そして株価上昇をもたらし受け、役職員らによるストックオプション行使の株式売却益をもって架空売上の入金原資として活用した、経営者主導の不正の類型である。主な原因としては「創業者の予算達成を極端に絶対視する経営姿勢」「創業者に迎合・盲従する経営陣」「上場会社の経営陣としてのリテラシーの欠如」「当社の状況を無視した過大な予算設定」「パワーハラスメントの常態化」「内部統制システムの不備」「コーポレート・ガバナンスの不備」が挙げられている。

再発防止策　報告書によれば、大項目として「『日本のマニュアルを変える』という原点に立ち返っての抜本的な再建計画の策定」「不正との決別」「コーポレート・ガバナンスの抜本的な改革」「適切な予算設定とマネジメント」「内部統制の抜本的な改革」が挙げられている。

コメント　グレイスの2022年３月期第２四半期報告書については、2021年11月15日の提出期限であったところ、提出期限延長申請の承認を受けて2022年１月17日となった。しかし調査過程で経営者不正や新たな不適切取引が発見され、調査範囲の拡大による調査継続が必要となった。グレイスの2022年１月14日の適時開示では「再延長申請につきましては、当社の現状が、企業内容等の開示に関する内閣府令第17条の15の２第１項に規定する四半期報告書の提出期限延長の承認申請のための要件を満たしていないため、再延長申請を行える状況にない」とされ、「再延長申請ができない→調査が尽くせない→決算数値が確定できない→会計監査人から四半期レビュー報告書を受領できない」ことから「法定提出期限の経過後、休業日を除き8日目の日」である2022年１月27日を経過し上場廃止基準に抵触し上場廃止となった。正常化バイアス排除の重要性、再延長申請の困難性、件外案件の存在可能性も考慮した組織としての調査協力体制の必要性を知らしめた事案といえる。

さらに理解を深める　グレイス「特別調査委員会の調査報告書受領に関するお知らせ」（2022年１月27日）、「役員責任調査委員会の調査報告書受領に関するお知らせ」（2022年５月18日）、証券取引等監視委「グレイステクノロジー㈱における有価証券報告書等の虚偽記載に対する課徴金納付命令の決定について」（2022年４月27日）

88 日本織物加工インサイダー取引

当　事　者：第三者増資を行う会社のM&A交渉の相手方（割当先）企業の監査役
　　　　　　兼代理人弁護士（以下「S」）
表面化時期：1996年7月
表面化の経緯：東京地検特捜部による家宅捜索等
第三者委員会等：客観的資料により確認できなかったので記載せず

経営責任：客観的資料により確認できなかったので記載せず
行政処分：なし（課徴金制度導入前の事案）。なお、証券取引等監視委はSを東京地
　　　　　検に告発（1996年8月2日）
民事責任：客観的資料により確認できなかったので記載せず
刑事責任：あり（金商法〔当時は証券取引法。以下同じ〕違反）。Sに対し懲役6月
　　　　　（執行猶予3年）、追徴金2621万6295円（最判平成11・6・10刑集53巻5号
　　　　　415頁）

事案の概要　東海染工株式会社（以下「東海染工」）とユニチカ株式会社（以下
「ユニチカ」）（両社をあわせて「各親会社」）は、日本織物加工株式会
社（以下「日本織物加工」）の発行済株式総数の過半数の株式を保有していた。東海
染工は、Kを日本織物加工に代表取締役社長として派遣したものの、経営状態が好転
しなかったことから、M&Aの仲介あっせん業者に対し、日本織物加工のM&Aの仲
介を依頼していたところ、1994年3月頃、当該業者から株式会社ユニマット（以下
「ユニマット」）をその相手方として紹介された。Sは、ユニマットの監査役兼顧問弁
護士であったが、同年5月頃、ユニマット代表取締役社長から、日本織物加工を対象
とするM&Aについての交渉の一切を委任され、日本織物加工がユニマットに第三者
割当増資を行うとともに、各親会社が各保有する日本織物加工の株式をユニマットに
売却すること等を内容とするM&Aのスキーム案を作成した。ユニチカは、前記
M&Aのスキーム案をもとにした交渉において、東海染工の打診に対し、1995年1月
初旬、前記M&Aについて前向きの意向を表明したが、「ユニチカ保有株式の譲渡は
半分を限度とし、ユニマットとの直接取引には応じないなどの方針」（以下「懸案事
項」）をも伝えた。
　1995年1月11日、東海染工Y常務が日本織物加工K社長に対し、「ユニチカは東海
染工主導でM&A交渉を進めて構わないと述べていて感触が良いこと」、および「ユ
ニマット社長と東海染工会長のトップ会談が決まったこと」等を伝えたところ、日本
織物加工K社長は、東海染工Y常務に対し、「今回は是非実現したいので、よろしく

お願いします」などと答えた（このＫ発言が、後に重要事実としてとらえられることとなる）。その後交渉は順調に推移し、ユニチカは、同年2月8日、ユニマットとの直接取引に応じる意向を東海染工に示して「懸案事項」は解消し、同年3月3日、第三者割当増資を含む本件M&Aの公表がされた。

　Ｓは、1995年2月16日から同月27日までの間、知人名義を使用し、日本織物加工の株式合計11万3000株を合計1828万9000円で買い付けた。

　前記最高裁判決は、以上の事実関係を前提に、①日本織物加工Ｋ社長は、金商法166条2項1号にいう「業務執行を決定する機関」に該当する。その理由は、「業務執行を決定する機関」は、商法所定の決定権限のある機関には限られず、実質的に会社の意思決定と同視されるような意思決定を行うことのできる機関であれば足りると解されるところ、Ｋ社長は、日本織物加工の代表取締役として、第三者割当増資を実施するための新株発行について商法所定の決定権限のある取締役会を構成する各取締役から実質的な決定を行う権限を付与されていたものと認められるからである。②金商法166条2項1号にいう「株式を引き受ける者の募集」（本件当時の文言は「株式の発行」）を行うことについての「決定」とは、①のような「機関」において、株式の発行それ自体や株式の発行に向けた作業等を会社の業務として行う旨を決定したことをいうものであり、当該決定をしたというためには当該機関において株式の発行の実現を意図して行ったことを要するが、当該株式の発行が確実に実行されるとの予測が成り立つことは要しないとの判断を示した（したがって、Ｓには、重要事実〔第三者割当増資が「決定」されたこと〕を知って、その公表前に日本織物加工の株券の売買をしたものとして、金商法166条1項違反の罪が成立する）。

関連法令　金商法166条1項・2項1号イ

発生原因　客観的資料により確認できなかったので記載せず

再発防止策　客観的資料により確認できなかったので記載せず

コメント　本件は、インサイダー取引規制における重要事実の「決定」の解釈は実質的な判断を伴い、一義的に決することは困難であることから、会社法所定の決定権限のある機関による決定の前に、ある重要な事項に向けた作業等を会社の業務として行う旨の決定がされたにすぎない段階であっても、有価証券取引を行うについてはインサイダー取引とならないよう十分留意する必要があることを示した事案といえる。もちろん、インサイダー取引の発生を未然に防止する社内体制の構築や企業情報の適時開示等も引き続き重要である。

さらに理解を深める　前記判決。最判解刑事篇平成11年度83頁〔三好幹夫〕

89　日本経済新聞社インサイダー取引

当　事　者：株式会社日本経済新聞社（以下「日本経済新聞社」）広告局の従業員
　　　　　　（以下「広告局員S」）
表面化時期：2006年2月
表面化の経緯：広告局員が証券取引等監視委から任意の調査を受けたことを、社長が
　　　　　　記者会見で公表
第三者委員会等：客観的資料により確認できなかったので記載せず

経営責任：広告担当常務が辞任。社長、副社長、広告統括専務の3名は役員報酬を3
　　　　　か月全額カット。他の取締役は役員報酬の10％を1か月カット
行政処分：課徴金納付命令はなし。ただし、証券取引等監視委は広告局員Sを東京地
　　　　　検に告発（2006年7月25日）
民事責任：取締役らは、従業員による不正行為を防止すべき善管注意義務を負うが、
　　　　　本件については善管注意義務違反なし（東京地判平成21・10・22判時2064
　　　　　号139頁〔確定〕）
刑事責任：あり（金商法〔当時は証券取引法〕違反）。広告局員Sに懲役2年6月
　　　　　（執行猶予4年）、罰金600万円、追徴金1億1674万3900円（東京地判平成
　　　　　18・12・25公刊物未登載〔確定〕〔LEX/DB28135098〕）

事案の概要　広告局員Sは、2005年8月頃から2006年1月までの間、日本経済新聞
社が管理する社内の広告に関する総合システム内の情報を利用してイ
ンサイダー取引を行い、刑事責任を問われた。同社の株主である原告らは、同社の取
締役らを被告として、被告らには、広告局員Sによるインサイダー取引を防止するこ
とを怠った任務懈怠（善管注意義務違反）があったと主張して株主代表訴訟を提起し
た。これに対し、東京地方裁判所は、要旨以下のとおり判示し、請求を棄却した。
　株式会社の取締役は、①会社の事業の規模や特性に応じて、従業員による不正行為
等を含めて、リスクの状況を正確に把握し、適切にリスクを管理する体制を構築し、
また、②その職責や必要の限度において、個別リスクの発生を防止するために指導監
督すべき善管注意義務を負う（会社法330条〔当時は商法254条3項。以下同じ〕、民
法644条）。
　本件において、日本経済新聞社は報道機関としての性質上、多種多様な情報を大
量に取り扱っており、その従業員はインサイダー情報に触れる機会が多いのであるか
ら、同社の取締役としてはそれらの事情を踏まえ、①'一般的に予見できる従業員に
よるインサイダー取引を防止しうる程度の管理体制を構築し、また、②'その職責や
必要の限度において、従業員によるインサイダー取引を防止するために指導監督すべ

き善管注意義務を負う。

　前記①'については、被告ら取締役が本件インサイダー取引当時、従業員によるインサイダー取引を防止するために構築していた管理体制として、「情報管理体制」および「インサイダー取引防止に関する管理体制」があるが、これらはいずれも一般的に見て合理的な管理体制であったから、被告ら取締役は、本件インサイダー取引当時、一般的に予見できる従業員によるインサイダー取引を防止しうる程度の管理体制を構築していたということができる（前者につき、被告ら取締役の合理的な裁量を認め、広告局員に対しても、業務上の必要性を考慮したうえ、個人または各部署ごとのID等を付与するなどの体制をとっていたこと、および情報管理規定を制定しそれに基づいて運用される体制をとっていたこと、後者につき、就業規則の附属規定および各局における内規を設け、社内研修等を実施し周知を図っていたこと等が認定されている）。

　次に、前記②'、すなわち被告ら取締役に、本件インサイダー取引のような従業員による不正行為を予見して、これを防止するために具体的に何らかの指導監督をすべき職責や必要があったかについては、被告ら取締役は、本件インサイダー取引当時、広告局員に対して法令遵守のための注意喚起、教育等を徹底することが最も適切な方法であると判断し、具体的対応策を実施したのであり、これらの対応策を実施した被告ら取締役に善管注意義務違反はないというべきである。

関連法令　会社法330条、民法644条

発生原因　前記判決によれば、法定公告の申込み・売上情報を金融広告部内で共有されていたIDやパスワードで閲覧できたこと、定期的なIDの変更を行っていなかったこと、アクセスログをとる機能がなかったこと等が指摘されている。

再発防止策　日本経済新聞社は、2006年2月24日の記者会見で以下の措置をとることを表明した。①編集、広告、販売の各局の社員に対して、株取引を全面的に取りやめるよう要請、②広告局の社員には、同局在任中、株取引はしないとの誓約書を提出するよう求める、③法定公告については、営業活動を全面的に打ち切る方針をとる（なお、編集局については、以前から株式の短期売買を内規で禁止し、株取引全般についても原則、行わないように指導していた）。また、④ID、パスワードの定期的変更の徹底、⑤研修体制の整備を行うことも表明した（同年7月26日付日本経済新聞朝刊）。

コメント　主にインサイダー取引に関して、取締役の構築すべき「内部統制システム」および内部統制システム下での監視・監督義務の内容について、どの程度のことまで行えば善管注意義務違反を問われないかについて具体的な判断を示した事案である。

さらに理解を深める　前記判決。日本経済新聞（2006年2月24日付夕刊、同年7月26日付朝刊）

90　村上ファンドインサイダー取引

当　事　者：ニッポン放送株を買い付けた株式会社MACアセットマネジメント
　　　　　　（以下「村上ファンド」）、および同ファンドの実質経営者（以下「M」）
表面化時期：2006年6月
表面化の経緯：東京地検特捜部が任意の事情聴取を行ったとの報道
第三者委員会等：客観的資料により確認できなかったので記載せず

経営責任：客観的資料により確認できなかったので記載せず
行政処分：課徴金納付命令はなし。ただし、証券取引等監視委は村上ファンドおよび
　　　　　Mを東京地検に告発（2006年6月22日）
民事責任：客観的資料により確認できなかったので記載せず
刑事責任：あり（金商法〔当時は証券取引法。以下同じ〕違反）。村上ファンドは罰
　　　　　金2億円、Mは懲役2年（執行猶予3年）、罰金300万円、追徴金約11億
　　　　　4900万円（最判平成23・6・6刑集65巻4号385頁。村上ファンドは罰金
　　　　　3億円、Mは懲役2年〔実刑〕等とした第1審判決を破棄して村上ファン
　　　　　ドにつき罰金額を減額し、Mにつき執行猶予を付した控訴審判決を是認）

事案の概要　Mは、株式会社ニッポン放送（以下「ニッポン放送」）が株式会社フ
　　　　　　ジテレビジョン（以下「フジテレビ」）の筆頭株主であったことから、
ニッポン放送の株式の多数を取得すればフジテレビの経営も間接的に支配できること
に着目し、2001年1月から、ニッポン放送株を順次買い付けていた。
　Mは、株式会社ライブドア（以下「LD」）の代表取締役兼最高経営責任者（同社の
業務全般の統括者。以下「CEO」）および取締役兼最高財務責任者（同社の財務面の
責任者。以下「CFO」）に、2004年9月15日、ニッポン放送株の取得を働きかけたと
ころ、LDのCEOおよびCFOは、翌年6月のニッポン放送定時株主総会において同社
の経営権を取得するため、同社株の3分の1の買い集めに強い興味を持ち、LDの従
業員らによる資金調達や具体的方策の検討を経て、同年11月8日までに、3分の1を
目標にニッポン放送株を購入するための作業等を行っていく旨の決定（以下「本件決
定」）をした。
　その後、2004年11月8日に、LD側と村上ファンド側との会議の場で、Mは、LDの
CFOが、「資金のめどが立ったので、具体的に進めさせていただきたい」旨の発言を
し、同社のCEOおよびCFOがニッポン放送株の3分の1の取得をめざす旨の決意表
明をするのを聞いた。

　Mは、2004年11月9日から翌2005年1月26日までの間に、証券市場において、村上ファンドが運用する投資事業組合等の名義で、ニッポン放送株193万3100株を買い付けた（価格合計99億5216万2084円）。

　LDは、最終的に約800億円の資金調達を実現して2005年2月8日からニッポン放送株の買い集めに着手し、同日ニッポン放送株の5％取得を公表した後、同年3月25日には、ニッポン放送の総株主の議決権数の過半数を取得するに至った。

　Mは、2005年2月8日、村上ファンドの所有するニッポン放送株（634万8950株）の約半数を1株6050円でLDに売却し、さらに、LDによるニッポン放送株5％取得の公表を受けて株価が高騰する中、同月10日、ニッポン放送株157万8220株を1株平均約8747円で売却するなどし、村上ファンドは多額の利益を得た。

　前記最高裁判決は、以上の事実関係を前提に、金商法167条2項にいう「公開買付け等を行うことについての決定」をしたというためには、同項にいう「業務執行を決定する機関」において、公開買付け等の実現を意図して、公開買付け等またはそれに向けた作業等を会社の業務として行う旨の決定がされれば足り、公開買付け等の実現可能性があることが具体的に認められることは要しないとし、本件決定は、同項の「公開買付け等を行うことについての決定」に該当する旨判示した。

関連法令　金商法167条1項・2項・3項、同法施行令（当時は証券取引法施行令）31条

発生原因　客観的資料により確認できなかったので記載せず

再発防止策　客観的資料により確認できなかったので記載せず

コメント　本件では、①何をもって重要事実の「決定」と評価するか、②当事者の行為の非難可能性の程度が主たる争点となり、各審級で判断が分かれた。①については、「株式取引のいわばプロ」（控訴審判決）であるMの法的見解も裁判所の採用するところとはならず、プロでない投資家がこの点について適切な判断を下すことの困難さを浮き彫りにした。②については、Mを実刑相当とした第1審判決は不祥事の規模感を量刑と直結させたきらいもあったが、控訴審と上告審では、①の判断の困難さも情状酌量して執行猶予とした。このような状況のもとでインサイダー取引の未然防止を図るためには、従来から行われてきたインサイダー取引防止体制の整備・情報管理の徹底はもとより、日証協の役員情報データベース（J-IRISS）への登録等に加え、証券取引所、証券取引等監視委、証券発行企業の取組み等をも活用し、万全を期すことが求められているといえる。

さらに理解を深める　前記の各判決。最判解刑事篇平成23年度39頁〔西野吾一〕

91　日本放送協会（NHK）インサイダー取引

当　事　者：日本放送協会（以下「NHK」）職員Ａ（取材等の業務に従事）、NHK
　　　　　　職員Ｂ（放送番組の企画・制作等の業務に従事）、NHK職員Ｃ（ニュー
　　　　　　ス原稿の編集等の業務に従事）
表 面 化 時 期：2008年1月
表面化の経緯：証券取引等監視委が2008年1月16日に調査に入ったことを、同月17日
　　　　　　にNHKが自ら公表
第三者委員会等：職員の株取引問題に関する第三者委員会（2008年2月13日設置、同年
　　　　　　5月27日調査報告書公表）

経営責任：会長・副会長・コンプライアンス担当理事・報道担当理事の4名、辞任
行政処分：職員ＡないしＣ3名に2008年3月19日付課徴金納付命令（Ａ：26万円、
　　　　　Ｂ：17万円、Ｃ：6万円）
民事責任：客観的資料により確認できなかったので記載せず
刑事責任：なし

事案の概要　　NHKの経済部所属記者は、2007年3月8日午後2時台、株式会社ゼ
　　　　　　　ンショー（以下「ゼンショー」）社員への取材により、ゼンショーお
よびカッパ・クリエイト株式会社（以下「カッパ・クリエイト」）が資本提携を伴う
業務上の提携を行うことを決定したこと（重要事実）を知った。この取材内容は、た
だちに、放送用原稿として、NHKの報道情報システムに入力されるとともに、職員
Ｃの勤務場所（東京のニュースセンター）においては、放送用原稿の概要が館内放送
された。なお、重要事実の決定は同年2月28日までになされており、公表は同年3月
8日午後3時15分頃であった。
　職員Ａは、2007年3月8日、自宅から、NHKより貸与されている記者用パソコン
を通じて報道情報システムにアクセスし、前記重要事実を知り、午後2時台に、カッ
パ・クリエイト株式合計3150株を買付価額539万7900円で、ゼンショー株式合計2500
株を買付価額327万6000円で、それぞれ買い付けた。職員Ｂは、同日、勤務先放送局
に設置された報道情報端末から報道情報システムにアクセスし、重要事実を知った。
その後同職員は自宅に戻り、自宅PCを使用して、午後2時台、カッパ・クリエイト
株式合計3000株を買付価額515万円で買い付けた。職員Ｃは、同日、前記館内放送を
ニュースセンターで聞き、午後2時台、カッパ・クリエイト株式合計1000株を買付価
額171万0950円で買い付けた。3名の職員は、同じ重要事実を知ってほぼ同時にイン

サイダー取引を行ったことになるが、互いには何ら連絡をとり合っていなかった。

　事件発覚時のNHK会長は、任期満了まで約1週間を残すのみであったが、会長の辞意表明につき任期満了当日（2008年1月24日）に開催された臨時経営委員会で辞意を受け入れることが全会一致で可決され、同日付で引責辞任した。

関連法令　金商法166条2項1号タ（当時はヨ）、同法施行令28条1号、同法166条3項

発生原因　第三者委員会調査報告書は、本件インサイダー取引の原因として、①行為者らの倫理観、矜持、職業意識の欠如（プロ意識の欠如）、②インサイダー取引に対するリスク管理（コンプライアンス施策）の不存在、③報道情報システムの不備と運用規律の弛緩を指摘する。また、本件インサイダー取引の背景となったNHKの組織上の問題点として、④組織として職業倫理を確立する力が低下した報道部門の問題、⑤コンプライアンス施策の問題、⑥統一的、包括的な情報セキュリティ・システムの不備、⑦組織内の風通しの悪さと危機意識の乏しさを指摘する。

再発防止策　第三者委員会調査報告書は、①プロフェッショナル意識の再生、②公共放送としての使命の認識、③真に実効性あるコンプライアンス施策の実施、④組織改革、⑤インサイダー取引の再発防止策、⑥報道情報システムに関する改善策、⑦NHK再生に対する国民によるモニタリングを提言する。

　NHKのプレスリリース（2008年7月11日）によれば、インサイダー取引を防止する施策として、①「インサイダー取引防止規程」に基づき、報道情報システムの使用を認められている者および報道局・海外総支局に所属する職員の、株式等の取引の原則禁止、②報道情報システムを利用する者には株式等の取引を行わない旨の誓約書の提出を義務づけ、誓約書を提出しない者には報道情報システムの使用を認めない、③前記以外のすべての職員の株式等の短期売買（6か月以内）を原則として禁止、④報道情報システムのさらに厳格な運用のために、原稿を見ることができる地域を制限するなどのシステム整備等の取組みを行っている。

コメント　本件は、国民の知る権利に奉仕する公的な立場だからこそ報道情報へのアクセスという特権が与えられる報道記者が、その特権を目的外利用して職業倫理にもとるインサイダー取引を敢行した事案である。また、インサイダー情報が掲載されたニュース原稿が、証券市場の開いている約20分間、5000人を超える職員の閲覧可能な状態に置かれたという、当時のNHKの情報リテラシーの低さを示す事案である。

さらに理解を深める　調査報告書、NHKプレスリリース（2008年1月21日、同年7月11日）、NHK・第1060回経営委員会議事録（同月24日開催分）

92 新日本監査法人インサイダー取引

当　事　者：新日本監査法人において上場会社の監査業務に従事していた公認会計
　　　　　　士の職員（以下「元職員」。退職後に不祥事発覚）

表面化時期：2008年3月

表面化の経緯：証券取引等監視委による調査についての新聞報道（2008年3月3日）。
　　　　　　同日、新日本監査法人が記者会見で発表

第三者委員会等：第三者委員会（設置日は不明、2008年5月15日最終報告書公表）

経営責任：理事長は3か月間30％の減給、副理事長ら6名は2～3か月間10～20％の
　　　　　減給（2008年5月21日発表）

行政処分：金融庁から元職員に対し、①課徴金134万円の納付命令、②公認会計士の
　　　　　業務停止1年6月の懲戒処分（2008年4月9日）。金融庁から新日本監査
　　　　　法人に対し、運営に関する改善策について報告徴収（同日）

民事責任：客観的資料により確認できなかったので記載せず

刑事責任：なし

事案の概要　　**1　M社の株式売買**

　　　　　　新日本監査法人の元職員は、2006年9月から2007年6月まで、監査
チームの一員としてM社の監査業務に従事していたものであるが、同年3月7日、M
社から業績予想値の下方修正の事実を知った同じ監査チームの別の公認会計士から、
その内容をメールで伝達を受けた。元職員は、知人A名義の取引口座で、Aから借り
入れた金銭を保証金として、同月12日から20日までの間に15回にわたりM社の株式合
計261株を売付価額1225万6700円で売り付けた（信用売り）。なお、元職員は、取引終
了後にAとの間で金銭の貸借関係および売買損益を精算する予定であったことから、
本件取引は、証券取引等監視委により、元職員の「自己の計算において」行われたも
のと認定されている。M社は、同月20日に3月期末の業績予想値の下方修正を公表し、
株価が下落したことから、元職員は、同月30日から数回にわたりM社の株式を買い戻
し、約35万円の利益を得た。

2　E社の株式売買

　元職員は、監査業務に従事していたE社について、2006年2月はじめ頃、監査業務
の過程でE社が2005年12月の中間決算について業績予想値の上方修正を行うことを知
り、同年2月7日、知人A名義の取引口座でE社の株式を買い付けた。E社は業績予

想値を上方修正したが、同社の株価はその後値下がりを続けたことから、元職員は、同月下旬頃、Aに指示してE社の株式を売り付けさせたが、約300万円の売却損となった。なお、E社株式については、株価が値下がりを続けたことから、前記の行政処分のうち課徴金納付命令勧告においては違反行為と認定されていない。

関連法令　金商法166条１項４号・２項３号

発生原因　第三者委員会最終報告書では、新日本監査法人は、①内部管理の実情としては、(i)内部規定は定められていたが、一部について周知徹底が十分でない点もあり、(ii)研修規定に基づき職階に応じて研修時間や研修内容を異にする階層別研修・分野別研修等が行われていたが、研修の効果についての検証が十分には行われておらず、②情報管理体制については、内部規定は十分に整備されており、情報セキュリティの実際の運用についても、制度やシステムのレベルは高いと評価できたものの、大手監査法人が入手しうるクライアント企業からの情報の量が膨大になり、その流出・不正使用のリスクが以前より格段に大きくなっていることに対する意識は必ずしも十分ではなかったこと等が原因と指摘された。

再発防止策　新日本監査法人の年次報告書2009によれば、①株取引に関する規制強化（担当する業務に応じた株取引の制限、新しい株式取引届出システムの整備、外部ホットラインの設置、社員の財産状況調査）、②職業倫理教育研修の徹底（グループディスカッション方式による倫理研修の実施）、③業務部門運営体制の見直し（グループ制の導入によるコミュニケーション機会の増進と、face to faceの人間関係の促進による構成員相互間の牽制の実現）、④コンプライアンス体制の強化（外部委員の定期的評価の導入による再発防止策の確実な実行）等に取り組んでいる。

コメント　第三者委員会最終報告書の分析によると、近年、公認会計士の役割は、単に監査証明を行うことから企業会計の適正さを証券市場に対し客観的に保証する立場へと変化し、それに伴い、監査業務の中で入手しうる情報の投資判断における重要性も飛躍的に高まっている。それに加え、監査法人の寡占化による企業に関する情報の集中、情報機器の発達による株式取引の利便性の向上により情報の不正使用のリスクが増大している一方、監査法人の組織の急速な大規模化の中で、社会から要請される高度な職業倫理を構成員全員が保つことが困難となっている。本件は、リスク管理体制の構築等において、組織（企業）およびその構成員を取り巻く環境の変化に、迅速・適切に対応する必要性を示す事案の１つである。

さらに理解を深める　第三者委員会最終報告書、前記年次報告書2009

93 カブドットコム証券インサイダー取引

当 事 者：カブドットコム証券株式会社（以下「カブドットコム」）、カブドット
　　　　　　コムの社員A、Aからの情報受領者B
表 面 化 時 期：2009年5月
表面化の経緯：証券取引等監視委による調査についての新聞報道等
第三者委員会等：特別調査委員会（2009年5月22日設置、同年7月17日調査報告書公
　　　　　　表）

経営責任：代表執行役社長は月額報酬50％減額4か月間、取締役会長は月額報酬40％
　　　　　　減額3か月間、専務執行役2名は月額報酬30％減額3か月間
行政処分：カブドットコムに業務改善命令（2009年7月31日）、Aに課徴金納付命令
　　　　　　（44万円・同年6月26日）、Bに課徴金納付命令（38万円・同日）
民事責任：客観的資料により確認できなかったので記載せず
刑事責任：客観的資料により確認できなかったので記載せず
そ の 他：日証協がカブドットコムに対して過怠金2000万円を科す処分、Aは懲戒解
　　　　　　雇処分

事案の概要　　カブドットコムは株式会社三菱東京UFJ銀行（以下「BTMU」）と業
　　　　　　　務・資本提携に関する契約を締結していたが、2007年3～4月、同年
11～12月の2回にわたって、BTMUによるカブドットコムの株券の公開買付け
（TOB）が行われた。
　カブドットコムの社員A（当時はBTMUに出向していた）は、前記2回のTOBそ
れぞれの公表前に、職務に関して、BTMUの業務執行を決定する機関がカブドット
コムの株券のTOBを行うことを決定した事実（以下「本件重要事実」）を把握し、1
回目のTOBの公表の前日（2007年3月5日）にカブドットコムの株券26株を買付価
額510万1000円で、2回目のTOBの公表の前日（同年11月14日）にカブドットコムの
株券7.5株を買付価額114万7500円で、それぞれ買い付けた。また、Aから本件重要事
実の伝達を受けたBは、2回目のTOBの公表の前日にカブドットコムの株券26株を
買付価額510万1000円で買い付けた。
　2009年6月26日、金融庁長官はAに対して課徴金44万円の納付命令、Bに対して課
徴金38万円の納付命令の決定をした。また、カブドットコムが設置した特別調査委員
会の報告をふまえ、同年7月31日、カブドットコムに対して業務改善命令を出した。

これを受けて、同年8月28日、カブドットコムは業務改善報告書を提出した。

　2009年10月20日、日証協はカブドットコムに対し、過怠金2000万円を科す処分と再発防止策の策定等を徹底するよう勧告した。

関連法令　金商法51条、166条、167条1項5号・4号・2項・3項

発生原因　特別調査委員会の報告書によると、本件違反行為は、2度とも不用意な社長メールがきっかけとされている。1回目のTOBの際には、社長から全役職員に対して「全スタッフへの注意事項」という件名で、会議の日時については「3月5日月曜日17：00−17：15」、その他に「・取締役会終了後」「・内部管理の観点で」と記載された会議招集通知が送信されていた。2回目のTOBの際には、社長から全役職員に対して「【取扱注意】本日17：00公表予定の重要事実について」という件名で、「インサイダー情報につき取り扱い注意（各位を信頼し準備態勢に重きを置くため早めの周知をします）」と記載されてはいるものの、TOBについての買付期間、買付価格（前日終値および直近1か月の市場価格平均比も記載）および買付株数まで記載し、さらにはTOBの戦略的意義まで詳細に記載されたメールが送信されていた。

　特別調査委員会の報告書では、①Aが重要情報を入手したきっかけをつくったのは社長であり、②そうした社長の行動をチェックし、牽制する仕組みが機能しておらず、③役職員の情報管理に関するリテラシーが欠如していて、一社員が重要情報に接触できる体制を放置しており、④社員が容易に借名取引等を行える環境にあり、⑤社員の忠誠心を失わせるような人事管理が行われていた、と指摘されている。

再発防止策　特別調査委員会の調査報告書では、再発防止策として、①社長の意識改革、②ガバナンス体制等の再構築、③業務執行の体制整備、④情報管理態勢の再構築、⑤社内研修の徹底、⑥人事システムの見直しが挙げられている。

コメント　特別調査委員会の報告書では、「本件インサイダー取引は、元社員Aによる個人的な犯罪としての側面を有しているものの、それが可能となった背景や、元社員Aをそうした行為に至らせた原因の部分で、当社の側にも看過できない問題点が認められる。」と指摘されており、これを受けて、金融庁はカブドットコムに対する業務改善命令を出し、日証協は過怠金2000万円を科す処分をした。

さらに理解を深める　調査報告書、金融庁「カブドットコム証券株式会社に対する行政処分について」（2009年7月31日）

94　味の素・カルピスインサイダー取引

当　事　者：味の素株式会社（以下「味の素」）の社員X（カルピス株式会社〔以下「カルピス」〕の社員の関係者も課徴金納付命令を受けている）
表面化時期：2009年6月
表面化の経緯：証券取引等監視委による調査についての新聞報道等
第三者委員会等：客観的資料により確認できなかったので記載せず

経営責任：客観的資料により確認できなかったので記載せず
行政処分：Xに課徴金納付命令（39万円・2010年3月16日）
民事責任：客観的資料により確認できなかったので記載せず
刑事責任：客観的資料により確認できなかったので記載せず

事案の概要　　1　インサイダー取引

　　　　Xは、その職務に関し、味の素の他の社員から、カルピスの業務執行を決定する機関が味の素との株式交換を行うことについての決定をした旨の事実（以下「本件重要事実」）の伝達を受け、その公表前である2007年6月11日（同日の株式市場の取引が終了した後に公表がなされた）に、配偶者Yに指示し、Y名義で、自己の計算において、カルピスの株券合計2000株を買付価額221万3000円で買い付けた（課徴金納付命令の決定）。

　　Xの買付価格は1106円（1000株）、1107円（1000株）であり、本件重要事実が公表された後である2007年6月12日のカルピスの株価の終値は1306円、その翌日も値を上げたことから、Xは、少なくとも合計約39万円の利益を得たこととなる。

2　審判手続

　　証券取引等監視委は、前記の事実を違反事実として、2009年6月19日、内閣総理大臣および金融庁長官に対し、課徴金納付命令（課徴金の額は39万円）を発出するよう勧告を行った。これに対してXは、同年8月21日に答弁書を提出して違反事実を否認した。争点は、①XがYに対し、カルピス株の買付けを指示したと認められるか否か、②Y名義でのカルピス株の買付けについて、Xが自己の計算で行ったと認められるか否かであった。

　　4回の審判期日を経て、審判官は、争点①について、Xが味の素の他の社員から本件重要事実の伝達を受けた時刻、その後のXの勤務状況（パソコンの操作の中断、外出）、Yがカルピス株を買い付けた時刻、XおよびYが過去にカルピス株の取引を

行ったことがないこと、カルピス株の買い材料となる事実は公表されていなかったこと、Yが行っていた株取引において選択された株と比較してカルピス株は流動性が低く性質を異にするものであったこと等から、Yによる買付けはXの指示によるものと判断した。争点②については、Y名義の証券口座に係る権利はXが実父から相続した資金を原資とするものであると認定し、当該口座での株取引の利益はXに帰属する、すなわち、Xが自己の計算で行ったと認められると判断した。この判断に基づき決定案が作成され、同決定案に基づき金融庁長官が課徴金納付命令の決定をした。

　なお、報道（2010年3月16日付日本経済新聞電子版）によると、課徴金納付命令の決定後、Xは同決定の取消しを求めて訴訟を提起する方針であったとのことであるが、その後の経過については確認ができていない。

3　カルピス社員の関係者によるインサイダー取引

　カルピス社員の関係者（同社員の配偶者）が、同社員から本件重要事実の伝達を受け、その友人の証券口座を利用してカルピスの株券2000株を買付価額222万円で買い付けたことについても、証券取引等監視委は、上記事案と同日に課徴金納付命令を発出するよう勧告を行い、2009年7月7日、金融庁長官は課徴金納付命令の決定をした（課徴金の額は39万円）。

関連法令　金商法175条1項2号、166条1項5号・4号・2項1号チ

発生原因　客観的資料により確認できなかったので記載せず

再発防止策　客観的資料により確認できなかったので記載せず

コメント　本件は、2005年4月の課徴金制度導入後、はじめて、審判手続において実質的な審理が行われた事案である。本件以前に118件の処分勧告がなされていたが、いずれも第1回審判期日前に課徴金納付命令対象者が処分内容を認める旨の答弁書を提出するなどしたため、審判期日を開くことなく手続を終了して納付命令の決定がなされており、実質的な審理が行われることはなかった。

　本件の審判手続では、株券の買付けを指示したことの決定的な証拠はないものの、Xの違反行為を疑うのに十分な事実、事情があるとして違反行為があったとの判断がなされたものと評価できる。

さらに理解を深める　金融庁「味の素株式会社社員による内部者取引に対する課徴金納付命令の決定について」（2010年3月16日）

95 公募増資インサイダー取引

当　事　者：中央三井アセット信託銀行株式会社（以下「CMAB」）、野村證券株
　　　　　　式会社（以下「野村證券」）
表面化時期：2012年3月
表面化の経緯：証券取引等監視委が課徴金納付命令の勧告をしたとの報道
第三者委員会等：CMAB・第三者委員会（2012年4月9日設置、同年6月8日調査報
　　　　　　告書公表）、野村證券・調査委員会（同月29日報告書〔要旨〕公表）

経営責任：CMABは事案発生時の役員が月例報酬50％2～5か月減俸、勧告時の役
　　　　　員が月例報酬15～20％1か月減俸、野村證券は執行役会長および執行役社
　　　　　長が月例報酬10％2か月減給、機関投資家営業担当役員が退任、コンプラ
　　　　　イアンス担当役員が退任、エクイティ担当役員およびシンジケート担当役
　　　　　員が月例報酬10～50％1～3か月減給
行政処分：CMABに課徴金納付命令（5万円〔第1事案〕〔2012年6月27日〕、8万
　　　　　円〔第2事案〕〔同日〕）、野村證券に業務改善命令（同年8月3日）
民事責任：客観的資料により確認できなかったので記載せず
刑事責任：客観的資料により確認できなかったので記載せず
そ の 他：日証協が野村證券に対して過怠金3億円を科す処分、東証が野村證券に対
　　　　　して過怠金2億円を科す処分

事案の概要　　1　投資一任契約に基づき、同契約の相手方が管理するファンドの資
産の運用を行っていたCMABの社員Aが、2010年6月30日、国際石
油開発帝石株式会社（以下「INPEX」）と株式引受契約の締結に向けた交渉を行って
いた野村證券の社員から、INPEXの業務執行を決定する機関が株式の募集を行うこ
とについての決定をした事実の伝達を受け、この事実が公表された同年7月8日より
以前の同月1日から7日までの間、前記ファンドの計算においてINPEXの株式合計
210株を総額1億124万1498円で売り付けた。
2　投資一任契約に基づき、3つの顧客財産の運用を行っていたCMABの社員Bが、
株式会社みずほフィナンシャルグループ（以下「MFG」）と株式引受契約の締結に向
けた交渉を行っていた野村證券の社員から、MFGの業務執行を決定する機関が株式
の募集を行うことについての決定をした事実の伝達を受け、この事実が公表されるよ
り以前の2010年6月24日に、投資一任契約の相手方である顧客の計算においてMFG
の株式合計117万8600株を総額1億8148万1825円で売り付けた。

関連法令　金商法166条３項、44条３号、金融商品取引業等に関する内閣府令147条２号、金商法40条２号、金融商品取引業等に関する内閣府令123条１項５号

発生原因　CMAB第三者委員会報告書によれば、属人的な要因として、①CMABの社員ＡおよびＢが、それぞれ野村證券の営業担当社員との間で個人的に親密な関係にあったこと、②インサイダー情報管理に関する認識の甘さがあったことが、組織的な要因として、①証券会社の営業担当者個人についても業務への貢献度を評価するという証券会社評価の仕組みがあったこと、②株式運用部ではファンド・マネージャーの行動を把握できない管理態勢であったこと、③内部通報制度の不活用が挙げられている。

再発防止策　CMAB第三者委員会報告書では、①企業理念の再確認、②わかりやすく、参照が容易な社内ルールの整備、③社内ルールのモニタリングの有効性の確保、④預かり資産運用担当者相互間のピア・チェックの実現、⑤インセンティブ制度とコンプライアンス体制のバランス、⑥証券会社側のコンプライアンス態勢のチェックが挙げられている。

　なお、CMAB第三者委員会に先立ち設置された特別調査委員会では、①受託者精神に立脚した自己規律の浸透のための全社的活動、②全役員・社員のコンプライアンス意識の醸成を目的とした「コンプライアンス意識に関するアンケート調査」の継続的実施、③三井住友信託銀行株式会社（2012年４月１日にCMABが住友信託銀行株式会社と合併して設立）コンプライアンス統括部における「研修チーム」の新設、④コンプライアンスの重要性に関する役員に対する定期的な研修、⑤内部通報制度の活性化が挙げられている。

コメント　2012年３月以降、本件を含め、引受証券会社から上場会社の公募増資に関する未公開情報を入手した機関投資家等がインサイダー取引を行ったとして証券取引等監視委によって摘発される事案が続発した。この一連の増資インサイダー問題において、インサイダー取引を行った機関投資家等に対する課徴金の額が少額であったこと、インサイダー情報の漏えいに関わった証券会社が課徴金賦課等の対象とされなかったこともあり、インサイダー取引規制の見直しが進められ、2013年６月12日に金商法等の一部を改正する法律案が成立し、同月19日に施行された。

さらに理解を深める　CMAB第三者委員会調査報告書、野村ホールディングス・野村證券「証券取引等監視委員会による勧告事案に関する調査委員会の報告および当社としての改善策について」（2012年６月29日）

96　ドンキホーテ前代表取締役インサイダー取引推奨

当　事　者：株式会社ドンキホーテホールディングス（以下「ドンキホーテ」）（現
　　　　　　株式会社パン・パシフィック・インターナショナルホールディングス
　　　　　　〔以下「PPIH」〕）
表面化時期：2020年10月
表面化の経緯：証券取引等監視委が関係先を強制調査していたとの報道（2020年10月
　　　　　　29日日本経済新聞電子版）
第三者委員会等：客観的資料により確認できなかったので記載せず

経営責任：客観的資料により確認できなかったので記載せず
行政処分：課徴金納付命令はなし。ただし、証券取引等監視委は、ドンキホーテ前代
　　　　　表取締役社長兼最高経営責任者Aを東京地検に告発（2020年12月22日）
民事責任：客観的資料により確認できなかったので記載せず
刑事責任：Aに対し懲役2年（執行猶予4年）の有罪判決（東京地判令和3・4・27
　　　　　裁判所ウェブサイト）（確定）

事案の概要　ドンキホーテとユニー・ファミリーマートホールディングス株式会社
（現株式会社ファミリーマート、以下「ファミリーマート」）は、2017
年8月に、資本・業務提携に関する基本合意書を締結し、引き続きその諸条件につい
て協議中であった。
　ドンキホーテの代表取締役社長兼最高経営責任者を務めていたAは、2018年8月7
日頃、その職務に関し、①ファミリーマート代表取締役社長からの伝達により、同社
の業務執行を決定する機関がドンキホーテの株券の公開買付けを行うことについての
決定をした事実、および②ドンキホーテの業務執行を決定する機関が子会社の異動を
伴うユニー株式会社の株券の取得を行うことについての決定を行った事実を知った。
なお、上記各事実が公表されたのは同年10月11日であった。
　Aは、知人であるBにあらかじめドンキホーテ株を買い付けさせて利益を得させる
目的をもって、上記各事実の公表前である2018年9月上旬頃から同月下旬頃までの間、
Bに対し、3回にわたり、電話により、ドンキホーテ株の買付けを勧め、これにより
買付けを勧められたBが、上記各事実の公表前である同月6日から同年10月9日まで
の間、ドンキホーテ株合計7万6500株を代金合計約4億3000万円で買い付けた。

　なお、検察側の冒頭陳述によれば、ＡはＢに対し、「俺だったら、絶対買う」、「もっと突っ込まないと。社長の俺が言ってるんだから、俺を信じろ」、「10月10日頃までに買っておけばいいよ」などと強く取引を勧めたとされる（2021年3月9日日本経済新聞電子版）。

　Ａは、公判において、公訴事実を認める一方、本件はＢの尊敬や信頼を得るために行ったものであり、また、法改正により取引推奨行為が規制対象となったことは知らなかったなどと述べたが、東京地裁は、上記判決の量刑の理由において、「社内のコンプライアンスを徹底すべき立場にあった被告人が、そのような動機で安易に犯行に及んだことは強い非難に値する」と判示した。

| 関連法令 | 金商法167条の２第１項・２項、197条の２第14号・15号 |

| 発生原因 | 客観的資料により確認できなかったので記載せず |

| 再発防止策 | 本件に対する直接の再発防止策であるとの記載はないが、PPIHの統合レポート2021（2021年11月発行）には、「2020年11月に、グループの役員を対象に外部講師を招いて『インサイダー取引に関する実務』の研修を実施したほか、2021年はグループの全社員（正社員、契約社員）を対象にした、eラーニングによるコンプライアンス研修を定期的に行い、組織全体で企業コンプライアンスの意識向上に努めています」とある。また、同社は2021年１月19日に指名・報酬委員会を設置した。 |

| コメント | 金商法の平成25年改正（2014年４月施行）により新設された同法167条の２により、未公表の重要事実等を知った会社関係者等が、他人に対し、利益を得させ、または損失の発生を回避させる目的（目的要件）をもって、重要事実等を伝達すること（情報伝達）、または株券の売買等を勧めること（取引推奨）が禁止された。本件は、取引推奨単独では初の告発事案である。 |

　本件は、上場会社のトップでさえも取引推奨規制を認識していなかったことを示し、各社において、インサイダー取引防止規程に取引推奨規制を規定し、その内容を役職員に対する研修等により周知する等の防止策を講ずる必要性を再認識させるものである。

| さらに理解を深める | 金融庁「証券取引等監視委員会の活動状況（令和２年度版）」、同「情報伝達・取引推奨規制に関するQ&A」 |

97 SMBC日興證券相場操縦

当　事　者：SMBC日興證券株式会社（以下「SMBC日興證券」）
表面化時期：2022年 3 月 4 日
表面化の経緯：SMBC日興証券の役職員 4 名が金商法違反の疑いで逮捕
第三者委員会等：2022年 3 月 4 日設置の外部委員 3 名による調査委員会（同年 6 月24日調査報告書公表）

経営責任：社長は無報酬（ 6 か月間）、前社長らは月額報酬50％返納（ 6 か月分）、三井住友FG社長は月額報酬30％減額（ 6 か月間）など
行政処分：SMBC日興證券に業務停止命令 3 か月（ブロックオファー取引〔以下「BO取引」〕に関連する新規の勧誘・受託・取引に関する業務について）および業務改善命令、親会社である株式会社三井住友フィナンシャルグループに改善措置命令
民事責任：客観的な資料により確認できなかったので記載せず
刑事責任：副社長を含む役職員 6 名を金商法違反（相場操縦）で起訴、SMBC日興証券を両罰規定で起訴、2023年 2 月13日東京地裁判決でSMBC日興証券に罰金 7 億円、追徴金44億7000万円（確定）
そ の 他：東証が過怠金 3 億円およびエクイティ本部の自己勘定による東証での有価証券売買停止 5 日間、日証協が過怠金 3 億円

事案の概要　　調査報告書および証券取引等監視委員会による告発の対象となった犯則事実についての発表（2022年 3 月23日および同年 4 月12日付）によれば、SMBC日興証券の役職員らが、東証に上場する10銘柄について、SMBC日興証券が扱うBO取引において、売買価格の基準となる同取引当日の終値等が前日の終値に比して大幅に下落することを回避し、その株価を維持しようと企て、同株券の相場を安定させる目的をもって指し値での買い注文を大量に入れるなどした。

　なお、BO取引とは、東証の立会外取引などを通じてSMBC日興証券が行ってきた取引手法であり、大口の保有株式を売却したいというニーズを有する株主からSMBC日興証券がそれらをまとめて買い受け、直ちに多数の個人投資家等に売却するというものである。大口保有株式の売却人には、準備期間が短く、手続的負担を軽減できるというメリットが、発行会社には事務負担が少なく、東証が上場維持基準として要請している株式の流動性の上昇に資する等のメリットが、個人投資家等にはBO取引執

行日の終値から一定のディスカウントがなされた金額で買い取りができ、SMBC日興証券の自己勘定取引であるため売買委託手数料を負担しなくて済むというメリットが、それぞれある。

| 関連法令 | 金商法197条1項5号、159条3項、207条1項1号、刑法60条 |

発生原因　調査報告書では、①自己規律および態勢整備の不足、②社内全般にわたる規範意識の希薄性、③ガバナンス態勢全般の機能不全、④人事政策におけるコンプライアンスの位置づけの弱さが挙げられている。

　①については、具体的に、自己勘定取引に関する業務指針の不備、自己勘定取引の担当部署における規律の不足、自己勘定取引に対する審査の実効性の欠如が指摘されている。また、③については、売買管理部の態勢自体の脆弱性、コンプライアンス関連部門全般の牽制機能の脆弱性、取締役会等へのレポーティング態勢の目詰まり、部門横断的にリスク管理を行う態勢や主体の不存在、などに加え、過去の不祥事案の反省を活かせない経営体質ということも指摘されている。

再発防止策　SMBC日興證券が金融庁に提出した業務改善命令に基づく報告書によれば、再発防止に向けた取組みとして、①経営管理態勢の強化、②内部管理態勢（不公正取引を防止する態勢を含む）の強化、③コンプライアンスを重視する健全な組織文化の醸成が挙げられている。具体的には、①ではプロダクト・ガバナンス強化、②では3線管理態勢の実効性向上によるコンプライアンス態勢強化、③では3線管理態勢の実効性向上によるコンプライアンス意識醸成などが掲げられている。

コメント　調査報告書においても指摘されているが、SMBC日興証券は「2012年4月、その取締役会の諮問機関であるコンプライアンス委員会に『法人関係情報管理強化部会』を設置するとともに、売買管理部に法人関係情報管理課を新設し人員の増強を図ることで、法人関係情報管理態勢を整備・維持するとともにモニタリング態勢を強化した。」ことになっていた（「SMBCグループ二十年史」第10章 内部管理態勢の強化 参照）。しかし、実際には「内部管理態勢の強化」はされておらず、2022年10月31日のオンライン決算会見で同社の常務執行役員が、同年4−6月期の純営業収益には約100億円、同年7−9月期は約150億円のマイナスの影響が出たと述べるような不祥事を繰り返してしまった。

　金融庁に提出された調査報告書での再発防止に向けた取組みに基づき、今回こそ、抜本的な改善がなされることが期待される。

| さらに理解を深める | 調査報告書 |

98 蛇の目ミシン工業利益供与

当　　事　　者：蛇の目ミシン工業株式会社（以下「ジャノメ」）
表 面 化 時 期：1991年3月
表面化の経緯：ジャノメへの恐喝容疑で仕手筋を逮捕
第三者委員会等：客観的資料により確認できなかったので記載せず

経営責任：客観的資料により確認できなかったので記載せず
行政処分：客観的資料により確認できなかったので記載せず
民事責任：株主代表訴訟で役員らに583億円あまりを支払うよう命じる判決（最判平
　　　　　成18・4・10民集60巻4号1273頁、東京高判平成20・4・23金判1292号14頁）
刑事責任：客観的資料により確認できなかったので記載せず

| 事案の概要 |
いわゆる仕手筋として知られ、暴力団との関係も取りざたされていた
Aは、ジャノメ株を買い集めて筆頭株主となり、株主総会で取締役に
も選任された。Aは、役員らに対し、保有するジャノメ株の高値での買取りを要求し、
「保有するジャノメ株を全部暴力団○○会の関連会社に譲渡した」、「新株主はジャノ
メにも来るし、○○銀行の方にも駆け上がっていく、とにかくえらいことになった
な」、「大阪からヒットマンが2人来ている」などと述べて脅迫し、暴力団の関連企業
への売却を取り消したいのであれば300億円を用立てるよう要求した。役員らは、
ジャノメに暴力団が入ってくれば、さらなる金銭の要求がされ、経営の改善が進まず、
入社希望者もいなくなり、他企業との提携もままならなくなり、会社が崩壊してしま
うと考えたが、他方で、ジャノメから300億円を出金してAに交付すれば経営者とし
ての責任問題になると思い悩んだ。結局、役員らは、臨時の取締役会で決議し、ジャ
ノメの関係会社を通じた融資の形でAに約300億円を利益供与した。その後も、Aに
迫られて、ジャノメの関係会社を通じてAの経営する会社の約1600億円の債務につい
て肩代わりおよび担保提供をした。

　ジャノメの株主が提起した株主代表訴訟では、①役員らの忠実義務・善管注意義務
違反の責任と、②株主の権利行使に関する利益供与の禁止規定違反の責任の2点が争
点となった。

　第1審判決（東京地判平成13・3・29判時1750号40頁）は役員らの責任を否定し、
控訴審判決（東京高判平成15・3・27判タ1133号271頁）も、「Aの狡猾で暴力的な脅
迫行為を前提とした場合、当時の一般的経営者として、本件のように判断したとして
も、それは誠にやむを得ないことであった」として、役員らの責任を否定した。

　しかし、上告審判決（最判平成18・4・10民集60巻4号1273頁）は、①の責任につ

き、「証券取引所に上場され、自由に取引されている株式について、暴力団関係者等会社にとって好ましくないと判断される者がこれを取得して株主となることを阻止することはできないのであるから、会社経営者としては、そのような株主から、株主の地位を濫用した不当な要求がされた場合には、法令に従った適切な対応をすべき義務を有する」、「役員らは、Aの言動に対して、警察に届け出るなどの適切な対応をすることが期待できないような状況にあったということはできないから、Aの理不尽な要求に従って約300億円という巨額の金員を○社に交付することを提案し又はこれに同意した役員らの行為について、やむを得なかったものとして過失を否定することは、できない」と判示して責任を認め、②の責任についても、「会社から見て好ましくないと判断される株主が議決権等の株主の権利を行使することを回避する目的で、当該株主から株式を譲り受けるための対価を何人かに供与する行為は、『株主ノ権利ノ行使ニ関シ』利益を供与する行為」と判示して責任を認めた。

　そして、損害額等について審理を尽くさせるために差し戻された差戻審判決（東京高判平成20・4・23金判1292号14頁）は、「Aの理不尽な要求については警察に届け出るなどの適切な対応をすることが期待できない状況にあったわけではなく、Aへの対応はジャノメにとって譲渡されると困る暴力団関係者等へのジャノメ株の売却を示唆しての恐喝行為に屈することが許されるか否かというきわめて単純な判断事項であること、Aの恐喝に屈しジャノメが債務の肩代わりを行うことにより将来ジャノメが巨額の損害を受ける可能性が高かったこと、役員らは東京証券取引所第1部に上場されている企業の取締役であることなどを考慮すると、役員らのAに対する対応は、大局的視野に欠け、余りにも稚拙で、かつ、健全な社会常識と懸け離れたものであるといわざるを得ず、信義則という一般条項により責任を制限することは相当でない」と判示し、役員らに583億円あまりを支払うよう命じた。

関連法令　会社法423条（当時は商法266条）、会社法120条（当時は商法294条の2）

発生原因　客観的資料により確認できなかったので記載せず

再発防止策　客観的資料により確認できなかったので記載せず

コメント　本事案は、反社会的勢力による不当要求に対し、警察に届け出るなどの適切な対応をすることが役員の善管注意義務の内容であることを明示したものである。もっとも、現在ではさらに進展し、反社会的勢力の活動を助長する取引を行わないこと、そのような内部統制システムを整備することまでが、役員の善管注意義務の内容になっているものと解されるので、注意が必要である。

さらに理解を深める　前記の各判決

99　スルガコーポレーションビル立退き業務委託

当　事　者：株式会社スルガコーポレーション（以下「スルガ」）
表面化時期：2008年3月
表面化の経緯：警察による強制捜査と報道
第三者委員会等：外部調査委員会（2008年2月26日設置、同年3月25日調査報告書〔中間報告〕公表）

経営責任：取締役執行役員営業推進室長が辞任、代表取締役会長兼社長が代表権返上、社長辞任、取締役らが降格、減俸、退職慰労金放棄
行政処分：客観的資料により確認できなかったので記載せず
民事責任：客観的資料により確認できなかったので記載せず
刑事責任：なし（ただし本件に関連するインサイダー取引で起訴）
そ の 他：民事再生手続開始申立てによる上場廃止

事案の概要　2008年3月4日、大阪の不動産会社の関係者が弁護士法違反（非弁行為）の疑いで逮捕された。この不動産会社は反社会的勢力関係企業として報道され、同社にビル立退き業務を委託していたスルガ（当時東証2部上場）も警察による強制捜査を受けた。

　スルガは、この問題について2008年1月18日に社内調査委員会を立ち上げ、同年2月26日には外部の独立した有識者から構成される外部調査委員会を立ち上げて調査を行い、同年3月25日に外部調査委員会の調査報告書を公表するとともに関係者を処分し、同年4月28日には再発防止の取組みと弁護士による法的監査の結果を公表した。

　しかし、2008年5月15日に監査法人が定時株主総会後の退任を申し出たことを公表し、同月26日には監査法人の財務諸表監査が未了で決算発表を延期した。同月29日には決算発表を行ったが、そこには「継続企業の前提に関する重大な疑義の注記」が付され、翌30日には監査法人が意見不表明としたことが公表された。この2日間だけでスルガの格付け（JCR）はBBB-からCCCへと7ノッチ下げられた。

　前記の「継続企業の前提に関する重大な疑義の注記」には、借入金の借換えが困難になっており、貸借対照表日において、新たな資金調達、既存借入金の今後の返済履行が困難な状況となっているとされた。

　2008年6月24日にスルガは民事再生手続開始を申し立て、同年7月25日に上場廃止となった。

　2011年6月10日、証券取引等監視委は、スルガの元代表取締役らをインサイダー取引の嫌疑で横浜地方検察庁に告発し、その後逮捕、起訴された。

関連法令　弁護士法72条（非弁行為）、金商法166条（インサイダー取引）

発生原因　外部調査委員会の調査報告書は、スルガが反社会的勢力ないしはその疑いのある者と取引をしてしまったことの原因として、①スルガの反社会的勢力に対する認識の甘さ、②報告・情報共有体制の不備、③早期の立退きを追求するスルガの利益重視の姿勢、④下請業者に責任をとらせるという認識、⑤反社会的勢力ないしはその疑いがあることの判断の困難性、を指摘した。

再発防止策　外部調査委員会の調査報告書は、今後実施を検討すべき再発防止策として、①外部の専門家による監査（反社チェックデューディリジェンス）の定期的な実施・公表、②プロジェクト審査部によるチェック体制の拡充、③公益通報制度の機能強化および外部からの情報受付窓口の設置、④決裁・業務報告体制、部門間の連携体制の見直し、⑤社内における監査・監視機能の強化、⑥反社会的勢力との関係がないことを示す確認書および暴力団排除条項の活用、⑦不動産ソリューション事業におけるビジネスの適正化、⑧役職員の意識改革・法令等の研鑽のいっそうの徹底、を提言した。

コメント　本件は、ビル立退き業務で利益を追求するために反社会的勢力関係企業を積極的に利用したという事例である。外部調査委員会の調査報告書は、「立退き交渉に仮に多少の行過ぎがあったとしても目をつぶり、早期立退き交渉の完了を追求、優先するスルガの利益重視の姿勢が垣間見える」、「違法不当な立退き交渉が行われるリスクや、反社会的勢力が立退き交渉の現場に介入してくるリスクに対する意識が薄れ、徹底したコンプライアンス意識を形成するまでに至らなかった」と指摘する。

　また、本件は、反社会的勢力と関係することが、企業にとって重大な「事業継続リスク」となることを教える格好の事例である。暴力団幹部との交際が発覚して芸能界からの引退を余儀なくされた島田紳助氏の事例も、これと同列に位置づけられよう。

　反社会的勢力と関係する企業に対する金融機関の融資姿勢はますます厳格化している。融資をストップされて倒産に至らないよう、企業は反社会的勢力との関係を遮断することがますます求められている。

さらに理解を深める　前記外部調査委員会の調査報告書

100 富士通元社長辞任

当　事　者：富士通株式会社（以下「富士通」）
表面化時期：2010年3月
表面化の経緯：一部報道と富士通の適時開示
第三者委員会等：客観的資料により確認できなかったので記載せず

経営責任：元社長が辞任
行政処分：なし
民事責任：客観的資料により確認できなかったので記載せず
刑事責任：なし

事案の概要　　1　Xは、富士通の代表取締役社長として、富士通の上場子会社D社に関する公開買付（TOB）案件につき、A社が資金調達に関与する前提で社内検討を開始させたが、インターネット上の風評等から、A社はD社案件の資金調達には関与しないことになった。しかし、Xは、依然として甲野に対する信頼を変えることなく、D社案件への甲野の関与を容認していたのみならず、甲野との深い親交を維持していた。

他方で、証券会社の役員らから、A社らを「真っ黒」と認定しており、A社らとビジネス上の関わりを持つことはできない旨の発言を受け、調査会社が作成した分析書には、A Ltd.の代表者（CEO）丙川が会食を頻繁に繰り返しているBという人物は、警視庁からの情報によると、「広域暴力団F系○会○組組長」（○は伏せ字）という肩書での恐喝の容疑で逮捕されて、懲役1年6月の実刑判決を受けているほか、丙川のファンドの資金の中には暴力団絡みの金も含まれている可能性が強く、丙川とは取引をしない方がよいこと等が記載されていた。

富士通の取締役らおよび社外監査役は、2009年9月25日、定例取締役会の直前に、Xを会議室に呼び出して面談をし（以下「本件面談」）、Xと甲野との関係やA社らの反社会的勢力への関与等について問答が繰り返された後、Xに代表取締役社長および取締役を辞任するよう求め、Xはその場で辞任届に署名した。
2　富士通は、同日、「代表取締役の異動（社長交代）に関するお知らせ」と題する適時開示を行い、Xが「病気療養のため」辞任したと開示した。

しかし、富士通は、2010年3月6日、「一部報道について」と題する適時開示を行い、Xが辞任するに至った経緯を説明したうえで、「本件は、あくまで当社代表取締役としての適格性の問題であること、当社は当該企業の評価を公表する立場にないこと、しかしながら、Xが辞任された背景に触れるとすれば、当該企業の評価が取り沙汰され、当該企業に何らかの影響を及ぼさざるを得ないこと、これらの事情を総合的に勘案して、当時、X氏自身が体調を崩していた事実もあったことから、X氏本人合

意の上、辞任理由を病気として発表いたしました」と開示した。

　また、2010年3月9日には、「本件につき、本日、東京証券取引所に対し、当社の事情を説明し、同所より『平成21年9月25日の適時開示は、代表者の異動理由について適切な説明が行われておらず、開示の適正性に欠けていたものと考えられますが、代表者異動自体に係る投資者の投資判断に大きな誤りをもたらすほどの重大な影響があるとまでは言い難いことから、改善報告書徴求等の措置をとるには至らない』とのご判断により、口頭で、厳重に、注意を受けました」と開示した。

3　Xは、富士通らを被告として、本件面談における辞任要求について不法行為が成立すると主張して損害賠償請求訴訟を提起した。

　第1審判決（東京地判平成24・4・11判時2159号77頁）は、本件面談時におけるXとの具体的なやりとりを認定し、「本件面談においては、A社らが反社会的勢力と関係あることが客観的に真実であるか否かは何ら問題とされておらず、むしろ、近時の反社会的勢力との関係を徹底的に遮断する動きの中で、A社らと反社会的勢力との関係が疑われたことから、甲野と深い関係を有していたXが富士通の代表取締役社長の地位にあり続けることによって、富士通が上場廃止等の危険にさらされるリスクを回避するために、……Xに辞任を要求したことは明らか」、「A社が反社会的勢力に関与していることが客観的に真実か否かがXによる辞任の意思決定を左右したものとは認められない上、……A社らと反社会的勢力との関わりが疑われることを前提にXに辞任を求めたことには相応の根拠があり、また、政府及び民間を挙げての反社会的勢力との関係を徹底的に遮断する動きの中で、A社らと反社会的勢力との関わりが疑われた以上、甲野と深い親交を維持していたXに辞任を求めることには十分な理由があった」、「Xも……辞任要求の趣旨を受け容れて自ら辞任の意思決定をしたと認められる」と判示し、辞任要求について不法行為の成立を否定した。

　控訴審判決（東京高判平成24・11・29〔公刊物未登載〔LEX/DB25504787〕〔要約版：金判1410号8頁〕）はXの控訴を棄却し、上告審決定（最決平成26・7・9公刊物未登載〔LEX/DB25504623〕）は、Xの上告を棄却した。

| 関連法令 | なし |

| 発生原因 | 客観的資料により確認できなかったので記載せず |

| 再発防止策 | 客観的資料により確認できなかったので記載せず |

| コメント | 本件は、上場会社の社長が反社会的勢力と疑われる者と交際することのリスクを明示するものであるが、当該リスクの管理において社外監査役 |

らが機能したガバナンスの成功事例ということもできる。また、代表取締役社長の辞任理由を適時開示することの難しさを示すものとしても参考になる。

| さらに理解を深める | 前記の各判決 |

101 土佐電気鉄道暴力団発言

当　事　者：土佐電気鉄道株式会社（平成26年にとさでん交通株式会社に統合、以下「土電」）

表面化時期：2013年3月

表面化の経緯：YouTubeへの動画投稿

第三者委員会等：外部調査委員会（2013年5月16日設置、同年7月30日外部調査報告書公表）

経営責任：会長と社長が辞任

行政処分：客観的資料により確認できなかったので記載せず

民事責任：客観的資料により確認できなかったので記載せず

刑事責任：なし

事案の概要　外部調査委員会の調査報告書は、以下のとおり報告している。

1　元会長および元社長の発言等に関する事実

①A氏（注：土電の株主）により投稿されたYouTubeの動画（A氏が抜粋、編集したもの）によれば、元会長および元社長は、A氏との面談の中で、元会長がD氏との関係を示唆し、元社長がD氏の写真と名刺をA氏に対して提示し、D氏以外にも現役の暴力団員の名前を挙げるなどの言動を行った。②元会長とD氏は同郷で幼い頃からの知り合いであったが、名古屋の高知県人会で再会して交流を持つようになった。元会長は、2007年頃にD氏を元社長に紹介し、その後、元社長は名古屋で2、3回ほどD氏と顔を合わせた。③D氏は2009年11月に死去し、元会長および元社長はその告別式に参列した（告別式は暴力団関係者のものと一般のものに分けて行われ、元会長・元社長は後者に参加）。その際の交通費を土電が支出した（香典は支出していない）。④元会長および元社長を含め、土電と、現役の暴力団員や暴力団その他反社会的勢力との交流等の直接の関係が存在するとは認められなかった。⑤元社長は辞任後、整理した私物とともに、A氏に示したD氏の写真や名刺、元社長の手帳等が入っていた段ボール箱約3箱を、従業員に指示して焼却処分させていた。

2　本件問題に関する行為の法的評価

①元社長および元会長の言動等は、以下のとおり、高知県暴力団排除条例違反には該当しない。D氏は約30年前に暴力団から引退しており、D氏に関する言動は暴排条例違反に該当しない。元会長および元社長は、元社長が名前を出した現役の暴力団員

と面識はなく、それらの暴力団員等との関係を有するに至る契機もないことから、暴排条例にいう「利用」に該当しない。喫茶店代やお供物代等の経費の支出については、D氏は約30年前に暴力団から引退しており、暴力団等への「利益供与」に該当しない。②ただし、元社長および元会長の言動および交通費等の支出は、コンプライアンス上きわめて問題であるというほかなく、強い非難を免れない。③証拠を含む私物の焼却処分も、コンプライアンス上重大な問題である。

関連法令　高知県暴力団排除条例18条、19条

発生原因　外部調査委員会の調査報告書は、本件問題等が発生した要因および組織・経営体制上の問題点として、以下の4点を挙げた。①土電は元会長の個人商店的な状態であったというべきであり、元会長および元社長に対する取締役・監査役による監視・牽制が機能していなかった。このことについては他の役員の責任も重大であり、今後、代表者や業務執行者を監視・牽制する体制を整備する必要がある。②他方、土電経営陣は、経営や役員人事等に対して意見や要望をいい、何らかの交換条件を提示するなどして自身が一定の利益を得ようとするといった株主に対して、過度とも思われるかなりの配慮をしてきたという歴史がうかがえる。株主によるこういった不当な経営介入は許されることではなく、コーポレート・ガバナンスの欠如は顕著であり、是正される必要がある。③経営陣のコンプライアンスに対する意識・理解が欠如している上、諸規程も整備されていない。また、コンプライアンスについての教育研修が実施されておらず、従業員へのコンプライアンスの周知もなされていないため、これらの充実が喫緊の課題である。④土電グループ各社の企業風土として、会社内部や部門間の風通しが悪く、組織・部門横断的な検査・検証やそれを踏まえての業務改善・経営改善へのフィードバックが継続的に実施される組織体制やルールを構築・整備する必要がある。

再発防止策　外部調査委員会の調査報告書は、再発防止策の提言として、以下の8点を挙げた。①経営改革委員会の組成と活動、②社外取締役の再導入を含めた役員構成の見直し、③担当取締役およびコンプライアンス諮問委員会の創設と継続的活動、④役職員行動規範の整備等によるコンプライアンス経営のための企業風土の確立、⑤役職員に対するコンプライアンス研修の継続的実施、⑥有効な内部通報制度の再構築、⑦各種ルールの整備、規程類の策定による内部統制強化、⑧関係諸機関からの継続的な指導・監視のための態勢の構築。

コメント　本件は、企業の役員が株主対応において（元）暴力団員の威力を利用しようとした稀有な事例であり、一般化できるものではないが、企業の役員が反社会的勢力と交際することのリスクを示す一例である。

さらに理解を深める　前記外部調査委員会の調査報告書

102　みずほ銀行反社会的勢力向け融資

当　事　者：株式会社みずほ銀行（以下「みずほ銀行」）、株式会社みずほフィナン
　　　　　　シャルグループ（以下「みずほFG」）
表面化時期：2013年9月
表面化の経緯：金融庁による業務改善命令
第三者委員会等：みずほ銀行・提携ローン業務適正化に関する特別調査委員会（以下
　　　　　　「特別調査委員会」。2013年10月8日設置、同月28日調査報告書〔要約
　　　　　　版〕公表）

経営責任：2013年10月28日にみずほ銀行の取締役会長、常務執行役員（リスク管理グ
　　　　　ループ長）、執行役員コンプライアンス統括部長らが辞任、その他報酬減
　　　　　額、同年12月26日にみずほFG取締役会長が辞任、その他報酬減額、2014
　　　　　年1月23日にみずほ銀行取締役頭取（代表取締役）兼頭取が辞任
行政処分：2013年9月27日にみずほ銀行に業務改善命令、同年12月26日にみずほ銀行
　　　　　に一部業務停止命令、みずほFGに業務改善命令
民事責任：みずほFGの株主が提起した株主代表訴訟で、銀行持株会社の取締役に銀
　　　　　行子会社での反社会的勢力への融資を防止・解消する善管注意義務の違反
　　　　　は認められないとされた（東京地判令和2・2・27金法2159号60頁）
刑事責任：なし
そ　の　他：みずほFGの個人株主が2014年3月28日に歴代役員14人に対し計約16億
　　　　　7000万円の損害賠償を求める株主代表訴訟を東京地裁に提起したとの報道
　　　　　（同月29日付日本経済新聞電子版）

事案の概要　　みずほ銀行では、2010年12月に株式会社オリエントコーポレーション
　　　　　　（以下「オリコ」）経由のキャプティブローンの事後チェックで228件
の反社会的勢力向け融資があるのを把握したが、その後も2年以上、反社会的勢力向
け融資を未然に防止するための態勢を整備しなかった。金融庁が2013年9月27日に行
政処分を発した際には、「反社会的勢力との取引が多数存在するという情報も担当役
員止まりとなっている」と指摘されたが、その後、特別調査委員会の調査報告書にお
いて、その情報がみずほ銀行および親会社であるみずほFGの取締役会およびコンプ
ライアンス委員会にも報告されていたことが判明し、同年12月26日の追加行政処分に
つながった。本件は連日大きく報道され、同年11月には衆参両議院の委員会で集中審
議が行われ、金融庁は2014年6月に総合的な監督指針を改正した。

関連法令　　銀行法24条1項、26条1項、52条の33第1項

発生原因　金融庁が2013年12月26日にみずほ銀行に発した一部業務停止命令は、次の３点を含む詳細で多岐にわたる処理理由を示した。①2010年12月にキャプティブローンに多数の反社取引があることを認識した後も、当時の頭取をはじめとする取締役は、オリコの営業への配慮から、キャプティブローンに係る反社取引排除の態勢整備について、具体的かつ明確な方策を立てることなく、現場（コンプライアンス統括部）任せにして放置していた。②2011年７月以降、当時の頭取をはじめとする取締役は、フロント部署に業務推進を優先させ、当該部署が反社管理に当事者意識を持つようコンプライアンス意識を醸成していなかった。③取締役会は、担当役員や所管部の不注意や恣意的な判断により経営陣が課題として認識した事項が欠落することがないよう、これら課題を組織的に引き継ぎ、PDCAによる進捗管理を行う態勢を構築できていなかった。

　また、特別調査委員会が2013年10月28日に公表した調査報告書は、次の４点を含む原因分析を示した。①本キャプティブローンが自行の貸付債権であるという意識が希薄であった。②反社会的勢力との関係遮断に組織として取り組むことの重要性に対する役職員の認識が不足していた。③反社会的勢力の問題の経営陣に対する報告の行内ルールが明確性を欠き、行内に十分浸透していなかった。④金融庁への報告に際して確認不足・不徹底な対応があった。

再発防止策　みずほ銀行が金融庁に提出した業務改善計画には、次の諸点が含まれている。①コンプライアンス統括グループの見直し、②反社会的勢力との関係遮断に向けたガバナンスの強化、③反社取引排除委員会の新設、④社外取締役の配置、経営陣への反社関連情報の報告・連絡体制の強化、⑤役職員の反社会的勢力との関係遮断に対するさらなる意識の向上、⑥役職員の反社取引排除に関する意識向上、⑦部店長を対象とする反社取引排除に特化した研修の実施、⑧コンプライアンス統括グループにおける警察当局・その他関係団体・弁護士とのさらなる連携強化、⑨企業風土の改善。また、みずほFGは委員会設置会社（当時。現・指名委員会等設置会社）に移行し、社外取締役を取締役会議長に選任するなど、コーポレート・ガバナンス強化策を講じた。

コメント　本件は、銀行における反社会的勢力向け融資の問題であるが、その根本原因は、経営陣が業務推進を優先し、反社会的勢力排除という企業の社会的責任（CSR）を劣後させた結果、この問題への対応を現場任せにして放置したことであり、こうした事態は、銀行に限らずどのような業態の企業でも等しく起こりうる。本件の根本原因を正しくとらえ、みずほ銀行が取り組んでいる再発防止策の中身を経営陣がしっかりと理解することは、反社会的勢力対応が求められるすべての企業にとって有益である。

さらに理解を深める　金融庁「みずほ銀行及びみずほフィナンシャルグループに対する行政処分について」（2013年12月26日）、提携ローン業務適正化に関する特別調査委員会の調査報告書（要約版）（同年10月28日）

103　日本プロゴルフ協会暴力団プレー

当　事　者：公益社団法人日本プロゴルフ協会（以下「PGA」）
表面化時期：2013年9月
表面化の経緯：報道機関の取材を受けた内部調査と報道
第三者委員会等：事案の概要に述べる各委員会

経営責任：理事と副会長を退会処分
行政処分：公益社団法人及び公益財団法人の認定等に関する法律（以下「公益認定
　　　　　法」）に基づく勧告
民事責任：客観的資料により確認できなかったので記載せず
刑事責任：なし

事案の概要　PGAは、2013年8月21日、時事通信社から、理事Xが指定暴力団会
　　　　　　　長に熊本県内のゴルフ場でゴルフレッスンをしたり、同人に代わりゴ
ルフ場の利用予約をした事実について取材を受け、翌22日、顧問弁護士兼コンプライ
アンス委員長および監事2名からなる「内部調査委員会」を組織して事実を調査し、
同年9月17日に理事Xを8か月の会員資格停止とした。さらに、同月18日、副会長Y
から、指定暴力団会長とゴルフプレーや会食等の交友をしていたとの自己申告を受け、
調査委員会で事実を調査し、同年10月28日にXおよびYを退会処分とした。

　PGAは、前記の経緯について、監督官庁である内閣府の公益認定等委員会に適宜
報告していたが、公益認定等委員会から、事案の内容に鑑みて第三者による調査を行
うべきとの指摘を受け、2014年1月7日に独立の第三者からなる「第三者委員会」に
調査を依頼し、同月22日に正式に第三者委員会を組織し、同年2月22日に「検証報告
書」の提出を受け、同月24日に公表した。

　ところが、2014年4月1日、公益認定等委員会は、PGAに対し、公益認定法6条
6号（暴力団員等がその事業活動を支配するものという欠格事由）に該当するおそれ
があるとして、同法28条1項に基づき、①暴力団員等が事業活動を支配していると疑
われるような事態を排除するために必要な措置を講じ、公益法人として事業を適正に
実施しうる体制を再構築すること、②本件事案について、改めて客観的かつ徹底した
事実解明を行ったうえで、その結果に基づき、同様の事態が2度と繰り返されること
のないよう、再発防止策を徹底すること、を求める勧告を行った。

　勧告の理由は多岐にわたるが、①本件事案を調査するための第三者委員会の設置の

必要性を再三否定し、内部調査の調査経過等の法人内部への説明や対外的な公表を怠ってきた、②他の役員についての反社会的勢力との交際に関する確認についても、対象範囲の限定や実施時期の先延ばしを続けた、③内部調査委員会と懲罰諮問委員会の委員長が同一人物であり、懲罰諮問委員会における審議の結果に合わせて調査委員会の報告の内容が訂正されるなど、両委員会の機能分担が明確でなく、事実認定や検討プロセスが不明瞭であった、④第三者委員会の検証報告書の視点は、内部調査の調査委員と調査対象との間に、事実を歪曲するおそれのある人間関係や事実の歪曲を迫るおそれのある事情がなかったかなどの観点から調査経過等を検証することに限定されており、あるべき行動水準を示すものでもなければ、本件事案およびその一連の対処について責任の所在を明らかにするものでもなく、再発防止策の提言にも至っておらず、同報告書の立論には説得力を欠く点が少なくない、などの指摘がなされた。

　前記の勧告を受けたPGAは、2014年4月18日に改めて独立の第三者からなる「第三者委員会」を組織し、同年5月26日に「調査報告書」を受領し、同月30日に公益認定等委員会に「勧告に係る措置状況報告書」を提出した。

関連法令　公益認定法6条6号、28条1項、各都道府県の暴力団排除条例

発生原因　改めて組織された第三者委員会の調査報告書は、原因分析として、①暴力団排除に関する意識と対策の不備、②暴力団排除に対する具体的対応策の不備、③理事会の監督機能不全、④会員との意思疎通の不十分さ、⑤ゴルフ場からの暴力団排除という観点の欠如、を挙げている。

再発防止策　PGAの「勧告に係る措置状況報告書」は、これまでに講じた措置（体制の整備、暴力団排除に関する相談・通報窓口「PGA119番」設置、暴力団と交際を持たないためのマニュアルの作成、暴力団排除に関する意識向上）および現在取り組んでいる措置（事業契約全般からの暴力団排除への取組み、会員の暴排意識と対応力の向上、全国暴力追放運動推進センターとの連携強化、各種規程の整備、内外に対する説明責任）等を挙げている。

コメント　本件の最大の特色は、PGAが進めた事実調査や懲罰処分について、監督官庁である内閣府の公益認定等委員会が詳細な理由を示して、改善を強く求める勧告を出したことである。ここで示された勧告の理由は、不祥事対応に取り組む他の企業や組織においても大変参考になる。なお、本件と直接の関係はないが、ゴルフ場でプレーした暴力団員が詐欺罪で起訴される事例が増えており、判決は有罪と無罪とに分かれている。企業の反社会的勢力チェック体制の精度が問われる時代になっている。

さらに理解を深める　前記の各委員会の報告書、前記の公益認定等委員会による勧告

104 読売巨人軍野球賭博

当　事　者：読売巨人軍（球団）、選手A～D、大学院生E、飲食店経営者Fら
表面化時期：2015年10月、2016年3月
表面化の経緯：株式会社読売巨人軍による公表
第三者委員会等：日本プロフェッショナル野球組織（以下「NPB」）・調査委員会（2015年10月5日設置、同年11月10日、2016年3月22日調査結果報告書〔要旨〕公表）

経営責任：球団代表：引責辞任。会長：月額報酬50％減額無期限→辞任（引責）。社長：月額報酬50％減額無期限。オーナー：報酬（2か月）全額返上→辞任（引責）。最高顧問：報酬（2か月）全額返上→辞任（引責）

行政処分：なし

民事責任：客観的資料により確認できなかったので記載せず

刑事責任：客観的資料により確認できなかったので記載せず

そ の 他：選手Aについては、東京地方裁判所にて懲役1年2月執行猶予4年、胴元役として賭博開帳図利罪に問われた飲食店経営者Fについては、懲役1年6月執行猶予4年の有罪判決、選手B～Dについては、罰金20～40万円の略式命令を受けたとの報道（2016年10月5日付スポニチアネックス）。大学院生Eについては客観的資料により確認できなかったので記載せず。NPBコミッショナーが読売巨人軍に対して制裁金（2015年分について1000万円、2016年分について500万円）を科す処分。NPBコミッショナーが選手に対して失格処分（A～Cについて無期、Dについて1年間）。読売巨人軍が選手A～Dとの契約解除（実質解雇。ただしDについてはNPBが復帰申請書を受理後、読売巨人軍が育成選手として再契約）

事案の概要　　NPBの調査委員会による調査結果報告書によると、選手Aは、①2014年4月頃から同年10月頃までの間、東京都等において、プロ野球の約10試合の勝敗に関して、E、Fらとともに金銭を賭けて賭博をした、②同年4月頃から2015年8月頃までの間、東京都等において、Eが野球賭博常習者であることを知りながら、Eらとともに、高校野球の試合の勝敗、麻雀の勝敗、バカラの勝敗に関して金銭を賭けて賭博をするなどし、もって野球賭博常習者と交際し、行動をともにし、金品を授受した、③2014年4月頃から2015年9月頃までの間、東京都等において、Fが野球賭博常習者であることを知りながら、高校野球の試合の勝敗に関して、選手Bが金銭を賭ける内容をFに伝達し、その賭け金の精算支払いを手伝ったほか、自らF

とともに、麻雀の勝敗、ゴルフの勝敗に関して金銭を賭けて賭博をするなどし、もって野球賭博常習者と交際し、行動をともにし、金品を授受した、とされている。選手B、CおよびDについても、同様な賭博をしたとされている。なお、選手Dについては、①10日ほどの間に3、4回にわたって8、9試合に賭けたのみで、すぐプロ野球賭博をやめており、②選手Aから、2014年および2015年にプロ野球賭博や高校野球賭博、さらに裏カジノでの賭博を数回にわたって勧められたが、これを断って、野球賭博等をしてこなかったとされ、他の3選手との比較において、相当な差異が認められるとされている。

| 関連法令 | 刑法186条2項、日本プロフェッショナル野球協約180条（賭博行為の禁止および暴力団員等との交際禁止） |

発生原因　NPBの調査結果報告書によると、①プロ野球選手としてのモラルの自覚を欠いていたこと、②常習賭博者に対する警戒感が欠如していたこと、③一部選手の間で頻繁に金銭を賭けるなどした遊びが行われていたことが挙げられている。③については、具体的には、練習後に球場のロッカールームで金銭を賭けたトランプをし、あるいは同球場近くの雀荘で金銭を賭けた麻雀をするなどしていたとされている。

再発防止策　調査結果報告書では、再発防止策として、

①　全選手を対象にした野球協約18条「有害行為」および19条「公正な試合確保のための利害関係の禁止」に関する研修
②　野球賭博等の現金についてポスターによる啓蒙、契約更改時の個人ごとの指導説明等
③　選手間での野球に関する金銭授受や多額の金銭授受を伴う賭け事の禁止
④　全球団挙げての八百長試合・野球賭博等厳禁の活動
⑤　常習賭博者の選手等への接触についての球団間の情報交換等

が挙げられている。前三者は主に選手等に対するものであり、後二者は球団側における活動に対するものである。

コメント　NPBの調査結果報告書（2015年）によると、重要な関係者から十分な聴取の協力が得られず、携帯電話の提出も受けられなかったため、組織的全体像までは明らかにできていないとあり、関係したプロ野球選手個人の資質の問題であるのか、あるいは球団ないし球界全体の問題としてとらえられるのかについては判然としない。

さらに理解を深める　調査結果報告書（要旨）（2015年、2016年）

105 積水ハウス地面師詐欺被害

当　事　者：積水ハウス株式会社（以下「積水ハウス」）
表面化時期：2017年6月9日
表面化の経緯：不動産所有権移転登記申請の却下（2017年6月9日）
第三者委員会等：調査対策委員会（社外監査役および社外取締役で構成。2019年1月取締役会において調査報告書を報告）、統括検証委員会（2020年9月10日設置、同年12月7日報告書公表）

経営責任：客観的資料により確認できなかったので記載せず
行政処分：客観的資料により確認できなかったので記載せず
民事責任：代表取締役社長と取締役最高財務責任者を被告として株主代表訴訟が提起され、請求棄却（大阪地判令和4・5・20金判1651号25頁）
刑事責任：積水ハウスは地面師グループを告訴し、10名に対して有罪判決

事案の概要　本件は、積水ハウスが、元旅館の土地・建物（以下「本件不動産」）につき、真の所有者になりすました地面師グループ一員であるXから、中間業者を介して取得できると欺罔され、その売買代金等の名目で約63億円を交付した詐欺事案である。その手口は、情報収集・立案役や売主のなりすまし役、なりすまし役の手配・指導役等多数の役割が分担されるなど組織性の高いものであった。

　積水ハウスは、本件不動産の取引にあたり、中間業者との売買契約書や公正証書等とともに、公証役場でXと中間業者の担当者が撮影した写真等を受け取っていた。この公正証書には、写真に写る人物がX本人であることが印鑑および印鑑登録証明により認証された旨記載されており、積水ハウスは、これをもってXが売主本人であると信じ、顧問弁護士にもXの本人確認について相談していなかった。

　その後、積水ハウス担当者は、地面師グループ一員のZから、申込証拠金2000万円だけではXが翻意する可能性があること、本件不動産は購入希望者が多くスピードが大切である等虚偽の説明を受けた。これを受け、積水ハウスでは、契約手付金として14億円を支払い、本件不動産につき売買予約を原因とする所有権移転請求権の仮登記を行ったうえで、決済と同時に所有権移転の本登記を受ける内容で提案するとの方針を決定し、この方針に基づき本件不動産を購入する稟議書（以下「本件稟議書」）が作成された。

　本件稟議書には、本件取引の担当事業部長等のほか、執行役員不動産部長や経営企

画部長、常務執行役員法務部長も押印していたが、本件稟議書には、売買契約の内容や本件不動産に関する情報等以外に、売買当事者である中間業者や元所有者であるXの信用性を判定できる情報は記載されていなかった。

　この稟議決裁を経て、本件不動産の売買契約が締結された。その際司法書士がXのパスポートや登記済権利証等を確認したが、偽造の事実には気づかなかった。

　積水ハウスは、仮登記申請が受理されたことを受けて手付金を支払った。しかしその後、積水ハウスには、本件不動産の真の所有者と主張する者からの通知書等が届き、Xの本人確認を改めて行うこととなった。積水ハウス担当者らはXと面談したが、Xはなりすましを否定し、上記通知書についても心当たりがないなどと述べ、積水ハウスが準備した本人であることの確約書に署名押印した。

　積水ハウスは、所有権移転登記申請が受け付けられたことを受け、中間業者に対して約50億円を8通の預金小切手で支払い、中間業者はそのうち約45億円に相当する6通をXに交付した。しかし、所有権移転登記の申請書類として添付されていた国民健康保険被保険者証の写しの偽造が判明し、本登記申請は却下された。

関連法令　刑法246条1項

発生原因　報告書では、第三者を介した取引であることを踏まえれば、一般の取引以上に慎重さが求められるにもかかわらず、他の購入希望者に先越されないことを優先し、慎重な本人確認が行われていなかったこと、積水ハウスにおける内部統制システムが地面師からの防御という点で不十分であったこと等が指摘されている。

再発防止策　積水ハウスでは、本件を踏まえた再発防止策として、稟議にあたっての部門間での情報共有、連携の強化を目的として電子稟議システムが導入されたほか、収益性・事業性だけでなく、売主等に関するリスクやそれへの対策等が稟議書の記載事項として追加された。また、組織面では、投資案件について十分な情報共有と機動的な審議を行う場として経営会議が創設されるなどしている。

コメント　本件では、Xがなりすましであることを疑わせる事実が複数みられたが、その度にXやZらによる虚偽の説明で取り繕われた。個々の疑わしさを慎重に解消していくことがリスク低減に繋がるという意識を役職員全体に醸成することが重要である。

さらに理解を深める　調査報告書、報告書、大阪地判令和4・5・20金判1651号25頁

106 NTTドコモ口座不正利用

当　事　者：株式会社NTTドコモ（以下「NTTドコモ」）、同社が運営するドコモ
　　　　　　口座と銀行口座を連携させていた金融機関
表面化時期：2020年9月
表面化の経緯：NTTドコモおよび金融機関による公表
第三者委員会等：客観的資料により確認できなかったので記載せず

経営責任：客観的資料により確認できなかったので記載せず
行政処分：金融庁がNTTドコモに報告徴求命令（2020年9月10日）
民事責任：NTTドコモが金融機関と連携して被害者に補償
刑事責任：客観的資料により確認できなかったので記載せず
そ の 他：金融庁が金融機関や資金移動業者に対する注意喚起および要請を実施

事案の概要　　悪意のある第三者が預金者の銀行口座情報を不正に入手し、当該預金
者名義でNTTドコモが資金移動業者として運営する「ドコモ口座」
のアカウントを開設し、上記銀行口座と連携させたうえで、銀行口座からドコモ口座
のアカウントへ残高をチャージする方法で不正な引出しを行うという事象が複数の金
融機関で発生した。2020年10月27日までに11行128件2885万円の被害が確認され
（2020年10月28日付NTTドコモ発表を報じる各紙報道）、他の資金移動業者の同種
サービスでも被害が確認された。

関連法令　　犯罪による収益の移転防止に関する法律4条1項、2条2項31号、同施
行規則13条1項1号、主要行等向けの総合的な監督指針Ⅲ-3-9

発生原因　　NTTドコモは、「本不正利用は、第三者が銀行口座番号やキャッシュ
カードの暗証番号等を不正に入手し、ドコモ口座に銀行口座を新規に登
録することで発生しておりました」としている（「ドコモ口座を利用した不正利用に
ついてのお問い合わせ窓口設置について」〔2020年9月11日〕）。また、全国銀行協会
は、「原因について現時点で正確な情報は無いが、報道等によると、資金移動業者の
本人確認の脆弱性が指摘されていることに加え、銀行の口座振替においてキャッシュ
カードの暗証番号のみで認証するなど、その手続きにおける問題点も指摘されてい
る」としたうえで、「資金移動業者のアカウントに銀行口座を連携させる際の手順お

よび残高をチャージする際の手順は、金融機関により異なるが、キャッシュカードの暗証番号に加え、ワンタイムパスワード等の複数の認証手段を組み合わせることによる堅牢な認証手続きとすることを検討いただきたい」としている（「資金移動業者の決済サービス等での不正出金への対応について」〔2020年9月14日〕）。

再発防止策　金融庁は、預金取扱金融機関に対し、①資金移動業者等との間で口座振替契約（チャージ契約）を締結している預金取扱金融機関においては、資金移動業者等における取引時確認の内容を踏まえ、資金移動業者等のアカウントと銀行口座を連携して口座振替を行うプロセスに脆弱性がないか確認すること、②上記確認により問題や脆弱性が見出だされた場合には、資金移動業者等のアカウントとの連携時における認証手続の強化（多要素認証の導入など）を含むセキュリティの強化、資金移動業者等における取引時確認の状況を確認するなどの堅牢な手続の導入を検討すること。また、その導入までの間、足許において被害を生じさせない態勢を整備する観点から、新規連携や資金移動業者等のアカウントへの資金のチャージを一時停止すること、③本事案に関して、被害を心配される利用者から相談を受けた場合には、被害の有無にかかわらず、利用者の不安を解消するべく、真摯な姿勢で迅速かつ丁寧に対応すること、を要請した（金融庁「資金移動業者の決済サービスを通じた不正出金への対応について（要請）」〔2020年9月15日〕）。また、金融庁は、2021年2月26日、「主要行等向けの総合的な監督指針」を改正し、「Ⅲ-3-9　外部の決済サービス事業者等との連携」と題する監督項目を新設した。

コメント　本件は、金融機関と資金移動業者との間の口座連携のプロセスに存在していた脆弱性を突かれた金融犯罪・サイバーセキュリティ犯罪被害である。金融サービスの技術進歩は目覚ましく、利便性も高まるばかりであるが、その一方で新たなリスクや脆弱性も生起し続けている。伝統的な金融機関においても、新たな金融サービスとの連携を強化する場面が増加していくものと考えられるが、上記の金融庁監督指針の視点に即したリスク管理を主体的に実施することが求められる。

さらに理解を深める　全国銀行協会「資金移動業者の決済サービス等での不正出金への対応について」（2020年9月14日）、金融庁「『銀行口座と決済サービスの連携に係る認証方法及び決済サービスを通じた不正出金に係る調査』の調査結果について」（2020年12月25日）

107　三栄建築設計暴力団排除条例違反

当　事　者：株式会社三栄建築設計（以下「三栄」）
表面化時期：2023年 6 月20日
表面化の経緯：三栄が東京都暴力団排除条例に違反して東京都公安委員会から勧告を
　　　　　　　受けた旨を開示
第三者委員会等：第三者委員会（2023年 6 月22日設置、同年 8 月15日調査報告書〔以下
　　　　　　　「調査報告書」〕公表）

経営責任：2022年11月 1 日に創業オーナー元社長（以下「元社長」）が取締役を辞任、
　　　　　2023年 6 月20日に前社長と前副社長が取締役を辞任
行政処分：東京都公安委員会から東京都暴力団排除条例27条に基づく勧告（2023年 6
　　　　　月20日）
民事責任：客観的資料により確認できなかったので記載せず
刑事責任：客観的資料により確認できなかったので記載せず
そ の 他：東証から上場契約違約金1000万円徴求（2023年 8 月30日）

事案の概要　　三栄の各種開示、調査報告書、三栄が2023年 8 月16日に開示した「株
式会社オープンハウスグループによる当社株式に対する公開買付けに
関する賛同の意見表明及び応募推奨に関するお知らせ」（以下「TOB開示」）によれ
ば、以下のとおりである。
　三栄の元社長は、20年以上にわたり指定暴力団住吉会系の暴力団組員との付き合い
があった。三栄は2000年に同組員の自宅を新築し、その後も自宅や暴力団組事務所の
リフォームを行い、2009年に三栄に脅迫的な書簡が送付された際には、その対応に同
組員を関与させるなどした。
　三栄は、2022年 9 月12日に元社長および同組員を被疑者とする特別背任罪の嫌疑で
警察の捜索差押を受け、これを伝えた金融機関から新規融資を見送られる状況となり、
状況を改善するために、同年11月1日に元社長が一身上の都合として代表取締役およ
び取締役を辞任したが、捜索差押を受けたことは開示しなかった。
　しかし、同組員から解体事業を紹介するよう要請された元社長が、 2 件の解体工事
を同組員が紹介する業者に発注し、その支払に関し、元社長が2021年 3 月に同組員に
額面約189万円の小切手を交付したことが、東京都暴力団排除条例24条に違反して規
制対象者に利益を供与したと認定されたことから、三栄は2023年 6 月20日に同条例27
条に基づく勧告を受けるに至った。
　三栄は同日、「当社に対する東京都公安委員会からの勧告及び代表取締役社長その
他取締役の異動について」を開示し、元社長の影響力を排除するために前社長と前副
社長の取締役辞任を受理し、新たに就任した社長が、元社長の経営に対する影響力を

排除して健全な経営を取り戻し、元社長に対し株式の処分その他の再建への協力を求めていく方針を打ち出した。同月26日には、リスク管理委員会のもとに独立社外役員から構成される遮断モニタリング委員会を設置し、遮断対象者（元社長・前社長・前副社長）からの役職員への接触状況の調査、全役職員の反社会的勢力と関係を有さない旨の誓約書の提出状況などのモニタリングを開始した。

三栄が同年8月15日に公表した第三者委員会の調査報告書は、元社長と同組員との20年以上にわたる関係性を詳細に認定したが、元社長の指示により同組員の担当となった3名の従業員を除き、三栄およびグループ会社の役職員のなかに、同組員と直接関わりを持った者は認められず、また、勧告の対象となった解体工事について同組員が関与していることを認識していた者も認められなかったとした。

翌16日、三栄はTOB開示を出し、三栄の同業である株式会社オープンハウスグループが行う三栄株式の公開買付けについて、三栄の取締役会は賛同の意見を表明し、株主が応募することを推奨すること、元社長らが所有する全株式（所有割合64.21%）について公開買付けに応募する旨を元社長らと合意していること、この公開買付けが成立すれば東証プライム上場会社である三栄は上場廃止になる見込みであることを開示した。同年9月29日にTOBが成立し、10月5日に元社長は全株式を手放し、三栄との資本関係が遮断された。

関連法令　東京都暴力団排除条例24条、27条、会社法960条

発生原因　調査報告書は、(1)元社長のコンプライアンス意識の欠如、(2)元社長に対してものが言えない社内の風土、(3)元社長以外の役職員のコンプライアンス意識が不十分であったこと、(4)社外役員に対する情報連携が不十分であったこと、(5)反社チェックが不十分であったこと、を指摘した。

再発防止策　調査報告書は、(1)元社長による影響の排除、(2)役職員に対するコンプライアンス意識の醸成、(3)取締役会等の監視機能の強化等、(4)社外役員に対する情報連携ルートの構築、(5)反社チェック体制の改善、を指摘した。

コメント　東証プライム上場会社である三栄は、株式の過半を所有する創業オーナーである元社長が暴力団組員と20年以上にわたり付き合い、その一環で解体工事に関して同組員に利益供与したとして、東京都公安委員会から勧告を受け、重大な経営危機に陥った。しかし、新たに就任した社長をはじめとする経営陣が、徹底して元社長との関係遮断、経営への影響力の排除を推し進め、公開買付けにより元社長を株主からも排除したことで、取引先および金融機関からの信頼を回復し、経営危機を乗り越えつつある。反社会的勢力との関係を持ってしまった「グレーゾーン企業のホワイト化」に向けた取組みが成功した価値ある事例である。

さらに理解を深める　調査報告書、TOB開示

108 大和銀行ニューヨーク支店巨額損失

当　　事　　者：株式会社大和銀行（以下「大和銀行」）
表面化時期：1995年9月
表面化の経緯：大和銀行頭取の記者会見による公表
第三者委員会等：客観的資料により確認できなかったので記載せず

経営責任：頭取・会長が辞任（相談役に就任）、国際部門担当副頭取と常務取締役が辞任
行政処分：大蔵省より業務改善命令（1995年11月3日）
民事責任：株主代表訴訟が提起され（大阪地判平成12・9・20判時1721号3頁〔以下「本判決」〕）、控訴審で元役員49人が大和銀行に約2億5000万円を支払う内容の和解成立
刑事責任：米国において大和銀行が刑事訴追、罰金3億4000万ドルを支払い、前支店長および不祥事を起こした行員も刑事訴追

事案の概要　大和銀行ニューヨーク支店において、トレーダーとして米国財務省証券（以下「財務省証券」）の取引を担当していた現地採用の行員（以下「本行員」）が、1984年6月頃、1回の取引で約20万ドルの含み損を抱えるに至り、この損失を取り戻そうと、無断かつ簿外で財務省証券の取引（以下「無断取引」）を繰り返し、かえって損失を拡大させた。本行員は、無断取引により生じた損失を隠蔽するために、同行が保管していた顧客および同行所有の財務省証券を無断かつ簿外で売却し（以下「無断売却」）、さらにこれを隠蔽するため、財務省証券の再保管銀行のバンカーズ・トラスト・カンパニー（以下「バンカーズ・トラスト」）から同行に郵送される保管残高明細書を、無断売却がないように作り替えていた。同支店や検査部の検査および会計監査人による監査により、保管していた財務省証券の残高も確認されていたが、その方法は、バンカーズ・トラストから郵送されてきた保管残高明細書と同支店の帳簿を照合するのみであり、無断売却を発見することはできなかった。結局、本行員の無断取引により、1984年から1995年までの約11年間で、同行は総額約11億ドルの損害を被った。また、同行は、本行員の不正行為により約11億ドルの損害が発生したことを米国金融当局に隠蔽していたなどとして、米国において、24の訴因について刑事訴追を受け、司法取引により罰金3億4000万ドルを支払い、米国から撤退した。以上の損害に関し、同行の株主2名が取締役および監査役50名に対し株主代表訴訟を提起し、第1審判決では、11名の被告に対し、総額7億7500万ドルもの請求額

が認容された。しかし、控訴審係属中に、株式移転により大和銀行の親会社として株式会社大和銀行ホールディングス（以下「大和ホールディングス」）が設立され、大和銀行の株主は自動的に大和ホールディングスの株主となり、本件株主代表訴訟の原告適格を失うことになった。このような事情のもと、控訴審において前述の和解が成立した。

関連法令　銀行法26条、金融機関の信託業務の兼営等に関する法律9条、外国為替及び外国貿易管理法13条（当時。現・外為法。同法では13条は削除）

発生原因　本判決において、財務省証券の保管残高の確認方法が著しく適切さを欠き、大和銀行のリスク管理体制が実質的に機能していなかったことが指摘されている。

再発防止策　大和銀行80年史によれば、同行は以下の業務改善計画を策定した。

① 海外業務の内部管理
　(ⅰ)海外拠点の大幅な整理・縮小、(ⅱ)海外における債券売買業務等の市場関連業務の整理・合理化、(ⅲ)検査部の海外拠点の検査要員の一段の増強・検査手法の厳正化等
② 国内部門における経営管理体制の抜本的な見直し
　(ⅰ) 内部管理体制の強化
　　(a)国内外の事務管理体制の一元化、(b)システム面での管理体制のよりいっそうの強化等
　(ⅱ) 経営管理体制の見直し
　　(a)経営判断や諸施策の適法性を検証する「業務管理室」の設置、(b)管理体制を随時点検・検討するための「管理体制改善委員会」の設置、(c)経営の透明性を高めるための外部有識者との「経営懇話会」の開催等

コメント　本判決を契機に、2001年商法改正により取締役等の責任制限に関する規定（①株主総会特別決議による責任免除〔改正前商法266条7～11項〕、②定款の定めに基づく取締役会決議による責任免除〔同法266条12項～18項〕、③定款の規定に基づく社外取締役の責任限定〔同条19項〕）が新設された。また、本判決は、会社には、事業規模、特性等に応じたリスク管理体制（内部統制システム）を整備する義務があると判示し、大会社に対し内部統制システム構築を義務づけた2005年の会社法制定に大きな影響を与えた。さらに、会社法では、株主代表訴訟係属中に、被告会社の株主が、株式移転、株式交換によりその完全親会社の株式を取得した場合には、原告適格を失わず、訴訟追行できることとされた（会社法851条1項1号）。

さらに理解を深める　大阪地判平成12・9・20判時1721号3頁

109 北海道拓殖銀行不正融資

当　事　者：株式会社北海道拓殖銀行（以下「拓銀」）、カブトデコム株式会社（以下「カブトデコム」）
表面化時期：1997年11月
表面化の経緯：銀行の経営破たん
第三者委員会等：客観的資料により確認できなかったので記載せず

経営責任：客観的資料により確認できなかったので記載せず
行政処分：客観的資料により確認できなかったので記載せず
民事責任：融資が決定された会議に参加した頭取、副頭取らに対し、損害の内金として総額50億円の損害賠償を命じた地裁判決が確定（最判平成20・1・28判時1997号148頁）
刑事責任：なし

事案の概要　カブトデコムは、1988年、総工費515億円で洞爺湖近くの山上にホテルを中核とする会員制総合リゾート施設「エイペックスリゾート洞爺」を建設運営する事業を計画しその資金調達、および東証2部上場を目的として、第三者割当増資を行うことを計画した。

拓銀は、1990年2月13日、カブトデコム関連企業に対し、第三者割当増資についての新株引受資金として、総額195億7000万円を融資することを決定した（以下「第1融資」）。同融資は、弁済期である3年後に引受株式の売却代金で返済される予定とされ、引受株式に担保を設定するほか、カブトデコム代表者の個人保証がなされたが、同人の資産の大半はカブトデコムの株式であり、債権の回収をもっぱらカブトデコムの業績および株価の動向のみに依存するものであった。

カブトデコムは、不動産販売の深刻な低迷やエイペックス会員権の販売不振等により株価が低迷していたが、同社を所管する総合開発部は、借入金に見合う資産を有しているなどと説明し、1992年3月の経営会議において、カブトデコムの同年度中の資金需要として500億円の融資に応じたい旨の意見を具申した。拓銀は、カブトデコムの変調に関する客観的調査やそれに基づく検討を経ることなく、その翌月の経営会議において、カブトデコムに160億円を融資することを決定し、その後同年中に380億円を融資することを決定した（以下「第2融資」）。

頭取の指示により、1992年9月頃になされたカブトデコムの実態調査の結果、同年

　10月26日開催の経営会議で、カブトデコムは存続不可能と判断される一方、拓銀はエイペックス事業に深く関与しておりこれを完成させる責任があること、企業の連鎖倒産を避ける必要があること、カブトデコムに多額の融資をしている共同信用組合が破たんし拓銀に支援要請なされるなどの指摘がなされた。協議の結果、エイペックス事業に係るホテルが開業する予定の1993年6月までカブトデコムの延命に最低限必要な資金を融資し、その間にカブトデコムの保有物件を拓銀の関連会社に購入させ、エイペックス等自立して収益可能な企業を分離独立させること等が了承された。前記の基本方針に基づき、拓銀は、1992年11月2日から1993年3月31日にかけて、カブトデコムに合計409億円を融資した（以下「第3融資」）。

　エイペックス事業に係るホテルは1993年6月に開業したが、赤字経営が続き、拓銀が1997年11月に破たんして資金援助が断たれたことにより、エイペックスも1998年3月に破産した。エイペックスの破産管財人は、2000年10月、ホテルを含むリゾート施設全体を60億円で売却した。

　整理回収機構より、取締役らに対しカブトデコムに対する第1融資ないし第3融資について善管注意義務違反があったものとして、損害賠償請求訴訟が提起され、第1審では、いずれの融資についても善管注意義務違反を認定した（札幌地判平成14・12・25裁判所ウェブサイト）。控訴審では、第1融資および第3融資について善管注意義務違反を否定したが（札幌高判平成17・3・25判タ1261号258頁）、上告審において、原判決が破棄され、控訴が棄却されたため、第1審の判決が確定した（最判平成20・1・28判時1997号148頁）。

　関連法令　会社法355条（当時は商法254条の3）、423条1項（当時は商法266条）、民法644条

　発生原因　客観的資料により確認できなかったので記載せず

　再発防止策　客観的資料により確認できなかったので記載せず

　コメント　バブル期の拡大路線の最中、壮大なリゾート事業に対して、不動産等の確実な物的担保なしになされた第1融資、不動産市況の悪化とともに資金繰りに窮し突然の倒産を回避するためになされた第2融資、破綻が決定的となった企業に対する延命のための第3融資、これらのカブトデコムへの乱脈融資は拓銀破綻の最大の原因といわれている。第1融資と第3融資については、高裁と最高裁とで判断が分かれており、最判が、融資の際の銀行の取締役の忠実義務・善管注意義務違反の有無について判断を示したものとして参考になる。

　さらに理解を深める　最判平成20・1・28判時1997号148頁

110 ヤクルトデリバティブ巨額損失

当　事　者：株式会社ヤクルト（以下「ヤクルト」）

表面化時期：1998年3月

表面化の経緯：代表取締役会長および担当副社長取締役の取締役辞任による

第三者委員会等：客観的資料により確認できなかったので記載せず

経営責任：担当副社長、および代表取締役会長（1996年6月27日までは代表取締役社長）が取締役を辞任

行政処分：客観的資料により確認できなかったので記載せず

民事責任：担当副社長に善管注意義務違反が認められ、ヤクルトに対し、67億542万9453円の支払いが命じられた。他の取締役・監査役は無責（最決平成22・12・3資料版商事法務323号11頁）

刑事責任：担当副社長について、所得税法違反、業務上横領罪、特別背任罪および会社財産を危うくする罪等により、懲役7年および罰金6000万円（東京地判平成14・9・12公刊物未登載〔LEX/DB28135219〕）

事案の概要　ヤクルトでは、1984年1月以降経理部等を掌握する管理本部長兼取締役副社長（以下「担当副社長」）の判断および決裁により、余裕資金により投資顧問会社に対し特定金銭信託として運用委託取引を行っていたが、1990年以降の株価の大暴落により、1992年9月期において含み損が約319億円に達した。ただし、特定金銭信託（以下「特金」）の運用資産は余裕資金であり、また、計算上の含み損が多額に上っても、現実の損害が発生したわけではないので、ヤクルトの資金繰りに直接の影響を与えることはなかった。ヤクルトは、特金を固定化して株価の回復を待ちながら、特金から生じる年10億円のコストは資金運用（財テク）による利益を充て、コスト以上の運用利益が得られれば、特金を減少させるという方針を立てた。

担当副社長は、前記方針に従って財テクを継続するにあたり、デリバティブ取引を行い、1993年3月期から1995年3月期までの間で約58億円の合計通算実現収益を上げた。ヤクルトは、1995年5月から、同年4月1日以降の個別のデリバティブ取引について、事後に個別取引報告書等によるチェックを行うようになった。その後、1996年9月の株価の上昇により、含み損額は約40億円まで減少した。ヤクルトは、同年6月27日で社長が交代した後、常務会決定において、デリバティブ取引は2年程度で収束させること、新規の資金運用は行わないこと等を決定した。

　しかし、担当副社長は、含み損の早期解消にこだわり、1997年2月以降、常務会決定に反して、従来行っていなかった通貨スワップ取引を頻繁に繰り返した。また、他の役員には想定元本の限度額規制を遵守したように装いつつ、実際は、計算式にレバレッジを織り込んで名目元本に比して実質想定元本額を増大させるなどの方法により、実質的に想定元本の制限を超えるデリバティブ取引を行うようになった。

　1997年8月以降、日経平均株価は暴落し、デリバティブ取引の計算上の含み損は一挙に増大した。その結果、ヤクルトは、金融機関に対し、担保として株式、債券等の有価証券を提供したが、それでも担保が不足したため、同年10月以降、副社長が取締役会の承認決議を経ずに譲渡性預金を担保として提供した。

　1998年3月20日開催の取締役会において、デリバティブ取引を含む資金運用をすべて中止する旨の取締役会決議がなされたが、デリバティブ取引に係る最終損失額は合計533億2046万8179円となった。

　株主より、デリバティブ取引がなされた当時の取締役および監査役らに対し、株主代表訴訟が提起され、第1審では、1997年2月以降の取引に限り、担当副社長の善管注意義務違反が認められ、67億542万9352円の賠償が命じられた。他の取締役および監査役らについては、当時の水準としては相応のリスク管理体制がとられているものとし監視義務違反を認めず、請求が棄却された（東京地判平成16・12・16判時1888号3頁）。控訴審同旨（東京高判平成20・5・21判タ1281号274頁）。上告棄却（最決平成22・12・3資料版商事法務323号11頁）。

関連法令　会社法355条（当時は商法254条の3）、423条1項（当時は商法266条）、民法644条

発生原因　判決の認定によれば、ヤクルトにおいては当時としては相応のリスク管理体制がとられている中、担当副社長が、常務会決定や代表取締役社長の指示を逸脱し、独断で新規のデリバティブ取引を始めたり、他の役員には想定元本の限度額規制を遵守したように装った。経理担当取締役や監査役らは金融取引の専門家ではないため、担当副社長の違反を発見することは困難であった。

再発防止策　客観的資料により確認できなかったので記載せず

コメント　ヤクルトでは、デリバティブ取引に関して、一定水準のリスク管理体制が整備されていたことにより、行為者である副社長以外の役員は善管注意義務違反の法的責任を免れている。内部統制システムを整備することで、予見しえない不祥事に対する法的責任が免じられることを示す裁判例である。

さらに理解を深める　東京高判平成20・5・21判タ1281号274頁

111　生損保会社保険金不払い

当　事　者：明治安田生命保険相互会社（以下「明治安田生命」）、ほか生命保険会
　　　　　　社37社、損害保険会社27社
表面化時期：2005年2月
表面化の経緯：金融庁の明治安田生命に対する行政処分
第三者委員会等：明治安田生命・特別調査分科委員会（設置時期は客観的資料により確
　　　　　　認できなかったので記載せず、2005年10月21日「保険金・給付金の不
　　　　　　適切な取扱いについての点検結果等に関するご報告」〔以下「調査報
　　　　　　告書」〕公表）

経営責任：明治安田生命について、専務取締役以上の全役員が辞任、その他役員報酬
　　　　　の減額（他の生損保会社は関係役員の役員報酬の減額）
行政処分：（生命保険会社）
　　　　　業務停止命令および業務改善命令（明治安田生命〔2005年2月25日、10月
　　　　　28日〕）、業務改善命令（日本生命、第一生命、明治安田生命、住友生命、
　　　　　朝日生命、富国生命、三井生命、大同生命、アメリカンファミリー、アメ
　　　　　リカンライフインシュアランス〔2008年7月3日〕）
　　　　　（損害保険会社）
　　　　　業務停止命令および業務改善命令（損保ジャパン〔2006年5月25日〕、三
　　　　　井住友海上〔同年6月21日〕、東京海上日動、日本興亜〔2007年3月14
　　　　　日〕）、業務改善命令（東京海上日動、日本興亜、三井住友海上、損保ジャ
　　　　　パン、あいおい、ニッセイ同和、富士火災、共栄火災、日新火災、朝日火
　　　　　災、セコム損保、明治安田損保、スミセイ損保、大同火災、ソニー損保、
　　　　　セゾン自動車火災、三井ダイレクト損保、そんぽ24損保、エース損保、ア
　　　　　クサ損保、ジェイアイ傷害火災、アメリカン・ホーム、エイアイユー、
　　　　　チューリッヒ、アシキュラチオニ・ゼネラリ、ザ・ニュー・インディア
　　　　　〔2005年11月25日〕、あいおい、富士火災、共栄火災、日新火災、ニッセイ
　　　　　同和、日立キャピタル、アメリカン・ホーム、エイアイユー〔2007年3月
　　　　　14日〕）
民事責任：客観的資料により確認できなかったので記載せず
刑事責任：客観的資料により確認できなかったので記載せず
そ の 他：明治安田生命が日本経団連から活動自粛処分（3か月）

事案の概要　明治安田生命は、2000年頃からモラルリスク排除のため支払査定の厳格化を進め、これが経営目標に設定された「死差益拡大」と結びつき、担当部署において「支払抑制目標」が設定された。同社では、1999年4月から2004年9月末までに、「詐欺無効」を適用し死亡保険金を支払わなかった契約の中で本来支払うべきであった契約が162件、契約者等に対して健康状態等の告知を勧めないなどの不適切な募集行為が61件判明した。その後同社が改めて社内調査を進めた結果、「詐欺無効」以外の理由で保険金を支払わなかった契約についても、786件の不適切な取扱いがあったことが新たに判明した（保険金の不払いは1053件、52億円に拡大した）。また、がんに関わる割増給付金と一般給付金の差額等について約款とは異なる取扱いにより支払いをしない事例や早期失効契約等について告知を妨げる行為、特別利益の提供等が認められ、また、法令に定める届出を期限内に行っていない事例も判明した。経営陣は、不適切な保険金等の不払いが詐欺無効以外にも行われていた可能性を認識していたが、過去の不払い案件の検証および査定基準の見直しへの対応が遅延したことも明らかになった。このような保険金不払い・支払い漏れは、他の生命保険会社や損害保険会社にも存在していたことが判明した。

関連法令　保険業法4条2項2号・3号、132条1項、133条、204条1項

発生原因　明治安田生命の調査報告書によれば、内部牽制・管理態勢が有効に機能していなかったこと、苦情対応における問題や警鐘となる情報の共有が不十分であったこと、不適切な部門目標を掲げたこと等が不祥事の発生原因として挙げられている。

再発防止策　明治安田生命の2005年11月18日付「業務改善計画について」によれば、同社は以下の業務改善計画を策定した。
①　ガバナンスの改善・強化
　(ⅰ)新経営陣による経営管理体制の整備、(ⅱ)委員会設置会社への移行等
②　「お客さまを大切にする会社」の実現に向けた取組み
　(ⅰ)保険金等の支払管理態勢の抜本的見直し、(ⅱ)苦情対応・処理態勢の抜本的な見直し等

コメント　保険ビッグバンによる商品開発・販売競争が激化する中で発生した事件であり、生損保業界全体に波及、保険制度そのものに対する信頼を揺るがす社会問題に発展し、保険法（2010年4月1日施行）新設の契機となった。

さらに理解を深める　各生損保会社のニュースリリース、金融庁の報道資料

112 三井住友銀行金利スワップ販売

当　事　者：株式会社三井住友銀行（以下「三井住友銀行」）

表面化時期：2005年12月

表面化の経緯：公取委による勧告

第三者委員会等：特別調査委員会（2005年12月14日設置、2006年4月27日「金利スワップ販売に係る優越的地位の濫用についての調査報告書」〔以下「調査報告書」〕公表）

経営責任：会長・頭取は月額報酬40％減額6か月、副頭取3人は月額報酬30％減額3か月、その他経営会議役員10人は月額報酬20～10％減額3か月、関係する執行役員等9人は月額報酬10～5％減額3か月、退任会長・頭取は月額報酬50％減額6か月、退任副頭取は月額報酬30％減額3か月

行政処分：公取委より排除措置命令（2005年12月26日）、金融庁より業務停止命令、業務改善命令（2006年4月27日）

民事責任：訴訟が提起され、三井住友銀行の責任を認めない判決が出された（最判平成25・3・26判時2185号67頁）

刑事責任：客観的資料により確認できなかったので記載せず

事案の概要　三井住友銀行は、2002年、借入れの大部分を同行から受けており、融資枠の更新を申し込んだ事業者に対して、個別の借入れの内容について十分に検討することなく、オーバーヘッジとなる金利スワップの購入を提案した。同行は、当該事業者が、金利スワップを必要としておらず、また、金利スワップに係る支払いによる金銭的負担も大きいと考え、複数回にわたる購入提案に応じなかったにもかかわらず、金利スワップを購入しなければ融資枠の更新に関して不利な取扱いを行う旨明示し、担当者に管理職である上司を帯同させるなどして重ねて金利スワップの購入を要請した。これにより、当該事業者は、融資枠の更新を受けるためには金利スワップを購入せざるをえないと考え、金利スワップを購入することを余儀なくされた。同行は、当該事業者のほか、2003年から2004年にかけて、借入総額の半分以上を同行から受けており、融資を申し込んだ複数の事業者に対しても、以上と同様に、オーバーヘッジとなる金利スワップの購入を提案し、当該事業者は、融資を受けるためには金利スワップを購入せざるをえないと考え、金利スワップを購入することを余儀なくされた。これらの事業者は、当該金利スワップの契約期間における金利スワッ

プに伴う固定金利と変動金利の差額の支払い、および当該金利スワップを解約する場合の解約清算金の一括支払いにより、融資に係る支払金利以外の金銭的負担を強いられた。以上のように、三井住友銀行は、金利スワップを必要としない事業者に対し、自らの優越的地位を利用して、金利スワップを販売したものである。

関連法令 独占禁止法19条、48条の2（当時は48条1項）、48条の3（当時は48条4項）、銀行法26条1項

発生原因 三井住友銀行の調査報告書によれば、不祥事の発生原因として、恒常的な収益重視の一方で、それに見合った態勢（経営管理、内部管理、および法令遵守等）につき、取引等の適切性の確保の観点から、問題があったことが挙げられている。

再発防止策 三井住友銀行の2006年6月2日付「業務改善計画の提出について」（以下「本資料」）によれば、同行は以下の業務改善計画を策定した。

① お客さま本位の営業態勢および法令等遵守態勢の整備に向けた経営姿勢の明確化
　(i)「業務管理委員会」の設置等、(ii)「CS・品質向上委員会」の設置等
② 業務面の見直し
　(i)評価体系の改定、(ii)「業務計画策定要領」の制定、(iii)「営業店業務管理要領」と「適正営業指針」の制定、(iv)営業態勢のモニタリング強化
③ 商品・サービス等の見直し
　(i)「商品・サービス品質管理規則」の制定、(ii)「商品・サービス見直しクライテリア」の制定
④ 管理面の見直し
　(i)コンプライアンス態勢の改定・強化、(ii)「SMBCアラームライン」の整備、(iii)「お客さま本位研修」の導入、(iv)「お客さまの声の集約・活用」、(v)独占禁止法モニタリング室の機能充実、(vi)監査機能の強化

コメント 1957年以来ほぼ半世紀ぶりに大手都市銀行に対し不公正な取引方法について法的措置がとられた事件である。収益目標を掲げ、これを推進する一方でそれに見合った業務管理牽制機能が十分でない場合には、優越的な地位を利用した不公正な取引が発生しやすく、これが法令違反に結びつく危険性があることを示唆する事件である。

さらに理解を深める 調査報告書および本資料、金融庁「株式会社三井住友銀行に対する行政処分について」（2006年4月27日）および公取委勧告審決（2005年12月26日）

113 商工中金危機対応融資

当　事　者：株式会社商工組合中央金庫（以下「商工中金」）
表面化時期：2016年10月
表面化の経緯：商工中金による公表
第三者委員会等：危機対応業務にかかる第三者委員会（2016年12月12日設置、2017年4月25日調査報告書公表）

経営責任：役員の処分（2017年4月25日報酬減額、退任済役員に対する自主返納の要請。いずれも同年10月25日に処分内容を重く変更。代表取締役は2018年3月27日に退任）
行政処分：業務改善命令（2017年5月9日〔金融庁〕、同年10月25日〔経産省、財務省、金融庁および農水省〕）
民事責任：客観的資料により確認できなかったので記載せず
刑事責任：客観的資料により確認できなかったので記載せず

事案の概要　　危機対応融資は、大規模な災害等への対応のため、主務大臣の認定を受けて、日本政策金融公庫から信用供与を受け、事業者に必要資金の貸付け等を行う公的金融であり、商工中金では、2008年10月より取扱いが開始されたが、2011年頃からは、積極的な要望により主務庁から予算措置を受けたうえ、営業店に対し、地域特性等を無視して貸出残高をベースに割当てを行い、事業規模拡大のツールとして、積極的に営業推進されるようになった。2014年12月、池袋支店において、営業課長1名と営業担当者3名が担当した110口座について、危機対応融資の稟議書のエビデンスである試算表に改ざん等の疑義があるとされたが、監査部の特別調査により、110口座すべてについて自作・改ざんはなかったとの判断がなされた。この判断に対し、社長を含めた経営陣が異を唱えることはなく、これによって、不正行為の真相究明が先送りされることになった。2016年10月、鹿児島支店において、危機対応融資で稟議に使用する試算表の改ざん等の不正事案が多数存在することが発覚した。その後、第三者委員会の調査により、鹿児島支店以外でも同様の不正行為が行われていたことが判明した。以上の不正行為は、全100営業店中97営業店で444名の関与により行われ、件数は4609件、実行額は2646億円相当に達した。また、危機対融資務以外でも、同様の不正行為が行われていた。

関連法令　　株式会社商工組合中央金庫法59条、株式会社日本政策金融公庫法24条

発生原因　　金融庁の業務改善命令によれば、経営陣および本部が①過度な業績プレッシャーにより、危機対応融資の計画値の達成を推進し、②民業補完

を役割とする政府系金融機関であるにもかかわらず、危機対応融資を収益および営業基盤の維持・拡大に利用し、③制度趣旨を逸脱した案件にも要件へあてはめる運用を慫慂等し、これが職員のコンプライアンス意識の低下に影響したことおよび社外役員による牽制機能が発揮されないなど内部統制およびガバナンスが欠如していたことが指摘されている。

再発防止策　商工中金が、金融庁に対して提出した業務の改善計画は、以下のとおりである。

① 公的金融と通常業務の峻別
　（ⅰ） 危機対応業務
　(a)制度趣旨を踏まえた運用の徹底、(b)本部専門担当部署の創設
　（ⅱ） 通常業務
　(a)今後のビジネスモデルの検討、(b)真にお客様本位の業務運営、(c)現場のキャパシティを念頭に置いた体制整備、(d)危機対応業務以外の不正事案への対応
② コンプライアンス意識の立て直し
　「コンプライアンス再生プログラム」の策定・実施
③ ガバナンス態勢の見直し
　（ⅰ） 取締役会の機能強化
　（ⅱ） 本部牽制部署の体制強化
　(a)コンプライアンス統括部署の体制・機能強化、(b)内部監査部門の独立性強化と体制・機能強化
　（ⅲ） リスク管理体制の強化
　(a)業務全般に内包するリスクの点検、(b)不正リスクの兆候を把握する取組みの強化、(c)改ざん等についての業務主管部による不正防止ルールの策定・厳格化
　（ⅳ） 不祥事件等に対する対応強化
　(a)コンプライアンス委員会の設置、(b)不祥事件等に関する報告体制の整備
④ 組織全体の働き方・意識改革
　（ⅰ） 適正な職場環境の整備
　(a)中間マネジメント研修の強化、(b)ハラスメント防止に向けた取組み等
　（ⅱ） 本支店間コミュニケーション等の活性化等

コメント　政府系金融機関において、業績拡大のプレッシャーから、相当数の支店・職員により、業績拡大のために、制度金融が、資料の改ざん等の不正行為により悪用され、商工中金自身も業務改善計画において認めているとおり、経営陣がこれを慫慂・黙認していたものであり、内部統制およびガバナンスの欠如から、これが長期間放置された事案である。

さらに理解を深める　金融庁「株式会社商工組合中央金庫に対する行政処分について」（2017年10月25日）、第三者委員会による調査報告書（同年4月25日）、商工中金「命令に対する作業工程並びに業務の改善計画の提出について」（同年6月9日）、商工中金「業務の改善計画」（同年10月25日）

114　スルガ銀行投資用不動産ローン

当　事　者：スルガ銀行株式会社（以下「スルガ銀行」）
表面化時期：2018年3月
表面化の経緯：金融庁がスルガ銀行に報告徴求命令を出したとの新聞報道
第三者委員会等：第三者委員会（2018年5月15日設置、同年9月7日調査報告書公表）、
　　　　　　　　危機管理委員会（設置時期不詳、2018年5月15日「危機管理委員会に
　　　　　　　　よる調査結果の要旨」公表）

経営責任：代表取締役会長・同頭取・同専務、専務取締役・常務取締役が辞任
行政処分：金融庁による一部業務停止命令（2018年10月5日）
民事責任：シェアハウス関連融資の借主（延べ1051名）に対する解決金支払債務と融資
　　　　　債権とを相殺し、相殺後の融資債権を第三者に譲渡（2022年9月26日まで）
刑事責任：客観的資料により確認できなかったので記載せず
その他：スルガ銀行が前会長を含む役員らに対し損害賠償請求訴訟を提起（収益不
　　　　動産融資問題に関して2018年11月12日、創業家ファミリー企業与信管理問
　　　　題に関して同年12月27日）

事案の概要　スルガ銀行は、不動産投資のためのローン商品の拡充に努める中、そ
の一環であるシェアハウス関連融資の営業推進にあたり、投資用不動
産ローンの1つとして不動産業者を窓口とした営業（チャネル営業）を活用してきた
が、チャネル営業に依存した結果、不良チャネルに対するリスク認識が不十分となっ
たほか、前年比増収増益を継続しなくてはならないというプレッシャーから、事実上、
営業が審査より優位に立ち、営業部門の幹部が審査部に圧力をかけるような状況が生
じた。以上により、常軌を逸した叱責等による業績プレッシャーも横行するようにな
り、多くの行員が、融資審査のための書類に関し、土地売買価格の水増し（二重契約
や減額覚書等）、収益不動産ローンに必要となる自己資金要件を借入金額に対する収
入要件等を充足したかのように偽装するための自己資金確認資料や収入関係資料等の
偽造や改ざん、収益不動産の取得資金をできるだけ多く貸し出すためのレントロール
等の偽装といった不正行為に関与した。以上の結果、スルガ銀行は、2019年3月期第
3四半期においてシェアハウス関連融資を含めた与信費用（一般貸出引当金繰入額＋
不良債権処理額）として1287億4700万円を計上した。

関連法令　銀行法26条

発生原因　金融庁の業務改善命令によれば、創業家による実質的な支配の中、営業
優位の組織を構築する一方で、営業現場を放置したため、営業現場では、

創業家の後ろ盾を得た特定の執行役員が、厳しい業績プレッシャー等で営業職員を圧迫した結果、法令等遵守を軽んじ不正行為を蔓延させる企業文化が醸成されたこと、取締役会は、特定の役職員に営業方針や施策を任せきりとなり、その内容や結果だけでなく自行の貸出ポートフォリオの構造すら把握せず、適切に監督機能を果たさないなど、経営管理（ガバナンス）に問題があったことが原因であると指摘されている。

再発防止策 2018年11月30日に金融庁に対して提出した業務改善計画の概要は以下のとおりである。

① 当行再生のための意識改革とガバナンス（経営管理態勢）
　（ⅰ）ガバナンス態勢の再構築等
企業文化・ガバナンス改革委員会の設置（2018年6月）
　（ⅱ）取締役会および監査役会の機能強化
(a)経営陣の建て直しおよび強化、(b)社外役員の積極的な活用、(c)取締役会および監査役会の事務局等の強化
　（ⅲ）コンプライアンス体制再構築委員会の設置　（ⅳ）内部通報制度の再構築等　（ⅴ）目標設定・業績評価制度の見直し　（ⅵ）人事処分　（ⅶ）当局からの不芳情報提供・報告指示等への対応
② 当行行員が融資業務や法令等遵守に関して銀行員として備えるべき知見を身につけ、健全な企業文化を醸成するため、すべての行員に対する研修の実施
③ 投資用不動産融資の全件調査
④ 反社会的勢力の排除に係る管理態勢、マネー・ローンダリングおよびテロ資金供与に係る管理態勢の確立
　（ⅰ）体制の構築　専門部署「AML/CFT対策室」の設置等
　（ⅱ）具体的な対応
(a)法人の疑わしい取引のチェック、(b)法人の実質的支配者の確認、(c)警察当局への照会の強化
⑤ 融資審査管理を含む信用リスク管理態勢および内部監査態勢の確立
　（ⅰ）スリーライン・ディフェンスについて
　（ⅱ）信用リスク管理態勢について
⑥ 創業家の一定の影響下にある企業群（ファミリー企業）との取引解消
　（ⅰ）創業家との資本関係解消
　（ⅱ）ファミリー企業向け融資の回収
⑦ シェアハウス向け融資およびその他投資用不動産融資に関して、個々の債務者に対して適切な対応を行うための態勢の確立

コメント 長年の創業家支配により、創業家本位の企業風土が醸成され、営業優位の過度な短期的利益を追求するあまり、銀行および上場会社としての自覚を喪失し、顧客本位の姿勢と法令等遵守を軽視する企業文化が醸成された事案である。

さらに理解を深める 金融庁「スルガ銀行に対する行政処分について」（2018年10月5日）、第三者委員会による調査報告書（同年9月7日）、業務改善計画（同年11月30日）、危機管理委員会による調査結果の要旨（同年5月15日）

115 野村證券市場区分見直し情報漏洩

当　事　者：野村證券株式会社（以下「野村證券」）、野村ホールディングス株式会社（以下「野村HD」）、株式会社野村総合研究所（以下「NRI」）

表面化時期：2019年3月

表面化の経緯：報道機関による報道

第三者委員会等：特別調査チーム（2019年3月29日〜同年4月1日の期間に設置、同年5月24日調査報告書〔要旨〕〔以下「本報告書（要旨）」〕公表）

経営責任：報酬の一部返上。①野村HD：グループCEOは30%を3か月、代表執行役副社長およびグループCo-COO（野村證券代表取締役社長）は20%を3か月、グループCo-COO（野村HD執行役副社長）は10%を3か月。②野村證券：専務グローバル・マーケッツ担当、経営役グローバル・リサーチ担当および専務内部管理統括責任者は10%を2か月

行政処分：金融庁による野村證券および野村HDに対する業務改善命令（2019年5月28日）

民事責任：客観的資料により確認できなかったので記載せず

刑事責任：客観的資料により確認できなかったので記載せず

そ の 他：東証による野村證券に対する過怠金1000万円の賦課（2019年8月28日）

事案の概要　2022年に実施予定の市場区分見直しに向け、東証が設置した「市場構造の在り方等に関する懇談会」の委員を務めるNRIの研究員（以下「研究員」）は、東証担当者による同懇談会についてのブリーフィングの中で、上位市場の指定基準および退出基準が時価総額250億円以上とされることを窺わせる情報（以下「本件情報」）を聞いた。

　2019年3月5日、研究員は野村證券のチーフストラテジスト（以下「ストラテジスト」）に対し、本件情報を伝達した。本件情報は、同日および翌6日に、ストラテジストから、野村證券およびNomura International（Hong Kong）Limited（以下「NIHK」）の社員ならびに外部のファンド・マネージャーおよび一部の機関投資家（国内機関投資家約3000件、海外機関投資家約2000件）に伝達された。ストラテジストは、本件情報を伝達することについて研究員に伝えていなかった。さらに、伝達を受けた一部の社員も一部の顧客に本件情報を伝達した。社員のうち1名は、本件情報を顧客に伝達してよいかをストラテジストに照会し、判断できないとの回答を得たに

もかかわらず伝達した。顧客に本件情報を伝達した社員は、合計 7 名確認されている。

　金融庁は、本件は法令諸規則に違反する行為ではないものの、特定の顧客のみに、市場構造に関する東証の検討状況を提供して勧誘する行為であり、資本市場の公正性・公平性に対する信頼性を著しく損ないかねない行為であるとした上、情報管理に係る経営管理態勢が十分でなかったとした。また、2012年に野村證券が行政処分を受けた増資インサイダー事案を挙げ、本件はいわゆる早耳情報を利用した営業行為であり、その発生原因がコンプライアンスの本質を理解していないという点において、2012年の事案と類似性が認められ、業務運営の改善が不十分な状況にあるとした。

関連法令

金商法51条、57条の19第 1 項

発生原因

本報告書（要旨）によれば、発生原因として、真の意味でのコンプライアンスの徹底が不十分であったこと、各行為を適切に規律する詳細な社内規程が必ずしも存在しなかったこと、重要情報を取得した場合に上長への報告を義務づける社内規程がリサーチ部門において十分に周知されていなかったこと、実効性のある監督体制が十分に整備されていなかったこと、組織全体でコンプライアンスを追求しようとする意識が醸成されていなかったこと等が挙げられている。

再発防止策

野村HDのプレスリリースによれば、再発防止策として、金融機関として社会が期待する役割に応える「コンダクト」の考え方を浸透させ、自ら規律を維持・向上させる態勢の構築、健全な資本市場の発展に資する動機づけを組み込んだホールセール部門のエクイティ・ビジネスにおける組織体制の見直し、法人関係情報に加え、投資判断に重大な影響を及ぼし得る非公知の情報を厳格に管理する態勢の整備等が挙げられている。

コメント

2012年の事案については、本書95 を参照されたい。

さらに理解を深める

本報告書（要旨）、野村HD「不適切な情報伝達事案にかかる調査結果と改善策の公表について」（2019年 5 月24日）、金融庁「野村證券株式会社及び野村ホールディングス株式会社に対する行政処分について」（同月28日）、東証「野村證券株式会社に対する処分について」（同年 8 月28日）

116 都留信用組合着服・届出遅延

当　事　者：都留信用組合（以下「都留信組」）
表面化時期：2019年 5 月29日
表面化の経緯：都留信組による公表
第三者委員会等：特別調査委員会（2019年 6 月14日設置、2019年10月31日調査報告書提出、2019年12月23日調査報告書要約版〔以下「調査報告書」〕公表）

経営責任：常勤理事および常勤監事の減俸処分（2019年 6 月）、引責辞任（2019年10月19日。理事長および専務理事は退職慰労金を一部自主返納）
行政処分：業務改善命令（2019年12月23日〔関東財務局〕）
民事責任：客観的資料により確認できなかったので記載せず
刑事責任：客観的資料により確認できなかったので記載せず

事案の概要　都留信組では、①甲職員による着服事案（2004年～2019年、 9 顧客、事故金額 1 億9600万円）、②乙職員による着服事案（2018年～2019年、24顧客、事故金額1500万円）、③丙職員による着服事案（2018年～2019年、26顧客、事故金額310万円）、④丁職員によるATMからの現金抜取り事案および都留信組の顧客に対する融資の立替返済事案（2018年、事故金額936万円）が発生していた。2018年 8 月に④事案が、2019年 3 月に②事案と③事案がそれぞれ発覚し、いずれも理事長ら役員にまで報告されたが、職員の親族に被害弁償させるなどしたのみで、当局への不祥事件届出や公表などの措置は講じなかった。2019年 4 月に①事案が発覚して不祥事件届出と公表を行ったが、その後、新聞社から②事案に関する取材を受けたことを契機として、②ないし④事案の不祥事件届出を行い、公表した。②ないし④事案につき、調査報告書は、経営陣による「積極的な隠蔽行為が行われた事実は認められなかった」としつつ「報告をしないことを黙認していたと言わざるを得ない」と認定した。

関連法令　協同組合による金融事業に関する法律6条1項、銀行法26条

発生原因　調査報告書によれば、各不祥事件の発生原因は、素預り（顧客に受領証等を交付しないまま現金、証書等を預かること）による着服リスクへの不十分な対応、顧客の声に対するリスク感度の問題、特定の顧客との長期的な関係継続を可能とする事務手続の問題、支店における内部統制の整備・運用の問題、若手職員に対する管理の問題、ATMの現金回収事務および店内照査の問題とされている。また、当局届出の遅延の発生原因は、法令遵守規程および不祥事件の届出基準書の運用の問題、不祥事件対応に関する「事勿れ主義」の発想、とされている。さらに、一連の事象に共通する発生原因として、ビジネスモデルに即したリスク対応の不足、支店任せかつ事務の効率化・省力化の取組みに重きが置かれた内部管理態勢・内部統制、脆弱な本部の管理体制、営業重視の経営方針とガバナンスの問題、組織風土の問題（同質性の高い組織の特性に起因する「事勿れ主義」）があるとされている。

再発防止策　都留信組が、関東財務局に対して提出した業務改善計画は、以下のとおりである。

Ⅰ．不祥事件発生の責任並びに不祥事件等届出懈怠責任の明確化

Ⅱ．理事会及び監事による経営監視・牽制が適切に機能する経営管理態勢の確立

　1．理事会の適切な機能発揮、2．「経営諮問会議」の設置、3．監事の監視機能の強化

Ⅲ．内部管理態勢の確立及び厳正な事務処理の徹底

　1．経営管理部の設置、2．「業務改善委員会」（仮称）の設置、3．事務改善策

Ⅳ．内部監査態勢の改善・強化による監査機能の実効性の確保

　1．内部監査部門による牽制機能発揮、2．理事会報告による監視体制の強化、3．監査部から監事へのレポーティングラインの確保

Ⅴ．全組合的な法令等遵守態勢の確立

　1．法令等遵守意識の醸成・徹底、2．リスク情報の収集活用、3．コンプライアンス違反者等に対する厳正な対処

Ⅵ．適切な人事管理の徹底、Ⅶ．業務改善計画の進捗管理

コメント　金融機関の着服事件は珍しくないが、本件は理事長ら役員まで報告がされたにもかかわらず不祥事件届出や公表などの措置が講じられなかったという点で特色がある。同質性の高い組織の特性に起因する「事勿れ主義」という原因分析は注目に値する。

さらに理解を深める　特別調査委員会調査報告書要約版、関東財務局「都留信用組合に対する行政処分について」（2019年12月23日）、都留信組「業務改善命令に対する業務改善計画書の提出について」（2020年1月31日）

117　かんぽ生命不適正募集

当　事　者：株式会社かんぽ生命保険（以下「かんぽ生命」）
表面化時期：2019年6月24日
表面化の経緯：2019年6月24日の日本経済新聞電子版
第三者委員会等：かんぽ生命保険契約問題特別調査委員会（2019年7月24日設置、2019年12月18日調査報告書〔以下「調査報告書」〕公表、2020年3月26日追加報告書公表）

経営責任：日本郵政株式会社（以下「日本郵政」）、日本郵便株式会社（以下「日本郵便」）、かんぽ生命の各社長が2020年1月5日付で辞任
2014年度〜2018年度に営業部門等を担当していた日本郵便の執行役員・かんぽ生命の執行役に対し、厳重注意、月額報酬の減額を実施（日本郵便20名、かんぽ生命19名）
行政処分：金融庁および関東財務局より、2019年12月27日に、かんぽ生命および日本郵便株式会社に対する業務停止命令および業務改善命令、日本郵政に対する業務改善命令
民事責任：客観的資料により確認できなかったので記載せず
刑事責任：客観的資料により確認できなかったので記載せず
そ　の　他：2014年度〜2018年度の営業部門等の責任者に対して懲戒処分を実施（日本郵便243名、かんぽ生命123名）

事案の概要　調査報告書によれば、2014年4月から2019年3月までの5年間に受理した契約において、かんぽ生命およびその保険代理店である日本郵便は、顧客の不利益になり、または顧客にとって合理性がなく、当該顧客の意に沿わない保険募集を行っていた。

　具体的には、契約の乗換に際して、契約者に対し、①「一定期間解約はできない」「病歴の告知があっても加入可能」など事実と異なる説明を行い、契約の重複による保険料の二重払いや無保険期間の発生等を顧客に生じさせたほか（少なくとも67件）、②「自分の営業成績のために解約を遅らせてほしい」などと申し向け、契約の重複による保険料の二重払い等の不利益を顧客に生じさせていた（少なくとも662件）。

　また、顧客の意向に沿わず、③多数回にわたって契約の消滅と新規締結が繰り返される、④多額の契約が締結され、高額の保険料が発生している、⑤既契約が解約され、既契約とは異なる被保険者で新契約が締結されている、⑥既契約が解約され、既契約とは異なる保険種類（年金から保険など）での新契約が締結されている、⑦顧客の意向に沿わず、既契約の保険期間が短縮され、短縮されてから短期間のうちに新契約が

締結されているといった不適正な募集行為の可能性がある類型の存在も確認された。

　さらに、社内研修において、実際には節税効果が期待されないにもかかわらず、相続税対策としての説明・販売を募集人に勧めるなど、不適正な募集行為を助長しかねない実態も認められた。

関連法令　保険業法300条1項

発生原因　金融庁による処分理由では、本件の背景にあるかんぽ生命の態勢上の問題として、以下が指摘されている。

① 　保険代理店である日本郵便とともに、具体的な実現可能性や合理性を欠いた営業目標を設定するなどの過度な営業推進態勢

② 　顧客に不利益が生じていても、契約者の署名をもって顧客の意向に沿ったものとみなし、募集人の自認がない限り事故とは認定しないなどのコンプライアンス・顧客保護の意識を欠いた組織風土

③ 　日本郵便の営業現場における募集活動の実態、募集人の営業目標や営業手当、優績者表彰、各種研修等を把握せず、委託者として保険代理店に必要な指示を行わないほか、第2線（募集管理部門）に十分な人材配置を行わないなど、脆弱な募集管理態勢

④ 　顧客からの申出に加え、当局のヒアリング等により不適正募集の端緒に接しながら、実態を十分に把握せず、抜本的な改善を図らないなどガバナンスの機能不全

再発防止策　かんぽ生命は、以下の内容の業務改善計画を公表した（2020年1月31日）。

① 　適正な営業推進態勢の確立（乗換を助長せず、かつ実態に即した営業目標の策定を含む）

② 　コンプライアンス・顧客保護を重視する健全な組織風土の醸成（適切な募集方針の策定・浸透や職員および募集人に対する研修を含む）

③ 　適正な募集管理態勢の確立（代理店に対する十分な牽制機能の構築を含む）

④ 　①～③を着実に実行し、定着を図るためのガバナンスの抜本的な強化

コメント　調査委員会による調査が約8か月間で完了せず、約3か月間の追加調査が行われた大規模な保険不適正募集の事案である。保険募集の主体であるかんぽ生命および日本郵便だけでなく、日本郵政グループとしてのガバナンスが問われた。

さらに理解を深める　調査報告書、追加報告書、金融庁・関東財務局「日本郵政グループに対する行政処分について」（2019年12月27日）

118　第一生命金銭不正取得

当　事　者：第一生命保険株式会社（以下「第一生命」）

表面化時期：2020年6月

表面化の経緯：元社員の関係者からの報告

第三者委員会等：元社員による不祥事案対策本部（2020年10月2日設置、同年12月22日「『元社員による金銭の不正取得』事案に関するご報告」〔以下「報告書」〕公表）

経営責任：会長、社長および営業部門、コンプライアンス統括部の関係役員の合計11名について報酬月額の10～50％×3か月分を減額。執行役員以上について報酬月額の10％×2～3か月分を減額（2021年2月12日）

行政処分：客観的資料により確認できなかったので記載せず

民事責任：客観的資料により確認できなかったので記載せず

刑事責任：第一生命は元社員を告発していたが、年齢や健康状態等を考慮して不起訴処分（起訴猶予）（2021年11月18日）

事案の概要　2002年から2020年において、第一生命西日本マーケット統括部に所属していた元同社社員（元「特別調査役」）が、顧客24名に対して、架空の金融取引を持ち掛け、合計約19.5億円の金銭を不正に取得していた。

その手口は、主に自身が担当する顧客に対して、自身が社内で特別な存在であり、特別な「枠」があるため、自身に金銭を預ければ銀行等への預金よりも有利である等、架空の金融取引が存在するかのような話を持ち掛け、現金で金銭を預かっていたものである。その際、便箋等への手書きにより「お預かり証」等の見出しの文書を作成して、収入印紙を貼付して手交していた。なお、預かった金銭の原資としては、顧客の現預金等のほか、契約者貸付金、死亡保険金、満期保険金、解約返戻金等の保険契約に関連するものも確認されている。

元社員は、預り金に対する利率として、年利5％や半年で2倍・3倍等を示しており、2020年3月までは、金利や配当、元金の返済と称して、元社員が顧客に金銭を支払っていたケースもあった。

関連法令　刑法246条1項

発生原因　報告書では、本件に係る原因は以下の点にあると分析されている。

1　顧客からの金銭授受を禁止するルールがなく、第一生命から顧客に対する注意喚起の機会や顧客自身が不審に感じる機会を創出できていなかったこと
2　元社員には倫理観や法令順守意識の欠如があったと考えられるほか、「特別調査役」との肩書が元社員の特権意識や顧客の信頼を惹起していたと考えられること
3　元社員に対する日常的な指導管理者が存在せず、また、高額な契約者貸付け・据え置き金引出し等に対する監視監督も十分でなかったこと
4　「特別調査役」であった元社員に対する遠慮により、所属先からの報告に対して積極的な事実確認を怠るなど、顧客を第一に考える思考が不十分であったこと

再発防止策　本件の再発防止策として、同様の金銭不正取得事案がないかを総点検することのほか、金銭不正行為撲滅に向けて、金銭授受の禁止を徹底する事務手続の構築や顧客への注意喚起等に取り組み、また、優績者の特権意識が醸成される肩書・称号の廃止、さらにモニタリング機能の強化等を行うことが公表されている。再発防止に向けては、全役員が参画する経営品質刷新本部が組成され、社長が主導する企業風土や体質の変革を推進する経営品質刷新プロジェクトが発足された。

コメント　本件以降も、第一生命を含む生命保険会社において、営業職員が顧客から金銭を不正に取得したとの報道がなされており、営業職員による金銭の不正な取扱いは、金融機関にとって古くて新しい不祥事類型である。営業現場でのキャッシュレス化等に取り組んでいる金融機関も少なくないが、役職員に対して顧客本位の意識を繰り返し喚起することの重要性が改めて認識される事案である。
　生命保険協会は、本件のような営業職員による金銭詐取事案の発生等を踏まえ、生命保険各社が営業職員の管理態勢につき、経営環境や社会からの期待の変化等を踏まえて不断の検証・整備を行っていくことが重要であるとして、生命保険会社42社に対して、「顧客本位の業務運営」にかかる取組みについてのアンケートを実施し、2021年4月16日にその結果を公表した。

さらに理解を深める　報告書、生命保険協会「『「顧客本位の業務運営」の高度化に資する営業職員チャネルにおけるコンプライアンス・リスク管理に関するアンケート』に関する報告書の公表について」(2021年4月16日)

119　ＪＡおおいた不正貸付け

当　事　者：大分県農業協同組合（以下「ＪＡおおいた」）
表面化時期：2020年9月
表面化の経緯：ＪＡおおいたによる公表
第三者委員会等：不祥事第三者委員会（2020年9月28日設置、2020年12月24日調査報告
　　　　　　　　書公表）、悉皆（しっかい）調査委員会（2020年12月10日設置、2021
　　　　　　　　年11月22日調査報告書公表）

経営責任：常務理事が辞任し（時期不明）、退職慰労金を辞退。「その他の全ての役員
　　　　　の経営責任については、役員責任調査委員会での答申に基づき厳正に対
　　　　　処」とされているが（ＪＡおおいた「業務改善計画書の提出について」
　　　　　〔2021年2月8日〕）、その内容は客観的資料により確認できなかったので
　　　　　記載せず
行政処分：業務改善命令（2020年10月8日〔大分県〕）
民事責任：客観的資料により確認できなかったので記載せず
刑事責任：客観的資料により確認できなかったので記載せず

事案の概要　ＪＡおおいた東部事業部甲支店に所属する職員Ａが、2018年8月から
　　　　　　　2020年3月までの間、共済契約者ら（いずれもＡの親族）に無断で貸
付申込書等を作成し、虚偽の共済約款貸付け（共済積立金を原資としてＪＡ共済連が
共済契約者に対して行う貸付け）の申込みを行い、共済貸付金を不正取得した（以下
「本件不正貸付け」。合計28回、事故金額983万7000円。うち一部はＡにより返金済）。
　本件不正貸付けは、2020年7月に実施された甲支店のコンプライアンス点検で発見
され、東部事業部の担当部署の所属長、その上司であった総務部長、同事業部担当の
常務理事らにも報告されたが、これら東部事業部幹部は、Ａの親族でもある被害者ら
が事実の不公表を望んだことや、当時、ＪＡおおいたで不祥事が多発していたことな
どから、本店リスク管理部長等への報告は行わず、被害者でもある親族に被害弁償を
させ、Ａを自己都合退職させることで隠蔽した。
　2020年8月、本店コンプライアンス統括部への内部通報を端緒として本件不正貸付
けとその隠蔽が発覚し、同年9月に第三者委員会が設置された。さらに、第三者委員
会の調査の途上においても複数の不祥事が新たに発覚したことから、まだ発覚してい
ない不正行為や不適切行為を「総ざらい」するため、別途、ＪＡおおいたから独立し

た委員からなる悉皆調査委員会が設置された。悉皆調査委員会の調査の結果、①取引業者からのQUOカード受領、②駐車代金の着服、③推進費名目での私的懇親会費等の経費支出、④地元有力者への架空手数料支払い、⑤大豆、麦の出荷量水増し、⑥米の横流し、⑦共済の不適切募集、⑧定期貯金証書偽造、⑨屑米代金の着服などが判明した。

関連法令　農業協同組合法94条の2第2項

発生原因　第三者委員会調査報告書によれば、本件不正貸付けの真因は、JAおおいた職員（共済事業従事者）の金融業従事者としての自覚の欠如、業務遂行マニュアルの認識およびその理解の欠如、共済契約獲得等の過大なノルマ、職場内の意思疎通の欠如、職員の情報の把握と人事への反映、厳格な処分とその周知の欠如であるとされている。また、本件不正貸付けの隠ぺいの真因は、幹部職員における危機対応についてのプロ意識・リテラシーの欠如、JAおおいた幹部によるJAの公的存在についての意識の欠如、JAおおいた事業部内における馴合い、本店・事業部の間の壁の存在、内部通報制度の不活性とされている。

再発防止策　JAおおいたが、大分県に対して提出した業務改善計画は、以下のとおりである。

1．東部事業部の不祥事件に係る役職員の責任の明確化
2．過去の不祥事件の検証に基づくコンプライアンス研修を強化
3．職員の適格性に基づく適正な人事管理と広域人事異動の拡充等による本店のガバナンス強化
4．電算システムを含めた事務処理手法の見直しを通じた内部牽制機能の強化
5．役員と職員が一体となった法令等を遵守する健全な組織風土の改革

コメント　本件は、JAで発生した職員の不祥事について、常務理事を含む事業部幹部が隠蔽を図った事例であり、その原因として、幹部職員による公的存在についての意識の欠如や馴合いなどが指摘されている。近時、JAで発生した不祥事件について、第三者委員会が設置される例が増えているが、着服等のみであればともかく、役員が隠蔽に関与したような場合には、第三者委員会による調査は避けられないといえる。

さらに理解を深める　不祥事第三者委員会調査報告書、悉皆調査委員会調査報告書、大分県「大分県農業協同組合に対する業務改善命令について」（2020年10月8日）、JAおおいた「業務改善計画書の提出について」（2021年2月8日）

120 三井住友信託銀行・みずほ信託銀行議決権行使書集計漏れ

当　事　者：三井住友信託銀行株式会社（以下「SMTB」）、みずほ信託銀行株式会社（以下「みずほTB」）、日本株主データサービス株式会社（以下「JaSt」）

表面化時期：2020年9月

表面化の経緯：株主からの指摘を受けた株式会社東芝（以下「東芝」）がSMTBに調査を依頼し、当該状況についてSMTBが自主公表。同時期にみずほ信託も自主公表

第三者委員会等：東芝における会社法316条2項に基づく調査者（2021年3月18日の臨時株主総会において選任決議、同年6月10日調査報告書〔以下「本報告書」〕公表）

経営責任：SMTB、三井住友トラスト・ホールディングス株式会社、みずほTBの役員等について、月額報酬の10%～20%を3か月減額または返上

行政処分：金融庁によるSMTB、みずほTBに対する報告徴求命令（2020年9月30日新聞報道）

民事責任：客観的資料により確認できなかったので記載せず

刑事責任：客観的資料により確認できなかったので記載せず

事案の概要　SMTBおよびみずほTBは、各企業から株主総会の議決権行使書集計業務（以下「本業務」）を受託しており、両社は、本業務を両社が50%ずつ出資するJaStに委託または再委託していた。JaStでは、例年、株主総会が多く開催される繁忙期である3月、5月および6月（加えて、2020年については、新型コロナウィルス感染症の影響により株主総会を7月に延期した企業が相応にあったため、7月）において、大量の議決権行使書を集計する時間を確保するため、所管郵便局と調整の上、本来の配達日の前営業日に議決権行使書を受領し、集計業務に着手していた。本報告書によれば、2008年以降はSMTBないしJaStが所管郵便局に対して上記取扱いの申入れを行い実施していたことが確認できたが、2007年以前の運用は明らかでない。

　郵便局からJaStに対しては、実際の配達日（本来の配達日の前営業日）の翌営業日付で、通数、料金を記載したレシート様の書面である交付証を交付していた。JaStが議決権行使書を集計する際は、実際の配達日ではなく、当該交付証に記載の日付（実

際の配達日の翌営業日）に基づき集計することとしていた。そのため、交付証の日付が議決権行使期限後である場合には、実際の配達日が議決権行使期限前であっても、議決権行使書の集計の対象外とされてきた（上記一連の処理を以下「先付処理」）。

　本件では、東芝の株主による指摘を契機に調査が実施され、その後、東芝において選任された株主総会の調査者による調査も実施された。東芝以外の委託会社（SMTBについて890社、みずほTBについて371社）についても同様の先付処理が行われていた。両社が実際の配達日を基準に再集計を行ったところ、東芝を含め、議案の成否に影響を及ぼす事案は確認されていない。

関連法令　会社法316条2項

発生原因　みずほTBのプレスリリースによれば、委託開始時に集計業務のJaStへの委託取扱いに関する適切性を十分に確認しなかったこと、先付処理が長年の実務慣行となっていたため、定期モニタリング等複数の検証機会においても疑義を抱かなかったことが原因であるとされている。

再発防止策　SMTBおよびみずほTBのプレスリリースによれば、両社は、先付処理を取りやめ、郵便局から議決権行使書を実際に受領した日を基準に集計を行う方法へ変更することを決定した。また、議決権行使書の受領方法を、従来の配達から、私書箱からの引取りに変更するとともに、システム機器の増強や担当要員の増員を通じて集計作業の処理能力の向上を図るとした。その他、法令等遵守態勢、外部委託管理、内部監査態勢、フィデューシャリー・デューティーの観点からの業務改善、業務の適切性の点検、証券代行業務における対策を講じるとした。さらに、議決権行使の電子化を従来以上に促進することが挙げられている。

コメント　東芝の株主からの指摘を契機に、長年の慣行とされていた先付処理の問題が明らかになった。より根本的には、議決権行使書の集計業務が、委託会社の株主総会における議決権行使によるガバナンス機能を支えているという意識が欠落していたのではないかと思われる。

さらに理解を深める　本報告書、SMTB「当社取引先の議決権行使書集計に係る業務についての調査結果のお知らせ」（2020年9月24日）、同「議決権行使書集計業務の見直し及び再発防止策等について」（同年12月17日）、みずほTB「議決権行使書の集計方法の確認結果について」（同年9月24日）、同「議決権行使書の集計方法の見直しについて」（同年12月17日）

121　SBIソーシャルレンディング貸付金資金使途違反

当　事　者：SBIソーシャルレンディング株式会社（以下「SBISL」）
表面化時期：2021年2月5日
表面化の経緯：社内調査を実施後、第三者委員会設置に際して自主公表
第三者委員会等：第三者委員会（2021年2月5日設置、同年4月28日調査報告書公表）

経営責任：客観的資料により確認できなかったので記載せず
行政処分：関東財務局より、2021年6月8日に金商法52条1項および51条に基づく行
　　　　　政処分（具体的内容は客観的資料により確認できなかったので記載せず）
民事責任：客観的資料により確認できなかったので記載せず
刑事責任：客観的資料により確認できなかったので記載せず
そ　の　他：全既存ファンドの償還を条件として、SBISLの自主的廃業および事業から
　　　　　の撤退（2021年6月8日）

事案の概要　SBISLは、匿名組合員である投資者が出資した金銭を貸付先に貸し付
　　　　　ける方法で運用し、貸付先から元利金を回収して投資者に分配する、
いわゆるソーシャルレンディング事業を展開していた。

　同事業において、SBISLは、2017年5月にA社に関連する「SBISLバイオマスブ
リッジローンファンド1号」の募集を開始し、その後も継続的に同社関連ファンドを
取り扱っていた。このA社に関連した貸付けにあたっては、ファンドごとに用意され
た別個の特別目的会社（SPC）を貸付先とするが、貸付対象事業（不動産開発および
太陽光発電所開発）に係る工事はすべてA社が元請けするスキームとされていた。

　各ファンドへの出資の募集にあたっては、各SPCへの貸付金の資金使途として、
ファンドごとに特定された不動産開発および太陽光発電所開発に係るプロジェクトの
ために使用する旨が投資者に対して表示されていた。しかし実際には、SBISLからの
貸付金は、A社との間の工事請負契約に基づく代金の支払いとして正当に使用された
ものもあったが、当初の資金計画にない支払いや他のファンドのSBISLへの利息支払
金の原資、さらに、他の貸付先への返済原資等、投資者への表示・説明とは異なる使
途で使用されていた可能性が高いことが認められた。

　また、SBISLは、本件各SPCへの出資勧誘にあたり、借手の財政状態等について精
査し、その資金使途を確認するとともに、貸付金債権等の回収可能性について精査し、
貸倒れの兆候を早期に発見すべく、借手に対して継続的にモニタリングを実施すると

していた。しかし、本件各SPCへの貸付けにあたっての審査段階では、真に管理すべきリスクが所在するA社についてフォーマットの記載を埋めるだけの形式的な審査に留まり、実効的な審査は行われていなかった。また、SBISLにはモニタリングに関するルールは存在せず、すべて担当者任せとされており、各工事プロジェクトの進捗についても、A社の口頭での言い分を鵜呑みにしており、客観的かつ合理的な進捗状況の確認はなされていなかった。

| 関連法令 | 金商法38条9号、金商業等府令117条1項2号 |

| 発生原因 | 調査報告書では、本件の原因として、SBISLおよびその経営トップにおける受託者としてのプロフェッショナリズム、ならびに金融商品取引業 |

者、匿名組合営業者として投資者を保護する意識の欠如を背景として、貸付にあたってのリスクの真の所在から目を背け、営業優先の意識に基づき設定された過大な収益目標達成のための安易な手段としてA社への依存状態を作り出し、杜撰な貸付審査・モニタリング体制による貸付けを重ねた点にあることが指摘された。その背景にはSBISLの上場計画があったことが指摘できる。

| 再発防止策 | SBIホールディングス株式会社（SBI）は、2021年6月8日に、SBISLの自主的廃業および事業からの撤退に加え、グループとしての |

再発防止に向けて以下に取り組むことを公表した（SBISLはSBIの孫会社に該当）。

(1)　新たなリスク評価機関の設置によるリスク点検体制の強化

　本件の発生要因を踏まえたリスク評価重点項目を抽出し、それらの項目と関連する子会社との間でリスク要因を定期的に評価・分析し、その改善状況をモニタリングするための新たなリスク評価機関を立ち上げる。

(2)　グループ各社における内部管理体制の強化

　連結子会社における内部管理体制の強化のため、SBI人事部門がグループ各社の人材ニーズ等について横断的に情報収集し、必要な役職員を重点的に配属する。

| コメント | 本件は、新たな金融の形態であるソーシャルレンディング事業における不祥事であるが、調査報告書で指摘された発生原因は、SBISLに限らず、 |

ソーシャルレンディング事業を行う会社に広くあてはまるものであり、今後のソーシャルレンディング事業の拡大に向けて各社が取り組むべき課題として認識すべきである。

| さらに理解を深める | 調査報告書 |

122 山口フィナンシャルグループ前CEO解職

当　事　者：株式会社山口フィナンシャルグループ（以下「山口FG」）
表面化時期：2021年6月
表面化の経緯：記者会見
第三者委員会等：山口FG調査委員会（2021年5月14日設置、同年10月14日調査報告書
〔以下「調査委員会報告書」〕公表）、調査本部（同年8月10日設置、
同年10月14日調査報告書〔以下「調査本部報告書」〕公表）

経営責任：前CEOについて、代表取締役解職（2021年6月25日）、取締役辞任（同年
12月23日）
行政処分：金融庁による報告徴求命令（2021年11月1日日本経済新聞電子版）
民事責任：客観的資料により確認できなかったので記載せず
刑事責任：客観的資料により確認できなかったので記載せず

事案の概要　2021年5月、当時の山口FG代表取締役会長兼グループCEO（以下「前
CEO」）に関する告発書面が、前CEO以外の全取締役に送付された。
山口FGは、告発書面の内容について調査する調査委員会、続いて、調査委員会の調
査のスコープ外であった、新銀行設立に係る案件の進め方について調査する調査本部
を設置した。その過程で、同年6月25日、定時株主総会後の臨時取締役会において前
CEOが代表取締役を解職された。上記調査により次のような問題が判明した。
1　山口FGと金融業者A社が共同出資し、合弁子会社として全国区の個人金融専門
の銀行を設立するという新銀行設立プロジェクト（以下「本プロジェクト」）につ
いて、①2021年3月24日、前CEOは、取締役会決議を経ることなく、金融業者A社
のトップとの間で、新銀行の内容、外部のコンサルティング会社B社の元日本代表
パートナーa氏等が山口FGに入社して本プロジェクトを推進すること、新銀行を
設立した際はa氏がそのCEOを務めること等を合意した。また、前CEOは、同月
頃、a氏他5名に採用内定を出した。②前CEOは、上記合意および採用について
自らの決裁権限の範囲内であると考えており、調査委員会によるヒアリングや取締
役会等において、繰り返し取締役会の決議によるべきものであったと説明を受けた
が、自身の考えを改めなかった。③告発文書が送付された後、前CEOは、調査委
員会の設置等に不満を示し、複数回辞任発言を行う等CEOとして不適切な態度が

みられた。④取締役会においてa氏の採用議案が否決されると、前CEOは自ら決裁すべき案件に関する意思決定を拒否し、取締役会へ付議するよう指示したことから、取締役会の決議事項が35件以上に上る等、山口FGの業務執行に支障を生じさせた。⑤本プロジェクトの担当チームを含めた社内の関係者に対するマネジメントや情報共有の不足によって、社内における検討や合意形成が不十分なまま①の合意等が行われた。

2　リテール部門の主要な責任者について、前CEOの決定・指示により、短期間での人事異動が繰り返された。

3　前CEOが、事業提携関係にあったC社に対し、取締役会の決議を経ることなく提携解消に向けた交渉を継続し、また、C社との間の訴訟リスクという重大なリスクが生じていたにもかかわらず、これを取締役会に報告しなかった。

関連法令　なし

発生原因　調査委員会報告書によれば、前CEOへの情報・権限の集中、会長・社長等の役職とCxO制度の役職について職責と関係性が整理されていないこと、CEOに専属するCEO室の存在により、内部統制体制が複雑・曖昧になり、重要案件に係る情報がCEOに一極集中する構造になっていたこと、内部統制に対する意識の希薄さ、プロジェクトチームのあり方について共通認識がなかったこと、取締役・執行役員の人事について前CEOが独自に起案していたこと、人事異動の理由等について必ずしも記録が残されていないこと、通例でない社員の採用が想定されていない採用権限の設定であること、心理的安全性の欠如、受動的な業務取組姿勢等が挙げられる。

再発防止策　山口FGのプレスリリースによれば、①ガバナンス強化に向けた取組みとして、経営管理体制の再構築、グループ内での「対話」の充実（役員間での対話）等、②内部統制の強化に向けた取組みとして、決裁権限体系の適正化、社内プロジェクトチーム運営に関するガイドライン策定等、③企業風土改善に向けた取組みとして、人事制度・運用体制の一体的な見直し、多様な観点からの評価制度の導入、④地方創生に向けた取組みとして、地域活性化事業会社の活用等が挙げられている。

コメント　CEOに情報・権限が集中した場合に会社がどのような事態に陥るかを示す事案であるが、取締役会のCEOに対するガバナンスが機能した事案ともいえる。

さらに理解を深める　調査委員会報告書、調査本部報告書、山口FG「改善策の策定に関するお知らせ」（2021年11月30日）

123　アイ・アールジャパンホールディングス利益相反

当　事　者：株式会社アイ・アールジャパンホールディングス（以下「IRJHD」）、その完全子会社である株式会社アイ・アールジャパン（以下「IRJ」）

表面化時期：2022年11月10日

表面化の経緯：ダイヤモンド・オンラインによる報道

第三者委員会等：第三者委員会（2022年12月8日設置、2023年3月7日調査報告書〔公表版〕〔以下「調査報告書」〕公表）

経営責任：役員報酬減額（代表取締役社長CEO50％6か月、その他の業務執行取締役20％6か月、監査等委員である取締役10％6か月）

行政処分：客観的資料により確認できなかったので記載せず

民事責任：客観的資料により確認できなかったので記載せず

刑事責任：客観的資料により確認できなかったので記載せず

事案の概要　2022年11月10日にダイヤモンド・オンラインが「【スクープ】IRジャパン衝撃の『買収提案書』入手、T社の買収防衛でマッチポンプ疑惑」と題する記事を掲載した。この記事では、IRJHDおよびIRJ元代表取締役副社長が、T社の買収をA社に提案して買収意思を惹起または助長し、他方でIRJがT社から買収防衛のアドバイザリー業務を受託したことで、マッチポンプともみられる状況が生じたことが問題視された。

　調査報告書は、金商法36条1項の誠実公正義務および同2項の利益相反管理体制整備義務の文言や、投資銀行が顧客に対して負う信認義務の観点も取り入れて、「顧客の利益・信頼を不当に害する行為」を不適切な行為と定義した。

　その上で、元代表取締役副社長は、IRJの代表取締役の業務執行として買収提案を行った可能性が高く、IRJの一連の行為を外形的客観的に見ると、一方で2021年春に買収側であるA社に提案して買収意思を惹起または助長した可能性があり、他方で同年秋にA社による敵対的買収を受けたT社から買収防衛に係る業務を受託しており、元代表取締役副社長を含む経営陣にマッチポンプの意図は認められなかったが、客観的にはマッチポンプと見られる外形が作られた。そして、IRJはT社に対してA社に買収提案を行った事実を告知せず、IRJに業務を委託するか否かを選択する機会を失わせたものであり、不適切な行為であったと認定した。

　また、別の案件として、D社では2年連続で定時株主総会において取締役の選任を巡る株主提案および委任状勧誘が起こり、創業家同士で支配権争いが生じていたところ、IRJが2020年は会社側から業務を受託し、2021年は株主側から業務を受託したことは、少なくともIRJが対立相手方である株主側から業務を受託しないという会社側

の合理的期待を裏切るものであり、2021年に株主側から受託した際に情報遮断措置を徹底しておらず、不適切な行為であったと認定した。

関連法令　金商法36条1項、2項

発生原因　調査報告書は、IRJHDのPA/FA（Proxy Advisory/Financial Advisory）業務における利益相反管理体制に不備があるとした。その原因として、日本の資本市場の急激な環境変化により、IRJが受託するPA/FA業務が急成長したが、PA/FA業務に特有の利益相反リスク（会社側と株主側の利害対立が先鋭化する局面で、一方当事者から受託して顧客とする場合に、他方当事者と何らかの関係性を持つことにより、顧客から利益相反を働いたと非難されるリスク）への対応が遅れたこと、コンダクト・リスクを軽視したために、利用者視点の欠如、利用者保護への悪影響、市場の公正・透明への悪影響、レピュテーション（風評）への悪影響を招いたことを指摘した。

　また、T社案件では情報共有機能の不備があり、その原因は元代表取締役副社長を情報共有機能の枠外に置いたことにあると指摘した。D社案件では内部牽制機能の不備があり、その原因はガバナンス機能による牽制の不全にあり、取締役会や監査等委員会が、利益相反リスクの増大を機敏に感知し、利益相反リスク管理の基本方針を策定し、その具体的な構築・運用状況をリアルタイムでモニタリングすることで、あるべきリスク管理体制を整備させ、業務執行取締役や常勤監査等委員に武器や腕力を与えてエンパワーメントすることができず、業務執行トップの専横を抑止することができなかったことを指摘した。

再発防止策　調査報告書は、T社案件とD社案件についての真摯な総括、PA/FA業務における利益相反管理体制の整備、統合的リスクマネジメント（ERM）の推進、存在意義への原点回帰、絶対的権力者であるIRJHD代表取締役社長CEOに対する牽制、を提言した。

　IRJHDは、2023年3月13日にIRJ社長を委員長とする「再発防止委員会」を設置し、同月30日に「PA/FA業務における利益相反管理体制の整備」「ガバナンス体制・リスク管理体制の強化」からなる再発防止策を打ち出した。

コメント　統合的リスクマネジメント（ERM）の観点から見ると、あらゆる業務には「機会」と「リスク」が表裏一体として内在しており、「機会」が増大する際には、これに伴って「リスク」への対応も高度化することで受容リスクを低減する必要があったが、IRJでは外的要因の急速な変化により、PA/FA業務の「機会」だけが一気に増大してしまい、これに伴うべき「リスク」への対応が置き去りにされ、受容リスクが許容範囲を超えてしまった（調査報告書84頁）。事業が急成長する局面では、ERMの観点に立ったリスクマネジメントが必要になることを示唆する事例である。

さらに理解を深める　調査報告書

124 JR西日本福知山線列車脱線

当　事　者：西日本旅客鉄道株式会社（以下「JR西日本」）

表面化時期：2005年4月

表面化の経緯：マスメディア報道

第三者委員会等：安全諮問委員会（2005年6月28日第1回委員会開催、2007年7月3日
　　　　　　　　最終報告書公表）

経営責任：代表取締役社長が取締役に降格。会長および相談役が引責辞任

行政処分：客観的資料により確認できなかったので記載せず

民事責任：客観的資料により確認できなかったので記載せず

刑事責任：事故当時の常務取締役鉄道本部長が業務上過失致死傷罪で起訴されたが、
　　　　　第1審で無罪（神戸地判平成24・1・11裁判所ウェブサイト）、その後確
　　　　　定。このほか歴代代表取締役3名が検察審査会の起訴決議により同罪で強
　　　　　制起訴されたが、第1審控訴審とも無罪、その後指定弁護士側の上告が棄
　　　　　却され無罪確定（最判平成29・6・12裁判所ウェブサイト）

そ　の　他：JR西日本は2006年3月に「福知山線列車事故ご被害者対応本部」を設置
　　　　　し、補償等について被害者・遺族らと継続的に交渉

事案の概要　2005年4月25日午前9時18分頃、JR西日本の宝塚駅発同志社前駅行
の上り快速電第5418M列車（7両編成。以下「本件列車」）が塚口
駅・尼崎駅間の半径304mの右曲線（以下「本件カーブ」）を走行中、同列車の1両目
から5両目までが脱線し、そのうち1両目および2両目が線路東側にあるマンション
の外壁等に衝突するなどの事故が発生した（以下「本件事故」）。これにより、乗客
106名および運転士1名の計107名が死亡し、乗客約500名が負傷した。

関連法令　鉄道事業法17条、同法施行規則35条、刑法211条

発生原因　国交省航空・鉄道事故調査委員会（現・運輸安全委員会）の2007年6月
　　　　　　　28日付鉄道事故調査報告書（以下「報告書」）は、本件事故の直接的な
原因について、本件列車が本件カーブに進入する際、運転士のブレーキの使用が遅れ
たため、制限速度70km/hを大幅に超える約116km/hで同カーブに進入し、その結果
列車が転倒・脱線したものと推定されると指摘している。そして、ブレーキの使用が

遅れた原因については、事故直前に発生したオーバーランが影響した可能性を指摘する。すなわち、本件事故の3分ほど前の午前9時15分頃、本件列車は伊丹駅に停車する際に約72mオーバーランし、その影響で同駅の出発が定刻より約1分20秒遅れた。このオーバーランの後、運転士は、車内電話で車掌に対し、総合指令所にオーバーランの事実を報告する際は距離を短めに報告してほしいという趣旨の依頼をしたが、車掌は乗客対応のために通話の途中でこの車内電話を切ってしまった。消極的な応対をされたと感じた運転士は、総合指令所にどのような報告がなされるかに気をとられて注意が散漫になり、その結果カーブ進入時のブレーキの使用が遅れた可能性があるとされている。

　また、報告書によれば、JR西日本では、オーバーラン等のインシデントを発生させた乗務員は、乗務から外されて、顛末書の作成等を行う「日勤教育」なるものを受けさせられ、これが一部の乗務員にはペナルティであると受け取られていた。本件列車の運転士が車掌に虚偽報告を求めた背景には、このような「日勤教育」を受けさせる同社の乗務員の管理方法が影響した可能性もあると報告書は指摘する。

再発防止策　報告書は、事故再発防止のためにJR西日本が講ずべき措置として、運転技術に関する教育の改善、ブレーキ装置の改良、標識の整備等を挙げている。このうち教育の改善については、①インシデントに関する情報を分析し、それにより得られた知見をもとに教育を行う、②わかりやすい資料や運転シミュレーターなどを適切に使用する、③制限速度超過の危険性を十分に認識させるなど、実践的な教育を充実すべきと提言する。このほか「日勤教育」については、精神論的な教育に偏らず、前記のような実践的な教育を充実させるなど、再教育にふさわしい効果的なものにすべきと指摘する。

コメント　本件事故は、日本の鉄道事故史上7番目、戦後では常磐線三河島事故に次いで4番目に多くの死者を出した鉄道事故とされる。JR西日本は、国交省の指示を受け、事故直後の2005年5月31日、教育制度の見直しやATS（自動列車停止装置）の整備等を内容とする安全性向上計画を策定した。また、現在もJR西日本は、この重大事故の被害者・遺族らへの対応を同社の最重要課題の1つとして位置づけており、追悼慰霊式や事故現場に関する説明会を行うなどしている。再発防止のための措置が確実に実践され、同種事故の再発防止が図られることが期待される。

　なお、2009年9月、当時の社長が事故調査委員会の一部の委員に情報漏えいを働きかけるなどした事実が発覚し、被害者・遺族らのほか社会からも強い批判を受けた。

さらに理解を深める　国交省航空・鉄道事故調査委員会「鉄道事故調査報告書　西日本旅客鉄道株式会社　福知山線塚口駅～尼崎駅間　列車脱線事故」（2007年6月28日）

125 関越道高速バス居眠り運転死傷事故

当　事　者：有限会社陸援隊（以下「陸援隊」）
表面化時期：2012年4月
表面化の経緯：マスメディア報道
第三者委員会等：客観的資料により確認できなかったので記載せず

経営責任：客観的資料により確認できなかったので記載せず
行政処分：一般貸切旅客自動車運送事業の許可取消し（2012年6月22日）
民事責任：客観的資料により確認できなかったので記載せず
刑事責任：事故を起こしたアルバイト運転手につき、自動車運転過失致死傷罪、道路
　　　　　交通法違反等（懲役9年6月、罰金200万円〔前橋地判平成26・3・25裁
　　　　　判所ウェブサイト〕）
そ　の　他：国交省関東運輸局による特別監査（2012年4月30日、同年5月2日、同月
　　　　　9日）

事案の概要　2012年4月29日午前4時40分頃、陸援隊が運行する高速ツアーバス
（JR金沢駅発、行先は東京ディズニーリゾートほか）が、群馬県藤岡
市内の関越自動車道上り78キロポスト付近を走行中、同バスの左側面が道路左脇の
ガードレールに接触、続けてバス前方部左側がガードレールの延長線上に設置された
防音壁に衝突し、同防音壁によりバス前方が10.5mほど左右に裂かれるようにして大
破するという事故が発生した（以下「本件事故」）。これにより、乗客45名のうち7名
が死亡し、また乗客38名と運転手1名の計39名が重軽傷を負った。

関連法令　道路運送法、旅客自動車運送事業運輸規則

発生原因　前記前橋地判平成26・3・25によれば、一般貸切旅客自動車運送事業者
である陸援隊は、取引先の旅行会社から、同旅行会社が主催する金沢・
東京間の高速ツアーバス便の運行の一部を受注し、そのうちの1便の運転をアルバイ
トの運転手に依頼した。この運転手は、個人でバス運送業を無許可営業しており、当
時は多忙により睡眠も十分にとれていなかったが、断りきれずに陸援隊の依頼を引き
受けた。そして、同運転手は、睡眠が不十分なままバスを運転し、途中休憩時間は
あったものの、自ら営むバス運送業関係の電話対応に追われて満足に休憩をとること

もできず、その結果、運転中に仮睡状態に陥り、本件事故を起した。

　本件事故後に国交省に設置されたバス事業のあり方検討会（以下「検討会」）は、報告書の中で、本件事故が発生した背景について、高速ツアーバスの業態そのものに起因する根本的な問題があると指摘する。すなわち、都市間バス輸送事業の形態は、①乗合バス事業者（一般乗合旅客自動車運送事業者）が運行する「高速乗合バス」と、②貸切バス事業者（一般貸切旅客自動車運送事業者）が運行する「高速ツアーバス」とに大別されるが、いずれも規制緩和により競争が激化していたうえ、特に②の「高速ツアーバス」については、ツアーそのものはバス事業者とは別の旅行会社が主催するため、ツアーの主催者が運送事業者としての安全確保の責任を負わないという無責任構造になっていたことが問題点として指摘されている。

　また、報告書は、貸切バス事業者一般の法令遵守意識の低さも指摘する。実際、本件事故を起こした陸援隊も、本件事故後に行われた特別監査の結果、運転手の健康状態把握が不適切、乗務記録が不適切であるなど、28項目の法令違反が確認され、その違反点数は事業許可取消しの基準点である81点を大幅に超える242点に及んだ。

再発防止策　検討会は、乗合バス事業者が運行する「高速乗合バス」と、貸切バス事業者が運行する「高速ツアーバス」とを、新たに「新高速乗合バス」という業態に移行・一本化し、その事業主体をより規制が厳しい乗合バス事業者に限定するとともに、貸切バス事業者が運行する際は乗合バス事業者から運行の一部の委託を受けて行うようにし、もってツアー利用客に対する安全確保の責任を明確化すべきと提言した。このほか、貸切バス事業者につき、安全管理規程の作成・届出および安全統括管理者の選任・届出の義務づけ、運行管理制度の強化、交替運転者の新たな配置基準の策定、参入時および参入後の安全チェック体制の強化等が必要とも指摘する。

　国交省は、2012年6月に「高速ツアーバス等貸切バスの安全規制の強化について」を取りまとめ、これに基づき、運行事業者リストの作成・公表、通報窓口の設置等の緊急対策を実施した。さらに、2013年8月、検討会の上記提言を受け、「高速ツアーバス」から「新高速乗合バス」への移行や過労運転防止のための交替運転者配置基準（ワンマン運転の上限を、原則昼間500km、夜間400km、1日600kmにするなど）の全面適用を実施した。

コメント　本件事故の発生を機に貸切バスの安全対策の強化が図られ、一定の効果も見られた。しかし、2016年に軽井沢スキーバス転落事故（本書128）が発生したことで、それまでの行政の対応の実効性に疑問が投げかけられることとなった。

さらに理解を深める　検討会「『バス事業のあり方検討会』報告書——高速ツアーバス事故で揺らいだ安全への信頼を回復するために」
（2013年4月2日）

126　笹子トンネル天井板落下

当　事　者：中日本高速道路株式会社（以下「中日本高速」）
表面化時期：2012年12月
表面化の経緯：マスメディア報道
第三者委員会等：国交省・トンネル天井板の落下事故に関する調査・検討委員会（以下
　　　　　　　「委員会」。2012年12月4日第1回委員会開催、2013年6月18日報告書
　　　　　　　公表）

経営責任：代表取締役2名につき30％、取締役4名につき20％、執行役員（八王子支
　　　　　社長）につき10％、それぞれ3か月間の報酬減額
行政処分：客観的資料により確認できなかったので記載せず
民事責任：被害者遺族の一部が中日本高速およびその子会社に対して提起した損害賠
　　　　　償請求訴訟において4億4300万円の請求認容（横浜地判平成27・12・22判
　　　　　時2309号90頁）
　　　　　被害者遺族の一部が事故当時の役員に対して提起した損害賠償請求訴訟は、
　　　　　第一審判決で請求棄却、その後遺族側の上告棄却により同第一審判決が確
　　　　　定との報道（2017年6月1日付毎日新聞電子版）
刑事責任：客観的資料により確認できなかったので記載せず

事案の概要　2012年12月2日午前8時3分頃、中央自動車道上り線笹子トンネル
　　　　　　　（全長約4400m）の東京側坑口から約1150m付近において、トンネル
内の換気のためにトンネル上部に設置された天井板や隔壁板等（以下「天井板等」）
が前後約140mの範囲にわたって落下し、これによりトンネル内を走行中の車両3台
が天井板の下敷きになるなどし、うち2台の車両が発火し焼損した。これによる死者
は9名、負傷者は2名に上ると発表されている。

関連法令　民法709条、715条、717条

発生原因　報告書において委員会は、天井板等が落下した原因について、1977年の
　　　　　　工事竣工時より、天井板等を吊るためにトンネル天頂部に打設された
接着系アンカーボルト（母材となるコンクリート壁に穿孔した孔内に接着剤のカプセ
ルを装填し、その上からボルトを打設することで、コンクリート壁とボルトの間を接
着剤で固着するタイプの接着系アンカーボルト）の一部に所定の強度が発揮されない

ものが含まれていたうえ、さらに、その後の経年の荷重作用や材料劣化によりアンカーボルトの強度が低下・喪失し、その結果、いずれかまたは複数の箇所で強度不足によりアンカーボルトが引き抜けて天井板等が落下したものと考えられると指摘する。加えて、中日本高速におけるトンネル内構造物の点検方法・点検実施体制について、トンネル天頂部のアンカーボルトに対する近接目視（検査路や足場等を利用して可能な限り構造物に近づき、または、双眼鏡を利用して構造物の状況を点検する方法）や打音（ハンマーで構造物を打音して構造物の状況を点検する方法）による点検が長年にわたって実施されていなかったことや、補修補強履歴の保存体制に不備があったこと等が、事故の発生に影響した可能性があるとも指摘する。

再発防止策　報告書において委員会は、笹子トンネルと同様、接着系アンカーボルトにより天井板等を吊るす構造のトンネルでは、そもそもトンネル内の換気方法として天井板等の設置により換気すること自体を変更できるかどうか検討の上、可能であれば天井板等は撤去するのが望ましいと指摘する。また、仮に天井板等を存置する場合は、アンカーボルトによる吊り構造系とは別に、天井板等を支えるための新たな構造系を追加するなど、バックアップのための構造ないし部材を設置すべきと指摘する。そして、これらの対策が実行されるまでの間は、近接目視や打音のほか、触診等による近接点検の頻度を増やしたり、いくつかのサンプルにより適切な荷重レベルでの引張載荷試験を実施したりして、モニタリングを強化すべきとしている。

　さらに、天井板等以外にも、ジェットファンや道路標識等、接着系アンカーボルトによる吊り構造で固定された既設重量構造物が存在するが、これらの構造物についても委員会は、事故発生を防止するための措置としてバックアップのための構造ないし部材の設置等を進めるべきであるとしている。

　以上のほか、接着系アンカーボルトの使用自体について、現時点では接着剤樹脂の長期耐久性について十分な知見があるとはいえないとして、耐久性について一定の知見が蓄積されるまでは、トンネル天井板等を固定する吊り構造系においては、原則として接着系アンカーボルトの使用は避けるべきであるとも指摘している。

コメント　本件事故は、道路構造物そのものが通常の供用状況下で落下し、その結果死傷者が生じたという、わが国において例を見ない重大な事故であり、同種の事故が発生しないよう、各道路管理者において再発防止策が講じられることが期待される。

　なお、本件事故後、国交省は、アンカーボルト等で道路附属物を設置している9471のトンネル内を一斉点検し、不具合のあった部分の補修等を実施している。

さらに理解を深める　委員会「トンネルの天井板の落下事故に関する調査・検討委員会報告書」（2013年6月18日）

127 JR北海道レール検査データ改ざん

当　事　者：北海道旅客鉄道株式会社（以下「JR北海道」）
表面化時期：2013年11月
表面化の経緯：2013年9月にJR北海道大沼駅構内で発生した脱線事故の原因調査の
　　　　　　過程で判明
第三者委員会等：客観的資料により確認できなかったので記載せず

経営責任：会長および社長につき50％、常務取締役につき30％、その他の取締役につ
　　　　　き20％、それぞれ3か月間の報酬減額。その後会長および社長が辞任
行政処分：輸送の安全に関する事業改善命令および事業の適切かつ健全な運営に関す
　　　　　る監督命令（2014年1月24日）、安全統括管理者の解任命令（同年2月4日）
民事責任：客観的資料により確認できなかったので記載せず
刑事責任：JR北海道および事故当時の幹部3名が鉄道事業法違反等で起訴され、JR
　　　　　北海道に罰金100万円の有罪判決、幹部3名に無罪判決が言い渡されたと
　　　　　の報道（2019年2月7日付朝日新聞電子版）

事案の概要　　2013年9月19日にJR北海道函館線大沼駅構内において発生した脱線
　　　　　　　　事故に関し、事故原因の調査にあたった運輸安全委員会がJR北海道
から軌道変位（列車の繰返し通過や自然現象によって軌道の各部に生じる変位や変形
のこと）に関する検査データの提出を受けてその分析を進めていたところ、一部の検
査データが改ざんされていることが判明した。
　JR北海道が社内調査を行った結果、前記脱線事故が発生して以降、函館線大沼駅
構内の軌道やその他の箇所の軌道に関し、検査データの改ざん（一部の軌道変位の数
値を実際の検査結果よりも少ない数値に書き換える行為）、補修実績記録の改ざん
（軌道変位が整備基準値を超過する箇所について、実際には行っていない補修作業を
行ったものとして記録する行為）、検査実績の改ざん（一部のレールや道床等につい
て、実際には行っていない検査データを書き加える行為）等が行われていることが判
明した。そのほか、脱線事故以前からも、検査データの書換え等が多くの保線職場で
行われていることが明らかとなった。

関連法令　　鉄道事業法、旅客鉄道株式会社及び日本貨物鉄道株式会社に関する法律
　　　　　　　（以下「JR会社法」）

発生原因 JR北海道は、一連の検査データの改ざんが行われた原因について、社内調査の結果を踏まえ、①整備基準値の重要性に対する認識不足、②検査結果・補修計画・補修実績のチェック体制の不備、③予算事情による軌道作業員の縮小・体制の不備、④本社による現場実態の把握不足等がその背景にあると分析している。

　また、国交省も、JR北海道に対する事業改善命令および監督命令の中で、一連の検査データの改ざんが行われた原因に関し、現場担当者の安全意識の欠如、チェック体制の不備、若年担当者の知識不足や、本社の安全統括管理者が現場の状況を把握していないなどの問題があったことを指摘している。

再発防止策 国交省は、事業改善命令および監督命令の中で、JR北海道が講ずべき措置として、①改ざんの根絶（社内コンプライアンスの徹底、安全意識の徹底および安全知識の向上に関する職員教育体制の再構築、改ざんを防止する作業環境の整備、改ざんに対する厳しい処分環境の整備等）、②安全管理体制の再構築（安全統括管理者の業務体制の刷新、安全推進委員会の運用の見直し、内部監査等の体制の充実等）、③安全確保を最優先とする事業運営の実現、④技術部門の業務実施体制の改善、⑤第三者による安全対策監視委員会の設置等の事項を挙げている。

コメント 本件は、鉄道事業法に基づく事業改善命令が発令された事例としては7件目であり（JR北海道は2011年に続いて2回目）、JR会社法に基づく監督命令が発令された事例としてははじめての事例である。JR北海道は、発足以来、列車の高速化や札幌圏内の輸送力強化などに資金・人材を投入してきたため、その分基礎的な業務分野において資源不足（施設・設備の老朽化や職員の年齢構成の歪みなど）が起こり、このことが同社における安全確保のうえで大きな問題となっていた。

　本件に関して国交省は、事業改善命令および監督命令の中で、JR北海道について、「鉄道事業者としてあってはならない異常な事態が続いている」と厳しく非難しているが、その一方で、「北海道の生活・経済を支える基幹的な輸送機関」であり、「直ちにその輸送サービスに代替し得るものがない状況にある」とも指摘している。このような地域的な特殊事情があることからも、同社においては、日々の輸送の安全を確保しつつ、安全な輸送の確保に求められる総合的かつ抜本的な措置を確実に実施することにより、鉄道事業者として徹底的な再生が図られることが期待される。

さらに理解を深める JR北海道「『輸送の安全に関する事業改善命令及び事業の適切かつ健全な運営に関する監督命令』に対する改善措置の報告について」（2014年3月31日）

128 軽井沢スキーバス転落事故

当　事　者：株式会社イーエスピー（以下「イーエスピー」）
表 面 化 時 期：2016年1月
表面化の経緯：マスメディア報道
第三者委員会等：国交省・軽井沢スキーバス事故対策検討委員会（2016年1月29日第1
　　　　　　　　回委員会開催）、国交省・事業用自動車事故調査委員会（2017年7月
　　　　　　　　5日「事業用自動車事故調査報告書」公表〔以下「本報告」〕）

経営責任：客観的資料により確認できなかったので記載せず
行政処分：一般貸切旅客自動車運送事業の許可取消し（2016年2月19日）
民事責任：客観的資料により確認できなかったので記載せず
刑事責任：客観的資料により確認できなかったので記載せず
そ の 他：国交省関東運輸局による特別監査（2016年1月15日、16日、17日、29日）。
　　　　　イーエスピーの代表取締役および運行管理者が業務上過失致死傷で起訴さ
　　　　　れ、第一審では代表取締役に禁固3年、運行管理者に禁固4年の有罪判決
　　　　　（2023年6月8日。なお、2名とも控訴）
　　　　　複数の被害者の遺族がイーエスピーおよび同社代表取締役に対して損害賠
　　　　　償を求める訴訟を提起し、うち1件においてイーエスピーが遺族に合計1
　　　　　億3000万円を支払うという内容の訴訟上の和解が成立したとの報道（2019
　　　　　年4月16日付・18日付信濃毎日新聞電子版）

事案の概要　本報告によれば、2016年1月15日午前1時52分頃、長野県北佐久群軽
井沢町の国道18号碓氷バイパスで、乗客39名を乗せて軽井沢方面に走
行中の大型貸切バスがガードレールをなぎ倒して約4m下の崖に転落する事故が発生
した。同バスは、前日の午後8時8分に東京都新宿区を出発し、長野県北志賀高原方
面のスキー場へ向かっていた。事故現場は、長い上り坂が終わった後、一転して連続
する下り坂を約1km下った地点にあり、同バスは、片側1車線の下り勾配の左カーブ
を走行中、対向車線にはみ出し、そのまま走行方向右側のガードレールをなぎ倒して、
横転しながら約4m下に転落した。この事故により、バスの乗客13名ならびに運転手
1名および交替運転手1名の合計15名が死亡し、乗客22名が重傷、乗客4名が軽傷を
負った。

関連法令　道路運送法、同法施行規則、旅客自動車運送事業運輸規則

発生原因　本報告は、本件事故は、時速約95km（規制速度時速50km）で現場を走行
していたバスが急な下り勾配の左カーブを曲がりきれなかったために発

生したものと推定されるとしている。現場はカーブの連続する下り坂であり、本来であればエンジンブレーキ等を活用して安全な速度で運転すべきところ、運転手が十分な制動をしないままハンドル操作中心の走行を続けたものと考えられ、このような通常の運転者では考えにくい運転が行われたため車両速度が上昇して車両のコントロールを失ったことが事故の直接的な原因になった可能性が高いとしている。

　また、本報告は、事故を起こした運転手は事故の16日前にイーエスピーに採用された者であり、同社が当該運転手に対して健康診断や適性診断を受診させていなかったこと、同運転手は大型バスの運転について 5 年程度のブランクがあり、大型バスでの山岳路走行の経験および技能が不十分であった可能性があったにもかかわらず、イーエスピーが十分な指導・教育・技能の確認等をすることなく運行を任せたことも事故の原因になった可能性が高いと指摘している。

　さらに、本報告は、イーエスピーの運行管理者が運行経路の調査をしないまま、不十分な運行指示書を作成・使用しており、運行前の始業点呼を実施せず、運行経路や休憩場所等が運転手任せになっていたことを指摘し、事業規模の急激な拡大に運転者の確保・育成が追いつかず、安全を軽視した事業運営を行ってきたことが事故につながった可能性が高いと指摘している。

再発防止策　本報告は、①事業者の運行管理に関する再発防止策として、運転手に対する指導・監督、技能を確認したうえでの選任、法令で義務づけられた健康診断および適性診断の受診およびその結果を踏まえた適切な労務管理等の実施、運行指示書による適切な運行指示の実施等を徹底すること等を提言する。また、②新しい安全対策装置の開発（ドライバー異常時対応システムの開発等）、③制度面に関する対策として、貸切バス事業者に対する事業許可の更新制の導入、監査制度の充実強化および法令違反が確認された事業者への厳格な対応、調査員を無通告でバスに乗車させての実態調査の実施、④事業者の法令遵守の水準を向上させる取組み（国交省が民間機関を活用して監査を補完する巡回指導の仕組みの構築等）等の必要性も指摘している。

コメント　2012年 4 月の関越道高速バス居眠り運転死傷事故 本書125 （乗客 7 名死亡）の発生を機に、貸切バスの安全対策の強化が図られ、一定の効果も見られたが、わずか 4 年後の2016年に本件事故が発生したことで、これまでの行政の対応の実効性に疑問が投げかけられることとなった。特に、イーエスピーが貸切バス事業に参入した時期が関越道高速バス事故後の2014年であったことは、安全対策の強化が図られる中で結果として安全を軽視する事業者の参入を許したことを意味し、このことにも強い批判が寄せられた。

さらに理解を深める　国交省・軽井沢スキーバス事故対策検討委員会「安全・安心な貸切バスの運行を実現するための総合的な対策」(2016年 6 月 3 日)、国交省・事業用自動車事故調査委員会「事業用自動車事故調査報告書」(2017年 7 月 5 日)

129　東亜建設工業地盤改良工事施工不良

当　事　者：東亜建設工業株式会社（以下「東亜建設工業」）

表面化時期：2016年4月

表面化の経緯：二次協力会社による内部通報を端緒に東亜建設工業の経営陣が事態を把握し、国交省関東地方整備局に報告

第三者委員会等：社内調査委員会（2016年5月2日設置、同年7月26日「平成27年度東京国際空港C滑走路他地盤改良工事における施工不良等に関する調査報告書」〔以下「社内調査委員会報告書」〕公表）、国交省・地盤改良工事の施工不良等の問題に関する有識者委員会（2016年5月31日設置、同年8月2日中間報告書〔以下「有識者委員会中間報告書」〕公表）

経営責任：社長辞任。報酬月額につき、社長（前社長辞任後の後任者）50％、副社長40％、専務30％各6か月間減額、常務2名につき各10％を3か月間減額。常勤監査役も報酬月額一部を3か月間自主返上

行政処分：国交省による公共工事に関する25日間の営業停止処分（2016年11月17日）

民事責任：客観的資料により確認できなかったので記載せず

刑事責任：客観的資料により確認できなかったので記載せず

そ　の　他：国交省および複数自治体による指名停止措置

事案の概要　本件は、東亜建設工業が一次協力会社と一体となって、新規技術（薬液注入工法）を用いた複数の地盤改良工事において粗雑工事を行ったことによって対象施設に瑕疵を生じさせ、また施主に対してデータ改ざん等による虚偽の報告を行った事例である。具体的には、2013年度から2015年度に国交省が東亜建設工業に発注した空港施設（羽田2件・福岡2件・松山）の地盤改良工事5件において、施工不良（薬液の必要量不足、曲がり削孔・計測不良、機材の土中残置）および虚偽報告（改ざんデータの表示・記録、ボーリング供試体の差替え、余剰材料の不正処分）が順次発覚した。国交省は全地方整備局に対して、過去5年間に施工された同内容の直轄工事を調査させ、ほかに問題がないことを確認した。また、東亜建設工業から問題なしと報告された同社実施工事22件についてもボーリング調査を行い、2件の港湾工事について施工不良が判明した。

| 関連法令 | 民法、建設業法28条3項 |

発生原因　社内調査委員会報告書によれば、①工法の開発に関して、新技術を、研究所との連携を欠き未完成のまま現場に適用したこと、②受注・施工能力に関しては、実際の施工能力を把握せず拡大方針・同時複数受注・設備投資を行ったこと、③施工管理に関しては、知識・ノウハウが一部の社員に偏るため他の社員による支援・チェックが難しく、かつ検査員が不正を認識・追認していたことが原因として挙げられている。そして、現場から問題の報告が上がらなかった理由は、工法の専門性の高さ、研究部門との非連携、他現場への配慮、先行する他社との競争、受注面での上司からのプレッシャーが挙げられている。なお、有識者委員会中間報告書では、そのほかに、技術力のある現場作業員の不足、支店幹部による状況の放置、報告を求めない会社幹部の無責任さ、コンプライアンス意識の欠如といった辛辣な指摘が並んでいる。

再発防止策　同社の再発防止計画では、①経営陣・役職員の意識改革（社会的責任を最優先に考える）、②経営陣による内部統制の改善、③施工管理・施工支援に関する改善策、④開発技術に関する審査の強化、⑤バルーンクラウト工法の技術的レビューと再発防止策への展開、⑥再発防止モニタリング委員会の設置の6項目に区分して再発防止策を定め、その進捗状況も公表している。なお、同社では毎年、同計画の改訂を行っており、2022年4月時点では、第7版まで発表されている。なお、有識者委員会中間報告書では、そのほかに、専門家による新技術の客観的な評価、抜き打ちを含む現場立会い、工事と分離した事後ボーリング、現場条件不一致の理解等、発注側の再発防止策にも言及している。

コメント　本件のように、製造・施工の不良や基準値内を偽装するデータ改ざんは、現場の対応能力を超える過剰な営業上の競争に由来することが多い。現場の限界や問題への配慮が足りない経営トップが、無理な競争をあおるケースでは、複数の部署や協力会社を巻き込んで不正な手段が拡大する。本件は、未完成な技術の受注を一気呵成に進めたので、初期の段階でうみが顕在化した。これが徐々に拡大すると、不正な手段がカビのように組織に蔓延する。

| さらに理解を深める | 社内調査委員会調査報告書、有識者委員会中間報告書 |

130　JR西日本のぞみ台車亀裂

当　事　者：西日本旅客鉄道株式会社（以下「JR西日本」）、川崎重工業株式会社
（以下「川崎重工」）

表面化時期：2017年12月

表面化の経緯：マスメディア報道

第三者委員会等：JR西日本・新幹線重大インシデントに係る有識者会議（以下「有識者会議」。2018年1月8日設置、同年3月27日「新幹線異常感知時の運転継続事象への再発防止対策に関する検討結果について——新幹線のさらなる安全性向上にむけて」公表）、川崎重工・全社品質管理委員会（以下「品質管理委」。同年4月6日設置、同年9月28日「N700系新幹線台車枠の製造不備について」公表）

経営責任：JR西日本の代表取締役副社長を降格処分、代表取締役社長ほか10名が報酬一部返上。川崎重工の取締役常務執行役員（鉄道車両部門責任者）が退任、代表取締役社長ほか1名が報酬一部返上

行政処分：客観的資料により確認できなかったので記載せず

民事責任：客観的資料により確認できなかったので記載せず

刑事責任：客観的資料により確認できなかったので記載せず

事案の概要　2017年12月11日、博多駅発東京駅行のぞみ34号（JR西日本所属。16両編成）において、午後1時33分に博多駅を出発した直後より異臭や床下からの異音等が確認された。しかし、JR西日本は、そのまま列車を新大阪駅まで走行させ、同駅でその運行を東海旅客鉄道株式会社（以下「JR東海」）に引き継いだ。その後、名古屋駅で実施された列車の床下点検の結果、13号車の台車（川崎重工製）に油漏れが確認されたため、運行が取りやめられた。さらにその後の点検で、当該台車の台車枠の側ばり（車体を支える走行上重要な部品）外側に上下方向146mmの亀裂等が確認された。

関連法令　鉄道事故等報告規則4条1項8号、鉄道に関する技術上の基準を定める省令

発生原因　JR西日本が列車の異常を認識したにもかかわらずその運行を取りやめなかったことについて、有識者会議は、インシデント発生時の関係社員

間のやりとりに問題があったと指摘する。すなわち、博多駅発車後、車掌から異臭等の報告を受けた東京指令所の指令員は、確認のために岡山駅から3名の車両保守担当社員を列車に添乗させた。車両保守担当社員は、指令員の「何か支障があるか」との問いに「そこまではいかないと思う」と回答しつつも、念のため新大阪駅での床下点検の実施を指令員に要請した。しかし、これが指令員に正確に伝わらず、同駅で床下点検は行われなかった。車両保守担当社員は、床下点検が行われないことは気になったが、運行を停止するほどの事態ではないと認識した。他方、指令員も、異音等はあるが運転に支障はないと判断し、その旨JR東海の指令員に伝え、運行を引き継いだ。このように、関係社員間で車両の状況についての認識にズレが生じていたことや、運行停止に係る判断を相互に依存していたこと、さらに運行停止に関する明確な判断基準がなかったこと等が、本件インシデントを発生させる要因になったと有識者会議は指摘している。

　また、台車枠の側ばりに亀裂が生じた直接の原因について、国交省運輸安全委員会は、台車の製造過程で側ばりと別の部材（軸バネ座）とを溶接する際、部材間の隙間を埋めるために側ばりを研削する処置が製造現場でとられており、それによる側ばりの強度低下が原因になった可能性があると指摘する。実際、側ばりの板厚は設計上8㎜、加工後7㎜以上とされていたが、掘削量の許容値が現場作業員に正確に知らされていなかったため、亀裂が入った側ばりの板厚は最も薄い箇所で4.7㎜であった。

再発防止策　JR西日本は、対策として、現場判断最優先の徹底、運行停止等の判断基準の明確化、コミュニケーションツールの充実、指令体制の強化等を掲げ、順次着手実施した。このJR西日本の対応について有識者会議は、一定の評価をしながらも、これらのみでは不十分として、さらに、新幹線部門への物的・人的ソースの投入（車両基地の近代化、保有車両の増備、車両保守担当社員の拡充）等を提言した。

　また、川崎重工は、品質管理委の調査結果を踏まえ、品質確保のうえで重要な設計ポイントを関係部門が共有できる仕組みを構築するなど、業務プロセスの見直しを図ることのほか、リスク管理の強化、部門間連携の強化等を対策に掲げた。

コメント　有識者会議は、JR西日本が2005年4月の福知山線事故以来行ってきた安全最優先のための努力について一定程度評価しながらも、本件インシデントによりいまだ組織全体が安全最優先に転換できていないことが露呈されたと非難するとともに、改めて同社に対し、安全マネジメントのレベルアップに全力で取り組むべきと提言する。

さらに理解を深める　有識者会議「新幹線異常感知時の運転継続事象への再発防止対策に関する検討結果について」（2018年3月27日）、国交省運輸安全委員会「鉄道重大インシデント調査の経過報告について」（同年6月28日）、川崎重工「N700系新幹線台車枠の製造不備について」（同年9月28日）

131 知床遊覧船沈没

当　事　者：有限会社知床遊覧船（以下「本件会社」）

表面化時期：2022年4月23日

表面化の経緯：メディア報道

第三者委員会等：知床遊覧船事故対策検討委員会（2022年4月28日設置、同年12月22日「旅客船の総合的な安全・安心対策」公表）、運輸安全委員会（同年12月15日「船舶事故調査の経過報告について」〔以下「経過報告」〕公表）

経営責任：客観的資料により確認できなかったので記載せず

行政処分：旅客不定期航路事業の許可取消（2022年6月16日）

民事責任：客観的資料により確認できなかったので記載せず（なお、被害者家族を支援するための「知床観光船事件被害者弁護団」が2022年6月4日に結成されたとの報道あり。同月13日付読売新聞電子版）

刑事責任：客観的資料により確認できなかったので記載せず

そ の 他：国交省北海道運輸局による特別監査（2022年4月24日〜同年5月23日）

事案の概要　2022年4月23日、本件会社の運航する旅客船ＫＡＺＵ１（以下「本船」）が船長1名、甲板員1名、旅客24名の計26名を乗せ、知床岬までを往復する所要時間3時間の遊覧目的で、午前10時頃北海道斜里郡斜里町のウトロ漁港を出航したが、復路を航行中に知床半島西側のカシュニの滝沖で浸水し、午後1時26分以降短時間のうちに沈没する事故が発生した。本船の出航時点で、斜里町には強風注意報および波浪注意報が発表されていた。

　本船がウトロ漁港を出航後、当時の気象状況等から本船を心配した関係者が本船船長の携帯電話に複数回連絡したが、つながらなかった。その後、同業他社の社員がその事務所のアマチュア無線機で本船船長と連絡を取ったところ、本船船長から本船が浸水し、エンジンも停止していると聞き、救助を求められたため、当該同業他社社員は午後1時13分頃海上保安庁に118番通報した（なお、当時本件会社は、事務所のアマチュア無線機が故障していたため、本船からの無線連絡を受けられない状態であった）。また、午後1時18分頃、本船の乗客の携帯電話から海上保安庁へ118番通報があった。通報を受け、午後4時15分頃以降、救助機関の航空機および船艇が現場付近に到着し、捜索が行われたが、同日中に旅客等の発見には至らなかった。

　同月29日、カシュニの滝付近の水深約120mの海底で本船の船体が発見された。

　2022年12月15日現在、船員2名、旅客18名の死亡を確認。旅客6名が行方不明。

関連法令　海上運送法

発生原因　経過報告によれば、本船の浸水および沈没の直接的な原因は、①船体構造等の問題にあるとされる。すなわち、船首甲板部のハッチ蓋が確実に閉鎖されておらず、それが船体の動揺により開き、そこから海水が流入して船首区画から隔壁開口部を経て上甲板下の各区画に浸水したものと指摘されている。また、同ハッチ蓋が直接波にたたかれたことで外れ、前部客室前面中央窓のガラスに衝突して同ガラスを割り、そこからも大量の海水が流入したとも考えられると指摘されている。

　そして、経過報告は、本事故の発生に至る要因は上記の船体構造等の問題にとどまらず、②発航の可否判断および運航継続の判断の問題（当日の気象・海象が本件会社の定める運航基準所定の発行中止条件に達するおそれがあり、複数人からその旨助言されていたにもかかわらず、本船船長が発航を中止しなかったこと等）、③本件会社が定める安全管理規程の不遵守（本件会社が本船と無線連絡できる状態になかったこと、運航管理者が事務所にいないことが常態化していたこと等）、④監査・検査の実効性の問題（本船は2021年にも事故を起こしており、北海道運輸局は本件会社に特別監査等を実施したが、是正すべき点が本事故時に是正されていなかったこと等）などもあるとし、これらの要因が複合的に重なった結果、本事故が発生したと指摘する。

　また、乗員乗客全員が死亡または行方不明になるという甚大な被害が生じ、捜索・救助活動にも時間を要した点については、⑤救命設備、通信設備の不備や、⑥捜索・救助体制に課題があったことなどが関与しているとも指摘する。

再発防止策　経過報告は、再発防止策として、①船舶の隔壁の水密化等による浸水拡大防止、その他設計面の改善策の検討、②特定操縦免許の取得要件の見直し、教育訓練の充実等、③行政指導等による事業者の基準適合性の確保、④地方運輸局の監査能力の向上、検査機関に対する監督のあり方等についての検討、⑤一定の海域では低水温に対応可能な救命設備の搭載、常時陸上と連絡を取れる通信設備の搭載の促進、⑥海上保安庁においてより迅速な捜索・救助活動が実施できる体制の強化等を挙げる。

コメント　本件会社は2021年にも事故を起こしており、同年６月に北海道運輸局による特別監査がなされ、さらにそれに基づく行政指導も行われていたが、それにもかかわらず翌2022年に本事故が発生したことで、行政による監督体制のあり方にも強い批判が寄せられた。なお、運輸安全委員会は、2023年９月７日、最終的な報告書である船舶事故調査報告書を公表した。

さらに理解を深める　経過報告、知床遊覧船事故対策検討委員会「旅客船の総合的な安全・安心対策」（2022年12月12日公表）、運輸安全委員会「船舶事故調査報告書」（2023年９月７日公表）

132　ブリヂストン栃木工場火災

当　事　者：株式会社ブリヂストン（以下「ブリヂストン」）	
表面化時期：2003年9月	
表面化の経緯：工場内で出火、屋外に保管していた大量のタイヤに延焼	
第三者委員会等：客観的資料により確認できなかったので記載せず	

経営責任：役員の月額報酬の減額等、工場長等従業員の出勤停止、減給等
行政処分：客観的資料により確認できなかったので記載せず
民事責任：客観的資料により確認できなかったので記載せず
刑事責任：客観的資料により確認できなかったので記載せず
そ の 他：2004年12月、従業員2名に業務上失火罪で罰金刑（ブリヂストン「社会・
　　　　　　環境報告書2005」）

事案の概要　「平成16年版消防白書」によれば、2003年9月8日、栃木県黒磯市の
ブリヂストン栃木工場内のバンバリー工場（タイヤ原料のゴム平板を
製造する工場）の精錬ミキサー3号機付近から出火し、当該工場を全焼、屋外に保管
していたタイヤ約16万5000本に延焼した。焼損床面積は3万9581㎡に及び、付近住民
1708世帯、5032名に避難指示が出された。ブリヂストン公式ホームページ掲載の会社
情報中「歴史」第10章によれば、出火と同時に自衛消防隊が初期消火にあたったが、
火勢が強まったことから自力消火を断念。黒磯那須消防組合や消防庁緊急援助隊の消
火活動により、3階建ての精錬棟と、約16万本のタイヤを消失した後、同月10日10時
30分になって鎮火した。同社は、避難した住民、近隣住民の健康不安に対する対応、
ならびに農作物や水質に対する対応に努めた。現地では事故翌朝には苦情窓口を設け
たほか、地域住民の健康に対する問い合わせ等を受ける健康相談窓口を設け、産業医、
看護師、保健師らが24時間体制で対応にあたった。また、大気汚染、土壌への影響、
地下水汚染等について調査を行った。
　ブリヂストンの2003年9月24日付ニュースリリースによれば、この火災による直接
的な損害額については、約30億円とされており、これに、復旧するまでの営業損失、
焼失した精錬工程再建等に要する再投資額を含めた総額は400億円とされている。

関連法令　刑法117条の2

発生原因　ブリヂストンの2004年6月25日付ニュースリリースによれば、出火の要因については、従業員が行っていた溶接作業の際の溶接火花が、床上に堆積していた薬品（発泡剤）に着火し、近くに保管していた同薬品等へ燃え広がったこと、防炎シート等による養生措置がなされていなかったこと等、工場の防火・防災管理要領に則った火気使用がなされていなかったこととされている。前記発泡剤については、精練機器に投入するための自動計重・投入ラインにおける飛散防止機能が十分でなかったため、搬送、計重、投入の際に、自動計重機周辺へ発泡剤が飛散し、出火当日も同薬品が周辺の床上に堆積していたとされている。

再発防止策　ブリヂストンの2004年6月25日付ニュースリリースによれば、再発防止策として、①防災体制の強化、②防災対策を挙げており、①について、具体的には、防災担当の執行役員の任命およびその下に全社の防災統括機能としての防災管理室の設置、各工場における防災専任者の配置・保安員の増員、社長が兼務するリスク管理管掌の設置およびその下にリスク管理委員会の設置が挙げられている。次に、②については、防災管理室による指導の徹底、火気管理の徹底、可燃物管理強化、防災教育・訓練の徹底等である。また、ブリヂストンの同年7月8日付ニュースリリースによれば、ブリヂストンは、再建された工場の稼働に際しては、主として、薬品配合室の防爆化、ゴム練り機1台ごとに防火壁を設置、薬品配合室を含め全設備への泡消火設備の設置の対策を講じたとしている。

　なお、栃木工場の火災から1年もたたないうちに甘木工場（福岡県朝倉市）で火災が発生した。ブリヂストン公式ホームページ掲載の会社情報中「歴史」第10章によれば、2004年8月20日14時22分、精練工程で火災が発生し、従業員13名が病院に運ばれて治療を受けるなど、人的被害も出た。ブリヂストンは、この甘木工場の火災に鑑み、予防管理をいっそう強化し、そのための体制を敷いたとしている。また、ブリヂストンの2015年9月8日付ニュースリリースによれば、同月、従業員のための教育・研修拠点として、「グローバル防災センター」が設置された。

コメント　本件は、直接的には、可燃物の管理不備に起因する工場火災が引き金になっているが、同工場内に多量のタイヤが保管されており、これに延焼したことから、大規模な火災となり、周辺住民に対し避難指示が出されることとなった。鎮火までには2日近くかかり、タイヤが燃える様子は当時大きく報道された。同工場の完全操業再開までには、1年近くを要している。

さらに理解を深める　ブリヂストン公式ホームページ・会社情報中「歴史」第10章第2節、ブリヂストン「社会・環境報告書2005」、同「栃木工場の火災事故による業績への影響について」（2003年9月24日）、同「弊社栃木工場火災事故に関する社内処分について」（2004年6月25日）、同「栃木工場新精練棟の操業開始について」（2004年7月8日）、総務省消防庁「平成16年版消防白書」

133 東京電力福島第一原発爆発

当　事　者：東京電力株式会社（以下「東京電力」）

表面化時期：2011年3月

表面化の経緯：東北地方太平洋沖地震に伴う津波による被災

第三者委員会等：東京電力福島原子力発電所における事故調査・検証委員会（2011年5月24日閣議決定に基づき、内閣総理大臣が指名した委員等により構成。以下「本委員会」。2011年5月24日設置、同年12月26日中間報告公表、2012年7月23日最終報告公表〔以下あわせて「本報告」〕）

経営責任：役員16名の退任

行政処分：客観的資料により確認できなかったので記載せず

民事責任：多数の損害賠償請求が提起され、東京電力の損害賠償責任を認容する判決が複数出されている

刑事責任：2016年2月29日に元役員3名が強制起訴されたが、一審、控訴審とも無罪。措定弁護士が上告中

そ の 他：東京電力や役員らに対する複数の告訴・告発。旧経営陣に対する株主代表訴訟では、一審で旧経営陣4人に対し13兆円の賠償命令（控訴中）

事案の概要　本報告によれば、東京電力福島第一原子力発電所（以下「福島第一原発」）は、福島県双葉郡大熊町および同郡双葉町の太平洋岸に位置する敷地面積約350万㎡の原子力発電所で、東京電力がはじめて建設・運転した原子力発電所である。1971年3月に1号機が運転を開始して以降、順次増設を重ね、事故発生時は6基の沸騰水型原子炉を有していた。1号機から6号機までの総発電設備容量は469万6000kWである。

2011年3月11日に発生した東北地方太平洋沖地震（最大震度7、マグニチュード9.0）により、主として関東地方から北海道地方にかけて甚大な災害が発生したが（東日本大震災）、福島第一原発でも、地震による揺れに加え、15mを超える浸水高の津波（小名浜港工事基準面からの浸水の高さ）が観測された。

地震後、運転中であった1号機から3号機は自動的に緊急停止に至ったと見られているが（4号機から6号機は定期検査中）、地震と津波により、外部からの送電が停止、発電所内の電源設備も被災し、ほぼすべての交流電源が失われ、原子炉や使用済燃料プールが冷却不能に陥った。1号機、3号機および4号機においては、原子炉炉

心損傷により大量に発生した水素が原子炉建屋に充満したことによると思われる爆発が発生した。

　この事故により、福島第一原発からは大量の放射性物質が放出・拡散し、発電所から半径20km圏内の地域は警戒区域として原則立入禁止となり、20km圏外の一部の地域も、計画的避難区域に設定されるなどして、11万人を超える住民が避難する事態となった。その後、段階的に区域設定の名称・内容・範囲は見直され一部住民は帰還しているが、原子炉の廃炉に向けた作業は続いている。

関連法令　原子力災害対策特別措置法

発生原因　本報告では、多岐にわたる指摘が記載されているが、東京電力に関する主要なものを挙げると、①津波をはじめ、自然災害によって炉心が重大な損傷を受ける事態に至る事故の対策が不十分であり、福島第一原発が設計基準を超える津波に襲われるリスクについても、結果として十分な対応を講じてこなかったこと、②組織的に見て、危機対応能力の脆弱な面があったこと、③事故対応における縦割り組織の問題、④過酷な事態を想定した教育・訓練が不十分であったこと、といった諸点がある。

　なお、本報告は、東京電力だけでなく、国をはじめ、関係諸機関の対応の問題点についても詳細に指摘している。

再発防止策　本報告においては、事故原因や被害の全容について、未解明の諸点があり、今後も継続的な調査・検証が必要であるとされ、事故原因の解明のために、東京電力のみならず、国、電力事業者、原子力発電プラントメーカー、研究機関、関連学会等が未解明の諸事項について、それぞれの立場で包括的かつ徹底した調査・検証を継続すべきこと、多数の分野にわたる被害の全容の解明のためには、さまざまな学問分野の研究者の参加と多くの費用・時間が必要であり、国が率先して関係機関の協力を得て調査体制を構築し、調査実施についても支援すべきことが指摘されている。

コメント　本件は、わが国の災害史上未曽有の被害をもたらした地震に起因するものであるが、同時に、原子力災害による長期的かつ広範囲の被害に対する今後の安全対策・防災対策のあり方に大きな課題を残した。

　民事上の被害救済の面から見た本件の特徴として、本件に関する損害賠償問題の解決のために、通常の司法手続に加え、文部科学省の原子力損害賠償紛争審査会のもとに新たに原子力損害賠償紛争解決センターが設置され、東京電力との間の和解に向けた仲介手続を行っていること等が挙げられる。

さらに理解を深める　本報告

134 日本触媒姫路製造所爆発・火災

当　事　者：株式会社日本触媒（以下「日本触媒」）

表面化時期：2012年9月

表面化の経緯：アクリル酸中間タンクの爆発・火災事故

第三者委員会等：日本触媒株式会社事故調査委員会（2012年10月5日設置、2013年1月18日中間報告公表、同年3月「株式会社日本触媒 姫路製造所 アクリル酸製造施設 爆発・火災事故調査報告書」公表〔以下あわせて「本報告書」〕）

経営責任：一部役員・執行役員の報酬月額一部返上

行政処分：危険物製造所等一時使用停止命令

民事責任：客観的資料により確認できなかったので記載せず

刑事責任：2018年7月19日日本触媒に労働安全衛生法違反で罰金50万円、従業員1名に同法違反および業務上過失致死傷罪で禁固2年（執行猶予3年）、従業員2名にそれぞれ同罪で禁固1年6月（執行猶予3年）、禁固8月（執行猶予3年）の有罪判決（日本触媒「姫路製造所における爆発・火災事故に関する判決について」〔同日〕）

事案の概要　本報告書によれば、日本触媒姫路製造所は、消防法上、第4類第2石油類に分類されるアクリル酸を製造する化学工場である。爆発したタンクは、通常のアクリル酸製造過程では使用されない、不純物を含む液体を一時貯蔵する「中間タンク」であった。当時、同製造所では3日間にわたって全面停電措置を講じたうえで、電気・計装保全工事を実施し、その後、各製造設備の稼動を順次開始させている最中であった。2012年9月29日13時17分頃、同タンクの異常を知らせるアラームが発報、直後の13時20分頃、タンクベントからの白煙が確認されたため、消火作業が開始された。しかしながら、14時35分頃にかけてタンク内容物の流出、14時35分頃、タンクが爆発・破裂、内容物に着火し、火災が発生して、隣接する工場設備や建屋等にも延焼した。この事故により消防隊員1名が死亡、36名が負傷した。

　総務省消防庁「日本触媒姫路製造所爆発火災（第12報）」（2012年10月10日）によれば、同日15時50分、姫路市は、事業所内のすべての危険物施設について消防法に基づき使用停止命令を発令、工場の操業は全面的に停止した（日本触媒の2013年12月18日付ニュースリリースによれば、その後、順次解除され、同日全面解除）。

　2013年3月期の日本触媒決算短信によれば、事故の影響等により、日本触媒の営業利益は前年度に比べて210億6500万円減益（前年度比67.7%減）であった。

| 関連法令 | 刑法211条、消防法12条の３、労働安全衛生法20条２号、119条、122条、労働安全衛生規則274条 |

発生原因　本報告書によれば、中間タンク内下部には、貯蔵液の凍結防止・冷却のために冷却水を通すコイルが設置されているが、貯蔵液自体もポンプで循環されており、タンク下部とタンク天板の２か所からタンク内に戻る構造になっていた（それぞれ「液面計リサイクル」「天板リサイクル」と呼ばれていた）。天板リサイクルは、貯蔵液の量が一定量以上に増加するなどの場合に使用されることとなっていたが、事故当時、貯蔵液の量が多いにもかかわらず、天板リサイクルが実施されていなかったため、タンク上部の貯蔵液が高温になり、アクリル酸の化学反応が進行、さらに高温となり、爆発・火災を招いたとされている。当時、タンク内の温度を検知する温度計が設置されておらず、タンクの管理温度も設定されていなかった。また、天板リサイクルの作動について定めた管理方法は、周知はされていたものの、マニュアルには反映されていなかった（現場には注意喚起の表示があったが、作業者から判別しづらかった可能性が指摘されている）。

再発防止策　本報告書では、配管の設備変更、事故のあったタンクについての温度管理手段やマニュアルの整備、それに基づく教育等に加えて、類似災害防止のために、①事業所内の他の設備に関する運転・作業管理（平時）、危機管理（有事）等の見直し等に関する提言、②アクリル酸使用設備に関する、監視・管理手法の見直し等や異常事態・危機的状況における対応等に関する提言、③他事業所へのこれらの展開および会社全体の安全文化の醸成に関する提言等が記載されている。日本触媒は、2013年３月29日付ニュースリリースにおいて、①再発防止対策の水平展開（リスクアセスメントの確実な実施、安全技術情報の収集・共有化、教育・訓練の充実）、②安全優先の風土の強化、③安全対策実施状況の検証を行うことを表明した。

コメント　本件の要因は、中間タンクの温度管理の不備等とされているが、本報告書では、その背景にある安全に対する意識等、技術的知識・知見、危険性情報の理解不足といった安全文化・風土における課題が指摘されている。なお、姫路事業所で製造しているアクリル酸は、紙おむつに使用される高吸水性樹脂の原料であり、同事業所が世界的に大きなシェアを占めていたことから、当時、紙おむつの需要がひっ迫する懸念が報道され、世間の耳目を集めた。

さらに理解を深める　本報告書、総務省消防庁「株式会社日本触媒姫路製造所爆発火災（第12報）」（2012年10月10日）、日本触媒「姫路製造所における爆発・火災事故に伴う役員報酬等一部返上について」（同月２日）、同「信頼される化学会社への再生を目指して」（2013年３月29日）、同「平成25年３月期決算短信」、同「姫路製造所における爆発・火災事故について（第19報）」（同年12月18日）、兵庫労働局「株式会社日本触媒の書類送検・化学設備設置事業場等に対する自主点検及び立入調査について」（2014年３月18日）

135　三菱マテリアル四日市工場爆発火災

当　事　者：三菱マテリアル株式会社（以下「三菱マテリアル」）
表面化時期：2014年1月
表面化の経緯：水冷熱交換器の爆発・火災事故
第三者委員会等：三菱マテリアル株式会社四日市工場爆発火災事故調査委員会（以下
　　　　　　　「本委員会」。2014年1月17日設置、同年6月12日「三菱マテリアル株
　　　　　　　式会社四日市工場高純度多結晶シリコン製造施設爆発火災事故調査報
　　　　　　　告書」〔以下「本報告書」〕公表）

経営責任：一部役員・常務執行役員の報酬月額一部返上
行政処分：一部施設の緊急使用停止命令
民事責任：客観的資料により確認できなかったので記載せず
刑事責任：客観的資料により確認できなかったので記載せず
そ の 他：当時の工場長、副工場長が業務上過失致死傷容疑で書類送検、その後不起
　　　　　訴との報道（2017年12月16日付伊勢新聞）

事案の概要　本報告書によれば、三菱マテリアル四日市工場は、半導体デバイスの
基盤に使用されるシリコンウエハーや太陽光発電用のソーラーパネル
の原料となる高純度多結晶シリコンを製造する工場である。本件の爆発・火災は、
2014年1月9日14時5分頃、多結晶シリコンの製造過程で用いられる水冷式熱交換器
を洗浄するために、作業員がこの熱交換器上部のカバーを取り外す際に起きた。この
熱交換器は、当時、洗浄のために製造ラインから外され、「洗い場」と呼ばれる水洗
浄のための施設に置かれていた。爆発で発生した火災は約5分間で鎮火した。同社で
は、事故発生直後から関係各所に連絡した。同日14時21分には、四日市市より一部関
係施設（ジクロロシラン蒸留設備）について緊急使用停止命令が出されている（四日
市市は、その後、同年6月25日当該命令を解除（四日市市・同日記者発表資料）、現
在は操業再開）。本件の事故の死者は5名、負傷者は13名であり、他に工場内の設備
等に物的損害が発生した。

関連法令　消防法12条の3

発生原因　本報告書によれば、爆発の原因は、水冷熱交換器内に存在したクロロシ
ランポリマー類の加水分解生成物が、上部のカバーを外す際の衝撃によ

り発火・爆発したこととされている。また、管理上の問題点（間接要因）として、①クロロシランポリマー類の発火可能性については認識されていたものの、その加水分解生成物が、乾燥状態においては、はるかに爆発しやすく、威力も大きいことについて、リスク低減策は講じられていなかったこと（ただし、これらの点については、十分かつ正確な公知の科学的情報がなかったとされている）、②熱交換器の管理方法（ただし、改善の必要性はあるが本件の事故との因果関係は認められないとされている）、③作業標準類（指示書等）において、クロロシランポリマー類の発火・爆発危険性について十分に反映されておらず、一部の作業標準類については、客観性・具体性を欠き、経験則に依存するものがあったこと、危険作業について危険レベルを規定したものがなく、個人の判断に任されていたこと、危険の大きさ等にかかわらず課長承認で容易に変更可能であったこと、④従業員等に対する教育が不十分であったこと、等が指摘されている。

　なお、本報告書においては、背景として、四日市工場は、もともとは独立の会社であり、また、社内で、クロロシラン類のような反応性が高い物質を扱い、主として化学プラントで構成される生産場所は四日市工場だけであることから、事業内容や、この事業特有のリスクが社内で十分共有されにくく、このような歴史的・特殊性要因から、外界からの情報入手に対する意識が乏しくなり、潜在リスクに対する感性が鈍くなっていたこと等が指摘されている。

再発防止策　本報告書に記載された改善策は、①本件の事故後、緊急対策として、全事業所・グループ会社に対して緊急安全パトロールを指示し、不備のある場合には是正を実施したこと、②重篤な災害につながる可能性のある作業について、作業手順書の総点検・改訂を実施し、その有効性・妥当性については、新たに新設された安全衛生部（本社の労働安全衛生、防災保安それぞれの所轄部署を統合し組織化したもの）においてフォローアップすること、③安全管理活動の有効性評価手段として、各事業所等による内部監査に加え、本社経営監査部による監査を加え、さらに、第三者の安全コンサルタントも起用すること、等である。

コメント　本件は、製造ラインから取り外されて洗浄作業中の設備で起きたものである。爆発の原因となったクロロシランポリマー類加水分解生成物に関する知見の不足が安全管理の不足につながっていたことが読み取れるが、歴史的経緯から社内でも独自の地位を占める事業所であった点も背景として指摘されている点に特徴がある。

さらに理解を深める　本報告書、四日市市「三菱マテリアル株式会社四日市工場における使用停止命令解除について」（2014年6月25日）、三菱マテリアル「四日市工場における爆発火災事故に伴う役員報酬一部返上について」（同年1月14日）

136 青森・岩手県境産廃不法投棄

当　事　者：三栄化学工業株式会社（以下「三栄化学」）、縣南衛生株式会社（以下「縣南衛生」）、産業廃棄物の排出事業者（約１万600社）

表面化時期：1999年１月

表面化の経緯：自治体の調査（県の農政部の情報提供に基づき県の保健所が現地調査および報告徴収を行い、不法投棄が疑われたことから県警察に通報）

第三者委員会等：なし

経営責任：客観的資料により確認できなかったので記載せず

行政処分：両法人に対する廃棄物撤去の措置命令、三栄化学に対する収集運搬業の取消処分、排出事業者等への措置命令（いずれも青森県・岩手県）

民事責任：客観的資料により確認できなかったので記載せず

刑事責任：両法人は罰金2000万円、縣南衛生の代表者は懲役２年６月（執行猶予４年）および罰金1000万円、三栄化学の代表者は死亡により公訴棄却

その他：三栄化学は解散、縣南衛生は破産、排出事業者に対する刑事告発

事案の概要　1999年、三栄化学（青森県）と縣南衛生（埼玉県）が共謀し、岩手・青森県境の丘陵地（27ヘクタール）に、堆肥様物・焼却灰・汚泥・RDF（廃棄物を原料とするの固形燃料）等の廃棄物約82万立方メートルを不法投棄した。その事実が、青森・岩手両県警合同の強制捜査によって判明した。現場周辺は概ね環境基準を満たしていたが、現場全体が揮発性有機化合物（VOC、一部はダイオキシン）で汚染されていた。

両社の関係者の逮捕、廃棄物処理法に基づく廃棄物撤去の措置命令、収集運搬業の取消（縣南衛生は廃止届）、両法人および両代表者に対する刑事裁判（三栄化学工業の代表者は自殺したため公訴棄却）と事態は進んだ。原因者に賠償能力がない反面、農業用水や飲料水減の汚染も心配され、生活環境の支障除去が急がれた。

その後も、委託基準違反のあった排出事業者への措置命令、刑事告発による履行促進、マニュフェストや帳簿類の捜査から判明した排出事業者（約１万2000社、大部分は首都圏の事業者）への報告聴取と任意の撤去・費用拠出、「特定産業廃棄物に起因する支障の除去等に関する特別措置法」に基づく「特定支障除去等事業計画」に関する環境大臣の同意取得、行政代執行による原状回復と対応は進み、約700億円の費用と10年の歳月を要し、2013年に撤去・復旧工事が完了した。

なお、社会的責任の観点から、自主的な撤去や費用負担を申し出た排出事業者が、青森県で21社、岩手県で38社あった（2014年3月現在）。こうした不法投棄現場の原状回復への協力は、青森・岩手県民の負担軽減にも寄与した。

関連法令　廃棄物処理法

発生原因　ダイオキシン対策が社会問題となり、首都圏近郊での処理施設や処分場が不足する中、産業廃棄物の排出事業者への責任追及がさほど厳しくない状況下で発生した事例である。調査の過程で多数の排出事業者に委託基準違反が判明し、岩手県では26事業者を行政処分し、38事業者に撤去・費用拠出をさせている。同様に青森県でも23事業者を行政処分し、21事業者に撤去・費用拠出をさせている。処理費用を払って業者に委託したら処分の結果に問題があっても排出事業者に責任は及ばないという誤解が、このような状況を招いたといえる。

再発防止策　青森県と岩手県は、撤去・復旧工事を完了したものの、いまだ土壌や地下水の浄化を継続中である。両県は、原因者や排出事業者に対する責任追及を通じて、国民や県民に多大な負担を強いる不法投棄問題に対する牽制システムと社会的監視の必要性を伝え続けている。

コメント　不法廃棄の規模の大きさ、生活環境の保全上の支障等から、10年間の時限立法で税金が投入された日本で最大級の不法廃棄事件である。

処理業者に委託したものの、処理基準に適合しない産業廃棄物の処分が行われた場合で、生活環境の支障が生じ、または生ずるおそれがあると認められるときは、委託基準違反のない排出事業者であっても支障の除去等の措置命令の対象となることが廃棄物処理法に定められている。

問題ある処理事業者に委託した排出事業者は、産業廃棄物処理に対する注意が不十分であり、入札資格を失ったり、企業イメージを低下させたりする社会的制裁を受ける。排出事業者は処理業者の処分計画や処分実態の実査し、適切な業者選定と履行の監督を怠らないがリスクマネジメントが不可欠である。

さらに理解を深める　青森県庁「青森・岩手県境不法投棄事件アーカイブ」、岩手県「青森・岩手県境不法投棄事件の経緯・概要」、「特集：青森・岩手県境不法投棄事件 その後」環境管理2014年4月号

137 三菱地所・三菱マテリアルOAP土壌汚染隠ぺい

当　事　者：三菱地所株式会社（以下「三菱地所」）、三菱マテリアル株式会社（以下「三菱マテリアル」）

表面化時期：2002年5月

表面化の経緯：自主公表（土壌汚染対策法の施行に伴い、過去に把握していた汚染事実を公表）

第三者委員会等：三菱地所・コンプライアンス特別委員会（2005年7月設置、2006年1月31日「三菱地所グループ体質改善に関する提言——OAP問題を教訓として（コンプライアンス特別委員会報告書）」〔以下「本報告書」〕公表）

経営責任：社長・専務2名・常務1名・支店長1名・子会社役員2名の退任、全取締役・監査役は月額報酬の10％を6か月間返上（以上は三菱地所）、会長退任、社長は月額報酬の50％を3か月間返上、その他取締役は月額報酬の20％を3か月間返上（以上は三菱マテリアル）

行政処分：国交省による宅地建物取引業法65条1項に基づく監督処分

民事責任：客観的資料により確認できなかったので記載せず

刑事責任：なし

その他：マンション住民等との間で総額約15億円の解決金の支払いを合意
　　　　　三菱地所、三菱マテリアルについて、法人および関係者10名が宅建業法違反の疑いで送検されるも起訴猶予

事案の概要　1989年、三菱金属株式会社（現・三菱マテリアル）大阪製鉄所が閉鎖され、その跡地（約5ヘクタール）においてオフィス棟、ホテル棟・住宅等の複合施設「大阪アメニティパーク（OAP）」の開発が1992年から始まり、2000年に竣工した。1997年の調査で地下湧水から大阪市下水道条例の下水排出基準の6.5倍のヒ素が検出され、希釈による濃度管理を行った。土壌汚染対策法が施行された2002年になって、この事実を三菱地所と三菱マテリアルが公表したが、さらに表層土壌の一部から環境基準値の65倍のセレン（人体に必須の微量元素だが毒性が強く、慢性的に過剰摂取すると人体に障害を生む）が検出され、土壌置換えの対策工事後に、管理組合との協議、ならびに一連の事実を両社が公表した。

　2004年、三菱地所、三菱マテリアルおよび関連会社の法人と関係者は、土壌汚染と

いう重大な事実を告知しなかったことに係る宅建業法違反容疑で、大阪府警による強制捜査を受け、2005年に書類送検されたが、大阪地検は起訴猶予とした。

この間、両社は建物購入者との協議を進め、解決金の支払いを合意するとともに、適切な対策工事の立案のため、学識者・住民・事業者・コンサルタントで構成する技術評価委員会を設置し、表層2mの土壌入替え（高濃度汚染箇所は5mの土壌入替え）、約22mの遮水壁の設置等の対策工事を決定した。2006年、国交省から宅地建物取引業法65条1項に基づく監督処分が命じられた。

関連法令 宅地建物取引業法65条1項、土壌汚染対策法、大阪市下水道条例

発生原因 本報告書によれば、①お客様重視の徹底、②社会情勢変化の把握、③三菱地所グループ行動憲章、④住宅販売に関するガイダンス、⑤リスクマネジメント体制、⑥地所グループ内のコミュニケーション、⑦共同事業者間の責任関係のそれぞれの要素に原因があった。

また、社会が敏感に反応した要因として、1970年代に製鉄所の煙突からセレンが排出されて周辺住民に健康被害を与えていた事実をマスコミが報道して隠ぺい体質を印象づけたこと、ならびに大阪府警の強制捜査後の記者会見で、「不動産の販売当時、土壌汚染の事実を購入者に告知すべき法律上の義務はなく、法律には違反していない」旨の発言が会社幹部からあったことが挙げられる。この発言は後日正式に撤回され、当時の販売行為が宅地建物取引業法に違反する行為であったと認めた。

再発防止策 本報告書では、①「三菱地所グループ行動憲章」の改正、②住宅販売に関するガイダンスの策定、③三菱地所グループの体質改善の3つの課題に関する提言・意見を述べている。これを受けて、三菱地所グループは以降、コンプライアンス活動の中心にOAP事件を位置づけ、組織内の徹底と風化の防止に努めている。

一方、三菱マテリアルも土壌汚染の測定結果、汚染除去工事の進捗、建物購入者との和解等誠実に対応し、社内管理の徹底とともに、丁寧に情報を開示した。

コメント コンプライアンス経営によって、誠実・健全の企業イメージを備えていても、問題発生時の説明の巧拙によって、信用を損なう危険があることを示した事例である。

本報告書によれば、大阪地検は「経営トップが引責辞任したこと」、「入居者側との誠意ある対話が始まったこと」等を踏まえて起訴猶予としたようであるが、企業として最悪の事態に陥っても不思議ではなかった事案と考えられる。

さらに理解を深める 本報告書、三菱地所「OAP問題に関するご報告」（2005年5月27日）および以降の関連リリース、三菱マテリアル「OAPの土壌について」（2002年9月20日）および以降の関連リリース

138 石原産業リサイクル偽装

当　事　者：石原産業株式会社（以下「石原産業」）
表 面 化 時 期：2004年12月
表面化の経緯：住民の通報（川面の異常な変色）
第三者委員会等：なし

経営責任：客観的資料により確認できなかったので記載せず

行政処分：愛知県・岐阜県・岐阜市・京都府による廃棄物処理法に基づく措置命令

民事責任：株主代表訴訟：大阪地判平成24・6・29資料版商事法務342号131頁（大阪
　　　　　高裁で2014年5月20日和解）（元取締役A〔元副工場長〕は485億8000万円
　　　　　の支払い、元取締役B〔元工場長〕は254億5000万円の支払い、元取締役
　　　　　Cは101億8000万円の支払い、その他取締役は請求棄却）、会社原告訴訟：
　　　　　大阪地判平成24・6・29資料版商事法務342号131頁（元取締役A〔元副工
　　　　　場長〕は10億円の支払い）

刑事責任：廃棄物処理法違反（法人は罰金5000万円、元副工場長は懲役2年〔実刑〕、
　　　　　ほかに社員1名〔津地判平成19・6・25公刊物未登載〔2007WLJPCA
　　　　　06256006〕（元副工場長は名古屋高裁に控訴、同年12月26日棄却）〕）

事案の概要　石原産業は、輸入した砂鉄状の鉱物を粉砕して、硫酸法と塩素法で酸
化チタンを抽出していたが、硫酸抽出法で抽出した後の廃硫酸の廃棄
処分の受入先と費用に苦慮していた。1997年、廃棄物の減量化と酸化チタンの製造コ
ストの低減を目的に、製造工程から副生する廃酸汚泥（アイアンクレイ）を製品として
生産・販売する研究開発に着手し、2001年から土壌埋戻材「フェロシルト」と命名し
て販売を開始した。2003年には、三重県リサイクル製品利用推進条例に基づくリサイ
クル製品に認定された。2001年から2005年4月までに、約77万トンのフェロシルトを
生産、そのうち約72万トンが販売され、三重、愛知、岐阜、京都等35か所に埋設された。
　2004年11月、大雨によって愛知県北丘地区で土中のフェロシルトが流出し、川の水
を赤く染め、基準値を超える放射線量や六価クロムやフッ素化合物が検出され、住民
の健康被害や土壌・地下水の汚染リスクが問題となった。住民団体は放射線の懸念も
指摘した。石原産業は、フェロシルトの生産を中止し、リサイクル製品の認定も取り
下げ、自主回収を基本として対応する方針を打ち出した。しかし、都道府関係各県に
よる調査の過程で、リサイクル製品認定時の申請内容とは異なる製法で生産していた

こと、基準値に収まる別製品のサンプルを提出していたこと、廃液の混合を示す記録を廃棄していたこと等、工場ぐるみの偽装・隠ぺい工作が発覚した。さらに、当時の産廃処理費用が8000円／トン前後であったところ、同社は150円／トンで販売し、同じ購入者に3000円／トンの運搬費を支払う逆有償取引を行っていたこと等も判明した。こうした事実を踏まえ、環境省・三重県・岐阜県・愛知県が協議を重ね、フェロシルトの廃棄物性（フェロシルトは産業廃棄物「アイアンクレイ」と実質的に同一の物質）や廃棄物処理法違反の法的措置について見解を統一した。県や市による撤去の措置命令が多数発出され、以後2010年までの間、同社は、約160万トンの回収費用として、485億8000万円を支出した。

関連法令　廃棄物処理法

発生原因　株主代表訴訟の地裁判決では、リサイクル事業の推進役を担った副工場長のほか、報告を受けた取締役（工場長）と同工場での業務経験が豊富な取締役も賠償責任を肯定された。当時のメディア報道では、会社・経営ぐるみの組織的犯罪や三重県・環境保全事業団との癒着に疑念が抱かれたが、決定的な証拠は示されなかった。石原産業による同社コンプライアンス総点検（2008年）の公表結果によれば、本件の背景・原因は、①社会の環境意識の高揚への適応不足、②法令遵守意識の欠如と隠ぺい体質、③元副工場長の独裁的な判断と言動に集約される。

再発防止策　石原産業はフェロシルトの生産・販売を中止したので問題が再発する可能性はない。しかし、本件発覚後の2007年に有機物残渣の不法投棄、ばい煙の排出基準超過等過去の不祥事が相次いで判明したため、抜本的な意識改革と信頼の回復を目的にコンプライアンス総点検（2008年）を実施し、「しない風土」、「言い出す取り組み」、「直す仕組み」を組織的に取り組む方針を社内外に示した。

　なお、本事件を受けて、2007年7月、環境省からガイドライン「実効性のある公害防止に関する環境管理の実践に向けて」が公表されている。

コメント　実力者が圧倒的な影響力を行使する職場において、致命的事態が判明した場合に発生する典型的な隠ぺい型の不祥事である。組織の上層部は本件問題の重大性を理解せず、また現場の部署は唯々諾々と指示に従った様子がうかがえる。推進担当部門とはレポートラインの異なる牽制部門が、リスク要素を客観的にチェックする、非公式の通報チャネルを増やすなどの対策が必要である。

さらに理解を深める　三重県「フェロシルト問題等の石原産業㈱にかかる対応状況」、杉本裕明『赤い土』（風媒社、2007）

139　クボタ・ニチアスアスベスト健康被害

当　事　者：株式会社クボタ（以下「クボタ」）、ニチアス株式会社（以下「ニチア
ス」）
表面化時期：2005年6月
表面化の経緯：メディア報道（工場労働者と周辺住民の健康被害に関する新聞報道）
第三者委員会等：なし

経営責任：客観的資料により確認できなかったので記載せず
行政処分：客観的資料により確認できなかったので記載せず
民事責任：クボタに対し、工場周辺住民の死亡について約3200万円の賠償責任を認め
　　　　　た例（大阪高判平成26・3・6判時2257号31頁〔最決平成27・2・17公刊
　　　　　物未登載（D1-Law28230837）が上告不受理〕）等複数の訴訟が提起されて
　　　　　いる
刑事責任：客観的資料により確認できなかったので記載せず
そ　の　他：工場労働者等に対する賠償金および周辺住民への救済金・見舞金（クボタ
　　　　　の2006年4月17日付〔2009年10月15日改訂〕プレスリリース）

事案の概要　2004年の労働安全衛生法施行令改正によるアスベスト原則使用禁止を
受けて、2005年4月、クボタ旧神崎工場（兵庫県尼崎市）の周辺住民
3名が、「自分の中皮腫発症はクボタが工場で使用するアスベストの飛散が原因だ」
として損害賠償の請求訴訟を提起した。同年6月、毎日新聞の報道を受けてクボタは、
「昭和53年から平成16年まで、アスベストが原因と見られる疾病によって神崎工場と
小田原工場で就業していた労働者と地域住民の79人が死亡、18人が療養中。中皮腫で
治療中の住民3人に見舞金を渡す」と公表した。日本石綿協会が被害情報の積極的公
表を会員企業に呼びかけた結果、死亡者は23社358人に及ぶことが判明した。その後、
クボタは、旧神崎工場周辺1km圏内の住民被害者に、ニチアスも過去にアスベスト
を使用していた複数の工場周辺400m圏内の住民被害者に労災補償と同程度の見舞金
を支払うことを公表した。

関連法令　大気汚染防止法、労働安全衛生法施行令、石綿による健康被害の救済に
関する法律（石綿被害者救済法）

| 発生原因 | 客観的資料により確認できなかったので記載せず |

| 再発防止策 | 2012年の労働安全衛生法施行令の改正によって、石綿および石綿をその重量の0.1％を超えて含有するすべての物（在庫品を含む）の製造、輸入、譲渡、提供、使用が禁止された。また、労災保険制度による労災保険給付や石綿健康被害救済制度（労災保険が適用できない被害者を迅速に救済する目的で2006年に制定）による特別遺族給付金によって被害者や遺族の法的救済が図られている。

| コメント | アスベストは、健康被害の可能性が諸外国で古くから指摘されていたが、1970年代の高度成長期から建材・電気製品・自動車部品・管パッキング等、大量に使用されてきた。また、吸引から20～40年の潜伏期間を経た後に発症するため、被害の表面化や因果関係の追跡が難しい特殊性がある。その反面、アスベストの影響に閾値（いきち）はなく、繊維を1本吸引しても中皮腫を発症する可能性があるといわれる。

　国は、労働安全衛生法等関係法令の改正を通じて、1975年に青石綿・茶石綿吹き付け（5％以上）の禁止、1995年に白石綿吹き付け（1％以上）の禁止および青石綿・茶石綿の輸入・製造・使用の禁止、2004年に全石綿の原則使用禁止（代替品のない製品を除く）と段階的に予防的規制を強めてきたが、過去にアスベストを使用した建物・商品・素材等の処置について抜本的な対策を講じなかった。なお、泉南アスベスト訴訟で最高裁は2014年10月9日、1958年には石綿の健康被害の予見可能性も排気装置の技術的知もあったのに労働大臣が1972年まで労働基準法に基づき省令を制定しなかったことが国家賠償法の適用上違反であるとして、国の責任を認めた（最判平成26・10・9民集68巻8号799頁）。

　規制強化によって新規の流通や使用は発生しなくなったが、化学素材メーカーのみならず、建設業や造船・機械との製造業等広範囲の産業で、過去に使用された建物・商品・素材から新たな被害が生じないよう、追跡調査と被害救済のシステムを社会全体で充実させる必要がある。特に、大量のアスベストが使用されている建築物の解体作業では、飛散を完全に遮断する工事方法が求められるが、まだ十分に実現していない。無害化技術や代替技術の開発と実用化が急がれる。

| さらに理解を深める | 2005年6月29日付毎日新聞夕刊「アスベスト：石綿死クボタ社員ら10年で51人、工場周辺住民も2人」、クボタ「アスベスト（石綿）健康被害に関する当社の取組みについて」（同年6月30日）および以降の関連リリース

140 ダイコー廃棄カツ横流し

当　事　者：ダイコー株式会社（以下「ダイコー」）

表面化時期：2016年1月頃

表面化の経緯：ダイコーに廃棄物処理を委託していた株式会社壱番屋（以下「壱番屋」）からの愛知県への報告

第三者委員会等：客観的資料により確認できなかったので記載せず

経営責任：客観的資料により確認できなかったので記載せず

行政処分：廃棄物処理法に基づく2016年2月29日産業廃棄物の適正処理に係る改善命令、同年4月18日（岐阜県・三重県）、同年6月27日（愛知県）産業廃棄物処理業許可取消し、同年3月10日食品循環資源の再生利用等の促進に関する法律（以下「食品リサイクル法」）上の登録再生利用事業者の登録取消し

民事責任：客観的資料により確認できなかったので記載せず

刑事責任：ダイコーに対し罰金50万円、ダイコー代表取締役（当時）に対し懲役3年（執行猶予4年）および罰金100万円（名古屋地判平成28・12・16公刊物未登載〔D1-Law28250102〕）

その他：壱番屋によるダイコーに対する損害賠償請求訴訟提起（2017年12月22日、壱番屋の請求を認容する判決が出たとの報道〔同日付日本経済新聞電子版〕）

事案の概要　愛知県知事から許可を受けて産業廃棄物処理事業を営んでいたダイコーは、壱番屋から異物混入の可能性があるビーフカツの廃棄処理を受託した。しかし、実際には、廃棄処分をせずに、正規流通品のように装うために詰替え等をして、食肉販売業の許可もないまま他の業者に不正に転売するとともに、壱番屋に対してはその全量を正規に廃棄処分したように装い虚偽の報告をして、廃棄処理費用名目で金銭を騙し取っていた。その後、愛知県によるダイコーへの立入検査等の結果、食品廃棄物の不適正保管や無届の廃棄物の保管場所等が明らかになったため、愛知県から、廃棄物の保管量等に関し廃掃法上の基準に適合するよう改善命令が出された。

　もっとも、事件の発覚により、ダイコーは事実上の廃業状態に陥ったため処理ができず、愛知県においては排出事業者による回収および愛知県による撤去が行われ、岐阜・三重両県においては、排出事業者等による撤去が行われた。

関連法令　廃棄物処理法12条の5第2項、19条の3、食品衛生法52条1項、51条、72条1項、同法施行令35条12号、食品リサイクル法11条、17条

発生原因 客観的資料により確認できなかったので記載せず

再発防止策 ダイコー自身が再発防止策等を講じたかどうかについては客観的資料により確認できなかったが、環境省は、2017年6月20日に公表した「食品廃棄物の不正転売事案について（総括）」において、再発防止策として、①立入検査の不十分さを改善するべく、2016年6月に策定した立入検査マニュアルを活用して、職員の能力向上に継続的に取り組むこと、食品リサイクル法に基づく現地確認についても新規登録時・更新時のみならず登録期間中も行うこと、国や食品衛生法等を所管する部署とも連携して立入検査を行うなどして、県や環境省による監視の強化を図ること、②環境省が作成した排出事業者が具体的に行う必要がある事項についてのチェックリストや留意事項等を、都道府県により排出事業者に周知徹底し、指導強化を図ること、③マニフェスト制度の信頼性を担保するため虚偽記載に関する罰則の強化、処理実態の正確な把握のためにマニフェストの法定記載事項等について検討すること、不適正な登録等の検知のために電子マニフェストのさらなる普及を図ること等を提言している。また、壱番屋は、①製品そのままの形での廃棄は行わず、包材から取り出して、生産副産物として発生する堆肥の原料に混ぜるなどの対応をすること、②やむをえず製品の形のまま廃棄する場合は、自社工場排出の段階から産廃処理業者での処理まで社員が立ち会い確実に全量が処理されたことを目視確認すること、③新たな産廃処理業者の選定を慎重に行うとともに、取引後の処理状況等の点検について実効性ある手法を研究することを公表した。

コメント 本件が発覚した後、食品の衛生・安全に関する問題を含んでいたことから、広く報道されるなど社会的な制裁を受け、ダイコーは廃業状態に追い込まれることになった。また、本件を受けて「食品リサイクル法に基づく食品廃棄物等の不適正な転売の防止の取り組み強化のための食品関連事業者向けガイドライン」が策定され、食品廃棄物の不正な転売防止対策が周知されるとともに、2017年6月に、①廃棄物処理業の許可を取り消された者が廃棄物の処理を終了していない場合にも措置命令等が出せること、②特定の産業廃棄物を多量に排出する事業者に電子マニフェストの使用を義務づけることを含む廃棄物処理法の改正がなされるに至った。

さらに理解を深める 名古屋地判平成28・12・16公刊物未登載（D1-Law28250102）、環境省「食品廃棄物の不適正な転売事案の再発防止のための対応について（廃棄物・リサイクル関係）」（2016年3月14日）、中央環境審議会循環型社会部会廃棄物処理制度専門委員会「廃棄物処理制度専門委員会報告書」（2017年2月3日）、環境省「食品廃棄物の不正転売事案について（総括）」（同年6月20日）、愛知県「ダイコー株式会社に保管されていた廃棄物の撤去完了について」（同年2月27日）、壱番屋「損害賠償請求訴訟の提起に関するお知らせ」（同年8月30日）、壱番屋「ダイコー株式会社による当社廃棄食品の不正転売問題を受けての再発防止策について」（2016年1月29日）

141 フタバ産業中国地方政府幹部贈賄

当　事　者：フタバ産業株式会社（以下「フタバ産業」）
表面化時期：2013年9月
表面化の経緯：マスコミ報道（元専務の逮捕）
第三者委員会等：客観的資料により確認できなかったので記載せず

経営責任：なし
行政処分：なし
民事責任：客観的資料により確認できなかったので記載せず
刑事責任：不正競争防止法違反（外国公務員への贈賄）の罪で、罰金50万円（略式命令）
そ の 他：関連会社への不正融資事件に関連して本人が役員を辞任した後に事件が表面化

事案の概要　報道によれば事実の概要はおおむね次のとおりである。
　　　　　　　　中国広東省にあるフタバ産業の現地法人が2006年、税関の査察を受け、工場の設備等に関して必要な税制上の手続をとらなかった違法行為を指摘された。

　2004年から現地法人の最高責任者を務める元専務取締役（以下「元役員」）は、税関の処分が軽くなるよう働きかける趣旨で、外国企業の違反行為を監督する地方政府の幹部に対し、飲食接待をするとともに、3万香港ドル（当時のレートで約45万円）の現金や女性用バッグ（同約14万円相当）等を渡した（2013年9月11日付日本経済新聞電子版、同日付朝日新聞デジタル版等）。

　2013年9月、元役員は、前記行為を被疑事実として不正競争防止法違反（外国公務員への贈賄）の罪で逮捕され、同年10月、略式起訴、略式命令がなされた。

　なお、フタバ産業は2009年、関連会社への不正融資・虚偽記載事件が問題化し、行政処分、東証への違約金支払い、関係役員への損害賠償、関係役員の逮捕、追徴課税等、重大な事態を招いた（第2版 事例61 参照）。本事件は、ほぼ同じタイミングで発覚している。

関連法令　不正競争防止法18条、21条2項7号（外国公務員に対する不正の利益の供与等の禁止）

| 発生原因 | 客観的資料により確認できなかったので記載せず |

| 再発防止策 | 2013年11月、フタバ産業は、既存の行動指針について、社会情勢の変化に対応した内容への見直しを図り、公正な取引の確保、贈収賄の禁止等を新たに追加した（「フタバ行動指針改定のお知らせ」〔同月14日〕）。それ以外の事件の再発防止策について、フタバ産業からの具体的な公表は見当たらない。

なお、親会社であるトヨタ自動車株式会社は2012年11月、「贈収賄防止に関するガイドライン」を制定し、ビジネスパートナーに遵守を要請している。

| コメント | 本件は、中国の公務員への贈賄につき日本における外国公務員贈賄罪（不正競争防止法違反）が適用されたはじめてのケースである。

これまで、中国をはじめとする新興国や発展途上国では、行政権限を持つ公務員や政治的影響力を持つ者に経済的利益を提供しないと、正当な事業活動であっても円滑に進まない、要求を断ると工場が止まる、といった社会的事情が存在した。しかし、現在は多くの国において、重要な政治課題として賄賂・腐敗の撲滅に努め、取締りも強化されている。

本件は、中国での事業の最高責任者として指揮をとる役員が、こうした社会状況の変化に鋭敏に対応せず、また、操業に影響を与えたくない、穏便に済ませたいという気持ちから、賄賂の提供によって便宜を図ってもらうという過去のスタイルを選択し、わが国の刑事手続の対象になったものであると考えられる。

国際規模で事業活動する企業であれば、①グループ全体での反汚職・反腐敗方針の明示、②各国での規則・基準・運用の整理、③役職員の研修、④代理店・提携先のコントロール、⑤ファシリテーション・ペイメントの運用管理、⑥日常点検・監査等、賄賂・腐敗問題に特化した管理プログラムの導入が最低限必要である。

特に、中国のように取引に付随する民間での商業賄賂も規制される地域では、ことさら厳密な管理が求められる。

| さらに理解を深める | 経産省「外国公務員贈賄防止指針」（2004年5月26日策定〔2017年9月最終改訂〕）、経産省知的財産政策室「外国公務員贈賄の防止について（平成25年3月版）」

142　日本交通技術不正リベート提供

当　事　者：日本交通技術株式会社（以下「日本交通技術」）
表面化時期：2014年3月
表面化の経緯：読売新聞の報道
第三者委員会等：外国政府関係者に対するリベート問題に関する第三者委員会（2014年
　　　　　　　3月20日設置、同年4月25日調査報告書公表）

経営責任：コンプライアンス体制等委員会（調査報告書を受けた後に設置された）に
　　　　　よる当該利益供与に関与した者の処分案答申に基づく各処分および代表取
　　　　　締役の交代
行政処分：客観的資料により確認できなかったので記載せず
民事責任：客観的資料により確認できなかったので記載せず
刑事責任：不正競争防止法違反（東京地判平成27・2・4公刊物未登載〔LEX/DB
　　　　　25505904〕。法人：罰金9000万円、個人3名：懲役2年から3年〔執行猶
　　　　　予3年から4年〕）

事案の概要　第三者委員会の認定によれば、日本交通技術は、いずれも日本のODA
　　　　　　　（政府開発援助）による円借款を利用した海外の鉄道プロジェクトで
ある、①ベトナム案件（ハノイ市都市鉄道建設事業（1号線）フェーズⅠ）、②イン
ドネシア案件（ジャワ南線複線化関連事業3件）、③ウズベキスタン案件（カルシ〜
テルメズ間鉄道電化案件、山岳鉄道運営に係る実施機関能力向上プロジェクト）に関
連し、当該外国政府関係者に対して、①2009年12月頃から2014年12月まで総額6600万
円、②2010年1月から2012年6月まで総額7億8725万ルピア（100ルピア1円換算で
787万2500円）、2010年9月から2014年1月まで総額13億9000万ルピア（100ルピア1
円換算で1390万円）、2013年12月500万円、③2012年8月から2014年3月まで総額69万
7845米ドル、2012年6月から2013年10月まで総額2万米ドル、それぞれ利益供与した
ものである。

関連法令　不正競争防止法18条、21条2項7号（外国公務員に対する不正の利益の
　　　　　　供与等の禁止）

発生原因　調査報告書によれば、同社の組織、特に国際部における原因としては、
　　　　　　①海外案件の受注、受託業務の遂行、承認・支払手続等を円滑に進めた

いという動機、②経理部門による内部統制機能（各部門における経費支出の実在性や妥当性の検証）が果たされていない状況、③海外案件の受注拡大という経営方針およびこれを実現するためのリベート提供は是認されるという発想や、相手国の政府関係者によるリベートの要求が不当な要求であると認識しつつもこれに屈してリベートを巻き上げられる「被害者意識」による行動の正当化がある。また同社における国税調査前の原因としては、国際業務部のブラックボックス化、いわば「アンタッチャブルの国際部」というガバナンス上の問題点が挙げられる。さらに同社における国税調査後の問題点としては、社員200人態勢の堅持を前提条件とする意識（リベートを拒否してはこれを確保できない）、他方、社員を守る意識・社員の安全に対する配慮の欠如に加え、使途秘匿金という税務処理による正当化がある。国税調査後においても、コーポレート・ガバナンスの機能を果たす可能性のあった社外取締役2名に対し、リベート提供の事実を隠して単なる会計処理の問題と見せかける情報操作が行われる、というガバナンス上の問題があった。

再発防止策　日本交通技術は、2014年7月29日にコンプライアンス体制の見直しに係る答申書を受領した後、答申書に沿って、8項目の改善行動（①トップコミットメントの発信、②コンプライアンス規程の改定、③コンプライアンス監査室の設置、④経理部門による内部統制の強化、⑤内部相談・通報制度規程の制定と内部通報における社外窓口の設置、⑥不当要求を受けた場合の危機管理マニュアルの策定、⑦コンプライアンスに関する定期的な教育・研修会の実施、⑧コンプライアンス監査室による定期的監査実施による活動状況の評価と継続的改善）をすみやかに実施していく旨の方針を同年8月11日付で発表している（同社ホームページ）。

コメント　本件の各リベート提供は、日本交通技術が主導したというよりは、相手国政府関係者からの有形無形の圧力に屈して支払いを強要されたという面も大きい。しかしながら、同社が腐敗リスクのある新興国にリスク管理不在で進出し、腐敗した相手国政府関係者に目をつけられ「食い物にされた」のであり、企業としての合理性を持たない行動により自ら招いたものといえる。しかも、本件はODAによる円借款事業に関して行われたのであり、本来相手国国民の生活水準を向上させる事業により日本に対する信頼を高める目的で「日本国民の税金」を原資として実行されるところ、本件は相手国国民全体のためにではなく一部の政府関係者の個人的な利得とされ、わが国のODA制度に対する国際的な信用を失わせると同時に、日本国民の税金を相手国の腐敗した政府関係者への贈与（結果、相手国国民は豊かにならない）という二重の問題性を有している。本件の発生を重大視した独立行政法人国際協力機構（以下「JICA」）は、2014年10月9日、「政府開発援助（ODA）事業における不正腐敗防止（再発防止策の更なる強化）」を公表した。

さらに理解を深める　調査報告書、JICA「政府開発援助（ODA）事業における不正腐敗防止（再発防止策の更なる強化）」(2014年10月9日)

143 パナソニックアビオニクス海外贈賄

当　事　者：パナソニックアビオニクス株式会社（以下「PAC」）
表面化時期：2017年2月
表面化の経緯：自主公表（パナソニック株式会社（以下「パナソニック」）の2017年
　　　　　　　2月2日付プレスリリース「当社に対する米国司法省および米国証券
　　　　　　　取引委員会の調査について」）
第三者委員会等：客観的資料により確認できなかったので記載せず

経営責任：PAC社長退任
行政処分：客観的資料により確認できなかったので記載せず
民事責任：客観的資料により確認できなかったので記載せず
刑事責任：パナソニックおよび同社米国子会社であるPACが、米国証券取引委員会
　　　　　（以下「SEC」）および米国司法省（以下「DOJ」）との合意に基づき、米
　　　　　国政府に対し、制裁金合計2億8060万2830ドル93セントを支払った

事案の概要　本件は、パナソニックの米国子会社であるPACのアビオニクス（航
空機内通信システム）事業に関し、DOJおよびSECから、米国連邦海
外腐敗行為防止法（以下「FCPA」）およびその他の米国証券関連法に基づく調査、
具体的には、航空会社との特定の取引およびその取引に関連するエージェントやコン
サルタントの起用に関する活動について調査を受けた事案である。DOJの公表資料に
よれば、PACは、航空会社および航空機製造業者向けの機内娯楽システムおよびグ
ローバル通信サービスを設計し、販売するパナソニックの米国の完全子会社である。
2007年から2013年にかけて、上級幹部を含むPAC従業員は、第三者を通じて、実際
にコンサルタント業務の提供を受ける以外の目的でコンサルタントを起用したが、こ
のコンサルタントに対する支払いは、あるPAC上級幹部が支配し裁量権を持ってい
る予算から支払われ、PACやパナソニックの十分な監督を受けることはなかった。
すなわち、第1に、2007年7月、PAC幹部は、FCPA上「外国公務員」に該当する人
物に対し、コンサルティング業務に関する交渉を開始したが、この人物は同時に、中
東の航空会社とPACとの契約改訂交渉において中東航空を代表してもいた。この人
物は、結局、PACのためにほとんど何もしなかったが、PACは6年間にわたり、こ
の外国公務員に対して87万5000ドルを支払った。第2に、2007年10月、PACは、す
でに国内の航空会社のコンサルタントとして稼働していたコンサルタントを起用し、
当該コンサルタントを利用して、PACの競合会社との交渉に関する情報を含め当該
航空会社に関する非公開の企業情報を入手した。PACは、5年間にわたり、このコ

ンサルタントに82万5000ドルを支払った。そして、PACは、これらの支払いがいずれも実際には正当なコンサルティング費用でないにもかかわらず、これをパナソニックに報告せず、これらの支払いは、パナソニックの会計帳簿および記録に正当なコンサルティング費用として計上されていた。また、DOJによれば、PACの特定の従業員は、2007年から2016年にかけて、アジアにおいて、PACの内部基準を満たさない代理店を起用していた。PACは、公式にはこれら代理店との関係は終了させていたにもかかわらず、他の代理店を経由して金銭を支払い、これらを正当な支払いとして計上していた。PAC幹部の1人や他の従業員は、不正の兆候を無視して何らの行為も行わなかった。DOJは、PACのこうした行為は、認識しつつ故意に、パナソニックに虚偽の帳簿、記録および会計書類を作成させ、その取引について、合理的に詳細なレベルで、不正確かつ不公正に反映させた点で、FCPAに違反するとしている。PACとパナソニックは、DOJと協議のうえで、最終的に、制裁金合計2億8060万2830ドル93セントを支払うことで米国政府と合意した。

| 関連法令 | FCPAおよびその他の米国証券関連法 |

| 発生原因 | 客観的資料により確認できなかったので記載せず |

再発防止策　パナソニックのプレスリリース「当社米国子会社のアビオニクス事業に係る米国司法省および米国証券取引委員会との合意について」（2018年5月1日）によると、PACは、第三者によるコンプライアンスに関するモニタリングを今後2年間受け、その後さらに1年間、コンプライアンスに関する自主報告をDOJに対して行うことで合意した。加えて、同社がPACの企業風土の改革に向け幅広いコンプライアンスおよび内部統制の強化を監督する旨、これらの措置にはPAC経営陣の刷新および第三者のエージェントやコンサルタント起用の削減や管理強化を含む旨、グループ内のコンプライアンス意識を高めるとともにグローバルに子会社への監督を強化する旨公表している。

コメント　上級幹部が負担する旅費、接待費、コンサルタント費等の経費を賄うために、特定のPAC上級幹部が支配し裁量権を持つ予算がPACに設定され、PACやパナソニックによる審査も承認も受けていないこと、また、当該予算から裁量的に支出された資金がPACの総勘定元帳のさまざまなカテゴリーで計上される一方で、PACが内部会計の管理・統制を維持しなかったことが本件の発生原因であると考える。

さらに理解を深める　DOJサイト、パナソニック「当社に対する米国司法省および米国証券取引委員会の調査について」（2017年2月2日）、同「当社米国子会社のアビオニクス事業に係る米国司法省および米国証券取引委員会との合意について」（2018年5月1日）

144　三菱日立パワーシステムズ海外贈賄

当　事　者：三菱日立パワーシステムズ株式会社（以下「MHPS」）

表面化時期：2018年7月

表面化の経緯：自主公表（MHPSの2018年7月20日付プレスリリース「不正競争防止法違反による当社元役員および元社員の起訴について」）

第三者委員会等：客観的資料により確認できなかったので記載せず

経営責任：2015年2月、社長が報酬の30％を3か月、副社長（営業担当役員）が報酬の20％を3か月、コンプライアンス担当役員が報酬10％を3か月、それぞれ返上したほか、2016年2月に社内処分

行政処分：客観的資料により確認できなかったので記載せず

民事責任：客観的資料により確認できなかったので記載せず

刑事責任：不正競争防止法違反（外国公務員への贈賄）罪で有罪判決（元取締役について懲役1年執行猶予3年〔最判令和2・5・22〕、元執行役員について懲役1年執行猶予3年〔東京地判令元・3・1〕、元部長について懲役1年4月執行猶予3年〔東京地判令元・3・1〕）、他方、法人としてのMHPSについては、指定された資料を提出したこと等の見返りとして起訴されず（日経新聞電子版、朝日新聞デジタル）

事案の概要　MHPSは、タイ王国において火力発電所の建設工事を請け負い、同社が建設資材の海上輸送を依頼していた物流業者の下請輸送業者が発電所の建設現場近くに設置された桟橋に資材を荷揚げしようとしたところ、地元港湾当局の公務員と思われる人物を含む地元関係者らにより桟橋を封鎖されたうえ、2000万バーツの金銭を支払うよう要求された。MHPSの依頼した物流業者が桟橋使用許認可取得手続を適切に実施していなかったという予期せぬ事象により封鎖されたものであり、これにより資材の荷揚げが遅れた場合、発電所の建設遅延が発生し、多額の遅延損害金等の支払義務が生じることが見込まれたことから、これを回避する目的で、同社の関係者は要求に応じるべく2000万バーツを輸送業者に交付し、桟橋の封鎖を解除させた（なお、実際に輸送業者により2000万バーツが公務員等に交付されたかまでは、同社では確認していないとのことである）。これら一連の経緯に当時のMHPSの関係者が関与し、同国の建設業者へ架空工事を追加発注することにより2000万バーツが支出された。2018年7月20日、元役員2名（元取締役常務執行役員エンジニアリング本部長、

元執行役員調達総括部長）および元ロジスティクス部長１名が、不正競争防止法違反（外国公務員への贈賄罪）容疑で起訴されたが、報道によれば法人としてのMHPSについては、指定された資料を提出したことや検察の求めに応じて役員らを任意聴取に出頭させること等の見返りに、東京地検特捜部が起訴を見送ることで合意した。

| 関連法令 | 不正競争防止法18条、21条２項７号 |

| 発生原因 | 客観的資料により確認できなかったので記載せず |

再発防止策　MHPSの2018年７月20日付プレスリリースには、再発防止を図るための具体的な施策として、①贈賄防止に関し経営トップによるメッセージ発信、②投書窓口の通報手段の多様化（ウェブ窓口、フリーダイヤル窓口の追加）、③受注前・受注後の贈賄リスクチェックの徹底、④海外建設現地における出金に関する監査強化、⑤管理職全員からコンプライアンス誓約書の再取得、⑥外部講師等による贈賄防止教育の実施という６項目が掲げられている。

コメント　本件は捜査協力の見返りに刑事処分を減免する協議・合意制度（いわゆる日本版司法取引）が2017年６月１日に導入された後、第１号として初適用された事件である。MHPSが指定された資料を検察に提出したこと等の見返りに、東京地検特捜部が法人としての同社の起訴を見送ることで合意した。役職員を差し出して会社が免責されることには批判の声もあったが、前記プレスリリースには、同社が2015年３月に内部通報によりタイでの公務員への不正な金銭の支払いの疑いについて把握したこと、ただちに社内調査に着手したうえで同月さらに詳細な調査実施のため外部の法律事務所に依頼したこと、弁護士らによる関係者へのヒヤリングや関係資料の収集等を行いその結果法令違反が疑われたため同年６月に東京地方検察庁に報告書を提出したこと、その後約３年間にわたり東京地方検察庁による本件の捜査に全面的に協力したこと、このような姿勢が検察当局から評価され2018年６月に協議・合意制度の本件への適用につき提案があったこと、協議・合意制度を適用しなかったとしても起訴された３名の処分は変わらないとの理解のもと、本件の全容解明への協力が必要と考え協議・合意制度に基づき検察官と合意したこと、協議・合意制度に応じたのは不正行為に関与していない多くの社員を含めステークホルダーの利益を守るために必要かつ合理的な判断であったと考えていること等の記載がある。

さらに理解を深める　MHPS2018年７月20日「不正競争防止法違反による当社元役員および元社員の起訴について」、日経新聞電子版2018年12月15日付記事、2019年１月11日付記事および2022年５月20日付記事、朝日新聞デジタル2019年３月１日付記事

145　関西電力金品受領・不適切発注問題

当　事　者：関西電力株式会社（以下「関西電力」）、関電プラント株式会社、関電不動産開発株式会社（以下 3 社をまとめて「関西電力ら」）、A氏とその関係会社（以下「A氏ら」）

表面化時期：2019年 9 月

表面化の経緯：メディア報道（共同通信社。第三者委員会調査報告書中記載）

第三者委員会等：第三者委員会（2019年10月 2 日設置、2020年 3 月14日調査報告書〔以下「本報告書」〕公表。以下「当委員会」）

経営責任：会長および原子力事業本部長につき報酬月額の 2 割を 2 か月返上、社長につき報酬月額の 2 割を 1 か月返上、その他 3 名につき厳重注意の社内処分

行政処分：客観的資料により確認できなかったので記載せず

民事責任：2020年 6 月、元役員らは関西電力から善管注意義務違反に基づく損害賠償請求訴訟を提起された。なお、訴訟の経過ないし顛末については客観的資料により確認できなかったので記載せず

刑事責任：市民団体から刑事告発され不起訴になった前会長ら旧経営陣計 9 名について、検察審査会の起訴相当、不起訴不当という2022年 7 月の議決を受けて、大阪地検特捜部は再捜査した結果、同年12月 1 日再び全員を不起訴にした（2022年12月 1 日NHK関西NEWSWEB）。上記議決で起訴すべきとされた前会長ら 3 名について、検察審査会の再度の審査の議決結果は、一転し「起訴議決に至らない」というもので、2度の不起訴処分が確定し、刑事手続きが終結した（2023年 4 月28日、同29日日経新聞大阪）

事案の概要　関西電力らの役職員は、1987年 5 月にA氏が高浜町の助役を退任した直後以降、1990年代、2000年代、2010年代と満遍ない広範な時期にわたりA氏らから金品を受領していた。関西電力らの受領者は若狭地域に所在する原子部門の重要な役職員を中心としつつ工事発注に関係のある部署の役職員および子会社の役職員等多岐にわたっており、その総数は75名、総額は約 3 億6000万円相当に上った。関西電力らの役職員等は、A氏に対して不適切な情報提供を行うのみならず、A氏らの要求に応じる形で、事前に本件取引先等に発注する個別の工事等の内容や年度ごとの発注予定額を伝え、個別の工事等や発注額に見合う工事等を発注することを約束し、その中には実際に当該約束に沿って不適切な発注を行っていたケースもあった。

関西電力は、2018年初頭の税務調査を契機に金品受領問題を認識し、社外の弁護士

　3名を含む社内調査委員会を設置して調査を進めたが、当該問題をコンプライアンス上の問題はあるものの違法ではないと結論づけ矮小化した。調査結果を知った執行側も監査役会も取締役会へ報告せず、取締役会でこの問題が議論されることはなかった。

　2019年9月の共同通信社の報道により金品受領問題が表面化した当初、会長と社長は不適切だが違法性はないと主張し、辞任も否定したが、後に辞意を表明し、第三者委員会が設置された。第三者委員会による調査の結果、金品受領と不適切発注の実態が明らかになり、2020年6月16日、関西電力は前会長と前社長を含む旧取締役5名に対して損害賠償請求訴訟を提起した。株主代表訴訟の提起のほか特別背任罪、背任罪、贈収賄罪（会社法）、所得税法違反の疑いで大阪地検に刑事告発もなされた。

関連法令	民法644条、刑法247条、会社法960・967条、所得税法、電気事業法1条

発生原因　本報告書によれば、①本件問題に関わった関西電力の役職員において、業績や事業活動をコンプライアンスに優先させるべきではないという意識を欠いたこと、②経営陣が、本件問題と正面から向き合い、是正する決断力を欠いたこと、③透明性を欠く誤った「地元重視」が問題行為を正当化していたこと、④原子力事業本部が閉鎖的で、同部に対するガバナンスが不足していたこと、⑤本件問題発覚後の事後対応においても露見した身内に甘い脆弱なガバナンス意識、これら全てに通底する根本的な原因として関西電力にはびこる内向きの企業体質（ユーザー目線の欠落と透明性の軽視）があると指摘されている。また、関西電力のガバナンスの脆弱性が、本件金品受領問題発覚後の関西電力の対応に通底していたと指摘されている。

再発防止策　本報告書は、再発防止策として、①ユーザー目線でのコンプライアンス意識の醸成、②内向きの企業体質の是正（取締役会長に社外の者を）、③地元を重視する施策についての透明性の向上、④取引先関係者からの金品受領に関する明確なルール設定、⑤悪しき情報が早く伝わり、現場に直接メスが入るためのガバナンス体制の再構築を提言している。

コメント　社内調査委員会の調査結果を知った監査役会がこの問題を取締役会に報告しなかった点について、日本監査役協会は2019年10月25日に会長声明を発し、「事実解明やガバナンスが機能していたかの検証並びに再発防止のための体制づくり等についても監査役は大きな責務を負っており、執行に対しても毅然とした姿勢で対応する覚悟が求められます」と強い危機感を示した。経営トップの不適切行為に対するガバナンス機能のあり方に一石を投じた事案といえる。

さらに理解を深める　本報告書、関西電力「新たな調査委員会の設置について」（2019年10月2日）、同「第三者委員会の設置について」（同年10月9日）、同「取締役責任調査委員会からの調査報告書の受領について」（2020年6月8日）、同「当社旧取締役に対する損害賠償請求訴訟の提起について」（同年6月16日）

146 天馬外国公務員贈賄

当　　事　　者：天馬株式会社（以下「天馬」）
表 面 化 時 期：2019年12月
表面化の経緯：天馬内で2019年9月頃認知され、同年11月19日の取締役会で第三者委員会設置が決議され、同年12月2日の取締役会後にその旨の適時開示
第三者委員会等：第三者委員会（2019年12月2日設置、2020年4月2日調査報告書〔以下「本調査報告書」〕公表）

経営責任：代表取締役会長以下、社外取締役も含め報酬の返上。代表取締役社長が退任。なお、経営者ではないが名誉会長が解任
民事責任：天馬が社外取締役以外の取締役6名に対して損害賠償請求訴訟を提起し、1億500万円を支払う和解が成立
刑事責任：不正競争防止法違反（外国公務員贈賄）により、天馬は罰金2500万円。元代表取締役社長、元執行役員およびベトナム子会社社長に執行猶予付きの懲役刑（東京地裁2022年11月4日判決）。なお、天馬は、2020年4月に東京地方検察庁に自主申告をし、捜査に協力している。

事案の概要　本件は、天馬の海外子会社（本調査報告書では国名を特定していないが、報道等によりベトナムの子会社とされているため以下「ベトナム子会社」）が、追徴課税の減額を目的に、税関局職員に対し、2019年と2017年に現金を交付した事案（以下、2019年の事案を「事案①」、2017年の事案を「事案②」）である。なお、本調査報告書は、これらに加え、ベトナム等の外国において、税関局職員や労働局職員への金銭支払いやその可能性を複数指摘する。

　事案①では、ベトナム子会社は、ベトナムの税務局職員より、7500万円から1億5000万円相当の追徴課税がされる可能性があると指摘され、その過程で税務局職員から現金の要求を受けた。ベトナム子会社は、天馬の当時の執行役員に判断を仰いだところ、同人は、過去に事案②で同種の支払いをしたことを踏まえて了解した。ベトナム子会社は、税務局職員に1500万円相当を支払い、最終的な追徴課税額は262万円相当となった。天馬の当時の代表取締役社長は、支払い後に報告を受けたが、事後承認はしなかった。なお、この1500万円の経理処理については、一度は消耗品費に計上されたが、後に現地のコンサルティング会社と契約し、コンサルティング費用として処理するなどの仮装工作が試みられた。

　事案②では、ベトナム子会社は、ベトナムの税務局職員より、追徴金として17億9000万円相当の支払いが必要になると指摘された。そのため、ベトナム子会社は、税務局職員に金銭を支払うことで減額を得るため、コンサルティング会社に相談して支払うべき金額を最大1650万円相当とし、天馬の当時の代表取締役社長の事前承認の下、1011万円相当を税務局職員に支払った。

| 関連法令 | 不正競争防止法18条 |

発生原因　本調査報告書では、発生原因として、税務局職員に金銭を支払うことで、追徴額の減額を受け、トータルの支払額を減らしたいという「動機」、本来の経理処理とは異なる仮装の経理処理を容易に実行することで、金銭支払いを処理できてしまう杜撰な統制環境という「機会」、および経済的利益を得られて会社のためになることや、郷に入れば郷に従うべきという「正当化」が指摘されている。また、事案①について、当時の取締役らが、税務局職員への金銭支払いを知った後に合理性を欠く対応をした原因として、外国公務員贈賄リスクに対して無防備・無理解であったこと、利益とコンプライアンスとを天秤にかける企業風土、虚偽の経理処理を容認する統制環境のほか、取締役の意思決定において本来行われるべき情報収集と、その分析・検討が不十分であり、それゆえに適切な意思決定がなされなかったことが指摘されている。加えて、事案①において、上記のような取締役らの合理性を欠く対応に対して、取締役会がこれを是正するガバナンス機能を発揮できなかった理由としては、取締役らが、当初、事案①のような重大事象を監査等委員に対して隠ぺいしたこと、取締役会メンバー間に派閥争いのようなものが存在し、相互不信があったこと、取締役ではない当時の名誉会長が経営に介入したことが挙げられている。

再発防止策　調査報告書は、平時の再発防止策として、①外国公務員の金銭要求に係る本社相談窓口の設置、②経営トップのコミットメント、③現地の専門家や関係機関から適切な支援を受けられる体制整備、④内部統制部門によるリスクを低減する活動の実施、⑤適正な経理処理やCFOの職業的倫理観の確保、⑥外国公務員への支出の記録化、⑦エージェント等の管理、⑧役職員への教育研修、⑨役員トレーニング、⑩取締役会メンバー相互の信頼関係の構築等を提言している。

コメント　本件は、外国公務員贈賄という違法行為が発生したことに加え、これに対する経営陣の事後対応も合理性を欠いた事案である。外国公務員贈賄は、投資家・金融機関やサプライチェーンからのESG評価を大きく損なう重大な経営リスクであることを経営者は再認識する必要がある。

| さらに理解を深める | 本調査報告書 |

147　日本光電工業三重大学医学部付属病院贈賄

当　事　者：日本光電工業株式会社（以下「日本光電」）、国立大学法人三重大学医
学部付属病院（以下「三重大病院」）

表面化時期：2021年1月

表面化の経緯：日本光電の社員3名の逮捕（日本光電・2021年1月6日「社員の逮捕
について」プレスリリース）

第三者委員会等：調査委員会（2021年1月7日設置、同年4月15日報告書〔以下「本報
告書」〕公表）

経営責任：代表取締役社長執行役員：月額報酬の30％を3か月減額、代表取締役専務
執行役員（国内事業統括）：月額報酬の30％を3か月減額、取締役常務執
行役員（コンプライアンス担当役員）：月額報酬の20％を3か月減額

行政処分：客観的資料により確認できなかったので記載せず

民事責任：客観的資料により確認できなかったので記載せず

刑事責任：贈賄罪（個人：1名懲役1年〔執行猶予3年〕、2名懲役10か月〔執行猶
予3年〕、津地判令和3・6・28刊行物未登載〔LEX/DBL07650689〕）

そ の 他：2021年3月30日から同年5月29日まで（2か月）中部地方整備局管内にお
ける指名停止措置（中部地方整備局・2021年3月30日「贈賄に係る指名停
止措置について」プレスリリース）

事案の概要　日本光電中部支店医療圏営業部長A、中部支店医療圏営業部三重営業
所長Bおよび中部支店医療圏営業部三重営業所一係長Cの計3名（以
下「当事者3名」）は、公務員である三重大病院臨床麻酔部長（当時）であり医療機
器の選定権限をもつO元教授（以下「O氏」）から強い金銭要求を受け、O氏および
同氏より機器の選定を任されていたP氏に、臨床麻酔部が機器を管理する手術室等に
設置されていた生体情報モニタ等につき順次同社製品が納入されるよう有利便宜な取
り計らいを受ける見返りに、同社製生体情報モニタを本来価格より値引きして販売業
者（ディーラーX）に販売し（以下「本件商談取引」）、O氏の設立した一般社団法人
に対し寄附名目で現金200万円を送金するようX社に依頼し、令和元年8月20日、X
社を介して入金（以下「本件利益供与」）した。2021年1月6日、一連の本件商談取
引および本件利益供与に関連した贈賄の疑いにより当事者3名が逮捕された。同年1
月7日、日本光電から独立した3名の弁護士および1名の公認会計士・税理士ならび

にコンプライアンス担当役員と常勤監査等委員の取締役2名を構成員とする調査委員会が設置され、同年4月15日本報告書が公表された。

関連法令　刑法197条の2（第三者供賄）、198条（贈賄）

発生原因　本報告書によれば、原因として①利益供与が誘発される環境と利益供与の原資の作出が容易なシステム（機会）、②目先の商談成立への欲求（動機）、③コンプライアンス体制の不備・問題の本質に対する理解不足（正当化）が指摘されている。医療機器は用途に応じた数十万点にも及ぶ製品とその流通の仕組みも多種多様であり、製造・輸入メーカーと販売業者（ディーラー）から医療機関に対して製品の取扱説明や臨床使用に先立つ試用のための機器の貸出し、購入後の保守・点検等の付帯的サービスが行われている。かかる医療機器業界の特殊性により、メーカー・ディーラーが医療機関に対して利益を供与したり便宜を図ったりするなどの手段を用い取引を不当に誘因しようとする事態が生じやすい環境となっている。また、O氏からの金銭要求と不可分に結びついた商談であることを認識し止め得る立場にある者が、同商談を当事者3名が進めるのを明確に止めることをせずあるいは止めることを躊躇するほど、大型商談の成立・売上向上に比べコンプライアンスが徹底されていない体制の不備がある。加えて、当事者3名は本件商談取引と本件利益供与を敢えて切り離すことにより自己の行為の正当化を図ろうとした。管理職向けの体系的な教育や営業現場で判断に迷う具体的な場面・事例を扱う実践的な研修が不十分であった。

再発防止策　本報告書は、再発防止策として①ガバナンスの強化(ⅰ)組織の見直し(ⅱ)寄付金の検討プロセスの見直し(ⅲ)内部統制の強化(ⅳ)ディーラーとの相互牽制、②人事評価の見直し、③コンプライアンス教育の徹底、④モニタリングの実施を提言している。日本光電は、2021年4月に再発防止策実行管理委員会を設置し、調査委員会の提言を受け再発防止策を策定・実施した旨、上記①〜④それぞれについての具体的な再発防止策と実施内容のほか、2022年度においても引き続き再発防止策が確実に実施されていることをモニタリングする体制の構築等を公表している。

コメント　本事案は、地域医療の拠点となる大学病院の施設の機器選定に絶大な影響力をもつ医局トップのあからさまな金銭要求に応じて利益供与を行ったものであるが、原資作出のための日本光電の販売プロセスにおける「値引き」とディーラーの存在なしには成立しないものであった。各再発防止策の実施継続・徹底が強く期待される。

さらに理解を深める　本報告書、日本光電2021年1月20日「調査委員会の設置について」、2021年4月15日「調査委員会の調査報告書等に関するお知らせ」、2022年6月「再発防止策の実施状況と倫理企業宣言について」

148　NTT省庁関係者会食問題

当　事　者：日本電信電話株式会社（以下「NTT」）、東日本電信電話株式会社、
　　　　　　西日本電信電話株式会社（以下「NTT西日本」）、エヌ・ティ・
　　　　　　ティ・コミュニケーションズ株式会社（以下「NTTコミュニケー
　　　　　　ションズ」）、株式会社NTTドコモ（以下「NTTドコモ」）、株式会社
　　　　　　エヌ・ティ・ティ・データ（以下「NTTデータ」、以上を総称して
　　　　　　「NTTグループ」）、総務省
表面化時期：2021年3月
表面化の経緯：総合週刊誌「週刊文春」が、NTTグループ経営陣と総務省幹部によ
　　　　　　る会食をめぐる問題をスクープ
第三者委員会等：特別調査委員会（以下「特別調査委員会」。令和3年3月9日設置、
　　　　　　同年6月7日報告書〔以下「本件報告書」〕公表）

経営責任：①報酬減額　報酬月額につき、NTT代表取締役社長執行役員40％×3か
　　　　　月、同社代表取締役副社長執行役員20％×3か月、同社執行役員総務部門
　　　　　長20％×3か月、NTTデータ相談役30％×3か月。②厳重注意　NTT持
　　　　　株相談役、同社取締役会長、NTT西日本相談役、同社代表取締役副社長、
　　　　　NTTコミュニケーションズ代表取締役副社長、NTTドコモ代表取締役副
　　　　　社長、同社副社長執行役員、同社取締役常務執行役員、株式会社ドコモ
　　　　　CS代表取締役社長、NTTファイナンス株式会社代表取締役副社長、エ
　　　　　ヌ・ティ・ティ・都市開発株式会社代表取締役社長、株式会社NTTネク
　　　　　シア代表取締役社長
行政処分：客観的資料により確認できなかったので記載せず
民事責任：客観的資料により確認できなかったので記載せず
刑事責任：客観的資料により確認できなかったので記載せず

事案の概要　2021年3月、NTTグループ経営陣と総務省幹部とが、2016年7月20
　　　　　　　日から2020年9月14日までの間、合計29回に渡り、会食を行っていた
ことが発覚し、NTTは、同月9日、特別調査委員会を設置した。各会食では、会食
費用が割り勘ではなく、NTTグループ側での一括支払いや、傾斜配分が行われてい
たほか、NTTグループ側から総務省幹部に対し、手土産やタクシーチケットが渡さ
れたことも認められた。他方、各会食の目的は、いずれも概ね人事異動の挨拶や、業

界の動向および今後の情報通信業界の情勢等についての定期的な意見交換等であり、たとえば、「5Gの電波の割当が完了し、少なくとも半年以上は新たな電波割当がない時期」を選ぶ等の配慮もなされていた。特別調査委員会の調査結果によっても、総務省幹部等による便宜供与やNTTグループ側からの便宜供与の依頼があったことは認められず、また、各会食の結果、行政の判断が歪められたという事実は認められなかったものの、国家公務員倫理規程の違反が認められ、また、国民の疑惑を招きかねない会食であった。NTTグループは、特別調査委員会の提言に基づき、関係者の処分や再発防止策の策定を行っている。

関連法令 国家公務員倫理規程3条1項6号
国務大臣、副大臣及び大臣政務官規範1条6項1号
刑法197条以下

発生原因 特別調査委員会は、本件の発生原因を、大きく①国家公務員倫理法・倫理規程および大臣規範に関する知識・感度の不足等、②国家公務員倫理法・倫理規程および大臣規範に沿った会食を実施するための具体的なルールを定めた社内規定および社内研修の不備等、③経営陣の発案した会食に対する牽制機能が十分に働いていなかったことにあると分析した。

再発防止策 特別調査委員会は、①会食等に関する社内ルールの見直し、②社内研修の見直し、③内部統制機能および監査機能の強化に関する対策の実施を提言した。他方、当該提言当時、NTTグループではすでに、①会食、物品等の贈受等に関する社内ルールの策定、②社内研修の見直し、③内部統制機能および監査機能の強化といった再発防止策の検討に着手していた。そこで、特別調査委員会は、これらの再発防止策に加えて、さらに検討が必要と考える再発防止策として、①会食に関するルールの制定・明確化、②国家公務員倫理法・倫理規程および大臣規範に関する研修の実施、③経営陣の発案した会食に対する牽制機能の強化と組織風土改革、④NTTグループ自身による組織としての問題を究明する努力の継続を改めて提言した。

コメント 国家公務員倫理法・倫理規程が施行された2000年当時は、社内規程等で国家公務員との会食等に関する具体的なルールを定めていない企業もあったが、その後は多くの企業において整備が進んでいる。他方、本件では、国家公務員との会食について、当該国家公務員に一部でも支払ってもらえれば問題はないだろうといった誤解も要因の一つとなっていたようである。本件の会食については国民や社会から厳しい批判を招いており、今後の再発防止の徹底が期待される。

さらに理解を深める 調査報告書、日本通信電話株式会社・令和3年6月7日「特別調査委員会による調査報告を踏まえた今後の対応について」

[149]　日本大学前理事長ら不正

当　事　者：前理事長、元理事、学校法人日本大学（以下「日本大学」）等
表面化時期：2021年9月
表面化の経緯：2021年9月8日、東京地検特捜部による捜索差押
第三者委員会等：元理事長および前理事長による不正事案に係る第三者委員会（以下「第三者委員会」）（2022年1月21日設置、同年3月31日報告書〔以下「本報告書」〕公表）日本大学再生会議（2021年12月27日設置、2022年3月31日答申書公表）

経営責任：客観的資料により確認できなかったので記載せず
行政処分：客観的資料により確認できなかったので記載せず
民事責任：客観的資料により確認できなかったので記載せず
刑事責任：元理事（事件1および2）背任罪による逮捕
　　　　　　前理事長（事件3）所得税法違反事件　懲役1年執行猶予3年　罰金1300万円（東京地判令和4・3・29刊行物未登載〔LLI/DB L07730680〕）
そ の 他：文科省「学校法人の管理運営に関する適切な対応及び報告について（指導）」（令和3年12月17日）
　　　　　　日本私立学校振興・共済事業団　令和3年度私学助成金全額不交付

事案の概要　元理事（アメリカンフットボール部タックル問題に関する責任を取り理事等を一度辞任していたが復帰していた）が、関連する株式会社日本大学事業部取締役に就任し、日本大学医学部附属板橋病院等の建替計画事業の設計・管理業者選定に係るプロポーザル実施等の業務につき、日本大学が支払った業務委託料の一部を環流させるなど、2020年2月から同年8月にかけて共謀により元理事等に利益を得ることを目的とした行為をなし、日本大学に2億2000万円の財産上の損害を加える背任行為を行った（事件1）。また、元理事は、上記病院に医療機器を納入するにあたり、2021年3月から同年5月にかけて、共謀者が経営する会社を介在させ、日本大学に高値で医療機器および電子カルテ関連機器等のリース契約を締結させて、日本大学に約1億9800万円の財産上の損害を加える背任行為を行った（事件2）。
　前理事長は、医療法人前理事長や元理事、取引先等から、日本大学関連の取引で利

益を得ていることの謝礼等の趣旨で、2018年から2020年にかけてリベート等による収入を得ていたにもかかわらず、これを除外して確定申告書を提出したことにより、2020年分所得税約5233万円を免れた所得税法違反行為を行った（事件3）。

　その他、本報告書によると、元理事による不公正な調達行為、特定業者に不当な利益を得させたことが疑われる案件、事業部の私物化行為等が指摘されている。

関連法令　刑法247条、所得税法238条1項

発生原因　第三者委員会は本報告書において、一連事件の主要な原因は、①元理事、前理事長らの規範意識の欠如、②前理事長による専制的な体制、③日大の風土（組織の同質性、上命下服の体質）、④事業部の寄付金増額のための業務拡大の方針、⑤前理事長による元理事の重用、⑥元理事による事業部の強圧的支配と事業部内の牽制機能の不全、⑦事業部からの調達要件緩和と日大による監督の不全、⑧公益通報制度に対する不信の各点にあると分析している。

再発防止策　第三者委員会は本報告書において、①役員等の規範意識の涵養への取組み、②理事長制度の改革、③理事会、評議員会の監督機能の回復、④監事の監査機能の強化、⑤人事異動の透明性の確保、⑥公益通報制度の信頼回復、等の再発防止策を提言している。

　外部有識者によって構成された日本大学再生会議は、文科省からの指導内容等を踏まえて、日本大学に対して学校運営、法人運営等に関し提言を行い、その具体的内容として、特定の役員の専横を許さない健全な学校管理運営体制の構築、不祥事を起こした執行部の一掃および復帰防止の方策（現時点の理事・監事および評議員の総辞任、前理事長体制において理事・監事の地位にあった者等の将来にわたる排除および責任追及、株式会社日本大学事業部の解散・清算）、理事会・評議員会・理事長・学長・監事のあり方・選出方法、健全な学校管理運営体制の構築のための取組み、当会議によるモニタリンクの継続の提言を行った。

コメント　本件には、多岐に渡る内容が含まれており、前理事長および元理事だけでなく、元理事と共謀したとして医療コンサルタント会社代表者が背任罪で有罪判決を受け（東京地判令和4・10・6、懲役2年6月執行猶予4年）、他にも第三者委員会報告書や再生会議答申書では多数の関係者の関与が指摘されている。文科省における学校法人ガバナンスの議論にも影響を与えている（文部科学省学校法人のガバナンスに関する有識者会議、同学校法人ガバナンス改革会議）。事案として比較的新しいため、各報道機関の特集記事が多数組まれており、事案を把握するために一度参照されたい。

さらに理解を深める　本報告書、NHKクローズアップ現代「追跡・日大背任事件の"内幕"」令和3年11月16日

150 KADOKAWA東京五輪贈賄

当　事　者：株式会社KADOKAWA（以下「KADOKAWA」）
表面化時期：2022年8月
表面化の経緯：KADOKAWAの関係者が、東京五輪に関連する贈賄疑惑について、
東京地検特捜部から任意の事情聴取を受けた
第三者委員会等：危機管理委員会（2022年8月12日設置、同年10月4日報告）、ガバナ
ンス検証委員会（同月5日設置、2023年1月23日調査報告書〔以下
「本調査報告書」〕公表）

経営責任：会長は取締役を辞任、副会長は副会長職を辞任（取締役としては現任）
行政処分：客観的資料により確認できなかったので記載せず
民事責任：客観的資料により確認できなかったので記載せず
刑事責任：会長（当時）ほか2名が、贈賄罪にて逮捕・起訴

事案の概要　東京五輪を巡っては、事業者4社が贈賄の罪で刑事責任を問われたが、
本書の編集方針から、詳細な調査に基づき本調査報告書が公表されて
いるKADOKAWAのケースを取り上げた。本調査報告書によれば、事案の概要は次
のとおりである。

KADOKAWAは、東京五輪の競技大会組織委員会のA理事から、2016年10月、安
価な金額で東京五輪のスポンサーになれることおよびそのことを早期に発表できるこ
とについて便宜を図ることの見返りとして、A理事の関連会社であるB社に対し、
KADOKAWAが支払う全体額の20％をコーディネイトフィーとして支払う旨の提案
（以下「本件提案」）を受けた。

KADOKAWAの会長・社長（後の副会長）・専務は、社外取締役等を構成員としな
い非公式の専務会という会議体においてその提案を認識した。社長は本件提案に違和
感をもったものの、会長が了承済みであることを確認し、否定的な意見を述べず、
KADOKAWAは、同年11月、本件提案を応諾する旨返答した。

KADOKAWAは東京五輪に向けた対応を所管する2021年室という部署を設置して
いたところ、2021年室は知財法務部から、本件提案を応諾することは贈賄罪に該当す
る可能性があり、そのリスクをなくす方法はない旨指摘された。その後、B社がスポ
ンサー契約の調整業務を含まない委託業務を受託する契約が締結されるに至ったが、

その契約の記載は仮装であった。KADOKAWAはB社との間で、2019年6月、本件提案に基づいた契約（以下「本契約」）を締結し、B社に対し7000万円を支払った。

　本調査報告書は、この支払行為について、贈賄に該当する可能性が高い行為であると認定した。

関連法令　刑法198条

発生原因　本調査報告書によれば、上席者（とりわけ会長）の意向への過度の忖度が存在しており、会長が了承している案件はもはや止めることができないという諦念に陥っていたことが真因であるとされる。また、知財法務部から、本件提案を応諾することは贈賄罪に該当する可能性があると指摘されたにもかかわらず、本契約が締結されており、その原因として、役職員の法令遵守意識の希薄さが挙げられ、その背景には経営理念が浸透していなかったことが見受けられるとされる。さらに、専務会という設置根拠規程のない場で実質的な意思決定がされた点は、意思決定に係る内部統制上の不備があり、2021年室と知財法務部が同一取締役の管掌となっていた点にも組織間牽制機能の不備があり、これらの不備も本件の原因になった可能性があるとされる。

再発防止策　本調査報告書は、①上席者の意向に過度に忖度する企業風土の改善（具体的な対策として、規程の明確化・正当な権限者が権限を持つこと・特定者に対する忖度の根絶・人事制度の見直し・取締役会の監督機能への信頼の獲得・監査部門の監査体制強化が考えられるとする）、②意思決定に係る内部統制の改善、③取締役会等の役割の再認識・改革・信頼の獲得、④法令遵守意識の醸成（具体的な対策として、企業理念の明確化・法令遵守の内容の明確化・実効性のある研修方法の検討・適法性チェックシステムの構築・内部通報制度等の周知と促進・コンプライアンス委員会の機能充実の工夫が考えられるとする）、⑤牽制機能の構築（具体的な対策として、組織構築の考え方の整理と改善・法務部門の役割の明確化と徹底・報告ルールの徹底・監査室と内部監査部門の整備・決済手続の確認と整備が考えられるとする）を再発防止策として挙げる。

コメント　脱稿時点においては、起訴された会長他2名の贈賄事件の判決はなされていないことに留意されたい。なお、株式会社AOKIホールディングスの前会長ら元幹部3名については、東京地裁において令和5年4月21日、執行猶予付き有罪判決が言い渡され、確定した。

さらに理解を深める　本調査報告書

151 日本ハム牛肉偽装

当　事　者：日本ハム株式会社（以下「日本ハム」）、日本フード株式会社（日本ハムの100％子会社、以下「日本フード」）
表面化時期：2002年7月
表面化の経緯：農水省の公表
第三者委員会等：企業倫理委員会（2002年9月10日設置、2003年2月28日「改革調査委員会報告書に基づく提言について」公表）

経営責任：日本ハムの代表取締役会長・同副会長2名は辞任、代表取締役社長は専務取締役に降格、代表取締役副社長・専務取締役は辞任、日本フードの代表取締役社長・同専務・同常務は辞任、姫路・徳島・愛媛の各営業部長は懲戒解雇
行政処分：客観的資料により確認できなかったので記載せず
民事責任：客観的資料により確認できなかったので記載せず
刑事責任：愛媛営業部長に懲役2年6月の執行猶予付き判決

事案の概要　農水省は、2001年10月26日、「牛肉在庫緊急保管対策事業」（以下「本件事業」）として、BSE（牛海綿状脳症）検査開始前に屠畜された国産牛肉について、国の補助金を利用して、農畜産振興事業団（以下「事業団」）が日本ハム・ソーセージ工業協同組合（以下「ハム・ソー組合」）等業界6団体を通じて食肉団体から買い上げて市場から隔離する制度の運用を発表した。

　日本フードの姫路・徳島・愛媛の各営業部長は、輸入牛肉の在庫が積み上がっていたことから、前記制度を悪用し、古くなった輸入牛肉を詰め替えて国産牛肉と偽装した（以下「本件偽装」）うえ、日本ハムに売却し、日本ハムは、これらをハム・ソー組合に売却して、前記事業に参加した。ところが、2002年1月に雪印食品株式会社による同様の輸入牛肉国産偽装事件が発覚し、農水省から自主点検の指示があり、日本フードが自主点検を行ったところ、本件偽装が判明し、これらの事実は日本ハムの専務、副社長に報告された。

　前記専務は、本件偽装が発覚した場合、雪印食品株式会社のような問題に発展することを恐れ、2002年2月と5月にハム・ソー組合に対し「チェックミス」と自主点検の結果を報告して、前記偽装牛肉を補助事業から除外したい旨を伝え、ハム・ソー組合は、同年6月に、事業団に対し補助対象からの取下げを申請した。ところが、事業団は、取下げを承認しなかったため、ハム・ソー組合は、同年7月12日に承認を待た

ずに契約を解除し、前記専務は、部下に指示して、同月18日および19日に本件偽装牛肉1.3トンを焼却処分した。そこで、農水省は、同月30日、ハム・ソー組合による取下げ申請と日本ハムによる焼却処分を公表した。

　日本ハムは、2002年8月5日、本社を中心とした社内調査チームを立ち上げ、調査を開始し、同月9日、本件偽装の事実を確認した旨を公表し、同月20日、新たに確認した対象外商品の混入等の調査結果、再発防止策、責任者の処分等を公表した。

　2002年9月、日本ハムグループは、経営体質を抜本的に改革するために、社外の委員のみにより構成された「企業倫理委員会」を設置した。同委員会は、コーポレート・ガバナンス、幹部人事、企業倫理研修、報告相談制度、監査およびコンプライアンス体制等幅広い分野に関し、助言・勧告を行い、会社側はこれらを実行していった。そして、同委員会は、2004年7月、会社側は助言・勧告を着実に実行したものと判断し解散した。

関連法令　農畜産業振興事業団法（平成8年法律第53号）、牛肉在庫緊急保管対策事業助成実施要項（平成13年10月29日農林水産省令13生畜第4159号承認）

発生原因　日本ハムの「輸入牛肉偽装問題に関する社内調査結果及び再発防止策等についてのご報告」（2002年8月20日）によれば、一部の現場責任者が業績悪化を回避するために起こし、その報告を受けた幹部が対応を誤ったことが原因であるが、根本には、売上や収益の追求が強すぎたことによる遵法意識の希薄化と事業部制の分権化による他部門や社外への閉鎖体質があったとする。

再発防止策　企業倫理委員会による助言・勧告の実行、行動規範の作成と周知徹底、問題点の総点検活動、情報ルートの確立、内部統制プロジェクト、コンプライアンス情報の一元管理と情報の監査役へのメール発信による共有化。

コメント　子会社の営業所で発生した不祥事を契機として、新社長のリーダーシップのもとグループ全体として経営体質の改善の取組みに成功したと評価されている事案である。また、リスク管理にあたって、①社内的に隠し事がない、②マイナス情報を一元管理し共有化を図り再発防止につなげる、③失敗や問題は発生するという前提に立って制度・仕組みを構築する、④コンプライアンスに取り組むときには目的・効果を明確にしておくという姿勢は参考となる。

さらに理解を深める　農水省・第2回食肉流通問題調査検討委員会配布参考資料3-3「牛肉在庫保管・処分事業に係る偽装事件の概要」、日本ハム「日本ハムグループ企業倫理委員会の解散についてのお知らせ」（2004年7月23日）、宮地敏通「日本ハムグループコンプライアンスへの取り組み」金沢工業大学ECTM第17回講演記録、日本ハム「企業倫理委員会からの提言についてのお知らせ」（2003年3月14日）

152 三井物産子会社補助金対象製品虚偽申請

当　事　者：三井物産株式会社（以下「三井物産」）、ピュアース株式会社（三井物産子会社、以下「ピュアース」）

表面化時期：2004年11月

表面化の経緯：自主公表

第三者委員会等：DPF問題委員会（設置日不明、2005年2月25日答申書公表）

経営責任：三井物産：代表取締役社長の月額報酬50％を3か月減額、粒子状物質減少装置（以下「DPF」）を販売した営業本部の管掌取締役とコンプライアンス担当取締役の各月額報酬の30％を3か月減額、他の常勤取締役6名につき各月額報酬の20％を3か月減額、ピュアース：副社長辞任

行政処分：東京都等8都県市によるDPF指定取消し

民事責任：客観的資料により確認できなかったので記載せず

刑事責任：ピュアース副社長および三井物産従業員に詐欺罪で懲役2年（執行猶予3年の有罪判決（東京地判平成17・10・26公刊物未登載〔D1-Law28135403〕））

そ　の　他：補助金相当額および違約加算金相当額合計77億5726万円の自主返納

事案の概要　2003年の東京都の排ガス規制の改正に向けて、三井物産がピュアースを子会社として設立して、同社がDPFを開発し、2002年2月に都のDPF指定を申請した。その際、申請時点において耐久後性能試験（2か月超、1万km以上使用後の粒子状物質（PM）減少率を測定）のデータ取得が間に合わなかったため、耐久後性能試験のデータについて申請した製品とは異なるタイプの試作品のデータのうちPM排出量の比較的少ないデータを提出した。また、性能試験（新品時のPM減少率を測定）においても、耐久後性能試験データと矛盾が生じないよう、さらに別の試作品のデータを選出し、本来の性能試験データとすり替えた。

　さらに、2002年7月、DPFの形状の変更申請時の性能試験データについても、届出対象である形状変更後の製品とは別のタイプの装置のデータをすり替えて提出した。

　その後、東京都が、独自に当該DPFの性能試験を行ったところ、PM減少率が40％程度であったことから、三井物産と協議し、都職員立会いのもと、当該DPFの性能試験を行うこととなった。当該性能試験の前日に予備試験を行ったところ、東京都の規制基準を超える結果を出すことができないことが明らかになったことから、ピュアース副社長らがPM捕集量の重量を改ざんするよう指示した。2003年1月に都職員

立会いのもと行われた性能試験において、排気ガス中のPMの重さを実測値よりも重い値あるいは軽い値をあたかも実際に計測して出た値であるかのように装い、試験対象装置の性能では、実際には都の規制基準である60％以上のPM減少率には至らないにもかかわらず、60％以上のPM減少率があるかのように装った。これら一連の不祥事は、三井物産の定例内部監査で判明したピュアースの他の不祥事（在庫の不正処理等）を追及する過程で三井物産の社員の告白により判明した。

　前記虚偽申請の発覚後、三井物産は、製品を自主回収し、購入者に対して代替品との無償交換や返金の対応を行った。また、東京都からの指定も取り消された。

関連法令　都民の健康と安全を確保する環境に関する条例（東京都環境確保条例）37条、41条、刑法246条

発生原因　DPF問題委員会において、①コンプライアンスに対する意識が現場の隅々まで十分に浸透していなかったこと、②業務の現実と社内の「行動規範」とが必ずしも一致していない点があったと考えられること、③業務現場において、成果第一主義という外からの評価とコンプライアンスとのせめぎ合いがあった可能性があること、④匿名での内部通報制度について、社員への周知徹底が十分とはいえない面があったこと、⑤会社としての新事業開始が一営業本部内で決済され、また三井物産が製品の品質技術責任を単独で引き受ける形となっており、会社として新製品を自社で開発販売するための体制が不十分であったこと等が指摘されている。

再発防止策　三井物産のCSRレポートにおいて、コンプライアンスやCSRに対する各従業員の意識を向上する取組みとして、①内部統制環境の整備、②内部通報制度の機能強化（報告・相談窓口のアクセスルートの拡充）、③定期的な内部監査の対象の拡大と頻度向上、内部監査部員の増員、④監査の独立性の強化（関係会社の常勤監査役を内部監査部から任命・派遣）、⑤リスクの高い事業につき特定事業と定めて社内審査を強化、⑥懲戒制度の見直し、⑦人事制度の改定の検討、⑧定性評価の導入等の組織業績評価の変更を進めたこと等が報告されている。

コメント　市場における優位性の確保を目論んで虚偽の報告を重ねた結果、最終的に製品の指定を取り消され市場から排除された。ディーゼル車の排ガス規制という当時の東京都の環境政策自体が非常に注目を浴びていた分、社会的にも、本件の悪質性に強く焦点が当てられ、会社のレピュテーションの毀損を招いた事例であるといえる。

さらに理解を深める　三井物産「DPF問題について」（2004年11月）、「三井物産CSRリポート2005」（2006年1月）、東京地判平成17・10・26公刊物未登載（D1-Law28135403）

153 元建築士耐震強度偽装

当　事　者：A元建築士、株式会社イーホームズ（以下「イーホームズ」）、株式会社
　　　　　　ヒューザー（以下「ヒューザー」）、木村建設株式会社（以下「木村建設」）等
表面化時期：2005年11月
表面化の経緯：A建築士事務所により作成された構造計算書に偽装の可能性がある旨
　　　　　　のイーホームズから国交省に対する情報提供
第三者委員会等：客観的資料により確認できなかったので記載せず

経営責任：客観的資料により確認できなかったので記載せず
行政処分：A元建築士に建築士資格取消処分、A建築士事務所に登録取消処分、イー
　　　　　ホームズに指定確認検査機関としての指定の取消処分、ヒューザーに宅地
　　　　　建物取引業免許の取消処分
民事責任：偽装物件購入者のA元建築士に対する損害賠償請求（約1億5530万円）を
　　　　　命じる旨の判決確定（東京高判平成24・2・28判時2167号36頁）
刑事責任：A元建築士は建築基準法違反、議院における証人の宣誓及び証言等に関す
　　　　　る法律（議院証言法）違反で懲役5年、罰金180万円、ヒューザー元代表
　　　　　取締役は詐欺罪で懲役3年（執行猶予5年）、木村建設元代表取締役は詐
　　　　　欺罪で懲役3年（執行猶予5年）
そ の 他：イーホームズにつき、奈良地判平成20・10・29判時2032号116頁（ホテル
　　　　　オーナーのイーホームズに対する損害賠償請求を棄却）、東京地判平成
　　　　　23・1・26判時2122号89頁（偽装物件購入者のイーホームズに対する損害
　　　　　賠償請求を棄却）

事案の概要　イーホームズから情報提供を受けた国交省において、A元建築士によ
　　　　　　り構造計算書が偽造された建築物について再計算をしたところ、その
まま施工されれば、地震が発生した場合の建物の強さが必要な強度の約3割から7割
になっているという計算結果を得た。また、国交省がA建築士事務所への立入検査等
を行ったところ、21件のマンションおよびホテルについて構造計算を偽造した旨の報
告を得、最終的に相当数の建築物の構造計算の偽装が確認された。
　一連の偽装行為につき、A元建築士が建築基準法違反等で実刑となったほか、イー
ホームズは、確認検査の業務に従事する確認検査員が、確認検査の業務に関し、重大

な過失等により構造計算書の偽装を看過し、構造上問題のある建築物を現出させたとして、指定確認検査機関としての指定の取消処分を受けた。また、構造計算が偽装された物件であることを知りながら、その販売をしたとして、ヒューザーの元代表取締役が有罪、対象物件の工事請負代金を請求したことにつき、木村建設の元代表取締役が有罪になった。なお、本件を契機に、ヒューザーおよび木村建設は破産した。

| 関連法令 | 建築基準法20条、77条の35第2項5号、刑法246条 |

発生原因 A元建築士が、鉄筋量の削減によるコスト低下等をうたって自己の評判を向上させるために、構造計算の偽装という方法を用いたことが根本的な原因であった。他方で、国の報告書（構造計算書偽装問題に関する緊急調査委員会「報告書」）では、その背景には、国交相認定の構造計算プログラムの存在が技術に劣る者が構造計算を行い、確認申請に必要な構造計算書を外形的に整えることを可能とする反面、元請建築士の管理能力の低下によりその欠陥を指摘できないこと、その審査が構造計算プログラムの出力結果を形式的にチェックするだけという形骸化を生み、審査機関においても偽装を見抜けないという問題があったこと等が指摘されている。

再発防止策 国、関係都県および関係行政庁から成る「構造計算書偽造問題対策連絡協議会」を設置して、各物件についての安全性・耐震性の確認、対象物件の居住者に対する退去の連絡と公営住宅等への受入れ体制の整備、相談窓口の設置等が行われた。また、再発防止のため、偽装を防止するようなコンピュータプログラムの開発が行われるとともに、指定確認検査機関等の処分基準が改定され、指定確認検査機関の指定要件の強化や、耐震基準等に違反した場合の厳罰化などを含む建築基準法の改正も行われた。

コメント 偽装対象物件にマンションが多数含まれ、震度5強程度の震災により倒壊する旨の判断等がなされたことから、該当物件の取壊しに伴う居住者（購入者）の退去やローン返済の問題等が生じた。報道が過熱し、指定確認検査機関や建設会社がこれらの偽装を主導したのではないかなどとの疑惑が報じられたが、その後の国交省の調査や刑事裁判等により、A元建築士が関与した物件について業者主導での偽装は確認されず、建築士個人の私利私欲が直接的な原因であることが明らかになった。もっとも、民間に開放した建築確認手続の構造的な問題を露呈することとなり、法改正の契機となった。

さらに理解を深める 国交省・構造計算書偽装問題に関する緊急調査委員会「報告書」（2006年4月）、国交省「構造計算書偽装問題とその対応について」（2005年11月）、東京地判平成19・8・10判タ1251号112頁、東京高判平成21・3・6判タ1304号132頁、東京高判平成24・2・28判時2167号36頁、奈良地判平成20・10・29判時2032号116頁、東京地判平成23・1・26判時2122号89頁

154 旅工房GoToトラベル給付金不適切受給申請

当　　事　　者：株式会社旅工房（以下「旅工房」）
表 面 化 時 期：2021年10月
表面化の経緯：GoToトラベル給付金事務局による宿泊者に対するアンケート調査により、実際の宿泊数が申請による宿泊数より著しく少ないことが判明
第三者委員会等：外部調査委員会（2022年2月4日設置、2022年3月2日調査報告書〔以下「本調査報告書」〕公表）

経営責任：担当取締役は辞任、代表取締役社長は報酬100％を3か月自主返上
行政処分：観光庁により、今後開始予定の新たな「GoToトラベル事業」への参加停止処分
民事責任：客観的資料により確認できなかったので記載せず
刑事責任：客観的資料により確認できなかったので記載せず

事案の概要　　旅工房は、A社からの提案で、同社に対し、国が実施するサービス産業消費喚起事業（以下「GoToトラベル事業」）に基づく給付金（以下「GoToトラベル給付金」）が受給できる受注型企画旅行商品（以下「本旅行商品」）を販売することとし、2022年11月1日までに、旅行代金等について合意した。本旅行商品の実態は、旅行というよりも、B社が提供するeラーニング研修を宿泊付きで受講してもらうというものであり、1名あたりの旅行代金は40000円で、その内訳は、宿泊料金3000円、研修料金33000円、旅工房の手数料が4000円であって、宿泊料金に比べて研修料金がかなり高額に設定されていた。A社は、同月5日までに、本旅行商品を無償提供することにより、560名を集客した。本旅行商品には、GoToトラベル給付金が14000円給付されるとはいえ、A社は1名あたり26000円を負担することになる。他方、B社には1名につき33000円が支払われることになるところ、A社とB社は実質的に一体の会社であったことから、1名あたり、差し引き7000円の利益が得られる構造となっていた。

　本旅行商品は、同月下旬から催行が開始されたが、旅行者は自ら旅行代金を負担しているわけではないため、感染可能性の回避その他の理由から、不泊を選択する旅行者が急増し、実泊者は5割に満たなかった。この点、GoToトラベル事業の事業者向け取扱要領には、当初から「旅行を予約したが、実際には利用しないいわゆる『ノーショウ』と呼ばれる行為」に該当する者は、GoToトラベル給付金の対象外とする旨が定められていた。

　旅工房は、上記定めを十分に理解していなかったため、実泊者は5割に満たなかっ

たにもかかわらず、2021年1月以降、GoTo事務局に対し、本旅行商品に関するGoToトラベル給付金の受給を申請した。

　なお、本報告書公表後、本旅行商品の売上計上につき検証委員会が別途設置され、2023年2月10日に検証報告書（以下「本検証報告書」）が公表された。本検証報告書においては、本調査報告書の結論を覆す証拠は検出されなかったとされたものの、新たに、旅工房を起点とした資金循環取引が行われており、売上が過大計上されていたことが認定された。

| **関連法令** | サービス産業消費喚起事業（GoToトラベル事業）旅行会社・OTA等旅行事業者・宿泊事業者向け取扱要領 |

発生原因　本調査報告書によれば、①給付要件に対する理解の不十分さ（事業者向け取扱い要領に「旅行を予約したが、実際には利用しないいわゆる『ノーショウ』と呼ばれる行為」に該当する者は、GoToトラベル給付金の対象外とする旨が定められていたことを十分に理解していなかった）、②不自然または特殊な取引に対する敏感さの不足（本旅行商品においては、宿泊料金よりも研修料金のほうが高額であること、旅行者が旅行代金を負担しないこと、eラーニングの研修が必ずしも宿泊を必要としないこと、A社とB社は実質的に一体の会社であったこと等の不自然さ・特殊性があり、これらの不自然さ・特殊性に対する敏感さの不足）、③契約書レビューおよび稟議上程の遅れ等が発生原因として指摘されている。

再発防止策　本調査報告書は、①各種申請・届出等の要件の確認プロセスの改善、②コンプライアンス意識・リスク意識の向上、③適時の社内規程・社内プロセスの徹底等を再発防止策として提言している。

コメント　本旅行商品の不自然さ・特殊性からすれば、本旅行商品が旅行事業の消費喚起というGoToトラベル事業の趣旨から外れることは認識できたものと思われる。実際、観光庁は、本旅行商品のように宿泊料金よりも研修料金のほうが高額となる旅行商品を、11月6日分よりGoToトラベル給付金の対象外とする旨通知していた。本旅行商品は同月5日までに集客を終えているため、当該通知の違反ではないが、本来の事業趣旨から外れた提案を旅工房が受けてしまったため、旅工房は、旅行事業を主たる事業としているにもかかわらず、A社およびB社に利用されてしまったものと思われる。

さらに理解を深める　本調査報告書、観光庁「GoToトラベルに関する不適切事案に係る調査状況等について」（2022年3月4日）、旅工房「当社グローバル・アライアンス部門におけるGoToトラベル事業給付金の受給申請に関する調査報告書を受けた再発防止策の策定及び関係役員の処分並びに役員報酬の一部自主返上に関するお知らせ」（2022年3月16日）、本検証報告書

155 ヤマハ発動機外為法違反

当　事　者：ヤマハ発動機株式会社（以下「ヤマハ発動機」）
表面化時期：2006年1月
表面化の経緯：経産省による刑事告発
第三者委員会等：なし

経営責任：客観的資料により確認できなかったので記載せず
行政処分：経産省による2007年5月11日付無人ヘリコプター、その附属品およびこれ
　　　　　らの部分品の輸出禁止処分（9か月間）
民事責任：客観的資料により確認できなかったので記載せず
刑事責任：ヤマハ発動機に略式命令

事案の概要　ヤマハ発動機は、2005年12月、大量破壊兵器等の運搬手段として転用
可能な無人ヘリコプター1台を、経済産業大臣の輸出許可を受けるこ
となく中華人民共和国に輸出しようとしたが、輸出申告を受けた税関当局から指摘を
受けて輸出には至らなかった。なお、本件で問題となった無人ヘリコプターについて
は、同年1月の輸出貿易管理令の改正により、経済産業大臣の輸出許可が必要となっ
ていた。

　経産省が輸出禁止処分と同時に発した警告によれば、ヤマハ発動機は、輸出先から
無人ヘリコプターが軍事用途に利用される可能性をうかがわせるような情報（輸出先
から入手した企業グループ組織図には、軍向け専門の関連会社名が記載され、軍との
ビジネスをする場合にはこの関連会社を経由する必要があるとの説明を受けていたこ
と、輸出先から軍向け輸出の可能性を打診されていたこと、輸出先から入手したプロ
モーションビデオや会社紹介冊子にも輸出先と軍との関係を示唆する情報が含まれて
いたこと等）を入手していた。また、同警告では、経産省による立入検査時のヤマハ
発動機の説明および提出書類と記者会見時の説明との間に齟齬があったとも指摘され
ている。

関連法令　外為法48条、69条の6、72条1項、輸出貿易管理令1条等

発生原因　経産省によれば、ヤマハ発動機の輸出管理に関する問題点として、以下の点が指摘されている。

①　輸出先において「軍事用途に使われる疑い」が払しょくできなかったにもかかわらず、契約上他用途での使用禁止を規定するなどの対応のみで、輸出管理上必要な検討、相談等の対応を怠ったこと。

②　無人ヘリコプターの輸出規制に係る該非の判定について、法令の十分な理解のもとに適切に行われたとはいいがたいこと。

再発防止策　前記の経産省の警告によれば、再発防止策として、①輸出先において軍事用途で使用されるような懸念がある場合には、より慎重な対応をとること、②実際の輸出に際して、個別具体的な仕様等を十分にチェックしたうえ、規制内容の解釈に疑問があれば経産省へ相談するなどの慎重な対応をとること、③輸出管理資料の保存等十分な輸出管理体制を構築・運営すること、等が指摘されている。

　また、当時具体的にとられた再発防止策は現在では明らかではないが、ヤマハ発動機のホームページによれば、ヤマハ発動機においては、現在でもコーポレート・ガバナンスの1つの柱として「輸出入管理の徹底」が挙げられており、外為法等の関連法規の遵守を基本とした安全保障貿易管理の連絡会議や勉強会を開催するなど、関連部門・グループ会社において定期的・網羅的な教育を実施しているとのことである。

コメント　本事案は、経産省の公表資料によれば、ヤマハ発動機が、外為法上輸出許可が必要であった無人ヘリコプターを、輸出許可を得ずに輸出しようとしたところ、水際で輸出が止められた、という事案である。

　問題となった無人ヘリコプターが外為法上の輸出規制の対象になったのは、実際にヤマハ発動機が当該製品を輸出しようとした時期の1年弱ほど前であったが、経産省の警告では、規制内容についての理解も含めた輸出管理意識の強化および輸出管理体制の構築・運営の重要性が示唆されている。

さらに理解を深める　経産省「ヤマハ発動機株式会社の外為法違反に係る告発について」（2006年1月23日）、同「外国為替及び外国貿易法に基づく行政処分（輸出禁止）及び警告について」（2007年5月11日）、ヤマハ発動機ホームページ内のコーポレート・ガバナンスのページ

156　ミツトヨ不正輸出

当　事　者	：株式会社ミツトヨ（以下「ミツトヨ」）
表面化時期	：2006年9月
表面化の経緯	：国際原子力機関（以下「IAEA」）の視察および経産省による刑事告発
第三者委員会等	：経営諮問委員会（以下「諮問委員会」。2006年10月23日設置、2007年3月6日「事件の再発防止とグローバル企業としての社会的責任を果たすための提言」〔以下「本件提言」〕公表）

経営責任	：当時の代表取締役を含む取締役3名の解任
行政処分	：全貨物・全地域についての輸出禁止処分（6か月間） CNC三次元測定機およびその関連部品の輸出禁止処分（2年6か月間）
民事責任	：客観的資料により確認できなかったので記載せず
刑事責任	：外為法違反（ミツトヨは罰金4500万円、元代表取締役副会長は懲役3年〔執行猶予5年〕、元代表取締役社長は懲役2年8か月〔執行猶予5年〕等〔東京地判平成19・6・25公刊物未登載〕）

事案の概要　ミツトヨは、CNC三次元測定機の輸出事業を行っていた。CNCとは、コンピューター数値制御を表す略語であり、高精度のCNC三次元測定機は、核兵器の開発に利用可能なものとして、外為法48条1項、輸出貿易管理令1条、同令別表第1の2(12)2に基づき、輸出にあたって経済産業大臣の輸出許可が必要となる。同社は、同測定機の輸出にあたり、1995年頃から検査データを改ざんし、性能を低く見せかけることにより、本来必要な経済産業大臣の許可を受けることなく合計約1000台を輸出した。こうした不正輸出を通じて各地の海外現地法人・販売代理店が需要者を特定しないままいったん輸入したCNC三次元測定機について、ミツトヨの海外現地法人・販売代理店は、販売先や用途を十分に確認せずに、さらに販売・再輸出していた。

　結果的に、IAEAの査察により、マレーシアに輸出されたミツトヨのCNC三次元測定機が、リビア国内の核開発関連施設内で発見され、問題が表面化した。

　2006年9月に経産省が外為法違反を理由として、ミツトヨを警視庁に告発し、2007年6月には、東京地裁において元代表取締役等に対し、刑事罰を下す判決がなされた。

| 関連法令 | 外為法48条、69条の6第1項2号、72条1項、輸出貿易管理令1条等 |

発生原因　本件提言において、①輸出管理体制や輸出管理に関する監査報告が取締役会で議題に上がらないなどコーポレートガバナンスが有効に働いていなかったこと、②会社全体に広がったコンプライアンス意識の欠如、③一部の経営者への依存体質により、重要な意思決定が現場に伝わりづらく、また現場での出来事が経営者に伝わりにくいという組織体質になっていたこと、④前記の組織体質により、情報伝達が円滑に行えていなかったこと、⑤かなりの売上を海外市場（輸出）に依存し、海外に多くの子会社を抱えるにもかかわらず、グローバル企業としての意識と管理体制の構築が十分でなかったこと、⑥ステークホルダーに対する経営の透明性や説明責任に対する意識が低かったこと、等が指摘されている。

再発防止策　本件提言に基づき、ミツトヨは、①有効な経営体制の強化として、形骸化していた取締役会の改革、内部監査部門の設置等による監査機能の充実、グループ海外子会社の活動を統括管理する部門を設置するなどグローバル経営管理体制の構築、②新たな安全保障貿易管理体制の構築として、グローバルな安全保障貿易管理体制の強化、輸出管理プログラムの再構築、輸出管理の監査機能の強化、輸出管理教育の推進、③コンプライアンス体制および内部統制システムの構築として、コンプライアンス意識の徹底とコンプライアンス倫理委員会の設置等によるコンプライアンス体制の確立、ヘルプラインの設置、内部統制システムの組織体制の整備、④コミュニケーションの充実等を実現するための組織体質の変革、⑤「コンプライアンス月間」を定めるなど事件の教訓の風化の防止、等の再発防止策を講じた。

コメント　本件は、外為法上輸出許可が必要な製品について、検査データ等を改ざんして外形上輸出許可が必要でないように見せかけた点に悪性があり、ミツトヨに対しても、取締役に対しても、刑事責任が科せられた。また、問題が拡大した原因として、対象会社の海外子会社・販売代理店が販売先・用途を十分に確認しなかったことも挙げられており、海外子会社のコンプライアンス体制の整備の重要性を示唆する事案でもある。

さらに理解を深める　本件提言、ミツトヨ「『経営諮問委員会』による提言を受けて――3年間の取り組み」(2010年7月5日)、経産省「株式会社ミツトヨの外為法違反に係る告発について」(2006年9月8日)、同「外国為替及び外国貿易法に基づく行政処分（輸出禁止）について」(2007年6月26日)

157　大王製紙特別背任

当　事　者：大王製紙株式会社（以下「大王製紙」）およびその連結子会社
表面化時期：2011年9月
表面化の経緯：元会長の辞任を受け公表
第三者委員会等：大王製紙株式会社元会長への貸付金問題に関する特別調査委員会
　　　　　　　　（2011年9月16日設置、同年10月28日調査報告書公表）

経営責任：役員の辞任、役員報酬の減額等
行政処分：客観的資料により確認できなかったので記載せず
民事責任：客観的資料により確認できなかったので記載せず
刑事責任：元会長に懲役4年

| 事案の概要 | 本件は、創業者の孫で、当時の大王製紙の代表取締役会長であったA |

（Aは、2011年9月16日、代表取締役会長および取締役を辞任した。以下「元会長」）が、大王製紙の連結子会社7社（以下「7社」）から長期間にわたって、個人的なカジノの賭け金等の使途のために多額の貸付けを受けていた特別背任事件である。

　元会長は、2010年5月12日から2011年9月6日までの間に、合計26回にわたり、7社から合計金106億8000万円の資金を送金させた（以下「本件貸付け」）。

　本件貸付けについては、事前に元会長から7社の常勤役員に電話して元会長の指定する金額を同人の指定する本人名義の銀行預金口座に振り込むよう一方的に指示したものが多数であり、その一部の役員に対しては、口外しないよう明言して口止めまで行っていたものもあった。指示を受けた役員の大半は、元会長の個人的使途に用いられるものと理解したにもかかわらず、具体的な使途を質すことすらせず、経理担当者らに指示して、自社の手持ち資金から指示のあった金額を支出し、振込みを実行した。

　本件貸付けは、いずれも無担保で実行された。また、このような多額の貸付けは取締役会で決定されるべきものであるところ、7社においては、いずれの貸付けについても、事前に各社の取締役会に諮られることはなく、貸付実行後に取締役会に諮られて承認された場合であっても、貸付けの目的、必要性、返済の確実性等について、当然行われるべき検討はなされていなかった。

　大王製紙には、連結子会社の業務の進捗度や関連法規の遵守状況の監査等を行う関連事業部という部署が設置されているところ、2011年9月7日、7社のうちの1社か

ら、関連事業部あてに、元会長の個人口座に3億円を振り込んだ旨の業務上の報告
メールが届き、元会長の実弟である関連事業部担当取締役が当日は不在であったため、
前記メールの内容が、直接、大王製紙の代表取締役社長に報告されたことで、本件貸
付けの事実が発覚した。

　大王製紙は、2011年9月16日、本件貸付けに関して、専門的かつ客観的な見地から
調査を行わせるため、委員長を含めた過半数を社外の人間（弁護士3名、社外監査役
1名）で構成する特別調査委員会を設置し、同年10月28日、同委員会の調査報告書を
公表した。また、大王製紙は、元会長を刑事告訴し、元会長は、2012年10月10日、東
京地裁において懲役4年の実刑判決を言い渡された（元会長は、判決を不服として控
訴、上告したが、2013年6月26日、最高裁は、上告を棄却する決定をし、前記判決が
確定した）。

関連法令　　会社法960条

発生原因　　特別調査委員会の調査報告書では、原因分析として、以下の各点が指摘
　　　　　　　　されている。①大王製紙は、元会長の祖父によって設立され、創業家が
グループに対する強い支配権を有していること、②社員らは、グループ会社はすべて
創業家のものであると意識し、創業家には絶対的に服従するという企業風土が根づい
ていたこと、③コンプライアンスに係る基本的な制度等の整備はできていたが、大株
主であり役員でもある創業家による権限濫用を防止するという観点からの監査は実施
されておらず、そのような問題意識も希薄であったこと、④内部通報制度における社
内の最終報告者が元会長であったため、通報する動機が働きえなかったこと等。

再発防止策　　創業家の強固な支配権を薄めるため、創業家による株式保有比率を下
　　　　　　　　げるなどの方策を講ずるべきなどとする特別調査委員会の提言を受け、
大王製紙は、①連結子会社の株主構成の再編等、②社外取締役の招聘、監査役の監視
機能の強化、経理部および財務部の東京本社への移転等の組織面・人事面・制度面で
の改革、③子会社管理規程等の諸規程の改訂、④コンプライアンス教育による役職員
の意識改革等の再発防止策を公表した。

コメント　　個人的使途のために多額の資金を引き出したとして社会的耳目を集めた
　　　　　　　　事件である。創業家への強固な会社支配権の集中が暴走を招いた事案と
いえるが、事件後も、事件に名を借りた会社の乗っ取りであるとして、創業家と会社
との対立が続いたようであり、経営陣によるガバナンスがきかない状況を露呈した。

さらに理解を深める　　調査報告書、大王製紙「元会長への貸付金問題に対する再
　　　　　　　　　　　　　発防止策に関するお知らせ」（2011年12月14日）

158　三菱電機過大請求

当　事　者：過大請求者・三菱電機株式会社（以下「三菱電機」）およびその関連
　　　　　　会社、過払者・防衛省、宇宙航空研究開発機構（JAXA）等
表面化時期：2012年1月
表面化の経緯：2011年秋頃、三菱電機関係者から防衛省に対する内部告発により発覚
第三者委員会等：調査チーム（2012年1月設置、同年12月21日「費用の過大計上・過大
　　　　　　請求事案の社内調査結果と再発防止策について」〔以下「社内調査報
　　　　　　告書」〕公表）

経営責任：担当事業本部長の更迭、元担当事業本部長の顧問解嘱。執行役社長の月例
　　　　　報酬6か月分相当減額等
行政処分：三菱電機が過大請求を認めた日から過大請求額返納の日まで（1年以上）、
　　　　　防衛省等による指名停止措置
民事責任：客観的資料により確認できなかったので記載せず
刑事責任：客観的資料により確認できなかったので記載せず
そ の 他：過大請求およびこれに対する遅延利息を含め約757億円を自主的に返納・
　　　　　賠償

事案の概要　社内調査報告書および防衛省「三菱電機等による過大請求事案の概要
　　　　　　　及び再発防止策について」（2012年12月21日。以下「防衛省報告書」）
によると、三菱電機は、遅くとも防衛事業については1970年代から、宇宙事業につい
ては1990年代はじめから、複数の契約をまたいで工数の付替えを行い、材料費や出張
費等の費用も実際よりも多く計上すること等による過大請求が行われてきた。工数の
付替えとは、実際の工数が目標工数を超える契約から、実際の工数が目標工数を下回
る別の契約に付け替えて計上する、というものであり、付替え作業は、課員自身が行
う場合もあれば、課員が計上した工数を課長等が修正する場合もあった。
　三菱電機は、調査により工数付替えが発覚するのを恐れ、想定問答の準備、提示資
料の取捨選択、現場の掲示物撤去等の準備を行い、工数付替え用の「工数修正端末」
の存在も秘匿した。また、過去に「工数付替えによる過大請求」について自主調査実
施の指示を受けながら、工数付替えの事実は確認できなかったと回答した。

| 関連法令 | 民法709条 |

| 発生原因 | 社内調査報告書および防衛省報告書によると、防衛省との契約、特に実際に要した原価が監査されこれに応じて最終的な支払金額が確定される |

契約においては、実際の工数が目標工数を下回り製造原価が減少すれば、それに比例して認められる経費や利益も削減される形で支払われる代金が減額され、または支払済みの代金から返納を求められるという特約が付されている一方、実際の工数が目標工数を超える場合は利幅が減る、または赤字となる。そこで、赤字工事の工数を黒字工事に付け替えること等により、契約金額の減少や返納金の発生、利幅減少や赤字発生を回避しようとしたものである。また、実際の工数が目標工数を上回った際、計上できなかった工数は、人員配置の目安となる直接作業率（計上工数を就業時間で除したもの）の低下につながるため、工数を付け替えて直接作業率を維持することで人員の削減を回避しようとしたという社内事情も動機とされる。

従業員の中には、「全体として大幅な利益が出ているわけではないことから不正行為をしているとの認識がなかった」という者もいた。また、幹部従業員の中には、旧来からの工数付替えを問題視し、工数計上の正常化を指示した者もいたが、事業収支への影響や、是正による工数実績の変動から過去の付替えが露見することへの懸念もあり、具体的な取組みには至らなかった。さらに、防衛省等に対する装備品という特殊な商品を取り扱っていることによる閉鎖性より、社内部門外から指摘されることもなかった。

なお、三菱電機社内の内部通報制度は存在したが利用されず、結果として外部への告発を招いた。

| 再発防止策 | 社内調査報告書によれば、経営幹部の他部門からの登用、事業全体での損益管理から、個別・機種別契約の損益管理への変更、従業員教育、 |

コンプライアンス部門の増強を策定したとのことである。

| コメント | 防衛省報告書によれば、防衛省に対する過大請求は、本件以前にも累計26件発生しているとのことである。特殊な商品が特殊な契約形態で取引 |

されていることに起因する事案ではあるが、長年続いてきた違法行為が明るみに出ることを恐れるあまり、いつまでも違法行為を正せないという典型例として参考になる。

| さらに理解を深める | 社内調査報告書、防衛省報告書 |

159　NPB統一球無断変更

当　事　者：一般社団法人日本野球機構および日本プロフェッショナル野球組織
　　　　　　（以下あわせて「NPB」）
表面化時期：2013年6月
表面化の経緯：自主公表（NPB事務局長とプロ野球選手会との事務折衝での質問に
　　　　　　対するNPB事務局長の回答）
第三者委員会等：統一球問題における有識者による第三者調査・検証委員会（2013年6
　　　　　　月28日設置、同年9月28日調査報告書提出）

経営責任：2013年10月25日コミッショナー辞任
行政処分：なし
民事責任：なし
刑事責任：なし

事案の概要　NPBは、2011年、コミッショナー主導のもとに、一軍公式戦用の統
一試合球の導入を決定し、ミズノ株式会社（以下「ミズノ」）との間
で、「プロ野球統一試合球に関する契約書」（記名者は事務局長）を締結した。
　同契約書で定める仕様は、セパ両リーグが平均反発係数の下限値を0.4134と申し合
わせているにもかかわらず、その上下に0.01の幅で許容範囲を認め、同下限値を下回
ることも許容する内容であった。そして、両リーグが申し合わせた下限値に達しない
「飛ばないボール」が、2011年および2012年の公式試合で大量に使用されることが常
態化した。この事実はNPB事務局員のごく一部だけが知っていた。
　NPB事務局長は、この問題を解決し、球団関係者の「飛ぶボール」を求める声に
応えるため、2013年用統一球のゴム芯を変更して、両リーグが申し合わせた反発係数
の下限値内に収めることを決め、ミズノに指示して製造を開始させた。この変更は、
事務局長以下数名の事務局員の秘密とされ、大半の選手および球団関係者、観客、マ
スコミ等に知らされないまま、仕様変更された統一球を使った公式戦が2013年6月13
日まで行われた。
　事務局長は、2013年6月11日のプロ野球選手会との事務折衝で、選手からの質問に
答える形で、反発係数を高める方向で「調整」したことを認めた。また、事務局長は、
当初は、コミッショナーの関与を示唆したが、その後否定し、自身の職務怠慢との姿
勢を崩さなかった。

| 関連法令 | なし |

| 発生原因 |

調査報告書は、統一球導入時における原因として、①コミッショナーを含むNPB事務局の規則遵守意識の不足、②両リーグの申合せの重要性とミズノとの契約の整合性に関するコミッショナーとNPB事務局らが相互に指摘・相談し合う姿勢の欠如を、また統一球導入後における原因として、③定期的な抜き取り検査の方法で行っていた反発係数の検査結果の非公表、④野球組織の実行委員会への報告義務の不履行、⑤仕様変更に関する事務局委任決議に関するコミッショナーの当事者意識と責任感の欠如を挙げている。

そのうえで、同報告書は、コミッショナーの任務懈怠事実を詳述し、本件問題は、コミッショナーがその職責を自覚的に十分果たしていたならば発生しなかったものであり、その責任は重大といわざるをえない、と小括している。また、同報告書は、本件問題に関連する主要な会議体は日本野球機構の下部機関である野球組織の代表者会議または実行委員会であって、日本野球機構の理事会に対する報告や承認取得といったプロセスが存在していない、野球組織内のオーナー会議が実行委員会に対する指揮・監督を行っているが業務執行の現場の業務執行には精通していないなど、ガバナンス体制の設計と運用に問題があることを指摘している。

| 再発防止策 |

調査報告書は、日本野球機構と野球組織が並列的に扱われて権限と責任があいまいな二重構造を解消するため、日本野球機構が業務執行の最終的な決定権者である状況を作り出す必要があり、その実現手段として、①日本野球機構の理事には各球団のトップを、野球組織には各球団の業務執行の責任者を据える、②社員総会の構成員を各球団のオーナーではなく代表権者等に変更する、③日本野球機構の代表理事と野球組織のコミッショナーを一本化する、④日本野球機構における全球団の意見集約や意思決定を行いやすくする方策を導入する、⑤ルールに関する規程類を整理するなどの提言を行っている。

| コメント |

本件は、組織の設計と実際の運用が不一致の中、運営を事務局に任せきりにすることから生じる判断ミス、それを監督・防止する予防システムを整備しなかった最高責任者の注意義務についての失敗事例といえよう。一投一打に生活のすべてをかけるプロ野球選手の気持ちに配慮できなかった点が、現場の反発を招いた点も重要である。

| さらに理解を深める | 調査報告書 |

160　アクリフーズ農薬混入

当　事　者：株式会社アクリフーズ（以下「アクリフーズ」）

表面化時期：2013年12月

表面化の経緯：自主公表（アクリフーズ群馬工場から出荷された商品につき、消費者から異臭がする旨の苦情が相次ぎ、外部検査の結果農薬マラチオンを検出）

第三者委員会等：アクリフーズ「農薬混入事件に関する第三者検証委員会」（以下「本委員会」。2014年1月31日設置、同年4月30日〔修正同年6月16日〕中間報告公表、同年5月29日最終報告公表〔修正同年6月16日〕〔以下あわせて「本報告書」〕）

経営責任：株式会社マルハニチロホールディングス（以下「マルハニチロホールディングス」）およびアクリフーズの各代表者の引責辞任・報酬カットに加え、前記2社の他の取締役も引責辞任、報酬カット、降格

行政処分：客観的資料により確認できなかったので記載せず

民事責任：客観的資料により確認できなかったので記載せず

刑事責任：客観的資料により確認できなかったので記載せず

そ の 他：農薬混入実行犯とされた元契約社員（懲戒解雇）について偽計業務妨害罪等で懲役3年6か月の実刑判決、民事では1億円の損害賠償請求認容判決

事案の概要　本報告書によれば、アクリフーズは、当時、マルハニチロホールディングスの孫会社であり、独自のブランドの展開により独立的な経営を行っていた。2013年11月13日、消費者から、ミックスピザに関して異臭の苦情が1件あり、続いて同月18日には、チキンナゲットについても苦情が来た。アクリフーズの群馬工場では、返品された現品を確認したところ、石油臭のような異臭を感じ、工場内調査等を行ったが、臭気検査等は行わなかった。同月20日から21日には、品質保証担当役員が現品を確認し、溶媒臭であると感じたが、外部検査や出荷停止等は行われなかった。同年12月13日になって、外部検査で有機溶媒が定性検出され、同月26日、群馬工場は定量分析結果（エチルベンゼン6ppm、キシレン3ppm）を受領したが、低濃度で危険はないとの担当役員の判断から、社長に報告せず、商品回収は検討されず、管轄の館林保健福祉事務所への報告は行われなかった。同月27日、農薬検査によりマラチオンが2200ppm検出されたが、担当役員は、ただちに健康に影響しないと

考え、商品回収に入らず、社長に対し毒性が低い旨を口頭で報告した。社長は、商品回収を実施することとしたが、回収範囲を特定することができず、翌日の追加検査の結果を待って決定することとした。翌28日、社長は、全品回収を決定、全国紙への社告と館林保健福祉事務所への報告、警察への相談を決定した。同日、コーンクリームコロッケから1万5000ppmのマラチオンが検出されている。同月29日17時、第1回の記者会見が開かれたが、その際、マラチオンの毒性について、誤った認識に基づく説明がなされた（後に訂正）。また、商品回収告知がホームページおよび全国紙社告（30日）に掲載されたが、回収対象商品の具体名が周知されず、アクリフーズ群馬工場製造と記載されていないプライベートブランド商品が回収対象から漏れた。

関連法令　食品衛生法

発生原因　本件の直接の原因は、元契約社員による犯行とされているが、本報告書によれば、事態の重要性に関する誤認、多くの苦情を事件として把握するまで時間を要したこと、公表や商品回収の遅れが事態を悪化させる要因となった。また、各報道によれば、元契約社員は、犯行動機について、待遇面での不満等があったと述べているとのことである。

再発防止策　マルハニチロ株式会社（旧アクリフーズ）は、2014年4月、本委員会の提言を受けて危機管理再構築委員会を設置すると発表している。また、本委員会の「マルハニチロ株式会社群馬工場視察・検証結果報告書」（同年7月30日）によれば、マルハニチロでは、本委員会からの改善要求事項に対し、群馬工場における食品防御に対する意識向上、監視体制、外部からの侵入・危険物持込み防止体制、危険物・異物混入防止策、苦情発生時対応、早期認知への対応について改善を実施した。

コメント　本件は、内部者による農薬混入によるもので、食品防御（フードディフェンス）の重要性が改めて示されたが、加えて、事件発生後の対応において、知識・危機感の不足、グループ内の経営構造の重層化による相互の連絡・連携不足、独自の地位を占める会社に対する統制の弱さ、人事制度のあり方といった、事件発生に対する対応力や企業グループのガバナンスそのものが問われた事件といってよい。

さらに理解を深める　本報告書、アクリフーズ「当社および株式会社アクリフーズ役員に対する処分」（2014年1月26日）、マルハニチロ「危機管理再構築委員会の設置について」（同年4月1日）、同年2月3日付産経新聞、本委員会「マルハニチロ株式会社群馬工場視察・検証結果報告書」（2014年7月30日）

161 王将フードサービス創業家ガバナンス問題

当　事　者：株式会社王将フードサービス（以下「OFS」）

表面化時期：2015年12月

表面化の経緯：OFS社長射殺事件に関し、九州に拠点を置く暴力団組員が関与して
　　　　　　　いると可能性があるとの報道

第三者委員会等：コーポレートガバナンスの評価・検証のための第三者委員会（2016年
　　　　　　　　1月5日設置、同年3月29日調査報告書公表）

経営責任：客観的資料により確認できなかったので記載せず

行政処分：なし

民事責任：なし

刑事責任：なし（2022年10月28日実行犯を逮捕）

事案の概要　　2013年12月19日、OFSの当時代表取締役であったO社長が射殺される
という事件が起きた。2015年12月13日、一部マスコミが前記事件に関
し、九州に拠点を置く暴力団組員が関与している可能性があると報道した。この報道
を受けて、OFSは、同社のコーポレートガバナンス体制（反社会的勢力に対する防
止体制を含む）全般の評価と、同社が反社会的勢力と関係があるか否かの調査を行う
ため、「コーポレートガバナンスの評価・検証のための第三者委員会」（以下「第三者
委員会」）を設置した。

　第三者委員会が作成し、OFSが公表した調査報告書（公表版）により、次の事実
が明らかになった。

1　1993年の創業者の死後、創業者の長男が代表取締役社長、次男が代表取締役専務
に各々就任してOFSの経営を支配したが、2001年までの間、OFSおよび子会社から、
創業者と近しかったA氏および同氏が支配するBグループに対し、経済合理性の明ら
かでない貸付けや不動産取引等の各種取引により、純額で約200億円の資金が流出し、
このうち約170億円が未回収となった。一連の取引は代表取締役専務の独断専行で行
われ、代表取締役社長は必要な監視を放棄し、その他の取締役と監査役も創業者の子
息で大株主でもある両名に対する遠慮から、取締役会はまったく機能しなかった。

2　2000年に創業者の妻の弟（創業者の長男と次男から見ると叔父）であったO氏が
代表取締役社長に就任した。翌2001年には有利子負債が452億円にふくれ上がり、社
債償還にも窮するという経営危機を迎えたが、第三者割当増資により社債償還を果た
し、翌2002年には減損処理により巨額損失を計上し、徐々に経営を立て直した。O社

長はA氏との関係解消も推し進め、2006年までにすべての清算を終えた。しかし、2002年に取締役を引責辞任した創業者の長男と次男に対する法的責任を追及するかどうかの議論がなされず、また重大な経営判断はすべてO社長ら数名の取締役による独断専行で行われるなど、取締役会は依然として機能しなかった。

3　OFSは2006年に大証1部に上場し、さらに東証1部への上場準備を進めたが、その過程で、過去のA氏とBグループとの不適切な取引、創業家との間の関連当事者取引、創業家の持株比率の高さ等が問題視された。O社長は、創業家との問題を解決するために、再びA氏を利用して資金を支払ったが、これが東証と主幹事証券会社の知るところとなり、上場準備を断念せざるをえなくなった。2012年に過去の不適切な取引に関する再発防止委員会が設置され、2013年11月に同委員会による調査報告書が完成したが、その翌月にO社長は射殺された。

4　O社長の後任の社長は、コーポレートガバナンス改革を進める諸施策を講じたものの、創業家との関係の健全化やA氏との関係解消は不十分であった。また、射殺事件を受けて「警察の捜査には協力し、マスコミにはノーコメントを貫く」という広報方針を採用したが、役職員に対する説明不足等、ネガティブな風評への対応が不十分であった。

関連法令　会社法423条

発生原因　第三者委員会の調査報告書は、①コーポレートガバナンス機能不全に関する過去2度の失敗、②取締役会以外の場で重大な経営判断が行われるリスク、③創業家との関係、④A氏との関係、⑤ネガティブな風評への対応、を指摘する。

再発防止策　第三者委員会の調査報告書は、①新たな「独断専行ないし密室経営」を招来しないために、(i)業務執行役員に対するトレーニング、(ii)監督機能と業務執行機能の峻別、(iii)指名諮問委員会の本来的機能の発揮、②創業家との関係の健全化、③A氏との関係の遮断、④ネガティブな風評に関するリスク分析評価を提言した。

コメント　創業家出身の取締役が上場会社のコーポレートガバナンスを歪めて巨額の損失を生ぜしめた事案である。上場会社と創業家とのあるべき関係（創業家出身の取締役の処遇、創業家との関連当事者取引等）が正面から問題とされており、創業家を持つ他の上場会社にとっては他山の石となる。創業「者」に対して敬意を抱くことと、創業「家」との間で上場会社として健全な関係を築くことの折り合いをどのようにつけるかが、実務対応のポイントになる。

さらに理解を深める　第三者委員会が作成しOFSが公表した前記の調査報告書（公表版）

162　大和ハウス工業中国関連会社不正

当　事　者：大和ハウス工業株式会社（以下「大和ハウス」）
表面化時期：2019年3月
表面化の経緯：大和ハウスが適時開示にて公表
第三者委員会等：第三者委員会（2019年3月29日設置、2019年6月18日調査報告書〔以下「本調査報告書」〕公表）

経営責任：代表取締役2名が平取締役へ異動。役員報酬の減俸処分

事案の概要　本件は、大和ハウスと、中国企業である大連中盛集団有限公司（以下「中盛集団」）によって設立された合弁会社であって、遼寧省大連市に本社を有する大連大和中盛房地産有限公司（以下「大和中盛」）において行われた不正に関するものである。大和中盛は、大連市において分譲マンションの開発をするために設立され、中盛集団のグループ企業が、これら分譲マンションの建築業務や内装業務を受注していた。大和中盛は、設立時の出資比率は50対50であったが、その後、資金不足に陥った中盛集団が出資をできなかったのに対し、大和ハウスが出資を行ったため、大和ハウスの出資比率が高まった。しかし、大和中盛の最高意思決定機関である董事会の董事は、2009年2月以降、大和ハウスが4名、中盛集団が4名を指名することとされ、かつ、大和中盛においては、中盛集団が指名した董事兼総経理であって、2016年までは中盛集団の最大株主かつ法定代表者でもあったX氏が名実ともに強い権力を有し、大和中盛の会社印等を管理していた。

　本件で行われた不正は、①会社資金約14億1500万人民元（当時のレートで約234億円）が2014年から2019年にかけて不正に引き出され、中盛集団グループ企業の資金繰り改善のために流用されたこと、②大和中盛の不動産合計167件が、中盛集団グループ企業が下請業者に対して負う債務に対する代物弁済に供されたことである。本調査報告書は、X氏らがこれらの行為を行った可能性が高いと認定している。

関連法令　中華人民共和国公司法（会社法）、中華人民共和国中外合弁企業法

発生原因　本調査報告書は、大和中盛自身の内部統制の仕組みと、大和ハウスの関与のあり方に分けて、発生原因の指摘をする。すなわち、大和中盛自身については、董事会の大和ハウスと中盛集団の議決権が50対50で、どちらも会社を支配できず、デッドロックに陥る可能性があるのに、十分な内部統制の仕組みが整備さ

れず、大和ハウスのコントロールが不十分であったと指摘する。また、大和ハウスの
関与については、大和ハウスの管理部門が、現地対応については大和中盛の大和ハウ
ス側役職員が一次的に対応すべきと認識し、積極的に支援する態度がなかったと推察
されること、大和ハウスの法務部が、2014年から2015年にかけて、法律事務所に依頼
して、中盛集団の倒産や大和中盛に関する法的リスクを洗い出し、中盛集団側の役職
員が不動産を無断処分するリスクを含め、各種リスクに対処する具体的提言を作成し
たが、大和中盛を管轄する海外事業部の担当者との共有が不十分であったと見受けら
れること、大和ハウスの連結経営管理部が、2015年以降、大和中盛の財務検査を行わ
なくなったこと、会計監査は現地の会計監査人が行い、連結経営管理部は監査結果だ
けを確認していたこと、大和ハウスの中国事業の責任部門が不明確であったことを指
摘する。

再発防止策　本調査報告書は、大和中盛を含む大和ハウスの海外グループ会社にお
　　　　　　ける再発防止策として、合弁自体に関するものとして、①合弁会社管
理の基本方針の策定および合弁契約・定款への落し込み、スキームの慎重な検討、②
合弁パートナーに対する調査、③合弁パートナーに問題が生じた際のバックアッププ
ランの検討を、合弁会社の平時の運営について、④財産管理方法や社内規則の見直し、
⑤派遣駐在員の現地語能力も踏まえた適切な配置、⑥有事に備えた業務メールのモニ
タリング体制、⑦現地会計監査人の品質確保を提言している。また、⑦現地の制度・
法律・商習慣について理解を向上し、法務情報を有効活用することで、現地パート
ナーと議論ができるようにすること、⑧グループ会社や部署間でのリスク情報の共有、
⑨現地法人・合弁会社を支援する本社体制の構築、⑩大和ハウスにおける有事までを
見据えた海外事業の所掌・責任部署の明確化、⑪内部監査・財務検査の見直し、⑫役
職員の不正リスクに対する理解向上を目的とする研修等を提言している。

コメント　外国における合弁会社の内部統制は、言語や企業文化の違い等から、国
　　　　　　内の合弁会社に比して、適切に実施する難易度が高い。本件は、相互の
信頼関係を前提に議決権を対等にした例と思われるが、本調査報告書は、これが本件
不正の原因となったと指摘する。合弁会社の内部統制を適切に行うには、合弁パート
ナーとの関係が悪くなり、暴走する場合まで想定し、現地の法令や実務を踏まえ、合
弁契約や定款により、合弁パートナーとの関係を適切にコントロールできる条項を設
けるべきである。また、現地の実情も踏まえつつ、合弁会社の社内規則や運営におい
ても、不正を防止できるような仕組みを設けるべきである。本調査報告書の再発防止
策は、外国合弁会社の運営において参照に値する。

さらに理解を深める　本調査報告書

163　ネットワンシステムズ架空取引等

当　事　者：ネットワンシステムズ株式会社（以下「NOS」）

表面化時期：2019年11月

表面化の経緯：東京国税局による税務調査を発端とした社内調査および外部機関から
　　　　　　　の指摘

第三者委員会等：特別調査委員会（2019年12月13日設置、2020年２月13日「納品実体の
　　　　　　　ない取引に関する調査　中間報告書」〔以下「中間報告書」〕および
　　　　　　　「2020年３月12日納品実体のない取引に関する調査　最終報告書」〔以
　　　　　　　下「最終報告書」〕公表）、外部調査委員会（2020年11月２日設置、
　　　　　　　2020年12月14日「調査報告書」〔以下「外部調査報告書」〕および2021
　　　　　　　年３月18日「外部調査委員会調査報告書～ガバナンス・企業文化の観
　　　　　　　点から～」〔以下「外部調査報告書（ガバナンス）」〕公表）

経営責任：代表取締役会長、代表取締役社長兼代表執行役員および取締役兼常務執行
　　　　　役員につき、それぞれ10％自主返上１か月（その後、代表取締役会長およ
　　　　　び代表取締役社長兼代表執行役員は辞任）

行政処分：客観的資料により確認できなかったので記載せず

民事責任：客観的資料により確認できなかったので記載せず

刑事責任：客観的資料により確認できなかったので記載せず

事案の概要　　1　エンドユーザーが入札の手続を実行し、落札者に対しシステム設
計、機器納入、システム構築、一定期間の保守業務等を一括で委託す
る取引の案件において、NOSの従業員Xが、仕入先であるB社との間で水増し取引を
行うことによりNOSの資金をA社に対して不正に流出させ、かつ、A社をして当該資
金の全部または一部をXのプライベートカンパニーに流入させた。また、Xはこの案
件の中で、役務費用とすべき原価を機器費用または保守費用に付け替えたり、保守費
用とすべき原価を機器費用に付け替えたりもした。

2　1と同種の案件において、Xが、仕入先であるC社との間で、実際の機器の納入
や役務の提供等を伴わない取引を行うことにより、NOSの資金をC社に対し不正に流
入させ、かつ、C社および第三者をして当該資金の一部をXのプライベートカンパ
ニーに流入させた。

3　NOSでは、売上先であるD社との間で、受注後に発生する追加原価に対応する等
の目的で、D社のNOSに対する売上金の一部を「リスク費」としてD社に保留させる

スキームを採用していたところ、NOS社の従業員Yが当該スキームを不正に利用し、当該「リスク費」を、該当する案件以外の案件の費用の支払いに使用することにより、いわゆる原価付替を行った。

| 関連法令 | 刑法246条、247条 |

発生原因　外部調査報告書（ガバナンス）では、各部門内および部門間でのチェック機能の欠如、責任や役割の所在・分担が不明確なリスク管理・監査体制、コンプライアンス意識の不浸透、業績を上げることに重心を置き「正しい仕事」を軽視する価値観、営業担当個人に案件成否の責任を集中させるやり方、経営陣と現場の意識の乖離といった企業文化、監査機能の不十分さ、過去調査を踏まえた再発防止策の不徹底、経営陣による過去の不祥事案件の軽視等が挙げられている。本件は、これらの要因が複合的に寄与し、発生した事案であると考えられる。

再発防止策　外部調査報告書（ガバナンス）により、【ガバナンスに関する再発防止策】として、①経営陣の意識改革・役職員の会計リテラシーの向上、②経営トップによるコンプライアンス推進のメッセージ発出、③リスク管理体制の強化、④経営陣と現場とのコミュニケーション強化、⑤取締役会による監督機能の強化、⑥社外役員による監督・監査機能の強化、⑦適切な人員配置、⑧過去事案を踏まえた対応、⑨有事対応マニュアルの整備等、【内部統制に関する再発防止策】として、①事業部門における健全な営業体制、②管理部門による健全な牽制、支援及び監督体制、③実効性あるルール及び社内システム構築、④コンプライアンス等に係る教育及びモニタリング、⑤内部通報に関する信頼の醸成、【三様監査に関する再発防止策】として、①不正リスクを念頭に置いた内部監査に係る体制の確保、②内部監査室の体制強化、③内部統制評価業務の再構築、④監査役の体制強化、⑤内部監査室と会計監査人の連携強化、【企業文化等に関する再発防止策】として、①コンプライアンス、健全な価値観及び人事制度に関する企業文化改革、②企業理念、行動規範及び会社としての一体感に関する企業文化改革、③外部専門機関の有効活用、といったものが挙げられるとともに、【企業文化に関する再発防止策】として、従業員におけるコンプライアンス意識を図る必要があることも提言された。

コメント　NOSでは、2013年（横領・詐欺）、2014年（子会社代表者関与の脱税）、2019年（循環取引）および2020年（複数の会計不正）と続けて不正事件が発生している。過去の不正事件からの反省が見られず、再発防止策が不徹底であることが否めない。NOSにおいては、管理・監査の徹底はもちろん、「正しい仕事」の軽視や「他人事」の姿勢といった企業文化自体を一新する必要がある。

| さらに理解を深める | 中間報告書、最終報告書、外部調査報告書、外部調査報告書（ガバナンス） |

164 博報堂DYグループ元社員巨額詐欺

当　事　者：株式会社博報堂DYメディアパートナーズ（以下「博報堂DYMP」）、
　　　　　　　株式会社博報堂プロダクツ（以下「博報堂プロダクツ」）

表 面 化 時 期：2020年11月および2021年2月

表面化の経緯：2020年11月16日、博報堂DYMPの元社員が同社に対する詐欺容疑で
　　　　　　　逮捕され、2021年2月10日、博報堂プロダクツの元社員による不正に
　　　　　　　関し特別損失を計上したことを株式会社博報堂DYホールディングス
　　　　　　　（以下「博報堂DYHD」）および博報堂プロダクツが公表

第三者委員会等：博報堂DYHDの独立社外取締役を委員長とする特別委員会（以下
　　　　　　　「本特別委員会」）

経営責任：博報堂DYHDの代表取締役会長および同社長、博報堂DYMP代表取締役
　　　　　　社長および取締役相談役、博報堂プロダクツの代表取締役社長について、
　　　　　　それぞれ月額報酬20％を3か月間返上

行政処分：客観的資料により確認できなかったので記載せず

民事責任：客観的資料により確認できなかったので記載せず

刑事責任：客観的資料により確認できなかったので記載せず

そ の 他：博報堂元DYMP社員（懲戒解雇）について詐欺罪で懲役6年の判決、博
　　　　　　報堂プロダクツ元社員（懲戒解雇）について詐欺容疑で逮捕

事案の概要　2020年11月16日、博報堂DYMPの元社員が詐欺容疑で逮捕された
（その後複数回の再逮捕）。この元社員は、2016年頃から3年間にわ
たって、社外の3人と共謀して、同社に対し架空取引の費用を請求する手法で、博報
堂DYMPによれば、合計約7億円の現金を詐取した。この元社員は、同年9月30日
付で懲戒解雇されている。

　また、2021年2月10日、博報堂DYHDおよび博報堂プロダクツは、博報堂プロダ
クツ元社員が、2016年から4年間にわたって不正行為を行い、これによる特別損失約
27億1000万円を計上したと発表した。この元社員は2021年1月29日付で懲戒解雇され
ている。

　博報堂プロダクツによれば、元社員は、同社の社名を利用して金券および商品券の
発注を行い、入手した金券および商品券を金券ショップで換金したが、この発注代金
の支払いについては、換金率によって額面未満の換金となるために差額（発注代金の

不足）が発生することもあり、さらに金券および商品券の発注・換金を行うことで調達、自ら支払いを行っていた。元社員は、こうした「自転車操業」の手口を繰り返し、換金によって得た現金の一部は個人的に使用していた。金券および商品券の未払い代金額は、2020年12月時点で合計約43億3000万円に上り、博報堂プロダクツが保全した約16億2000万円を控除した約27億1000万円が損失となった。

　なお、博報堂プロダクツでは、元社員の行為に基因する発注先への支払いについて、民法上の表見代理ないし使用者責任に基づいて、同社が責任を負うと判断している。

関連法令　民法109条、110条、715条

発生原因　博報堂DYHDによれば、本特別委員会から、両事案ともに社内に共犯者はおらず、組織の関与しない個人犯罪ではあるものの、各社の通常業務における管理体制と業務フローのあり方、当事者のコンプライアンス意識の欠如が不正行為を可能ないし誘発し、あるいは発覚を遅らせる要因となったとの指摘があった。

再発防止策　博報堂DYHDによれば、本特別委員会からの主な提言は、①すでに実施している再発防止策としての業務フローの改定が適切有効であることから、これを継続するとともに、状況の変化に応じた見直しを行い、改善のための不断の取組みを行うこと、②内部監査や社外関係者との連携を含めた管理体制の強化を図り、業務フローと合わせて具体的な検討と適切な変革を行うこと、③社員の意識変革に取り組み、グループ全体の問題としてコンプライアンスの充実、強化に一段と注力すること、である。

コメント　両事案とも、比較的単純な手口であるが、繰り返されることで損失額が巨額に上っている。特に、博報堂プロダクツの事件では、同社によれば、同社の社名が利用されたものの、元社員が発注先に対する支払いまでを自身で処理するなど、業務と関わりなく行われたため、発注先からの残高確認があるまで同社では認識できず、巨額損失につながった。個々の従業員に対するコンプライアンス意識の向上と、不正行為の兆候を早期に把握することの重要性が表れた事案ともいえる。

さらに理解を深める　博報堂DYMP「当社元社員の逮捕について」（2020年11月16日）、博報堂プロダクツ「当社元社員による不正と損失計上について」（2021年2月10日）、博報堂DYHD「当社連結子会社元社員による不正と損失計上について」（2021年2月10日）、同「（訂正）不正事案に関する特別委員会からの報告と関係役員の報酬返上について」（2021年6月10日）

165 東芝株主圧力問題

当　事　者：	株式会社東芝（以下「東芝」）
表面化時期：	2021年6月10日
表面化の経緯：	東芝の2021年3月18日臨時株主総会で株主提案により選任された調査者が同年6月10日に提出した調査報告書（以下「調査者報告書」）
第三者委員会等：	ガバナンス強化委員会（2021年8月6日設置、同年11月12日調査報告書〔以下「委員会報告書」〕〕公表）

経営責任：	2021年6月25日開催の定時株主総会に社外取締役候補者として付議していた2名を退任、総会後に選任される執行役選任予定者2名を退任（同月13日「調査報告書を受けた当社の対応等について」）
行政処分：	客観的資料により確認できなかったので記載せず
民事責任：	客観的資料により確認できなかったので記載せず
刑事責任：	客観的資料により確認できなかったので記載せず

事案の概要　東芝の筆頭株主であったEffissimo Capital Management Pte Ltd（以下「エフィッシモ」）は、2020年7月31日開催の定時株主総会が公正に運営されたかを調査するよう同年9月に東芝に要請し、同年12月には会社法316条2項に定める株式会社の業務および財産の状況を調査する者の選任議案を諮る臨時株主総会の招集を請求した。東芝は、監査委員会が外部弁護士事務所を起用して調査を実施して疑義が認められなかったと反対したが、2021年3月18日開催の臨時株主総会で調査者選任議案が可決され、調査者（外部弁護士3名）が調査を開始した。

　同年6月10日に提出された調査者報告書は、詳細な事実関係を踏まえて、「東芝は、本定時株主総会におけるいわゆるアクティビスト対応について経産省に支援を要請し、経産省商務情報政策局ルートと緊密に連携し、改正外為法に基づく権限発動の可能性等を背景とした不当な影響を一部株主に与え、経産省商務情報政策局ルートといわば一体となって株主対応を共同して行っていた」「東芝は、株主であるエフィッシモらに対し、不当な影響を与えることにより本定時株主総会にかかる株主の株主提案権や議決権の行使を事実上妨げようと画策したものと認められ本定時株主総会が公正に運営されたものとはいえない」と結論づけた。定時株主総会では、取締役会議長兼指名委員会委員長および監査委員会委員であった取締役候補者計2名の選任議案が否決される事態となった。

　東芝が同年8月に設置したガバナンス強化委員会が同年11月12日に提出した委員会報告書は、「東芝の執行役2名による本件一連の行為は、違法でないとしても、市場が求める企業倫理に反する行為と評価せざるを得ない」「東芝と経産省との間の事業運営に関わる情報交換等の中に、企業と株主との対話の場面に行政庁の依頼を受けた情報収集という目的が混入したのではないかという疑いを招く行為、通常であれば、行政庁の担当者が一企業の担当者に開示することは想定されない情報の開示を受ける行為、行政庁が関与するはずのない企業と株主との交渉過程について相談する行為が含まれるなど、本件一連の行為は、これを事後的に振り返って、全体としてみると、第三者の眼には、株主対応としては、行政庁に頼り過ぎた行為、過剰な情報や意見の交換、あまりに密接過ぎる関係、外から見えにくい密室的な交渉態様に映るものである。加えて、上記執行役に株主対応に経産省の行政行為を利用する意図があったことも併せ考えれば、本件一連の行為は、株主対応の公平性、透明性に疑義を抱かせ、投資家一般、更には株式市場の信頼を損なうなど、市場が求める企業倫理に反するものと評価せざるを得ない」「当時のCEOの行為についても、善管注意義務に違反するとはいえないが、市場が求める企業倫理に反するとの評価が妥当する」と結論づけた。

関連法令　会社法316条2項

発生原因　委員会報告書は、(1)外国投資ファンドに対する過度の警戒心と健全な関係構築に向けた姿勢の不足、経産省に依存しすぎる姿勢があったこと、(2)外国籍取締役も含めた取締役会における十分な議論がされないまま、エフィッシモの株主提案の真の狙いはコンプライアンス問題に藉口して東芝の中長期的成長に反するような意見を持って経営に関与することであるとの見方に立って対応が行われたこと、(3)外国投資ファンドとの間の対話を深める努力をすべきであったにもかかわらず、取締役会において議論されることもないまま、東芝の執行役（CEOを含む）や日本国籍の取締役の多くが、外国投資ファンドに対する一面的な見方を変えることができなかったこと、(4)社外取締役の多様性がコーポレートガバナンスに生かされなかったこと、(5)執行役の業務執行は市場が求める企業倫理に適合したものでなければならないという意識が十分に浸透していなかったこと等を指摘した。

再発防止策　委員会報告書は、株主との健全な信頼関係の構築、行政庁に過度に依存する体質の改善、コーポレートガバナンスの再構築、トーン・アット・ザ・トップ（経営者の姿勢）の4点を指摘した。

コメント　株主総会におけるアクティビストへの対応が、市場が求める企業倫理に反する行為と評価された事例。株主提案により選任された調査者が行った調査が役員指名ガバナンスに影響を与えた。

さらに理解を深める　調査者報告書、委員会報告書

166　ビッグモーター保険金不正請求

当　事　者：株式会社ビッグモーター（以下「BM社」）
表面化時期：2022年1月14日
表面化の経緯：BM社社員による通報
第三者委員会等：特別調査委員会（2023年1月30日設置、同年6月26日調査報告書〔以下「調査報告書」〕公表）

経営責任：社長・副社長の辞任、報酬自主返上（代表取締役社長100％×1年間、取締役副社長50％×3か月、専務取締役30％×3か月、常務取締役20％×3か月、取締役10％×3か月）
行政処分：国交省は令和5年10月24日付でBM社の34事業場に対し事業停止等の処分を行った
民事責任：客観的資料により確認できなかったので記載せず
刑事責任：客観的資料により確認できなかったので記載せず

事案の概要　BM社は、2020年8月、小規模の鈑金塗装（以下「BP」）工場を中心に、自動車損害保険会社（以下「損保会社」）に送付する協定見積りを集約するためのチーム（以下「PT」）を設置し、2021年1月頃からは、PTが全てのBP工場における初期見積りおよび協定見積りを行うようになった。他方、損害保険ジャパン株式会社（以下「損保ジャパン」）、三井住友海上火災保険株式会社および東京海上日動火災保険株式会社（以下総称して「損保3社」）は、遅くとも2022年3月までに、BM社が損保会社に対して不適切な保険金請求を行っている旨の情報提供を受け、それぞれ調査を行ったところ、複数の案件において、損傷が無いと考えられる部位への修理作業にかかる請求や、修理作業を偽装した写真による修理費の水増し請求等の不適切な保険金請求事案が確認された。そのため、損保3社は2022年6月6日、BM社に対し、不適切な保険金請求の実態調査を要請した。当該要請を受けて、BM社は二度に渡り社内調査を実施したが、損保3社から、これらの調査の客観性・透明性は不十分であり、網羅性にも欠けるなどして、外部調査委員会による調査の実施を求められた。

　そこで、2023年1月～6月に特別調査委員会が調査をしたところ、以下の行為による不正請求の事実が発覚した（なお、同年10月17日にPTは廃止された）。まず、損傷確認段階では、入庫時には存在しなかった損傷を新たに作出して修理範囲を拡大させたり、損傷の存在・範囲を誤認させる写真撮影をしたりしていた。また、鈑金段階で

は、タワー牽引の偽装、不要なタワー牽引の実施、損傷が存在しないもしくは軽微な損傷しかない部位についてダミーサフを塗るなどしての写真撮影（その後パテで拭き取る）、不要な鈑金作業や部品交換の実施などが行われていた。そして、塗装段階では、高機能塗装（耐スリ）の施工の偽装や不要な塗装作業の実施が行われていた。さらに、協定段階では、実際に施工された修理と異なる内容での協定見積りの作成が行われていた。これらの事実の発覚を受け、国交省は2023年7月、BM社の経営陣に対してヒアリングを行ったほか、複数の店舗に対して立入検査を行った。また、BM社の複数の店舗前の街路樹が不自然に枯死していることが発覚し、調査の結果、複数店舗の付近の土壌から、除草剤の成分が検出されたため、同年8月、BM社幹部が東京都庁および神奈川県庁をそれぞれ訪れ、街路樹伐採や除草剤散布の事実があったことを認めて謝罪した。さらに、BM社が、取引関係上の立場を背景に下請業者の利益を不当に侵害した疑いがあるとして、公正取引委員会は同年9月、調査を開始した。

| 関連法令 | 詐欺罪（刑法246条以下）、器物損壊罪（同法261条）、保険業法、道路運送車両法、下請法 |

| 発生原因 | 調査委員会は、本件の発生原因を、大きく①不合理な目標値設定、②コーポレートガバナンスの機能不全とコンプライアンス意識の鈍麻（具体的には、ⅰ内部統制体制の不備、ⅱ適正手続を無視した降格処分の頻発、ⅲコンプライアンス意識の鈍麻）、③経営陣に盲従し、忖度する歪な企業風土、④現場の声を拾い上げようとする意識の欠如および⑤人材の育成不足にあると分析した。 |

| 再発防止策 | 調査委員会は、①BP部門における適切な営業目標の設定、②リスクマネジメントを実行的に行うための内部統制体制の整備（取締役会機能の十全化、現業部門における牽制機能の強化、危機管理体制の整備、経営陣におけるコンプライアンスの徹底）、③懲戒処分の運用の適正化、④現場の声を拾い上げるための努力（現場巡回の際の個別面談、内部統制制度の整備）、⑤従業員教育の強化を提言した。 |

| コメント | 調査報告書によると今回の不正請求が経営陣からの指示等により組織的に敢行されたとの事実までは認められなかったものの、PT設置の前後頃から、経営陣による有無を言わせない降格処分が頻発しており、このことが、全社的に従業員らを過度に萎縮させ、経営陣の意向に盲従することを余儀なくさせる企業風土を醸成していたと分析される。また、本案件についてはBM社と損保ジャパンとの癒着も指摘されており、金融庁による損保ジャパンへの立入検査の実施や、損保ジャパンの社長の辞任といった事態にも至っている。 |

| さらに理解を深める | 調査報告書 |

167 空港施設国交省出身役員問題

当　事　者：空港施設株式会社（以下「空港施設」）

表面化時期：2023年3月30日

表面化の経緯：朝日新聞が朝刊一面で「国交省元次官　人事介入か／空港施設会社に『OBを社長に』」と題するスクープ記事を掲載、翌日以降も連日報道

第三者委員会等：役員指名等ガバナンスに関する独立検証委員会（2023年4月10日設置、同月26日検証結果報告書〔以下「報告書」〕公表）

経営責任：Y代表取締役副社長（以下「Y氏」）が一身上の都合として辞任

行政処分：客観的な資料により確認できなかったので記載せず

民事責任：客観的な資料により確認できなかったので記載せず

刑事責任：客観的な資料により確認できなかったので記載せず

事案の概要　空港関連の施設を運営・賃貸する東証プライム上場会社である空港施設は、日本航空株式会社（以下「JAL」）とANAホールディングス株式会社（以下「ANA」）がそれぞれ21.06％の株式を保有する筆頭株主であり、かつ主要な取引先である。そして、1970年から7代にわたり代表取締役社長には国交省出身者が就き、代表取締役副社長にはJALとANAの出身者が就き、プロパー社員は専務取締役止まりという役員ポストが長年慣例化していた。

しかし、2021年5月下旬に国交省出身の第7代社長がパワーハラスメント問題で引責辞任に追い込まれ、同年6月下旬の定時株主総会に向けて次期社長を急遽選任せざるを得ない状況となった。指名委員会から指示された常勤取締役らが取締役人事案を協議するなかで、JAL出身のN氏が代表取締役社長、ANA出身のI氏が代表取締役会長に就く人事案が合意された。ところが、国交省出身で当時序列9位の平取締役にすぎなかったY氏が、自分を代表取締役副社長に就けることを強引に要求し、反対する他の取締役らを説得する過程で、次のような意味の不適切な発言をした。「国交省出身者が代表取締役に就かないと当社と国交省との関係が悪くなるのではないか、とエアライン2社が懸念している」「Y氏が代表取締役副社長に就くことで、エアライン2社から了承を得た」「当社は国有地を借りており、国が現物出資をしているような関係にある」「エアライン2社の羽田の発着枠の問題や、空港周辺土地のかさ上げ問題について、航空局との関係が悪化するおそれがある」「Y氏が代表取締役副社長に就くことが、航空局から見れば協力の証になる」「バックにいる人達がどう思って

いるかということで、自分の考えではない」。

　他の取締役のなかには、Ｙ氏の言葉の端々から、国交省の出身者ではなく現職の意向が働いていると感じ取り、恐怖を覚えた者も複数名いた。結局、Ｙ氏のこの発言に他の取締役が威圧される形で、Ｙ氏が代表取締役副社長に就く人事案が合意されたが、Ｙ氏による上記の不適切な発言があったことは指名委員会にも取締役会にも報告されず、Ｙ氏は代表取締役副社長のポストを手に入れた。

　2022年12月13日、元国交省事務次官で他社の代表取締役会長を務めていたＨ氏は、空港施設のＮ社長とＩ会長を訪問し、「会長と社長を翌年6月で退き、Ｙ氏を社長にし、国交省出身者を社長とする体制に戻してほしい」旨を述べた。Ｎ社長とＩ会長は「東証プライム上場会社として厳格なガバナンスを求められており、社長は指名委員会で選考することになっている」と説明して拒絶した。その後、天下り問題を追及する朝日新聞の一連の報道でＹ氏も辞任した。

　ところが、2023年6月の定時株主総会で、空港施設の指名委員会と取締役会が承認した取締役人事案のうち、Ｎ社長の取締役再任案がJALとANAの反対により否決されるという予期せぬ事態が生じた。ANAは「人心を一新すべき」とのコメントを出したが、Ｎ社長の出身母体であるJALはコメントすら出さなかった。

関連法令　国家公務員法106条の4（再就職者による依頼等〔働きかけ規制〕）

発生原因　報告書は、問題点の指摘として、⑴Ｙ氏が働きかけ規制の趣旨に反する発言をして代表取締役副社長の地位を手に入れたこと、⑵Ｙ氏が招いたコンダクト・リスクの発現により企業価値が毀損されたこと、⑶国交省出身者を役員に選任することのリスクが適切に管理されてこなかったこと、⑷指名委員会が国交省出身者を役員に選任する際の要求事項と禁止事項を明確にしてこなかったこと、⑸指名委員会と取締役会に必要な情報が伝わらず、役員指名ガバナンスが機能不全に陥ったこと、⑹経営戦略に連動した役員人材戦略が議論されてこなかったこと、⑺主要なステークホルダーに役員ポストを用意すべきという古い役員体制論が取締役会・指名委員会に未だに残っていること、を指摘した。

再発防止策　報告書は、改善策の提言として⑴役員指名ガバナンスについて役員トレーニング実施、⑵役員指名方針策定、⑶中長期経営計画に連動した役員人材戦略、⑷重要な情報が取締役会に適時適切に伝わる仕組み構築、を指摘した。

コメント　関係官庁や大株主の出身者を役員ポストに付けてきた上場会社に経営戦略に連動した役員指名ガバナンスの重要性を突きつけた事例といえる。

さらに理解を深める　報告書、朝日新聞デジタル「政府の対応が招く不信感　国交省OBの人事介入問題、専門家に聞く」（2023年7月19日）

本書の執筆者一覧

＜編著者＞

竹内　朗（たけうち・あきら）

　弁護士・公認不正検査士　プロアクト法律事務所代表

　■プロアクト法律事務所HP：http://proactlaw.jp

　専門は、企業リスクマネジメント、有事の危機管理・各種ステークホルダー対応、平時のリスク管理体制整備、会社法、金融商品取引法、反社会的勢力排除など。複数の上場会社の社外役員や調査委員会・第三者委員会委員を務める。

上谷佳宏（うえたに・よしひろ）

　弁護士　弁護士法人東町法律事務所代表社員

　■弁護士法人東町法律事務所HP：https://www.higashimachi.jp

　企業法務全般を取り扱い、社外取締役・社外監査役・第三者委員会委員長を務め、民事再生監督委員・破産管財人・申立代理人として数多くの倒産事件を手がけ、医療法人その他法人の理事等も務める。

笹本雄司郎（ささもと・ゆうじろう）（初版・第2版の編著者）

上村　剛（うえむら・ごう）

　弁護士・公認不正検査士　東京丸の内法律事務所パートナー

　■東京丸の内法律事務所HP：https://www.tmlo.jp/

　テレビ局のディレクターとして報道番組を担当した後、弁護士に転職。企業法務全般を手がけるほか、倒産・事業再生、知的財産（放送、出版、イベント企画などのエンターテインメント分野）、労働、個人情報保護などを専門とする。

笹本花生（ささもと・かお）

　弁護士　虎門中央法律事務所

　■虎門中央法律事務所HP：https://www.torachu.com/

　金融・決済、証券、不動産等と多岐にわたる業務分野で企業の紛争予防法務を取り扱うほか、訴訟対応等の紛争解決法務も数多く担当する。

＜執筆者＞（五十音順）

上谷　佳宏（弁護士法人東町法律事務所　弁護士）

上村　　剛（東京丸の内法律事務所　弁護士・公認不正検査士）

大野　徹也（霽月法律事務所　弁護士・公認不正検査士）

河江　健史（河江健史会計事務所　公認会計士）

菊地　将人（石本哲敏法律事務所　弁護士）

木下　雅之（弁護士法人東町法律事務所　弁護士）

木野村英明（木野村英明法律事務所　弁護士・公認不正検査士）

虎頭　信宏（弁護士法人東町法律事務所　弁護士）

近藤　素子（弁護士法人東町法律事務所　弁護士）

笹本　花生（虎門中央法律事務所　弁護士）

竹内　　朗（プロアクト法律事務所　弁護士・公認不正検査士）

徳山　佳祐（プロアクト法律事務所　弁護士・公認不正検査士）

中西　和幸（田辺総合法律事務所　弁護士・公認不正検査士）

中村規代実（オリゾン法律事務所　弁護士）

名倉　大貴（弁護士法人東町法律事務所　弁護士）

西川　精一（弁護士法人神戸綜合法律事務所　弁護士）

日野真太郎（弁護士法人北浜法律事務所　弁護士）

布浦　信夫（平河町法律事務所　弁護士）

松葉　優子（元マネックス証券株式会社コーポレート管理部兼マネックスグループ
　　　　　　株式会社社長室　公認不正検査士）

水沼　太郎（大武法律事務所　弁護士）

三瀬　崇史（弁護士法人東町法律事務所　弁護士）

安田　博延（平河町法律事務所　弁護士）

渡邉　敦子（渡邉綜合法律事務所　弁護士）

渡辺　　徹（弁護士法人北浜法律事務所　弁護士・公認不正検査士）

＊　所属は2023年9月末現在。

企業不祥事インデックス〔第3版〕

2015年 7 月30日	初 版第 1 刷発行
2019年 6 月10日	第 2 版第 1 刷発行
2023年12月31日	第 3 版第 1 刷発行
2024年10月15日	第 3 版第 2 刷発行

編 著 者　　竹　内　　　朗　　上　谷　佳　宏
　　　　　　上　村　　　剛　　笹　本　花　生

発 行 者　　石　川　雅　規

発 行 所　　鱜 商 事 法 務
　　　　　　〒103-0027 東京都中央区日本橋3-6-2
　　　　　　TEL 03-6262-6756・FAX 03-6262-6804〔営業〕
　　　　　　TEL 03-6262-6769〔編集〕
　　　　　　https://www.shojihomu.co.jp/